中外哲學典籍大全

總主編　李鐵映　王偉光

中國哲學典籍卷

宋元明清哲學類

# 朱熹《小學》古注今譯

〔宋〕朱熹　〔宋〕劉清之　編

唐紀宇　譯注

中國社会科学出版社

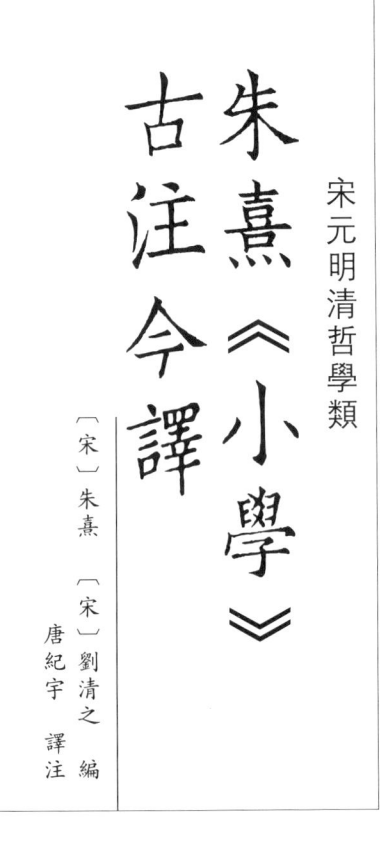

**圖書在版編目（CIP）數據**

朱熹《小學》古注今譯／（宋）朱熹，（宋）劉清之編；唐紀宇譯注．
—北京：中國社會科學出版社，2022.10（2025.6重印）
（中外哲學典籍大全．中國哲學典籍卷）
ISBN 978－7－5227－0392－3

Ⅰ.①朱… Ⅱ.①朱… ②劉… ③唐… Ⅲ.①古漢語—啓蒙讀物
②《小學》—譯文③《小學》—注釋 Ⅳ.①H194.1

中國版本圖書館CIP數據核字（2022）第107757號

出版人　趙劍英
項目統籌　王　茵
責任編輯　顧世寶
責任校對　單　釗
責任印製　李寡寡

出　　版　中国社会科学出版社
社　　址　北京鼓樓西大街甲158號
郵　　編　100720
網　　址　http://www.csspw.cn
發 行 部　010－84083685
門 市 部　010－84029450
經　　銷　新華書店及其他書店

印　　刷　北京君昇印刷有限公司
裝　　訂　廊坊市廣陽區廣增裝訂廠
版　　次　2022年10月第1版
印　　次　2025年6月第2次印刷

開　　本　710×1000　1/16
印　　張　40
字　　數　469千字
定　　價　166.00元

# 中外哲學典籍大全

## 編輯委員會

主　任　張志强　趙劍英　顧　青

副主任　王海生　魏長寶　陳　震　劉　豐

委　員（按姓氏拼音排序）

陳壁生　陳　静　干春松　任蜜林　吴　飛　王　正　楊立華　趙金剛

## 編輯部

主　任　王　茵

副主任　孫　萍

成　員（按姓氏拼音排序）

崔芝妹　顧世寶　韓國茹　郝玉明　李凱凱　單　釗　宋燕鵬　涂世斌　王沛姬

吴麗平　楊　康　張　潛

# 總序

中外哲學典籍大全的編纂，是一項既有時代價值又有歷史意義的重大工程。

中華民族經過了近一百八十年的艱苦奮鬥，迎來了中國近代以來最好的發展時期，迎來了奮力實現中華民族偉大復興的時期。中華民族衹有總結古今中外的一切思想成就，才能並肩世界歷史發展的大勢。爲此，我們須編纂一部匯集中外古今哲學典籍的經典集成，爲中華民族的偉大復興、爲人類命運共同體的建設、爲人類社會的進步，提供哲學思想的精粹。

哲學是思想的花朵，文明的靈魂，精神的王冠。一個國家、民族，要興旺發達，擁有光明的未來，就必須擁有精深的理論思維，擁有自己的哲學。哲學是推動社會變革和發展的理論力量，是激發人的精神砥石。哲學解放思維，净化心靈，照亮前行的道路。偉大的時代需要精邃的哲學。

## 一　哲學是智慧之學

哲學是什麽？這既是一個古老的問題，又是哲學永恒的話題。追問哲學是什麽，本身就是「哲學」問題。從哲學成爲思維的那一天起，哲學家們就在不停追問中發展、豐富哲學的篇章，給出一個又一個答案。每個時代的哲學家對這個問題都有自己的詮釋。哲學是什麽，是懸疑在人類智慧面前的永恒之問，這正是哲學之爲哲學的基本特點。

哲學是全部世界的觀念形態，精神本質。人類面臨的共同問題，是哲學研究的根本對象。本體論、認識論、世界觀、人生觀、價值觀、實踐論、方法論等，仍是哲學的基本問題和生命力所在！哲學研究的是世界萬物的根本性、本質性問題。人們可以給哲學做出許多具體定義，但我們可以嘗試用「遮詮」的方式描述哲學的一些特點，從而使人們加深對何爲哲學的認識。

哲學不是玄虛之觀。哲學來自人類實踐，關乎人生。哲學對現實存在的一切追根究底、「打破砂鍋問到底」。它不僅是問「是什麽」（being），而且主要是追問「爲什麽」（why），特别是追問「爲什麽的爲什麽」。它關注整個宇宙，關注整個人類的命運，關注人生。它關心柴米油鹽醬醋茶和人的生命的關係，關心人工智能對人類社會的挑戰。哲學是對一切實踐經驗的理論升華，它關心具體現象背後的根據，關心人類如何會更好。

哲學是在根本層面上追問自然、社會和人本身，以徹底的態度反思已有的觀念和認識，從價值理想出發把握生活的目標和歷史的趨勢，展示了人類理性思維的高度，凝結了民族進步的智慧，寄託了人們熱愛光明、追求真善美的情懷。道不遠人，人能弘道。哲學是把握世界、洞悉未來的學問，是思想解放、自由的大門！

古希臘的哲學家們被稱爲「望天者」，亞里士多德在形而上學一书中説，「最初人們通過好奇—驚贊來做哲學」。如果説知識源於好奇的話，那麽産生哲學的好奇心，必須是大好奇心。這種「大好奇心」衹爲一件「大事因緣」而來，所謂大事，就是天地之間一切事物的「爲什麽」。哲學精神，是「家事、國事、天下事，事事要問」，是一種永遠追問的精神。

哲學不祇是思維。哲學將思維本身作爲自己的研究對象，對思想本身進行反思。哲學不是一般的知識體系，而是把知識概念作爲研究的對象，追問「什麽才是知識的真正來源和根據」。哲學的「非對象性」的思想方式，不是「純形式」的推論原則，而有其「非對象性」之對象。哲學之對象乃是不斷追求真理，是一個理論與實踐兼而有之的過程，是認識的精粹。哲學追求真理的過程本身就顯現了哲學的本質。天地之浩瀚，變化之奥妙，正是哲思的玄妙之處。

哲學不是宣示絶對性的教義教條，哲學反對一切形式的絶對。哲學解放束縛，意味著從一切思想教條中解放人類自身。哲學給了我們徹底反思過去的思想自由，給了我們深刻洞察未來的思想能力。哲學就是解放之學，是聖火和利劍。

哲學不是一般的知識。哲學追求「大智慧」。佛教講「轉識成智」，識與智相當於知識與哲學的關係。一般知識是依據於具體認識對象而來的、有所依有所待的「識」，而哲學則是超越於具體對象之上的「智」。

公元前六世紀，中國的老子説，「大方無隅，大器晚成，大音希聲，大象無形，道隱無名。夫唯道，善貸且成」。又説，「反者道之動，弱者道之用。天下萬物生於有，有生於無」。對道的追求就是對有之爲有、無形無名的探究，就是對天地何以如此的探究。這種追求，使得哲學具有了天地之大用，具有了超越有形有名之有限經驗的大智慧。這種大智慧、大用途，超越一切限制的籬笆，達到趨向無限的解放能力。

哲學不是經驗科學，但又與經驗有聯繫。哲學從其作爲學問誕生起，就包含於科學形態之中，是以科學形態出現的。哲學是以理性的方式、概念的方式、論證的方式來思考宇宙人生的根本問題。在亞里士多德那裏，凡是研究實體（ousia）的學問，都叫作「哲學」。而「第一實體」則是存在者中的「第一個」。研究第一實體的學問稱爲「神學」，也就是「形而上學」，這正是後世所謂「哲學」。一般意義上的科學正是從「哲學」最初的意義上贏得自己最原初的規定性的。哲學雖然不是經驗科學，却爲科學劃定了意義的範圍、指明了方向。哲學最後必定指向宇宙人生的根本問題，大科學家的工作在深層意義上總是具有哲學的意味，牛頓和愛因斯坦就是這樣的典範。

哲學不是自然科學，也不是文學藝術，但在自然科學的前頭，哲學的道路展現了；在文學藝術的山頂，哲學的天梯出現了。哲學不斷地激發人的探索和創造精神，使人在認識世界的過程中，不斷達到新境界，在改造世界中從必然王國到達自由王國。

哲學不斷從最根本的問題再次出發。哲學史在一定意義上就是不斷重構新的世界觀、認識人類自身的歷史。哲學的歷史呈現，正是對哲學的創造本性的最好説明。哲學史上每一位哲學家對根本問題的思考，都在爲哲學添加新思維、新向度，猶如爲天籟山上不斷增添一隻隻黄鸝翠鳥。

如果説哲學是哲學史的連續展現中所具有的統一性特徵，那麽這種「一」是在「多」個哲學的創造中實現的。如果説每一種哲學體系都追求一種體系性的「一」的話，那麽每種「一」的體系之間都存在著千絲相聯、多方組合的關係。這正是哲學史昭示於我們的哲學多樣性的意義。多樣性與統一性的依存關係，正是哲學尋求現象與本質、具體與普遍相統一的辯證之意義。

哲學的追求是人類精神的自然趨向，是精神自由的花朵。哲學是思想的自由，是自由的思想。

中國哲學，是中華民族五千年文明傳統中，最爲内在的、最爲深刻的、最爲持久的精神追求和價值觀表達。中國哲學已經化爲中國人的思維方式、生活態度、道德準則、人生追求、精神境界。中國人的科學技術、倫理道德，小家大國、中醫藥學、詩歌文學、繪畫書法、武術拳法、鄉規民俗，乃至日常生活也都浸潤着中國哲學的精神。華夏文化雖歷經磨難而能够透魄醒神，堅韌屹立，正是來自於中國哲學深邃的思維和創造力。

先秦時代，老子、孔子、莊子、孫子、韓非子等諸子之間的百家争鳴，就是哲學精神在中國的展現，是中國人思想解放的第一次大爆發。兩漢四百多年的思想和制度，是諸子百家思想在争鳴過程中大整合的結果。魏晋之際，玄學的發生，則是儒道衝破各自藩籬，彼此互動互補的結果，形成了儒家獨尊的態勢。隋唐三百年，佛教深入中國文化，又一次帶來了思想的大融合和大解放，禪宗的形成就是這一融合和解放的結果。兩宋三百多年，中國哲學迎來了第三次大解放。儒釋道三教之間的互潤互持日趨深入，朱熹的理學和陸象山的心學，就是這一思想潮流的哲學結晶。

與古希臘哲學强調沉思和理論建構不同，中國哲學的旨趣在於實踐人文關懷，它更關注實踐的義理性意義。中國哲學當中，知與行從未分離，中國哲學有着深厚的實踐觀點和生活觀點，倫理道德觀是中國人的貢獻。馬克思説，「全部社會生活在本質上是實踐的」，實踐的觀點、生活的觀點也正是馬克思主義認識論的基本觀點。這種哲學上的契合性，正是馬克思主義能够在中國扎根並不斷中國化的哲學原因。

「實事求是」是中國的一句古話。今天已成爲深遂的哲理，成爲中國人的思維方式和行爲基準。實事求是就是解放思想，解放思想就是實事求是。實事求是是毛澤東思想的精髓，是改革開放的基石。只有解放思想才能實事求是。實事求是就是中國人始終堅持的哲學思想。實事求是就是依靠自己，走自己的道路，反對一切絶對觀念。所謂中國化就是一切從中國實際出發，一切理論必須符合中國實際。

## 二　哲學的多樣性

實踐是人的存在形式，是哲學之母。實踐是思維的動力、源泉、價值、標準。人們認識世界、探索規律的根本目的是改造世界，完善自己。哲學問題的提出和回答，都離不開實踐。馬克思有句名言：「哲學家們只是用不同的方式解釋世界，而問題在於改變世界！」理論只有成爲人的精神智慧，才能成爲改變世界的力量。

哲學關心人類命運。時代的哲學，必定關心時代的命運。對時代命運的關心就是對人類實踐和命運的關心。人在實踐中產生的一切都具有現實性。哲學的實踐性必定帶來哲學的現實性。哲學的現實性就是强調人在不斷回答實踐中各種問題時應該具有的態度。

哲學作爲一門科學是現實的。哲學是一門回答並解釋現實的學問，哲學是人們聯繫實際、面對現實的思想。可以説哲學是現實的最本質的理論，也是本質的最現實的理論。哲學始終追問現實的發展和變化。哲學存在於實踐中，也必定在現實中發展。哲學的現實性要求我們直面實踐本身。

哲學不是簡單跟在實踐後面，成爲當下實踐的「奴僕」，而是以特有的深邃方式，關注着實踐的發展，提升人的實踐水平，爲社會實踐提供理論支撑。從直接的、急功近利的要求出發來理解和從事哲學，無異於向哲學提出它本身不可能完成的任務。哲學是深沉的反思，厚重的智慧，事物的抽象，理論的把握。哲學是人類把握世界最深邃的理論思維。

哲學是立足人的學問，是人用於理解世界、把握世界、改造世界的智慧之學。「民之所好，好之；民之所惡，惡之。」哲學的目的是爲了人。用哲學理解外在的世界，理解人本身，也是爲了用哲學改造世界、改造人。哲學研究無禁區，無終無界，與宇宙同在，與人類同在。

存在是多樣的，發展是多樣的，這是客觀世界的必然。宇宙萬物本身是多樣的存在，多樣的變化。歷史表明，每一民族的文化都有其獨特的價值。文化的多樣性是自然律，是動力，是生命力。各民族文化之間的相互借鑒，補充浸染，共同推動著人類社會的發展和繁榮，這是規律。對象的多樣性、複雜性，決定了哲學的多樣性；即使對同一事物，人們也會産生不同的哲學認識，形成不同的哲學派别。哲學觀點、思潮、流派及其表現形式上的區别，來自於哲學的時代性、地域性和民族性的差异。世界哲學是不同民族的哲學的薈萃，如中國哲學、西方哲學、阿拉伯哲學等。多樣性構成了世界，百花齊放形成了花園。不同的民族會有不同風格的哲學。恰恰是哲學的民族性，使不同的哲學都可以在世界舞臺上演繹出各種「戲劇」。即使有類似的哲學觀點，在實踐中的表達和運用也會各有特色。

人類的實踐是多方面的，具有多樣性、發展性，大體可以分爲：改造自然界的實踐，改造人類社會的實踐，完善人本身的實踐，提升人的精神世界的精神活動。人是實踐中的人，實踐是人的生命的第一屬性。實踐的社會性决定了哲學的社會性，哲學不是脱離社會現實生活的某種遐想，而是社會現實生活的觀念形態，是文明進步的重要標誌，是人的發展水平的重要維度。哲學的發展狀况，反映着一個社會人的理性成熟程度，反映著這個社會的文明程度。

哲學史實質上是自然史、社會史、人的發展史和人類思維史的總結和概括。自然界是多樣的，社會是多樣的，人類思維是多樣的。所謂哲學的多樣性，就是哲學基本觀念、理論學說、方法的異同，是哲學思維方式上的多姿多彩。哲學的多樣性是哲學的常態，是哲學進步、發展和繁榮的標誌。哲學是人的哲學，哲學是人對事物的自覺，是人對外界和自我認識的學問，也是人把握世界和自我的學問。哲學的多樣性，是哲學的常態和必然，是哲學發展和繁榮的內在動力。一般是普遍性，特色也是普遍性。從單一性到多樣性，從簡單性到複雜性，是哲學思維的一大變革。用一種哲學話語和方法否定另一種哲學話語和方法，這本身就不是哲學的態度。

多樣性並不否定共同性、統一性、普遍性。物質和精神，存在和意識，一切事物都是在運動、變化中的，是哲學的基本問題，也是我們的基本哲學觀點！

當今的世界如此紛繁複雜，哲學多樣性就是世界多樣性的反映。哲學是以觀念形態表現出的現實世界。哲學的多樣性，就是文明多樣性和人類歷史發展多樣性的表達。多樣性是宇宙之道。

哲學的實踐性、多樣性，還體現在哲學的時代性上。哲學總是特定時代精神的精華，是一定歷史條件下人的反思活動的理論形態。在不同的時代，哲學具有不同的內容和形式，哲學的多樣性，也是歷史時代多樣性的表達。哲學的多樣性也會讓我們能够更科學地理解不同歷史時代，更爲内在地理解歷史發展的道理。多樣性是歷史之道。

哲學之所以能發揮解放思想的作用，在於它始終關注實踐，關注現實的發展；在於它始終關注著科學技術的進步。哲學本身没有絶對空間，没有自在的世界，只能是客觀世界的映象，觀念形態。没有了現實性，哲學就遠離人，就離開了存在。哲學的實踐性，説到底是在説明哲學本質上是人的哲學，是人的思維，是爲了人的科學！哲學的實踐性、多樣性告訴我們，哲學必須百花齊放、百家争鳴。哲學的發展首先要解放自己，解放哲學，就是實現思維、觀念及範式的變革。人類發展也必須多途並進，交流互鑒，共同繁榮。采百花之粉，才能釀天下之蜜。

## 三　哲學與當代中國

中國自古以來就有思辨的傳統，中國思想史上的百家争鳴就是哲學繁榮的史象。哲學是歷史發展的號角。中國思想文化的每一次大躍升，都是哲學解放的結果。中國古代賢哲的思想傳承至今，他們的智慧已浸入中國人的精神境界和生命情懷。

中國共産黨人歷來重視哲學，毛澤東在一九三八年，在抗日戰争最困難的條件下，在延安研究哲學，創作了實踐論和矛盾論，推動了中國革命的思想解放，成爲中國人民的精神力量。

中華民族的偉大復興必將迎來中國哲學的新發展。當代中國必須有自己的哲學，當代中國的哲學必須要從根本上講清楚中國道路的哲學道理。中華民族的偉大復興必須要有哲學的思維，必須要有不斷深入的反思。發展的道路，就是哲思的道路，文化的自信，就是哲學思維的自信。哲學是引領者，可謂永恒的「北斗」，哲學是時代的「火焰」，是時代最精緻最深刻的「光芒」。從社會變革的意義上説，任何一次巨大的社會變革，總是以理論思維爲先導。理論的變革，總是以思想觀念的空前解放爲前提，而「吹響」人類思想解放第一聲「號角」的，往往就是代表時代精神精華的哲學。社會實踐對於哲學的需求可謂「迫不及待」，因爲哲學總是「吹響」這個新時代的「號角」。「吹響」中國改革開放之

「號角」的，正是「解放思想」「實踐是檢驗真理的唯一標準」「不改革死路一條」等哲學觀念。「吹響」新時代「號角」的是「中國夢」，「人民對美好生活的向往，就是我們奮鬥的目標」。發展是人類社會永恒的動力，變革是社會解放的永遠的課題，思想解放，解放思想是無盡的哲思。中國正走在理論和實踐的雙重探索之路上，搞探索没有哲學不成！

中國哲學的新發展，必須反映中國與世界最新的實踐成果，必須反映科學的最新成果，必須具有走向未來的思想力量。今天的中國人所面臨的歷史時代，是史無前例的。十三億人齊步邁向現代化，這是怎樣的一幅歷史畫卷！是何等壯麗、令人震撼！不僅中國歷史上亘古未有，在世界歷史上也從未有過。當今中國需要的哲學，是結合天道、地理、人德的哲學，是整合古今中西的哲學，只有這樣的哲學才是中華民族偉大復興的哲學。

當今中國需要的哲學，必須是適合中國的哲學。無論古今中外，再好的東西，也需要再吸收，再消化，必須要經過現代化和中國化，才能成爲今天中國自己的哲學。哲學是解放人的，哲學自身的發展也是一次思想解放，也是人的一个思維升華、羽化的過程。中國人的思想解放，總是隨著歷史不斷進行的。歷史有多長，思想解放的道路就有多長；發展進步是永恒的，思想解放也是永無止境的，思想解放就是哲學的解放。

習近平說，思想工作就是「引導人們更加全面客觀地認識當代中國、看待外部世界」。這就需要我們確立一種「知己知彼」的知識態度和理論立場，而哲學則是對文明價值核心最精練和最集中的深邃性表達，有助於我們認識中國、認識世界。立足中國、認識中國，需要我們審視我們走過的道路，立足中國、認識世界，需要我們觀察和借鑒世界歷史上的不同文化。中國「獨特的文化傳統」、中國「獨特的歷史命運」、中國「獨特的基本國情」，「決定了我們必然要走適合自己特點的發展道路」。一切現實的，存在的社會制度，其形態都是具體的，都是特色的，都必須是符合本國實際的。抽象的制度，普世的制度是不存在的。同時，我們要全面客觀地「看待外部世界」。研究古今中外的哲學，是中國認識世界、認識人類史，認識自己未來發展的必修課。今天中國的發展不僅要讀中國書，還要讀世界書。不僅要學習自然科學、社會科學的經典，更要學習哲學的經典。當前，中國正走在實現「中國夢」的「長征」路上，這也正是一條思想不斷解放的道路！要回答中國的問題，解釋中國的發展，首先需要哲學思維本身的解放。哲學的發展，就是哲學的解放，這是由哲學的實踐性、時代性所決定的。哲學無禁區、無疆界。哲學是關乎宇宙之精神，是關乎人類之思想。哲學將與宇宙、人類同在。

## 四 哲學典籍

中外哲學典籍大全的編纂，是要讓中國人能研究中外哲學經典，吸收人類精神思想的精華；是要提升我們的思維，讓中國人的思想更加理性、更加科學、更加智慧。

中國有盛世修典的傳統。中國古代有多部典籍類書（如「永樂大典」「四庫全書」等），在新時代編纂中外哲學典籍大全，是我們的歷史使命，是民族復興的重大思想工程。

只有學習和借鑒人類精神思想的成就，才能實現我們自己的發展，走向未來。中外哲學典籍大全的編纂，就是在思維層面上，在智慧境界中，繼承自己的精神文明，學習世界優秀文化。這是我們的必修課。

不同文化之間的交流、合作和友誼，必須達到哲學層面上的相互認同和借鑒。哲學之間的對話和傾聽，才是從心到心的交流。中外哲學典籍大全的編纂，就是在搭建心心相通的橋樑。

我們編纂這套哲學典籍大全，一是中國哲學，整理中國歷史上的思想典籍，濃縮中國思想史上的精華；二是外國哲學，主要是西方哲學，吸收外來，借鑒人類發展的優秀哲學成果；三是馬克思主義哲學，展示馬克思主義哲學中國化的成就；四是中國近現代以來的哲學成果，特別是馬克思主義在中國的發展。

編纂這部典籍大全，是哲學界早有的心願，也是哲學界的一份奉獻。中外哲學典籍大全總結的是書本上的思想，是先哲們的思維，是前人的足迹。我們希望把它們奉獻給後來人，使他們能够站在前人肩膀上，站在歷史岸邊看待自己。

中外哲學典籍大全的編纂，是以「知以藏往」的方式實現「神以知來」；中外哲學典籍大全的編纂，是通過對中外哲學歷史的「原始反終」，從人類共同面臨的根本大問題出發，在哲學生生不息的道路上，綵繪出人類文明進步的盛德大業！

發展的中國，既是一個政治、經濟大國，也是一個文化大國，也必將是一個哲學大國、思想王國。人類的精神文明成果是不分國界的，哲學的邊界是實踐，實踐的永恒性是哲學的永續綫性，打開胸懷擁抱人類文明成就，是一個民族和國家自强自立，始終佇立於人類文明潮頭的根本條件。

擁抱世界，擁抱未來，走向復興，構建中國人的世界觀、人生觀、價值觀、方法論，這是中國人的視野、情懷，也是中國哲學家的願望！

李鐵映

二〇一八年八月

# 「中國哲學典籍卷」

## 序

中國古無「哲學」之名，但如近代的王國維所説，「哲學爲中國固有之學」。「哲學」的譯名出自日本啓蒙學者西周，他在一八七四年出版的百一新論中説：「將論明天道人道，兼立教法的philosophy譯名爲哲學。」自「哲學」譯名的成立，「philosophy」或「哲學」就已有了東西方文化交融互鑒的性質。

「philosophy」在古希臘文化中的本義是「愛智」，而「哲學」的「哲」在中國古經書中的字義就是「智」或「大智」。孔子在臨終時慨嘆而歌：「泰山壞乎！梁柱摧乎！哲人萎乎！」（史記孔子世家）「哲人」在中國古經書中釋爲「賢智之人」，而在「哲學」譯名輸入中國後即可稱爲「哲學家」。

哲學是智慧之學，是關於宇宙和人生之根本問題的學問。對此，中西或中外哲學是共同的，因而哲學具有世界人類文化的普遍性。但是，正如世界各民族文化既有世界的普遍性，也有民族的特殊性，所以世界各民族哲學也具有不同的風格和特色。如果説「哲學」是個「共名」或「類稱」，那麽世界各民族哲學就是此類中不同的「特例」。這是哲學的普遍性與多樣性的統一。

在中國哲學中，關於宇宙的根本道理稱爲「天道」，關於人生的根本道理稱爲「人道」，中國哲學的一個貫穿始終的核心問題就是「究天人之際」。一般説來，天人關係問題是中外哲學普遍探索的問題，而中國哲學的「究天人之際」具有自身的特點。

亞里士多德曾説：「古今來人們開始哲學探索，都應起於對自然萬物的驚異……這類學術研究的開始，都在人生的必需品以及使人快樂安適的種種事物幾乎全都獲得了以後。」「這些知識最先出現於人們開始有閒暇的地方。」這是説的古希臘哲學的一個特點，是與當時古希臘的社會歷史發展階段及其貴族階層的生活方式相聯繫的。與此不同，中國哲學是産生於士人在社會大變動中的憂患意識，爲了求得社會的治理和人生的安頓，他們大多「席不暇暖」地周遊列國，宣傳自己的社會主張。這就決定了中國哲學在「究天人之際」

中首重「知人」，在先秦「百家争鳴」中的各主要流派都是「務爲治者也，直所從言之異路，有省不省耳」（史記太史公自序）。

中國哲學與其他民族哲學所不同者，還在於中國數千年文化一直生生不息而未嘗中斷，中國文化在世界歷史的「軸心時期」所實現的哲學突破也是采取了極温和的方式。這主要表現在孔子的「祖述堯舜，憲章文武」，删述六經，對中國上古的文化既有連續性的繼承，又經編纂和詮釋而有哲學思想的突破。因此，由孔子及其後學所編纂和詮釋的上古經書就以「先王之政典」的形式不僅保存下來，而且在此後中國文化的發展中居於統率的地位。

據近期出土的文獻資料，先秦儒家在戰國時期已有對「六經」的排列，「六經」作爲一個著作群受到儒家的高度重視。至漢武帝「罷黜百家，表章六經」，遂使「六經」以及儒家的經學確立了由國家意識形態認可的統率地位。漢書藝文志著録圖書，爲首的是「六藝略」，其次是「諸子略」「詩賦略」「兵書略」「數術略」和「方技略」，這就體現了以「六經」統率諸子學和其他學術。這種圖書分類經幾次調整，到了隋書經籍志乃正式形成「經、史、子、集」的四部分類，此後保持穩定而延續至清。

中國傳統文化有「四部」的圖書分類，也有對「義理之學」「考據之學」「辭章之學」和「經世之學」等的劃分，其中「義理之學」雖然近於「哲學」但並不等同。中國傳統文化沒有形成「哲學」以及近現代教育學科體制的分科，但是中國傳統文化確實固有其深邃的哲學思想，它表達了中華民族的世界觀、人生觀，體現了中華民族的思維方式、行爲準則，凝聚了中華民族最深沉、最持久的價值追求。

清代學者戴震説：「天人之道，經之大訓萃焉。」（原善卷上）經書和經學中講「天人之道」的「大訓」，就是中國傳統的哲學；不僅如此，在圖書分類的「子、史、集」中也有講「天人之道」的「大訓」，這些也是中國傳統的哲學。「究天人之際」的哲學主題是在中國文化上下幾千年的發展中，伴隨著歷史的進程而不斷深化、轉陳出新、持續探索的。

中國哲學首重「知人」，在天人關係中是以「知人」爲中心，以「安民」或「爲治」爲宗旨的。在記載中國上古文化的尚書皋陶謨中，就有了「知人則哲，能官人；安民則惠，黎民懷之」的表述。在論語中，「樊遲問仁，子曰：『愛人。』問知（智），子曰：『知人。』」（論語顔淵）「仁者愛人」是孔子思想中的最高道德範疇，其源頭可上溯到中國文化自上古以來就形成的崇尚道德的優秀傳統。孔子說：「未能事人，焉能事鬼？」「未知生，焉知死？」（論語先進）「務民之義，敬鬼神而遠之，可謂知矣。」（論語雍也）「智者知人」，在孔子的思想中雖然保留了對「天」和鬼神的敬畏，但他的主要關注點是現世的人生，是「仁者愛人」「天下有道」的價值取向，由此確立了中國哲學以「知人」爲中心的思想範式。西方現代哲學家雅斯貝爾斯在大哲學家一書中把蘇格拉底、佛陀、孔子和耶穌作爲「思想範式的創造者」，而孔子思想的特點就是「要在世間建立一種人道的秩序」，「在現世的可能性之中」，孔子「希望建立一個新世界」。

中國上古時期把「天」或「上帝」作爲最高的信仰對象，這種信仰也有其宗教的特殊性。如梁啓超所說：「各國之尊天者，常崇之於萬有之外，而中國則常納之於人事之中，此吾中華所特長也。……其尊天也，目的不在天國而在世界，受用不在未來（來世）而在現在（現世）。是故人倫亦稱天倫，人道亦稱天道。記曰：『善言天者必有驗於人。』此所以雖近於宗教，而與他國之宗教自殊科也。」由於中國上古文化所信仰的「天」不是存在於與人世生活相隔絕的「彼岸世界」，而是與地相聯繫（中庸所謂「郊社之禮，所以事上帝也」，朱熹中庸章句注：「郊，祀天；社，祭地。不言后土者，省文也。」），具有道德的、以民爲本的特點（尚書所謂「皇天無親，惟德是輔」，「天視自我民視，天聽自我民聽」，「民之所欲，天必從之」），所以這種特殊的宗教性也長期地影響著中國哲學對天人關係的認識。相傳「人更三聖，世經三古」的易經，其本爲卜筮之書，但經孔子「觀其德義而已」之後，則成爲講天人關係的哲理之書。四庫全书總目易類序說：「聖人覺世牖民，大抵因事以寓教……易則寓於卜筮。故易之爲書，推天道以明人事者也。」不僅易經是如此，而且以後中國哲學的普遍架構就是「推天道以明人事」。

春秋末期，與孔子同時而比他年長的老子，原創性地提出了「有物混成，先天地生」（老子二十五章），天地並非固有的，在天地產生之前有「道」存在，「道」是產生天地萬物的總根源和總根據。「道」內在於天地萬物之中就是「德」，「孔德之容，惟道是從」（老子二十一章），「道」與「德」是統一的。老子說：「道生之，德畜之，物形之，勢成之。是以萬物莫不尊道而貴德。道之尊，德之貴，夫莫之命而常自然。」（老子五十一章）老子的價值主張是「自然無爲」，而「自然無爲」的天道根據就是「道生之，德畜之……是以萬物莫不尊道而貴德」。老子所講的「德」實即相當於「性」，孔子所罕言的「性與天道」，在老子哲學中就是講「道」與「德」的形而上學。實際上，老子哲學確立了中國哲學「性與天道合一」的思想，而他從「道」與「德」推出「自然無爲」的價值主張，這就成爲以後中國哲學「推天道以明人事」普遍架構的一個典範。雅斯貝爾斯在大哲學家一書中把老子列入「原創性形而上學家」，他說：「從世界歷史來看，老子的偉大是同中國的精神結合在一起的。」他評價孔、老關係時説：「雖然兩位大師放眼於相反的方向，但他們實際上立足於同一基礎之上。兩者間的統一在中國的偉大人物身上則一再得到體現……」這裏所謂「中國的精神」「立足於同一基礎之上」，就是説孔子和老子的哲學都是爲了解決現實生活中的問題，都是「務爲治者也」。

在老子哲學之後，中庸説：「天命之謂性」，「思知人，不可以不知天」。孟子説：「盡其心者知其性也，知其性則知天矣。」（孟子盡心上）此後的中國哲學家雖然對天道和人性有不同的認識，但大抵都是講人性源於天道，知天是爲了知人。一直到宋明理學家講「天者理也」，「性即理也」，「性與天道合一存乎誠」。作爲宋明理學之開山著作的周敦頤太極圖說」，是從「無極而太極」講起，至「形既生矣，神發知矣，五性感動而善惡分，萬事出矣」，這就是從天道講到人事，而其歸結爲「聖人定之以中正仁義而主靜，立人極焉」，這就是從天道、人性推出人事應該如何，「立人極」就是要確立人事的價值準則。可以說，中國哲學的「推天道以明人事」最終指向的是人生的價值觀，這也就是要「爲天地立心，爲生民立命，爲往聖繼絕學，爲萬世開太平」。在作爲中國哲學主流的儒家哲學中，價值觀又是與道德修養的工夫論和道德境界相聯繫。因此，天人合一、真善合一、知行合一成爲中國哲學的主要特點。

中國哲學經歷了不同的歷史發展階段，從先秦時期的諸子百家爭鳴，到漢代以後的儒家經學獨尊，而實際上是儒道互補，至魏晉玄學乃是儒道互補的一個結晶；在南北朝時期逐漸形成儒、釋、道三教鼎立，從印度傳來的佛教逐漸適應中國文化的生態環境，至隋唐時期完成中國化的過程而成爲中國文化的一個有機組成部分；宋明理學則是吸收了佛、道二教的思想因素，返而歸於「六經」，又創建了論語孟子大學中庸的「四書」體系，建構了以「理、氣、心、性」爲核心範疇的新儒學。因此，中國哲學不僅具有自身的特點，而且具有不同發展階段和不同學派思想内容的豐富性。

一八四〇年之後，中國面臨着「數千年未有之變局」，中國文化進入了近現代轉型的時期。在甲午戰敗之後的一八九五年，「哲學」的譯名出現在黄遵憲的日本國志和鄭觀應的盛世危言（十四卷本）中。此後，「哲學」以一個學科的形式，以哲學的「獨立之精神，自由之思想」推動了中華民族的思想解放和改革開放，中、外哲學會聚於中國，中、外哲學的交流互鑒使中國哲學的發展呈現出新的形態，馬克思主義哲學在與中國的歷史文化傳統、中國具體的革命和建設實踐相結合的過程中不斷中國化而産生新的理論成果。中華民族的偉大復興必將迎來中國哲學的新發展，在此之際，編纂中外哲學典籍大全，中國哲學典籍第一次與外國哲學典籍會聚於此大全中，這是中國盛世修典史上的一個首創，對於今後中國哲學的發展、對於中華民族的偉大復興具有重要的意義。

李存山

二〇一八年八月

## 「中國哲學典籍卷」

# 出版前言

社會的發展需要哲學智慧的指引。在中國浩如煙海的文獻中，哲學典籍占據著重要地位，指引著中華民族在歷史的浪潮中前行。這些凝練著古聖先賢智慧的哲學典籍，在新時代仍然熠熠生輝。

收入我社「中國哲學典籍卷」的書目，是最新整理成果的首次發布，按照内容和年代分爲以下幾類：先秦子書類、兩漢魏晋隋唐哲學類、佛道教哲學類、宋元明清哲學類、近現代哲學類、經部（易類、書類、禮類、春秋類、孝經類）等，其中以經學類占多數。全本次整理皆選取各書存世的善本爲底本，制訂校勘記撰寫的基本原則以確保校勘品質。全套書采用繁體暨排加專名綫的古籍版式，嚴守古籍整理出版規範，並請相關領域專家多次審稿，整理者反復修訂完善，旨在匯集保存中國哲學典籍文獻，同時也爲古籍研究者和愛好者提供研習的文本。

文化自信是一個國家、一個民族發展中更基本、更深沉、更持久的力量。對中國哲學典籍進行整理出版，是文化創新的題中應有之義。中國社會科學出版社秉持「傳文明薪火，發時代先聲」的發展理念，歷來重視中華優秀傳統文化的研究和出版。「中國哲學典籍卷」樣稿已在二〇一八年世界哲學大會、二〇一九年北京國際書展等重要圖書會展亮相，贏得了與會學者的高度贊賞和期待。

點校者、審稿專家、編校人員等爲叢書的出版付出了大量的時間與精力，在此一併致謝。由於水準有限，書中難免有一些不當之處，敬請讀者批評指正。

趙劍英

二〇二〇年八月

# 本書點校説明

一、我注譯朱熹小學的目的是：爲讀者提供一部兼具可讀性和學術性的小學讀本。所謂可讀性，是希望没有太多古文基礎的一般讀者藉助譯文，也能夠瞭解書中的主要内容。朱熹所編纂之小學「雜取經傳中論幼儀者，分類條繫而以史事廣之」（四庫提要），雖然主要是用來啓蒙和教導兒童的，但對於成人來説亦未必不值得一讀。成人一方面作爲教育者應該去深入瞭解教育的内容，另一方面作爲被教育者也可以反省自身的行爲尺度。同時，在閲讀中通過譯文反觀古注，也可以提高自身閲讀古書的能力。所謂學術性，是希望對未來的朱子學研究起到一定的促進作用，全面、深入地掌握朱熹的文本材料是深化朱子學研究的基礎，在傳統中國哲學研究的視野下，一些文本被有意無意地忽略了。小學作爲朱熹禮學（儒家生活方式）建構的重要一環，理應受到更多的注意。

二、本書選取朱子全書（上海古籍出版社、安徽教育出版社二〇〇二年版）中所點校整理的小學作爲底本，以摛藻堂四庫全書薈要中所收的明陳選的小學集注作爲參校本。相比於朱子全書本，根據傳統的注釋，本書在分章、句讀方面略有改動。

三、對於小學一書的分卷、分章，採用陳選小學集注的形式。總體上分爲兩篇：內篇和外篇。內篇共二百一十三章，其中立教第一十三章，明倫第二一百〇七章，敬身第三四十六章，稽古第四四十七章。外篇共一百七十二章，其中嘉言第五九十一章，善行第六八十一章。

四、本書的注釋主要選用古注，輔以少量今注。爲了更好地貼近朱熹當初編輯小學的本意，在古注方面儘量選取朱熹本人的注釋以及其認可的注釋。其中與「四書」相關的部分直接選用四書章句集注的原注，涉及「三禮」的部分採用鄭玄注，並參以賈公彦和孔穎達的疏。其餘部分均採用陳選的小學集注，力求回到朱熹的原意。

五、小學一書出現後，歷史上對其的注釋亦不少。除陳選小學集注外，尚有清張伯行小學集解、清高愈小學纂注等重要的注本出現，如何在浩繁的古注中選取適合的注釋，是一個難題。因「可讀性」的指向，本書在古注的選擇上以簡易明白作爲一項重要的標準。

四庫提要有云：「選爲此注，隨文衍義，務取明白曉暢，俾鄉塾童蒙皆可省覽而得其意義，實爲有功初訓。」因此，除選取朱熹本人的注釋以及其認可的注釋外，悉以陳選小學集注爲準。

六、本書的今注，主要是輔助性的。字音詞意的注釋只限於生僻字、破讀和易生歧義以及晦澀難懂的詞句，一般只在第一次出現時加注。注音用拼音字母，並輔以直音法。但在無同音字或同音字較冷僻的情況下，僅用拼音字母。

七、古今有關朱熹小學的著作甚多，本書的譯文儘量遵從所選的古注做出，並在表述上參考今人相關的譯文，如劉文剛的小學譯注等。在表述方式上，以王文錦先生的禮記譯解作爲範式，除按照原文直譯外，儘量補充其中的相關背景、邏輯環節等内容，以期讀者對簡奧的古文有一個更全面和系統的理解。但限於學力與資質，體例或有不純，取捨或有不當，注釋或有不精，譯文或有不妥，誠懇地希望讀者多多批評指正。

唐紀宇

二〇一八年五月

# 目録



## 内篇

## 外篇

# 小學原序

古者小學，教人以灑掃應對進退之節，愛親敬長隆師親友之道，皆所以爲脩身、齊家、治國、平天下之本。①而必使其講而習之於幼穉之時，欲其習與智長、化與心成，而無扞格不勝之患也。②今其全書雖不可見，而雜出於傳記者亦多。讀者往往直以古今異宜而莫之行，殊不知其無古今之異者，固未始不可行也。③今頗蒐輯以爲此書，授之童蒙，資其講習，庶幾有補於風化之萬一云爾。④淳熙丁未三月朔旦晦菴題。⑤

【注釋】

①古者小學……——集注：「古者，夏商周也。小學，鄉學也。人指八歲以至十四歲之子弟也。灑謂灑水以斂塵，掃謂掃地以去塵。應謂應尊長之呼，對謂對尊長之問。節，禮節也。親，父母也。隆，尊也。親，近也。道者，當然之理。修齊治平，大學之事也。古人由小學以收心養性，基本已立，至大學特收其成功耳。」

②而必使其講而習之於幼穉之時……——穉，音zhì，同「稚」。扞，音hàn，同「捍」。集注：「講以明其

理，習以熟其事。穉亦幼也。扞格猶抵牾〔一〕也。不勝，不能勝當其教也。幼穉之子，心知未有所主，及時而教之，使習於善而與智俱長，化於善而與心俱成，故無扞格不勝之患，而大學之教亦易入矣。此兩節言古者小學教人之意。」

③今其全書雖不可見……——集注：「今，朱子自謂宋時也。古者小學之全書不可見者，以秦火焚〔二〕之也。傳記謂禮記、管子諸書。直猶但也。殊猶絶也。古今異宜，謂宜於古而不宜於今也。無古今之異，謂古法亦有宜於今也。」

④今頗蒐輯以爲此書……——蒐，音sōu，同「搜」。輯，音jí（及），聚集材料編書。庶幾，音shù jī（樹機），差不多。集注：「蒐輯者，索古法之宜於今者而纂〔三〕輯之也。授，付也。童蒙，童幼而蒙昧也。資，助。庶幾，近辭。風化，詩序曰『上以風化下』是也。萬一，萬分之一也。云爾，語辭。朱子此書，續古者小學之教，以爲大學基本，有補於國家之風化大矣，曰『庶幾』、曰『萬一』，皆謙辭耳。吴氏〔四〕曰：『朱子之於世教，豈惟有補於當時？實則有功於萬世也！』此兩節言繼絶學、輯小學之意。」

〔一〕抵牾：音dǐ wǔ（底午），牛角相抵觸，引申爲相互衝突。
〔二〕焚：音fén（墳），燒。
〔三〕纂：音zuǎn，搜集材料編書。
〔四〕吴氏：不詳何人，待考。

⑤淳熙丁未三月朔旦晦菴題——淳熙，音chún xī（純西）。朔，音shuò（碩），農曆每月初一。晦菴，音huì ān（會安）。集注：「淳熙丁未，宋孝宗十四年也。晦菴，朱子草堂之名，因以爲號。」

【譯文】

古時候的小學，教導八到十四歲的兒童灑水掃地、應答尊長以及出處進退的禮節，教給他愛戴父母、尊敬師長、友愛朋友的道理，這些都是大學裏所教修身齊家治國平天下之事的根本。因此，一定要在兒童幼小的時候就講明其中的道理、熟悉具體怎樣去做，希望好習慣和智慧一同成長、好行爲和心靈一同成就。這樣就不會有兩方面互相抵觸的隱患。古時候的小學已經没有完整的留存了，但散見於古代經典和子書中的還有很多。今天（指宋代）學習之人往往認爲這些東西只適用於古代而不適合當下，卻不知道那些没有古今差異的部分，在今天仍然可以實行。現在搜集材料編纂成這本書，教給蒙昧待啓發的兒童，作爲教材供學習之用，或許對於國家風俗的改變有那麽一點微小的幫助吧。

淳熙丁未三月一日早晨朱熹題記

# 小學題辭〔一〕

元亨利貞，天道之常。仁義禮智，人性之綱。①凡此厥初，無有不善。藹然四端，隨感而見。②愛親敬兄，忠君弟長，是曰秉彝，有順無彊。③惟聖性者，浩浩其天，不加毫末，萬善足焉。④衆人蚩蚩，物欲交蔽，乃頹其綱，安此暴棄。⑤惟聖斯惻，建學立師，以培其根，以達其支。⑥小學之方，灑掃應對，入孝出恭，動罔或悖。行有餘力，誦詩讀書，詠歌舞蹈，思罔或逾。⑦窮理修身，斯學之大。明命赫然，罔有内外。德崇業廣，乃復其初。昔非不足，今豈有餘。⑧世遠人亡，經殘教弛，蒙養弗端，長益浮靡，鄉無善俗，世乏良材，利欲紛拏，異言喧豗。⑨幸兹秉彝，極天罔墜。爰輯舊聞，庶覺來裔。嗟嗟小子，敬受此

〔一〕集注：饒氏曰：「小學者，小子之學也。題辭者，標題書首之辭也。」（饒氏：名魯，字仲遠，號雙峰，宋朝人，黄勉齋門人。）小學是教導兒童的學問。題辭是在書卷之首表明全書要旨的文字。

書。匪我言耄，惟聖之謨。⑩

【注釋】

①元亨利貞……——集注：「元者，生物之始。亨者，生物之通。利者，生物之遂。貞者，生物之成。四者謂之天道，天理自然之本體也。亘〔一〕萬世而不易，故曰常。仁者，溫和慈愛之理。義者，斷制裁割之理。禮者，恭敬撙〔二〕節之理。智者，分別是非之理。四者謂之人性，人人所稟之天理也。統萬善而不遺，故曰綱，猶綱之綱。下文所謂四端、四行，則其目之大者也。元於時爲春，於人爲仁。亨於時爲夏，於人爲禮。利於時爲秋，於人爲義。貞於時爲冬，於人爲智。此一節言天道流行，賦於人而爲性也。」

②凡此厥初……——厥，音jué（絶）。藹，音ǎi（矮）。集注：「饒氏曰：『此者，指上文仁義禮智之性也。厥，語辭。初謂本然也。藹然，衆盛貌。端，緒也。孟子曰：「惻隱之心，仁之端也。羞惡之心，義之端也。辭讓之心，禮之端也。是非之心，智之端也。」此言仁義禮智之性，其本然無有不善，是以惻隱、羞惡、辭讓、是非四者之善端，藹藹然隨其物之所感動而形見也。』此一節言性發而爲情也。」

③愛親敬兄……——秉彝，音bǐng yí（丙儀）。集注：「饒氏曰：『忠者，盡己之心也。弟，順。是，此。

〔一〕亘：音gèn（艮），貫通。
〔二〕撙：音zǔn，節制，節省。

秉，執。彝，常也。順者因其自然，彊者抑之使然。此言愛親、敬兄、忠君、弟長四者，人之善行，根於秉執之常性，因其自然而非抑之使然也。』此一節言性之見於行也。」

④惟聖性者……——集注：「惟，語辭。天即理也。毫末，一毫之末也。萬善，如四端、四行是也。此言聖人性全於天，無所污壞。其本然之理，浩浩然廣大，不待增加毫末人爲，而萬善自足，無少欠闕也。此一節言聖人之盡其性也。」

⑤衆人蚩蚩……——蚩蚩，音chī chī（吃吃）。頽，音tuí，崩壞，倒塌。集注：「饒氏曰：『蚩蚩，無知之貌。物欲，謂凡聲色臭味之欲也。暴，害也。此言衆人氣稟昏愚而無知，物欲交互而遮蔽，是以頽墜其仁義禮智之綱而安於自暴自棄也。』此一節言衆人之汩[一]其性也。」

⑥惟聖斯惻……——惻，音cè（側），悲痛。集注：「斯，語辭。建，亦立也。此言聖人見衆人安於暴棄，於是惻然傷憫[二]而建學立師以教之。小學之教，所以收其放心、養其德性，如培擁木之根本也。大學之教，所以開發聰明、進德修業，如發達木之支條也。此一節言聖人興學設教之意。」

⑦小學之方……——赫，音hè（賀），顯著，盛大。罔，音wǎng（往）。集注：「方，法也。罔，無也。手

[一] 汩：音gǔ（古），沉没。
[二] 憫：音mǐn（敏），哀憐。

曰舞，足曰蹈。饒氏曰：『此言小學之方，必使學者謹夫灑掃應對之節，入則愛其親，出則敬其長，凡所動作無或悖戾乎此也。行此數者而有餘力，則誦詩讀書。或詠歌以習樂之聲，或舞蹈以習樂之容。凡所思慮，無或逾〔一〕越乎此也。』此一節言小學之教所以培其根也。」

⑧窮理修身……——集注：「饒氏曰：『斯，此也。明命，即天之所賦於人，而人之所得以爲性者也。赫然，明盛貌。德者，道之得於内者也。業者，功之成於外者也。復，還也。初謂本然也。此言格物致知以窮究其理，誠意正心以修治其身，此乃大學之道也。然天之明命，赫然昭著，無有内外之間。學者誠能從事於大學，使物格知至意誠心正身修，而德之積於内者極乎崇高。由是推之，使家齊國治天下平，而業之施於外者極乎廣博，則有以復其性之本然矣。昔日之安於暴棄也，此性固非不足。今日之德崇業廣也，此性亦非有餘。但昔爲氣稟〔二〕物欲之所蔽，今則復其本然耳。』此一節言大學之教所以達其支也。」

⑨世遠人亡……——靡，音mí（迷），浪費，奢侈。拏，音ná（拿）。喧，音xuān（宣），大聲説話，聲音雜亂。豗，音huī（揮）。集注：「饒氏曰：『端，正也。乏，無也。利欲猶言物欲也。拏，牽引也。豗，相擊也。此言前世既遠，聖人既没，六經殘缺，而教法亦廢弛矣。小學之教廢，故學者自童蒙之時，而養之不以其正。

〔一〕逾：音yú（餘），越過，超過。
〔二〕稟：音bǐng（丙），承受，賦予。

大學之教廢，故及其年長，則所習日益輕浮華靡，是以鄉無淳厚之習俗，世無粹美之人材，但見利欲之習紛然而相牽引，異端之言喧然而相攻擊也。』此一節言後世教學不明之害。」

⑩幸茲秉彝……——茲，音zī（資），此。爰，音yuán（元）。裔，音yì（義）。嗟，音jiē（皆）。匪，音fēi（斐），不。耄，音mào（冒）。謨，音mó（魔），謀劃。集注：「極，終也。極天罔墜，言人心秉彝之理萬古常存也。我，朱子自稱也。饒氏曰：『爰，於也。裔，衣襟之末。來裔，謂後學也。嗟嗟，嘆辭。耄，老而昏也。此言後世教學不明，雖如上文所云，然所幸者人之秉彝極天罔墜，我於是纂輯舊所聞者，以爲小學之書，庶幾可以覺悟後來之學者。爾初學之小子，宜敬受此書而學之。此非我老耄之妄言，是乃前聖之謨訓也。』此一節言輯小學開後學之意。」

【譯文】

元亨利貞（生長順成），是自然的規律。仁義禮智，是人性的綱領。所以人的本然，没有不善良的。惻隱羞惡辭讓是非這四端，隨著人的遭遇不斷顯現。親愛父母，尊敬兄長，忠誠君主，順從長輩，這些善行根植於人所固有的自然本性，都是自然而然，而非強迫所爲。惟有聖人能保全本性無所污壞，本性浩然廣大，不待人爲修飾就自然完足，没有任何欠缺。而衆人却没有察覺（自己固有的本性），受物欲遮蔽，所以破壞了作爲人性綱領的仁義禮智，安心於自暴自棄的狀態，泯没了自己的本性。聖人憐憫失掉本性的衆人，於是建立學校、設置老師，培養人的根本，再讓其進一步發展。小學教育的法則，是學習灑水掃地、應答長輩，做到在家孝順父母、在外恭敬師長，没有背離的行爲。這些都做到了，如果還有精力，就誦讀詩書，學習樂舞，没有逾越的想法。窮究道理、修養身心，是學習最重要的方面。天所賦予人的自然本性顯著盛大，没有内外的差别。在内崇高其德性，在外廣大其功業，都是恢復自然的本性。因此，過往安心於自暴自棄，並非本性有所不足；現在德性崇高功業廣大，也不是因爲本性有所富餘。今天距離聖人的時代很遥遠了，經典殘缺、教化廢弛。幼小的時候没有教育好，長大就越發地浮躁奢靡。民間没有淳厚的風俗，社會缺乏優良的人才。人受欲望的牽引，各種言論相互攻擊。所幸天所賦予人的本性永遠不會消亡，於是我搜集過去的資料，用來教化後人。初學的小朋友，希望你們懷著恭敬的態度學習這本書，這不是我老了隨便胡説，這是聖人的教誨訓誡！

# 内篇〔一〕

〔一〕集注：「許文正公曰：『小學之書，吾信之如神明，敬之如父母。』夏氏曰：『上卷爲内篇，下卷爲外篇。』許文正公曰：『内篇者，小學之本源。外篇者，小學之支流。』内篇有四：立教、明倫、敬身，皆述虞夏商周聖賢之言，乃小學之綱也。稽古，摭虞夏商周聖賢之行，所以實立教、明倫、敬身也。外篇有二：嘉言，述漢以來賢人之言，所以廣立教、明倫、敬身也。善行，紀漢以來賢人之行，亦所以實立教、明倫、敬身也。」

# 立教第一〔一〕

子思子①曰：「天命之謂性②，率性之謂道③，修道之謂教④。」則天明，遵聖法，述此篇俾爲師者知所以教，而弟子知所以學。⑤

【注釋】

①子思子——朱注：「子思，孔子之孫，名伋。」

②天命之謂性——朱注：「命，猶令也。性，即理也。天以陰陽五行化生萬物，氣以成形，而理亦賦焉，猶命令也。於是人物之生，因各得其所賦之理，以爲健順五常之德，所謂性也。」

③率性之謂道——朱注：「率，循也。道，猶路也。人物各循其性之自然，則其日用事物之間，莫不各有當行之路，是則所謂道也。」

〔一〕集注：「此篇述古聖人所以立極教人之法，其大目不出乎立明倫之教、立敬身之教而已。篇首胎教一章，則教之本源也。凡十三章。」

④修道之謂教——朱注：「修，品節之也。性道雖同，而氣稟或異，故不能無過不及之差，聖人因人物之所當行者而品節之，以爲法於天下，則謂之教，若禮、樂、刑、政之屬是也。」

⑤則天明……——俾，音bǐ（比）。集注：「則，法也。天之明命，即天命之性也。遵，循也。聖人之法，即修道之教也。俾，使也。此篇所述皆道之當然，原於天而立於聖人者也。師之所以教，弟子之所以學，無有切於此者矣。」

【譯文】

子思子說：「天所賦予人的根源性的（光明）傾向叫作性，遵循這種本性所走出的路叫作道，（聖人）將（不可把捉的）道具體地展開落實（如禮樂刑政）叫作教。」效法天所顯明的命令（天命），遵循聖人的法度規則，根據以往的經典編纂立教這一篇，使老師知道如何教，學生瞭解如何學。

一·二

○列女傳①曰：古者婦人妊②子，寢不側③，坐不邊④，立不蹕⑤，不食邪味⑥，割⑦不正不食，席⑧不正不坐，目不視邪色⑨，耳不聽淫聲⑩，夜則令瞽誦詩，道正事。⑪如此，則生子形容端正，才過人矣。⑫

【注釋】

①列女傳——集注：「列女猶言諸女，漢劉向采其事以爲傳。」

②妊——音rèn（認），懷孕。集注：「妊，娠〔一〕也。」

③寢不側——集注：「寢，卧也。側謂側其身。」

④坐不邊——集注：「邊謂偏其身。古人席地而坐，如今人之跪，至漢猶然。」

⑤蹕——音bì（必），集注：「饒氏曰：『蹕當作跛〔二〕。』跛，任一足也。」

⑥邪味——集注：「邪味，不正之味。」

⑦割——集注：「割謂切肉。」

⑧席——集注：「席謂坐席。」

⑨邪色——集注：「邪色，不正之色。」

⑩淫聲——集注：「淫聲，不正之聲。」

⑪夜則令瞽誦詩……——集注：「則，即也。令，使也。瞽，無目者。詩謂二南〔三〕之詩。道，言也。正事，

〔一〕娠：音shēn（身），胎兒在母體中微動，泛指懷孕。

〔二〕跛：音bǒ，腿或腳有病，走路時身體不平衡。

〔三〕二南：詩經國風中周南、召南二部分的合稱。

事之合禮者。令瞽誦詩，以其精於聲也。」

⑫如此……——集注：「『如此』二字總結上文。寢食立坐、視聽言動一出於正，然後生子形容端正，而才能過於常人矣。蓋妙合而凝之時，正形生神發之初，感於正則善，感於邪則惡，自然之理也。」

【譯文】

列女傳母儀傳周室三母中説：古時候懷孕的女子，睡覺的時候不側著身子，席坐的時候身子不偏向一邊，站著的時候不單足站立，不吃有邪味的食物，不吃切割不正的食物，不坐位置不正的座位，眼睛不看不正的顔色，耳朵不聽不正的聲音，夜晚時讓瞽者吟誦二南之詩、言説正當之事。能按照這樣的方法去做，那麼生出的孩子身體和容貌都會端正，才能超過一般人。

## 一·二

〇内則曰：凡生子，擇於諸母與可者，必求其寬裕慈惠、溫良恭敬、慎而寡言者，使爲子師。①子能食食，教以右手；能言，男「唯」女「俞」②；男鞶革，女鞶絲③。六年，教之數與方名④。七年，男女不同席，不共食。八年，出入門户及即席飲食，必後長者，始教之讓。九年，教之數日⑤。十年，出就外傅⑥，居宿於外，學書計⑦，衣不帛襦袴⑧。禮帥初⑨，朝夕學幼儀，請肄簡諒⑩。十有三年，學樂誦詩舞勺⑪。成童，舞象⑫，學射御。二十而冠，始學禮，可以衣裘帛⑬，舞大夏⑭。惇行孝弟，博學不教，内而不出⑮。三十而有室，始理男事⑯，博學無方，孫友視志。四十始仕，方物出謀發慮，道合則服從，不可則去。五十命爲大夫，服官政⑰。七十致事⑱。女子十年不出，姆教婉娩聽從⑲，執麻枲⑳，治絲繭，織紝組紃㉑，學女事，以共衣服。觀於祭祀，納酒漿籩豆葅醢㉒，禮相助奠。十有五年而笄㉓，二十而嫁，有故㉔，二十三而嫁。聘則爲妻㉕，奔則爲妾㉖。

【注釋】

①諸母與可者……——鄭注：「諸母，衆妾也。可者，傅、御〔二〕之屬。子師，教示以善道者。」

〔二〕　此處「傅」指傅婢，即侍女、侍婢之屬。「御」指宫内的女官。案《内則》原文爲：「異爲孺子室于宫中，擇于諸母與可者，必求其寬裕慈惠、溫良恭敬、慎而寡言者，使爲子師，其次爲慈母，其次爲保母，皆居子室，他人無事不往。」鄭注：「特埽一處以處之。此人君養子之禮也。諸母，衆妾也。可者，傅、御之屬也。子師，教示以善道者。慈母，知其嗜欲者。保母，安其居處者。士妻食乳之而已。」孔疏：「此一節謂三日負子之後，三月名子之前，諸侯養子，選擇諸母及養子之法。此文雖據諸侯，其實亦兼大夫士也。但士不具三母耳，大夫以上則具三母。」從鄭注、孔疏可知此乃大夫以上從衆妾、侍女以及女官中爲其子選「三母」，最優秀的做子師，其次爲慈母，其次爲保姆，此乃古時的養子的禮儀。朱子只取「子師」一人而已。

②唯、俞——皆應聲。鄭注：「俞，然也。」

③鞶革、鞶絲——鞶，音pán（盤）。孔疏：「此鞶是小囊，盛帨巾〔一〕，男用韋〔二〕爲之，女用繒帛〔三〕爲之。」

④方名——鄭注：「方名，東西。」

⑤數日——鄭注：「朔、望與六甲〔四〕也。」

⑥外傅——鄭注：「外傅，教學之師也。」

⑦書計——六藝中六書〔五〕九數〔六〕之學。

---

〔一〕帨巾：帨，音shuì（睡），拭手的巾帕。宋孔平仲孔氏談苑宣醫喪命敕葬破家：「敕葬之家，使副洗手帨巾，每人白羅三疋，他物可知也。」

〔二〕韋：音wéi（圍），熟皮，去毛熟治的皮革。字林云：「韋，柔皮也。」

〔三〕繒帛：繒，音zēng（增），絲綢之統稱。

〔四〕六甲：用天干地支相配計算時日，其中有甲子、甲戌、甲申、甲午、甲辰、甲寅，故稱。漢書食貨志上云：「八歲入小學，學六甲五方書計之事，始知室家長幼之節。」

〔五〕六書：古人分析漢字造字的理論，即象形、指事、會意、形聲、轉注、假借。周禮地官保氏云：「五曰六書。」鄭玄注引鄭司農曰：「六書，象形、會意、轉注、處事、假借、諧聲也。」許慎説文解字序云：「周禮：八歲入小學，保氏（官名）教國子（公卿大夫之子弟）先以六書。一曰指事。指事者，視而可識，察而見意，上下是也。二曰象形。象形者，畫成其物，隨體詰詘（jié qū，彎曲），日月是也。三曰形聲。形聲者，以事爲名，取譬（喻也）相成，江河是也。四曰會意。會意者，比（比合、組合）類（字類、字群）合誼（義之本字，義乃誼之假借字），以見指撝（指向）（二句言組合字羣而會合其義，以表現所指向之物事也。），武信是也。五曰轉注。轉注者，建類（造字類）一首（統一其部首），同意相受（加也），考老是也。六曰假借。假借者，本無其字，依聲托事，令長是也。」

〔六〕九數：古演算法名。後之九章算術本此。周禮地官保氏云：「養國子以道，乃教之六藝：一曰五禮，二曰六樂，三曰五射，四曰五馭，五曰六書，六曰九數。」鄭玄注引鄭衆云：「九數：方田、粟米、差分、少廣、商功、均輸、方程、贏不足、旁要。」

⑧不帛襦袴——襦袴，音rú kù（如褲），短衣與褲，亦泛指衣服。鄭注：「不用帛爲襦袴，爲大溫，傷陰氣也。」

⑨禮帥初——鄭注：「遵習先日所爲也。」孔疏：「帥，循也。行禮動作，皆帥循初日所爲。」

⑩請肄簡諒——鄭注：「肄，習也。諒，信也。請習簡，謂所書篇數也；請習信，謂應對之言也。」孔疏：「簡，禮篇章也。諒，信也，謂言語信實。言請長者習學篇章簡禮，及應對信實言語也。」

⑪舞勺——孔疏：「熊氏〔一〕云：『勺，籥〔二〕也，言十三之時，學習此舞籥之文舞也。』」

⑫成童舞象——鄭注：「成童，十五以上。」孔疏：「舞象，謂舞武也。熊氏云：『謂用干戈之小舞也。以其年尚幼，故習文武之小舞也。』」

⑬衣裘帛——孔疏：「二十成人，血氣強盛，無慮傷損，故可以衣裘帛也。」

⑭大夏——鄭注：「大夏，樂之文武備者也。」孔疏：「大夏是禹樂，禪代之後，在干戈之前，文武具備，故二十習之也。」

⑮内而不出——鄭注：「内而不出，謂人之謀慮也。」孔疏：「唯蘊畜其德在内，而不得出言爲人謀慮。」

---

〔一〕熊氏：名安生，字植之，北朝經學家。通五經，精三禮。
〔二〕籥：音yuè（月），同「龠」。

⑯男事——鄭注：「受田給政役。」孔疏：「三十丁壯，受其田土，供給征役，始理男事。」

⑰服官政——鄭注：「統一官之政也。」

⑱致事——鄭注：「致其事於君而告老。」

⑲婉娩聽從——鄭注：「婉，謂言語也。娩之言媚也，媚謂容貌也。」孔疏：「此分婉爲言語、娩爲容貌者，鄭意以此上下備其四德：以婉爲婦言，娩爲婦容，聽從爲婦順，『執麻枲』以下爲婦功。」

⑳麻枲——枲，音xǐ（喜）。泛指麻，儀禮喪服：「齊者何，緝也；牡麻者，枲麻也。」

㉑織紝組紃——紝，音rèn（認）；紃，音xún（尋）。孔疏：「組、紃俱爲絛〔一〕也。紝爲繒帛，故杜〔二〕注左傳：『紝，爲繒帛。』皇氏〔三〕云：『組是綬也。』然則薄闊爲組，似繩者爲紃。」

㉒納酒漿籩豆葅醢——籩，音biān（邊）。古代宴會和祭祀時盛放食物的器皿。木制的叫豆，竹制的叫籩。葅（菹）：音zū（租），醃菜。醢：音hǎi（海），用肉、魚等製成的醬。孔疏：「謂於祭祀之時觀看，須於廟外納此酒漿、籩豆、葅醢之等，置於神坐〔四〕。一『納』之文，包此六事言之也。」

〔一〕絛（縧）：音tāo（濤）。用絲線編成的帶子。

〔二〕杜：杜預，字元凱，西晉京兆杜陵人，著有春秋左氏經傳集解及春秋釋例等。

〔三〕皇氏：名侃，南朝梁人，經學家。撰有論語義疏、禮記義疏、禮記講疏、孝經義疏等。

〔四〕神坐：同「神座」，神主牌位。亦指神像座位。

㉓十有五年而笄——笄，音jī（機），古代特指女子十五歲可以盤髮插笄的年齡，即成年。鄭注：「謂應年許嫁者。女子許嫁，笄而字之。其未許嫁，二十則笄。」

㉔有故——鄭注：「故，謂父母之喪。」

㉕聘則爲妻——鄭注：「聘，問也。妻之言齊也。以禮見問，則得與夫敵體。」

㉖奔則爲妾——鄭注：「妾之言接也。聞彼有禮，走而往焉，以得接見於君子也。」

【譯文】

禮記內則中說：孩子誕生之後，國君在衆妾與侍女、女官中選擇照看的人，必定要選求爲人寬厚、慈惠、溫良、恭敬、謹慎而寡言少語的人，讓他們做孩子的老師。孩子能够吃飯了，就教他們用右手取食。孩子能够説話了，就教給他們回答大人的叮囑、教導時，男孩要答「唯」，唯是恭敬的應聲；女孩要答「俞」，俞是婉順的應聲。身上的佩囊，男孩用的是皮制的，女孩用的是絲織的。皮質堅韌，武事所需；絲質柔軟，女織所用。孩子到了六歲，要教他們認識數目和方向名稱。到了七歲，男孩女孩不同席共坐，不在一起進食，這是爲了儘早地建立男女之別。到了八歲，教導他們出入門户和入席飲食，必須在長者之後，開始教他們謙恭禮讓，這是向其表明廉恥。到了九歲，教給他們數日子，懂得朔望（舊曆初一和十五），明白天干地支。以上都是家中女師教的。到了十歲，男孩女孩學習的内容就不同了。男孩到了十歲，就外出就學，在外面居住，跟隨老師學習六藝中的六書、九數之學。衣著簡樸，不穿絲綢做的衣褲〔二〕。舉止謙恭之禮還要遵循早先在家中所學的，從早到晚實習少年侍奉長者的禮儀，請求學習篇章中的簡要禮儀，以及應答中的信實言語。到了十三歲，開始學習音樂，誦讀詩經，學習名爲勺的一種文舞。年到十五歲，是爲成童，開始學習名爲象的一種武舞，學習射箭和駕馭馬車。先學勺，後學象，這是按照文武次序來安排的。到了二十歲，舉行加冠禮，表示已經成人，開始學習種種大的禮儀，這時可以穿皮裘和絲帛，學習名爲大夏的大型舞蹈，篤行孝悌之道。這時唯須博學洽聞，不可爲師教人；專心藴藏美德在内，不可出言爲人謀劃、炫耀表現。到了三十歲，娶妻成家，開始從事男人的工作，接受田地，納税服役。廣泛地學習，没有局限，恭遜地順從朋友，觀察對方的志趣思致，認真吸取。到了四十歲，開始做官任事，這時要做自己應當做的事情，没有什麽好謙虚退讓的，積極地出謀劃策、發動思慮，來爲國家出力。國家政令與道義相合，就積極服從；與道義不合，就辭職離去。年到五十歲，受命爲大夫，擔任國家某個方面的行政長官。到了七十歲，退休。女子主内，故在十歲以前，不隨便出門，由女師教導她説話和婉，容貌柔順，聽從長者的吩咐；又教給她緝麻紡線，養蠶繅絲，織繒帛、織絲條（薄而寬的叫組，細而圓的叫紃），學習婦女的工作，以供製作衣服穿用。未嫁之前，觀看家廟舉行的祭祀，往廟室裏遞送酒、漿、竹籩、木豆、醃菜、肉醬之類，祭禮進行時幫助奠放。女孩年滿十五歲，開始訂婚，舉行加笄禮。二十歲出嫁，如果家裏有父母之喪的變故，就推遲婚期，俟服喪期

〔二〕 按照鄭玄注，其原因是用帛做衣褲太過温暖，損傷陰氣。

滿，到二十三歲再出嫁。以禮聘問而嫁的是妻，不待聘而往嫁的叫作奔，奔則爲妾。

## 一·三

○曲禮曰：幼子常視毋誑①，立必正方②，不傾聽。

【注釋】

①常視毋誑——誑，音kuáng（狂）。鄭注：「視，今之『示』字。〔一〕小未有所知，常示以正物，以正教之，無誑欺。」孔疏：「小兒恒習效長者，長者常示以正事，不宜示以欺誑，恐即學之。故曾子兒啼，妻云：『兒莫啼，吾當與汝殺豕。』兒聞輒止。妻後向曾子說之，曾子曰：『勿教兒欺。』即殺豕食兒。是不誑也。」

②立必正方——鄭注：「習其自端正。」孔疏：「立宜正嚮一方，不得傾頭屬聽〔二〕左右也。」

【譯文】

曲禮中說：對小孩子要常常讓他看到正確、正當的事，而不能用謊話去欺騙他。教他站立端正，不要歪頭

〔一〕按孔穎達的說法，古時觀視於物及以物視人，皆作「視」。後世，觀視於物，作「視」；以物示人，作「示」。

〔二〕屬聽：傾耳以聽。唐韓愈、孟郊秋夜聯句：「牽懷到空山，屬聽邇驚瀨。」

側耳聽人説話。

## 一·四

○學記曰：古之教者，家有塾①、黨有庠②、術有序③、國有學④。

【注釋】

①家有塾——塾，音shú（熟）。鄭注：「古者仕焉而已者，歸教於閭里，朝夕坐於門，門側之堂謂之塾。」孔疏：「周禮：百里之内，二十五家爲閭，同共一巷，巷首有門，門邊有塾。謂民在家之時，朝夕出入，恒受教於塾，故云『家有塾』。白虎通云：『古之教民百里皆有師。里中之老有道德者爲里右師，其次爲左師，教里中之子弟以道藝、孝悌、仁義也。』」

②黨有庠——庠，音xiáng（詳）。鄭注：「周禮五百家爲黨。」孔疏：「庠，學名也。於黨中立學，教閭中所升者也。」

③術有序——鄭注：「術，當爲『遂』，聲之誤也。萬二千五百家爲遂。黨屬於鄉，遂在遠郊之外。」孔疏：「遂有序，亦學名。於遂中立學，教黨學所升者也。」

④國有學——孔疏：「國，謂天子所都及諸侯國中也。周禮：天子立四代學以教世子、羣后之子及鄉中俊選所升之士也。而尊魯，亦立四代學。餘諸侯於國但立時王之學。故云『國有學』也。」

【譯文】

禮記學記〔二〕中說：古時教化的場所，一閭（二十五家）之中有「塾」，一黨（五百家）之中有「庠」，一遂（一萬二千五百家）之中有「序」，一國之中有「學」。

## 一·五

〇孟子曰：人之有道也①，飽食、煖衣、逸居而無教，則近於禽獸。聖人有憂之，使契②爲司徒③，教以人倫。父子有親，君臣有義，夫婦有別，長幼有序，朋友有信。

【注釋】

①人之有道——朱注：「言其皆有秉彝之性也。然無教則亦放逸怠惰而失之，故聖人設官而教以人倫，亦

---

〔二〕學記：孔穎達正義曰：「案鄭目録云：『名曰學記者，以其記人學教之義，此於別録屬通論。』」

因其固有者而道之耳。書曰：『天敘有典，敕我五典五惇哉。』此之謂也。」

②契——音xiè（謝），朱注：「契，亦舜臣名也。」〔二〕

③司徒——朱注：「司徒〔三〕，官名也。」

【譯文】

（孟子滕文公上中記載）孟子說：人皆稟受美好的天性，但是在吃飽穿暖居住安逸之後，如果没有教化，就會因放縱懈怠而失去美好的本性，變得和禽獸差不多了。聖人舜因爲憂慮這樣的情况發生，所以使大臣契做司徒，主管教化。用關於人與人關係的道理以及行爲準則來教導人民——（使）父子之間有骨肉之親，君臣之間有禮義之道，夫妻之間摯愛而有内外之别，老少之間有尊卑之序，朋友之間有誠信之德。

## 一・六

○舜命契曰：「百姓不親，五品不遜①，汝作司徒，敬敷五教，在寬②。」命夔③曰：

〔二〕契：古人名，中國商朝的祖先，傳説是舜的臣，助禹治水有功而封于商。

〔三〕司徒：周禮云：「立地官司徒，使帥其屬而掌邦教，以佐王安擾邦國。」故司徒爲古代掌管民衆和教化的官職。

「命汝典樂，教胄子④。直而溫，寬而栗，⑤剛而無虐，簡而無傲。⑥詩言志，歌永言⑦，聲依永，律和聲。⑧八音克諧，無相奪倫，神人以和。」⑨

【注釋】

①五品不遜——孔注：「五品，謂五常。遜，順也。」孔疏：「『品』謂品秩，一家之内，尊卑之差，即父、母、兄、弟、子是也。教之義、慈、友、恭、孝，此事可常行，乃爲『五常』耳。不順，謂不義、不慈、不友、不恭、不孝也。」

②在寬——孔注：「布五常之教，務在寬，所以得人心，亦美其前功。」孔疏：「治不遜之罪，宜峻法以繩之，而貴其『務在寬』者，此『五品不遜』，直是禮教不行，風俗未淳耳，未有殺害之罪，故教之務在於寬。若其不孝不恭，其人至於逆亂而後治之，於事不得寬也。」

③夔——音kuí（葵），孔注：「夔，臣名。」

④教胄子——孔注：「胄，長也，謂元子〔一〕以下至卿大夫子弟。以歌詩蹈之舞之，教長國子中、和、祗、庸、孝、友。〔二〕」

〔一〕　元子：出自尚書微子之命，解釋爲天子和諸侯的嫡長子。

〔二〕　此説出自周禮春官宗伯大司樂，「以樂德教國子中、和、祗、庸、孝、友」，鄭注：「中，猶忠也。和，剛柔適也。祗，敬。庸，有常也。」

⑤直而溫，寬而栗——孔注：「教之正直而溫和，寬弘而能莊栗。」

⑥剛而無虐，簡而無傲——孔注：「剛失入虐，簡失入傲，教之以防其失。」

⑦詩言志，歌永言——孔注：「謂詩言志以導之，歌詠其義以長其言。」

⑧聲依永，律和聲——孔注：「聲謂五聲：宮、商、角、徵、羽。律謂六律、六呂，十二月之音氣。言當依聲律以和樂。」

⑨八音克諧，無相奪倫，神人以和——孔注：「倫，理也。八音能諧，理不錯奪，則神人咸和。命夔使勉之。」

【譯文】

（尚書虞書舜典中記載）舜任命契說：「民衆不和睦，父子兄弟等都不融洽。你做司徒，謹慎地施行五常的教化，教之以義慈友孝恭，應當寬容而不加以迫脅，這樣才能獲得人心。」任命夔說：「你來主持樂律，教導君臣的長子。使他們正直而能溫和，寬弘而能畏懼，剛強而不至於殘暴，簡易而不至於傲慢。詩言說志向來引導人，歌吟唱含義來使聲音長久，五聲依照歌詠，六律六呂配合五聲。這樣，各種音樂都能和諧，就不會失掉次序，那麼神明和人心都會和睦了。」

## 一·七

○周禮大司徒：以鄉三物教萬民而賓興之①：一曰六德，知、仁、聖、義、忠、和；②二曰六行，孝、友、睦、婣、任、恤；③三曰六藝，禮、樂、射、御、書、數。④以鄉八刑糾萬民⑤：一曰不孝之刑⑥，二曰不睦之刑⑦，三曰不婣之刑⑧，四曰不弟之刑⑨，五曰不任之刑⑩，六曰不恤之刑⑪，七曰造言之刑⑫，八曰亂民之刑⑬。

【注釋】

①以鄉三物教萬民而賓興之——賈疏：「物，事也。司徒主六鄉〔一〕，故以鄉中三事教鄉內之萬民也。興，舉也。三物教成，行鄉飲酒之禮，尊之以爲賓客而舉之。三物者，則下一曰、二曰、三曰是也。」

②知仁聖義忠和——鄭注：「知，明於事。仁，愛人以及物。聖，通而先識。義，能斷時宜。忠，言以中

〔一〕六鄉：比、閭、族、黨、州、鄉。周制：王城之外百里以內，分爲六鄉，每鄉設鄉大夫管理政務。周禮云：「天子遠郊之地有六鄉，則六軍之士也；外有六遂，掌供王之貢賦。」

心。和，不剛不柔。」

③孝友睦婣任恤——婣，同「姻」。鄭注：「善於父母爲孝，善於兄弟爲友。睦，親於九族〔一〕。婣，親於外親〔二〕。任，信於友道。恤，振憂貧者。」

④禮樂射御書數——鄭注：「禮，五禮之義。樂，六樂之歌舞。射，五射之法。御，五御之節。書，六書之品。數，九數之計。」賈疏：「案彼注云：『五禮者，玄謂吉、凶、賓、軍、嘉。』六樂者，玄謂云門、大咸、大韶、大夏、大濩、大武。五射者，先鄭云：『白矢、參連、剡注、襄尺、井儀。』五御者，先鄭云：『鳴和鸞、逐水曲、過君表、舞交衢、逐禽左。』六書者，先鄭云：『象形、會意、轉注、處事、假借、諧聲。』九數者，先鄭云：『方田、粟米、差分、少廣、商功、均輸、方程、贏不足、旁要，此九章之術是也。』」

⑤以鄉八刑糾萬民——賈疏：「上設三物教萬民，民有不從教者，則設刑以刑之，故言『以鄉八刑糾萬民』也。」

⑥不孝之刑——賈疏：「有不孝於父母者則刑之。孝經不孝不在三千者，深塞逆源，此乃禮之通教。兼戒凡品，故不孝有刑也。」

---

〔一〕九族：九代的直系親屬，包括高祖、曾祖、祖父、父親、自己、兒子、孫子、曾孫、玄孫。
〔二〕外親：由女系血統而連續的親屬。

⑦不睦之刑——賈疏：「不相親睦亦刑之。」

⑧不婣之刑——賈疏：「不親於外親亦刑之。」

⑨不弟之刑——賈疏：「謂不敬師長亦刑之。」

⑩不任之刑——賈疏：「謂不信任於朋友亦刑之。」

⑪不恤之刑——賈疏：「謂見災危而不憂恤亦刑之。」

⑫造言之刑——賈疏：「有造浮僞之言者亦刑之。」

⑬亂民之刑——賈疏：「謂執左道亂政則刑之。」

【譯文】

周禮大司徒中說：（司徒）以鄉學教育的三個方面（三種教法）來教化（鄉内的）百姓，教化完成後，在鄉内舉行飲酒禮，以敬待賓客的方式對待學習有所成就之人，並舉薦給君主。這三種教法爲：一是六種德性，那就是知、仁、聖、義、忠、和；二是六種行爲，那就是孝、友、睦、婣、任、恤；三是六種技藝，那就是禮、樂、射、御、書、數。以適用於鄉中的八種刑罰糾察萬民：第一是對父母不孝的刑罰，第二是對族人不睦的刑罰，第三是對婣親不親的刑罰，第四是對師長不敬的刑罰，第五是對朋友無信的刑罰，第六是對貧苦的人不加以憐憫救濟的刑罰，第七是對造謠惑衆的刑罰，第八是對亂民的刑罰。

## 一・八

〇王制曰：樂正崇四術①，立四教，順先王詩書禮樂以造士。春秋教以禮樂，冬夏教以詩書。②

【注釋】

①樂正崇四術——鄭注：「樂正，樂官之長，掌國子之教。崇，高也。高尚其術以作教也。幼者教之於小學，長者教之於大學。」

②春秋……冬夏……——鄭注：「春夏，陽也。詩、樂者聲，聲亦陽也。秋冬，陰也。書、禮者事，事亦陰也。互言之者，皆以其術相成。」孔疏：「若不互言，當云『春夏教以樂、詩，秋冬教以禮、書』，則是春夏但教以樂、詩，不教禮、書；秋冬但教以禮、書，不教以樂、詩。言其四術不可暫時而闕，今交互言之，云春教樂，明兼有禮；秋教禮，兼有樂；夏教詩，兼有書；冬教書，兼有詩，故云『皆以其術相成』，但逐其陰陽以爲偏主耳。」

【譯文】

禮記王制中説：樂正（主管國學學政的長官）尊崇詩、書、禮、樂四種學術，而相應地設立了思想課程，依靠這些先王流傳的詩、書、禮、樂來造就人才。春秋兩季（主要）教以禮、樂，冬夏兩季（主要）教以詩、書。

## 一・九

○弟子職①曰：先生施教，弟子是則。②溫恭自虛③，所受是極④。見善從之，聞義則服⑤。溫柔孝弟，毋驕恃力。⑥志毋虛邪，行必正直。⑦游居有常，必就有德。⑧顏色整齊，中心必式。⑨夙興夜寐，衣帶必飭。⑩朝益暮習，小心翼翼。⑪一此不懈，是謂學則。⑫

【注釋】

①弟子職——集注：「弟子職，管子篇名，管仲所著者。」

②先生施教，弟子是則——集注：「先生，師也。稱師曰先生者，以先己而生也。自稱曰弟子者，尊師如父兄也。則，效。」

③溫恭自虛——集注：「溫和，恭遜也。自虛，心不自滿也。」

④所受是極——集注：「朱子曰：所受是極，謂受業須窮究道理到盡處也。」

⑤聞義則服——集注：「服，猶行也。」

⑥溫柔孝弟，毋驕恃力——集注：「柔，巽順也。孝謂善事父母，弟謂善事兄長。驕則侮人，恃力則陵人，非汎愛衆矣。」

⑦志毋虛邪，行必正直——集注：「心之所之謂之志，身之所行謂之行，虛謂虛僞。」

⑧游居有常，必就有德——集注：「常謂常所。就有德，親仁也。」

⑨顏色整齊，中心必式——集注：「式，敬。顏色整齊，敬見乎外也。中心必式，敬存乎中也。」

⑩夙興夜寐，衣帶必飭——集注：「夙，早。飭，整也。夙興夜寐，勤以簡身也。衣帶必飭，謹以簡身也。」

此三節〔一〕言力行之事。」

⑪朝益暮習，小心翼翼——集注：「益，增也。翼翼，敬也。朝益暮習，勤以務學也。小心翼翼，敬以務學也。此言學文之事。」

⑫一此不懈，是謂學則——集注：「懈，怠也。則，法也。通結上文。吴氏曰：『言爲弟子者，當專一從事於此而不怠，是謂爲學之法矣。』」

---

〔一〕此三節：即「游居有常，必就有德。顏色整齊，中心必式。夙興夜寐，衣帶必飭。」

【譯文】

管子弟子職中說：先生施行教育，弟子遵照學習。謙恭虛心，所學自能徹底。見善就跟著去做，見義就身體力行。性情溫柔孝悌，不要驕橫（輕慢別人），也不要自恃勇力（欺負別人）。心志不可虛邪，行爲必須正直。出外居家都要遵守常規，一定要接近有德之士。容色保持端正（是敬表現於外），內心必合於規範（是敬存於內）。早起遲眠，衣帶必須整齊；朝學暮習，總是要小心翼翼。專心遵守這些而不懈怠，這就是學習的法則。

## 一·一〇

○孔子曰：弟子入則孝，出則弟①，謹而信②，汎愛衆③而親仁④。行有餘力⑤，則以學文⑥。

【注釋】

①弟——音tì（替），通「悌」，尊敬兄長。

②謹而信——朱注：「謹者，行之有常也。信者，言之有實也。」

③汎愛衆——朱注：「汎，廣也。衆，謂衆人。」

④親仁——朱注：「親，近也。仁，謂仁者。」。

⑤餘力——朱注：「猶言暇日。」

⑥則以學文——朱注：「以，用也。文，謂詩書六藝之文。」

【譯文】

（論語學而中記載）孔子說：弟子們在家裏，就孝順父母；出門在外，要敬愛師長，行爲上謹慎有常，言語上誠實可信，要廣泛地去愛衆人，親近那些有仁德的人。用躬行實踐之餘的閒暇時間來學習詩書六藝之類的文獻（這樣道德實踐就不會完全出自私意）。

## 一·一二

○興於詩①，立於禮②，成於樂③。

【注釋】

①興於詩——朱注：「興，起也。詩本性情，有邪有正，其爲言既易知，而吟詠之間，抑揚反覆，其感人又易入。故學者之初，所以興起其好善惡惡之心，而不能自已者，必於此而得之。」

②立於禮——朱注：「禮以恭敬辭遜爲本，而有節文度數之詳，可以固人肌膚之會、筋骸之束。故學者之中，所以能卓然自立，而不爲事物之所摇奪者，必於此而得之。」

③成於樂——朱注：「樂有五聲十二律，更唱迭和，以爲歌舞八音之節，可以養人之性情，而蕩滌其邪穢，消融其渣滓。故學者之終，所以至於義精仁熟，而自和順於道德者，必於此而得之，是學之成也。」

【譯文】

（論語泰伯中記載，孔子説）詩能够感發人好善惡惡的情感，故學習之初，興起於詩。禮能够約束人的外在以及内在，使人獨立而不受外物的干擾，故學習之中，自立於禮。樂能够陶養人的性情，滌除餘漏，使人自安於道德之途，故學習之終，成就於樂。

## 一·一二

〇樂記曰：禮樂不可斯須去身①。

【注釋】

①禮樂不可斯須去身——孔疏：「言禮樂是治身之具，不可斯須去離於身也。」

【譯文】

禮記樂記中説：禮樂是修身治心的工具，因此，片刻也不能離開身心。

## 一·一三

〇子夏①曰：賢賢易色②；事父母，能竭其力；事君，能致③其身；與朋友交，言而有信。雖曰未學，吾必謂之學矣。

【注釋】

①子夏——朱注：「子夏，孔子弟子，姓卜，名商。」

②賢賢易色〔一〕——朱注：「賢人之賢，而易其好色之心，好善有誠也。」

③致——朱注：「致，猶委也。委致其身，謂不有其身也。」

【譯文】

〔一〕這句話歷來有三種解釋，其一爲「用尊崇優秀品德的心來改變愛好美色之心」；其二爲「見到比自己賢德的人要改變臉色（表示謙卑）」；其三指夫婦這一倫，選擇配偶要重品德，不重容貌。朱子採用的是第一種解釋。

（論語學而中記載）子夏說：如同喜好美色那般真誠地好賢求善；侍奉父母，能盡心竭力；服事君上，能豁出性命；同朋友交往，說話誠實守信。這種人，雖說没學習過，我一定說他已經學習過了。

# 明倫第二〔一〕

孟子曰：「設爲庠序學校以教之，皆所以明人倫也。」①稽聖經，訂賢傳，②述此篇以訓蒙士。

【注釋】

①孟子曰……——朱注：「庠以養老爲義，校以教民爲義，序以習射爲義，皆鄉學也。學，國學也。共之，無異名也。倫，序也。父子有親，君臣有義，夫婦有別，長幼有序，朋友有信，此人之大倫也。庠序學校，皆以明此而已。」

②稽聖經，訂賢傳——稽，音jī（機）。集注：「稽，考也。訂，評議。聖人之書曰經，賢人之書曰傳。」

〔一〕集注：「明，明之也。倫，人倫也。其目有五：明父子之親、明君臣之義、明夫婦之別、明長幼之序、明朋友之交。凡百七章。」

【譯文】

孟子說：「在地方設立庠（周朝）、序（商朝）、校（夏朝），在中央設立學（三代相同），用這些教育機構來進行教化，其目的是明確人與人之間的秩序。」考察聖人的經典，評議修訂賢人的著述，根據以往的經典編纂明倫這一篇，以此來訓誡尚待啓蒙的初學之人。

## 二・一

○内則曰：子事父母：雞初鳴，咸盥漱①，櫛縰笄總②，拂髦③，冠緌纓④，端韠紳⑤，搢笏⑥，左右佩用⑦，偪屨著綦⑧。婦事舅姑，如事父母：雞初鳴，咸盥漱，櫛縰笄⑨總，衣紳⑩，左右佩用⑪，衿纓⑫，綦屨，以適父母、舅姑之所。及所，下氣怡⑬聲，問衣燠⑭寒，疾痛苛⑮癢，而敬抑搔之。出入則或先或後，而敬扶持之。進盥，少者奉槃，長者奉水，請沃盥。盥卒，授巾。問所欲而敬進之，柔色以溫之⑯。父母、舅姑必嘗之而後退。男女未冠笄者，雞初鳴，咸盥漱，櫛縰，拂髦，總角⑰，衿纓，皆佩容臭⑱。昧爽而朝⑲，問何食飲矣。若已食，則退；若未食，則佐長者視具⑳。

【注釋】

①咸盥漱——盥，音guàn（冠）。漱，音shù（術）。鄭注：「咸，皆也。」孔疏：「盥謂洗手，漱謂漱口。此據年稍長者，若其孺子〔一〕，則晏起〔二〕，而不能雞初鳴也。」

②櫛縰笄總——櫛，音zhì（志），梳也。縰，音xǐ（喜）。笄，音jī（機）。鄭注：「縰，韜髮〔三〕者也。總，束髮也，垂後爲飾。」孔疏：「『笄』者，著縰既畢，以笄插之。『總』者，裂練繒〔四〕爲之，束髮之本，垂餘於髻〔五〕後，故以爲飾也。此經所陳，皆依事先後。櫛訖〔六〕加縰，縰訖加笄，笄訖加總，然後加髦著冠，冠畢，然後服玄端、著韠，又加大帶也。」

③拂髦——髦，音máo（毛），古代稱幼兒垂在前額的短髮。鄭注：「拂髦，振去塵著之；髦用髮爲之，象幼時鬌〔七〕，其制未聞也。」

---

〔一〕孺子：幼兒，兒童。孟子公孫丑上：「今人乍見孺子將入於井，皆有怵惕惻隱之心。」
〔二〕晏起：晏，音yàn（燕）。很晚才起床。
〔三〕韜髮：音tāo fà（濤髮），古禮，未成年者用幘巾包紮頭髮，謂之「韜髮」。
〔四〕練繒：白色繒帛。
〔五〕髻：音jì（記），盤在頭頂或腦後的髮結。
〔六〕訖：音qì（氣），完結，終了。說文云：「訖，止也。」
〔七〕鬌：音duǒ（躲），小兒留而不剪的一部分頭髮。

④冠緌纓——緌，音ruí。鄭注：「緌，纓之飾也。」孔疏：「結纓頷下以固冠，結之餘者，散而下垂謂之緌。」

⑤端韠紳——韠，音bì（必），蔽膝，古代一種遮蔽在身前的皮制服飾。鄭注：「端，玄端，士服也；庶人深衣。紳，大帶，所以自紳約也。」

⑥搢笏——搢，音jìn（進）。笏，音hù（户）。鄭注：「搢，猶扱〔一〕也，扱笏於紳。笏，所以記事也。」

⑦左右佩用——内則篇後云：「左佩紛帨、刀、礪、小觿、金燧，右佩玦、捍、管、遰、大觿、木燧。」今省略之。鄭注：「自佩也。必佩者，備尊者使令也。」

⑧偪屨著綦——偪，音bī（逼）。屨〔二〕，音jù（巨）。著，音zhuó（卓）。綦，音qí（齊）。鄭注：「偪，行縢〔三〕。綦，屨繫也。」孔疏：「皇氏云：『屨頭施系，以爲行戒。』未知然否。或可著屨之時，屨上自有繫，以結於足也。故鄭注士冠禮『黑屨青絇〔四〕』云『絇之言拘也，以爲行戒。』」

---

〔一〕 扱：古同「插」，儀禮士喪禮云：「主人出，南面，左袒，扱諸面之右。」

〔二〕 屨：古代用麻葛製成的一種鞋。

〔三〕 行縢：縢，音téng（疼）。綁腿布。詩小雅采菽「邪幅在下」，漢鄭玄箋：「邪幅，如今行縢也。偪束其脛，自足至膝，故曰在下。」

〔四〕 絇：音qú（渠），古時鞋上的裝飾物。

⑨笄——鄭注：「笄，今簪〔一〕也。」孔疏：「謂婦人之笄異於上男子笄、縰，故於此始云『笄，今簪也』。則與士冠禮男子爵弁笄、皮弁笄同。故鄭注冠禮亦云『笄，今之簪也』，則喪服女子『吉笄尺二寸』也。」

⑩衣紳——鄭注：「衣紳，衣而著紳。」孔疏：「鄭恐經云『衣紳』，謂衣著此紳，故云『衣而著紳』，謂加玄端綃〔二〕衣而後著紳帶，此異於男子，故不有冠緌端韠紳搢笏之屬。」

⑪左右佩用——與前之「左右佩用」不同，内則篇後云：「左佩紛帨、刀、礪、小觿、金燧，右佩箴、管、線、纊，施縏袠，大觿、木燧。」今省略之。

⑫衿纓——衿，音jīn（今），鄭注：「衿猶結也。婦人有纓，示繫屬也。」

⑬怡——鄭注：「怡，説也。」

⑭燠——音yù（欲），暖，熱。

⑮苛——鄭注：「苛，疥〔三〕也。」孔疏：「以其『苛』與『癢』共文，故知『苛，疥也』。」

⑯漚——鄭注：「漚，藉也。承尊者必和顏色。」孔疏：「藉者，所以承藉於物，言子事父母，當和柔顏色，承藉父母，若藻藉承玉然。」

---

〔一〕簪：音zān，用來綰住頭髮的一種首飾，古代亦用以把帽子别在頭髮上。
〔二〕綃：音xiāo（消），生絲織物。
〔三〕疥：音jiè（借），疥瘡，一種皮膚病，非常刺癢。説文云：「疥，搔也。」

⑰總角——鄭注：「總角，收髮結之。」

⑱容臭——鄭注：「容臭，香物也，以纓佩之，爲迫〔一〕尊者，給小使〔二〕也。」孔疏：「臭謂芬芳，臭物謂之容者，庾氏〔三〕云：『以臭物可以脩飾形容，故謂之容臭。以纓佩之者，謂纓上有香物色。』」

⑲昧爽而朝——昧爽：拂曉，黎明。鄭注：「後成人也。」

⑳具——鄭注：「具，饌〔四〕也。」

【譯文】

內則中說：（年齡稍長的）男子侍奉父母，每天雞叫頭遍的時候，就都起來洗臉漱口，梳頭，包上髮巾，插上髮簪，系上髮帶，安上齊眉的髮飾，模仿幼兒的形象，表示年齡雖長仍不忘思慕父母之意。戴上冠，顎下結上戴穗兒的冠纓，餘下的部分垂散下來。穿上黑色的玄端服，系上皮蔽膝，腰中加上大帶，用以記事的笏板插進大帶，身上左右佩帶各種生活小用品，以備尊者使用。綁好護腿，穿上鞋，系好鞋帶。然後才敢見父母。媳婦侍奉公婆，如同侍奉父母，每天雞叫頭遍，就起來洗臉漱口，梳頭，裹上髮巾，插上簪子，系上髮帶，穿

---

〔一〕迫：接近。

〔二〕小使：一、指宮中侍役。二、指一般傭人。

〔三〕庾氏：庾蔚之，字季隨，南朝宋潁川人，禮學家。

〔四〕饌：音zhuàn（轉）。

好衣服，加上大帶。身上左右佩戴各種生活小用品。結系著香囊，穿上鞋，系好鞋帶。〔二〕兒子們、兒媳婦們穿戴整齊去父母公婆的住處，進了房間，柔聲下氣地問寒問暖，老人們身上如有什麼痛癢，就恭敬地爲之按摩搔摝。老人們出入走動，兒子、媳婦根據具體的情況或先或後地恭敬扶持。打來洗臉水，年紀輕些的捧著接水盤子，年紀長些的捧著澆水的匜〔三〕，請老人洗手洗臉，洗完，遞上毛巾。問老人想吃什麼，然後恭敬地進上，和顔悦色地來奉承。一定要伺候父母公婆食用之後才能告退，這是爲了表示尊敬。〔三〕男子二十行加冠禮，女子十五行加笄禮，表示長大成人。未成年的男女，也每天雞叫頭遍的時候，就起牀洗臉漱口，梳頭，梳理眉毛上的劉海兒，頭頂左右各挽起一個小髻，系上繡囊，都裝有香料，這是爲了接近尊者時交給他的侍從使用。天一亮就在成年人之後朝見父母，問候飲食。如果父母已經吃過早飯，就可告退；如果尚未食用，就幫助兄嫂侍奉飲食。〔四〕

## 二・二

○凡内外，雞初鳴，咸盥漱，衣服，斂枕簟①，灑掃室堂及庭，布席，各從其事。

〔二〕孔疏：「此一節論女事父母，婦事舅姑所服之衣，所佩之物，皆異於男子之事。各依文解之。」
〔三〕匜：音yí（頤），古代一種盛水洗手的用具。
〔三〕孔疏：「此一節論子事父母，婦事舅姑，至其處所奉扶沃盥之儀，奉進酒醴膳羞之事。各依文解之。」
〔四〕孔疏：「此一節論未冠笄者事親之禮。」

【注釋】

①斂枕簟——簟，音diàn（店），竹席。鄭注：「斂枕簟者，不使人見己褻者。簟，席之親身也。」

【譯文】

（禮記內則中說：）凡家中內外，不論主人和家僕，雞叫頭遍都要起來洗臉漱口，穿好衣服，斂起枕頭竹席（這些貼身使用的東西），這是爲了不讓人看到自己在家不莊重的樣子。灑掃室中堂上以及庭院，佈置坐席，各幹自己該做的家務。

## 二·三

○父母、舅姑將坐，奉席，請何鄉。將衽①，長者奉席，請何趾。少者執牀與坐。御者舉几②，斂席與簟③，縣衾篋枕④，斂簟而襡之⑤。父母、舅姑之衣衾簟席枕几，不傳⑥；杖屨，祗敬之⑦，勿敢近；敦牟卮匜⑧，非餕⑨莫敢用；與恒飲食，非餕莫之敢飲食⑩。

【注釋】

①將衽——衽，音rèn（認）。鄭注：「將衽，謂更卧處。」

②御者舉几——几，音jī（機），小或矮的桌子。孔疏：「謂早旦親起之後，侍御之人則奉舉其几，以進尊者，使馮之。」

③斂席與簟——孔疏：「斂此所卧在下大席，與上襯〔一〕身之簟。」

④縣衾篋枕——縣，同「懸」。衾，音qīn（親），被子。篋，音qiè（妾），藏物之具，大曰箱，小曰篋。孔疏：「又縣其所卧之衾，以篋貯所卧之枕也。」

⑤斂簟而襡之——襡，音shǔ（鼠）。鄭注：「須卧乃敷之也。襡，韜〔二〕也。」

⑥不傳——鄭注：「傳，移也。」孔疏：「侍御之人，停貯常處，子婦不得輒更傳移，令嚮他處。」

⑦杖屨祗敬之——祗，音zhī（知），恭敬。孔疏：「杖、屨是尊者服御之重，彌須恭敬，故云『祗敬之』，勿敢偪近也。」

⑧敦牟卮匜——牟，音móu（謀）。卮，音zhī（知），古同「巵」。匜，音yí（頤）。鄭注：「餕乃用之。牟讀曰『堥』〔三〕也。卮、匜，酒漿器。敦、牟，黍稷器也。」孔疏：「敦則周禮有玉敦，今之杯、盂也。隱義曰：

〔一〕 襯：貼身。
〔二〕 韜：音tāo（濤），隱藏，隱蔽。
〔三〕 堥：音móu（謀）。

『堥，土釜〔一〕也。』今以木爲器，象土釜之形。」

⑨餕——音jùn（俊），吃剩下的食物。

⑩與恒飲食……——孔疏：「與，及也。接上『敦牟』之文，非但不敢用，及父母恒食飲食，非因餕時，莫敢飲食。」

【譯文】

（禮記内則中説：）古人都是席地而坐，父母、公婆起牀之後，要設休息的坐榻。將要坐下的時候，做兒子、媳婦的就捧著捲著的坐席，鋪席之前請問朝向何方。父母、公婆將要更換卧處的時候，兒子、媳婦年長的就捧捲著的卧席，鋪席之前請問腳朝向哪邊，年少的就拿起小坐牀讓老人坐下等候。每天老人們早晨起來的時候，侍者捧上矮桌，供尊者依憑，然後才捲起鋪在下面的蒲席和鋪在上面的竹席，把被子疊好懸掛起來，把枕頭裝在小箱裏，貼身的竹席捲起後再裝進布套中。因爲這些都是貼身的寢具，所以要好好地收藏起來，以免玷污。〔二〕父母、公婆的衣服、被子、竹席、蒲席、枕頭、靠几，都放在一定的地方，兒子、媳婦們不能隨意移動，老人們的手杖和鞋子是日常使用的重要工具，要恭敬地對待，不要隨便接觸。老人們常用的盛飯的敦和牟，盛

〔一〕釜：古代的一種鍋。

〔二〕孔疏：「此一節論父母舅姑將坐將卧奉席之禮。及未卧之前，且斂枕簟衾簟舉藏，須卧乃鋪。」

酒的巵和匜，只有老人用過飯後，讓兒子、媳婦接著吃，才可以使用老人的這些器皿，除此之外，是不敢擅自動用的。老人的日常飲食，除非老人吃完後讓兒子、媳婦接著食用，否則是不敢擅自食用的。〔二〕

## 二・四

〇在父母、舅姑之所，有命之，應「唯」敬對，進退周旋慎齊①。升降出入揖遊②，不敢噦噫③、嚏④咳、欠伸⑤、跛倚⑥、睇視⑦，不敢唾洟⑧。寒不敢襲⑩，癢不敢搔。不有敬事，不敢袒裼⑨。不涉不撅⑪，褻衣⑫衾不見裏。父母唾洟不見⑬。冠帶垢，和灰請漱。衣裳垢，和灰請澣。⑭衣裳綻⑮裂，紉箴⑯請補綴⑰。少事長，賤事貴，共帥時⑱。

【注釋】

①齊——鄭注：「齊，莊也。」

②揖遊——揖，音yī（衣）。古代行禮時依禮儀進退俯仰。

〔二〕孔疏：「此一節論父母舅姑所服用之物，子婦不得輒用，所恒飲食之饌，不得輒食。」

③噦噫——音yuě yī（～衣），打嗝。噦，氣逆聲。噫，打飽呃〔一〕。

④嚏——音tì（替），〔～噴〕鼻黏膜受到刺激而引起的一種猛烈帶聲的噴氣現象（「噴」讀輕聲）。亦稱「噴嚏」。

⑤欠伸——鄭注：「志倦則欠，體倦則伸。」〔二〕

⑥跛倚——跛，音bǒ。鄭注：「偏任爲跛，依物爲倚。」〔三〕

⑦睇視——睇，音dì（地）。鄭注：「睇，傾視也。易曰：『明夷，睇於左股。』」

⑧唾洟——洟，音yí（頤）。口水和鼻涕。

⑨襲——鄭注：「襲謂重衣〔四〕。」

⑩袒裼——音tǎn xī（毯悉），脱去上衣左袖，露出臂膀。陳澔禮記集説：「袒與裼皆禮之敬，故非敬事不袒裼也。」

⑪撅——撅，音juē（噘），鄭注：「撅，揭衣也。」孔疏：「言於尊所，不因涉水，不敢揭衣。」

---

〔一〕呃：音è（餓），氣逆上沖作聲。

〔二〕見儀禮士相見禮。

〔三〕見禮記禮器。

〔四〕重衣：音zhòng（衆），衣上加衣。

⑫褻衣——褻，音xiè（謝）。内衣，貼身之衣。

⑬唾洟不見——鄭注：「輒刷去之。」

⑭…請澣——澣，音huàn（幻）。鄭注：「手曰漱。足曰澣。和，漬〔一〕也。」孔疏：「以冠帶既尊，故以手漱之，用力淺也。衣裳既卑，故以足澣之，用力深也。」

⑮綻——鄭注：「綻猶解也。」

⑯紉箴——亦作「紉針」。以線穿針，引申爲縫製衣物。

⑰綴——音zhuì（墜），縫。

⑱共帥時——鄭注：「共猶皆也。帥，循也。時，是也。禮皆如此也。」

【譯文】

（禮記内則中説：）在父母、公婆的住所，老人們有什麽吩咐，要立即應答，恭敬地回話。進退轉身都要敬慎端莊，升降堂階，出入室户，都要俯身行走，不敢乾嘔、打飽嗝、打噴嚏、咳嗽、打哈欠、伸懶腰、單腿支撑站立、倚靠門牆、斜視，不敢吐唾沫、流鼻涕。當著老人的面，冷了不敢加衣，癢了不敢搔撓。不是特别重要的事情，不敢脱去上衣左袖，露出臂膀。不是涉水就不敢揭起衣裳，貼身的衣服、被子不要將裏子顯露出來。

〔一〕漬：音zì（自），長時間地浸泡，説文云：「漬，漚也。」

父母的口水鼻涕不要任其出現於外，須隨手爲之擦拭。老人冠帶衣裳髒了，調和草木灰，請老人脱下來，浸泡後來洗滌。衣裳開了線，扯了口子，紉上針，請老人脱下來，爲他縫補。年少侍奉年長，卑下侍奉尊上，都應該遵循這樣（子婦們侍奉父母公婆）的規矩。

## 二·五

〇曲禮曰：凡爲人子之禮，冬溫而夏凊〔一〕，昏定而晨省①。出必告，反必面。②所遊必有常，所習必有業。恒言不稱老③。

【注釋】

①昏定而晨省——鄭注：「定，安其牀衽也。省，問其安否何如。」孔疏：「定，安也。晨，旦也。應卧，當齊整牀衽，使親體安定之後，退。至明旦，既隔夜，早來視親之安否何如。先昏後晨，兼示經宿之禮。熊氏云：『晨省者，案內則云：同宫則雞初鳴，異宫則昧爽而朝。』」

〔一〕清：音qìng（慶），清凉。

②出必告，反必面——鄭注：「告、面同耳，反言『面』者，從外來，宜知親之顔色安否。」

③恒言不稱老——鄭注：「廣敬。」孔疏：「老是尊稱，若其稱老，乃是己自尊大，非是孝子卑退之情，故注云：『廣敬。』言廣者，非但敬親，因敬親廣敬他人。或云子若自稱老，父母則甚老，則感動其親，故舜『年五十而慕』是也。」

【譯文】

禮記曲禮中說：做兒女的禮節是：冬天要讓父母溫暖，夏天要讓父母涼爽。晚上替他鋪牀安枕，清早向他問候請安。當兒子的，出門前必須稟告父母，回家後也必須面告父母（這樣可以知道父母的臉色心情）；出遊必定有個常去的處所，學習必定有個固定的課業；平常講話不要自稱年老，這是因爲「老」是尊稱，而孝子應該謙卑退讓。

## 二・六

○禮記曰：孝子之有深愛者，必有和氣①；有和氣者，必有愉色；有愉色者，必有婉容。孝子如執玉，如奉盈，②洞洞屬屬然③，如弗勝，如將失之。嚴威儼恪④，非所以事親也。

## 【注釋】

①和氣——鄭注：「和氣，謂立而詘〔一〕。」

②如執玉，如奉盈——孔疏：「言孝子對神，容貌敬慎，如執持玉之大寶，如奉盈滿〔二〕之物。」

③洞洞屬屬然——屬屬，音shǔ shǔ（鼠鼠）。孔疏：「洞洞，質慤〔三〕之貌。言君與夫人卿大夫之等，皆容貌洞洞然，其爲恭敬也。屬屬，專一之貌。其心則屬屬然專一，盡其忠誠也。」〔四〕

④嚴威儼恪——儼，音yǎn（眼）。恪，音kè（課）。孔疏：「嚴，謂嚴肅；威，謂威重；儼，謂儼正；恪，謂恭敬。〔五〕言四者容貌，非事親之體，事親當和順卑柔也。」

## 【譯文】

禮記祭義〔六〕中說：孝子對於雙親有著深沉的愛，必然胸中就有一團和氣；有了和氣，必然就有愉悦的神色；有了愉悦的神色，必然就有婉順的儀容。孝子行祭，其神態如同手執寶玉，如同手捧盛滿熱水的器皿，恭

---

〔一〕詘：音qū（區），彎曲。

〔二〕或作「蒲」，未知何意。

〔三〕質慤：慤，音què（卻）。質樸誠信。

〔四〕見禮記禮器：「卿大夫從君，命婦從夫人，洞洞乎其敬也，屬屬乎其忠也。」

〔五〕按：「恪，謂恭敬」，恐非其義。另恪亦有莊嚴之義，漢應劭風俗通：「容止嚴恪，鬚眉甚偉。」

〔六〕祭義：孔疏：「名曰祭義者，以其記祭祀齋戒薦羞之義也，此於別録屬祭祀。」（薦羞，指進獻美味的食品。）

恭敬敬地，專心致志地，如同承受不住祭品的沉重，如同將要失手。威嚴莊重的儀容，不是用來侍奉父母的，侍奉父母應該和順卑柔。

## 二·七

○曲禮曰：凡爲人子者，居不主奥①，坐不中席②，行不中道③，立不中門④。食饗不爲槩⑤，祭祀不爲尸⑥。聽於無聲，視於無形。⑦不登高，不臨深，不苟訾，不苟笑⑧。

【注釋】

①居不主奥——鄭注：「室中西南隅謂之奥。」孔疏：「主猶坐也。奥者，室内西南隅也。室嚮南，户近東南角，則西南隅隱奥無事，故呼其名爲奥。常推尊者于閑樂無事之處，故尊者居必主奥也。既是尊者所居，則人子不宜處之也。」

②坐不中席——孔疏：「一席四人，則席端爲上。今不云『上席』而言『中』者，舊通有二：一云敬無餘席，非唯不可上，亦不可中也；一云共坐則席端爲上，獨坐則席中爲尊。尊者宜獨，不與人共，則坐常居中，故卑者坐不得居中也。」

③行不中道——鄭注：「道有左右。」孔疏：「尊者常正路而行，卑者故不得也。男女各路，路各有中也。」

④立不中門——鄭注：「中門，謂棖闑〔一〕之中央。」孔疏：「中央有闑，闑傍有棖，棖謂之門梐〔二〕。今云『不中門』者，謂棖闑之中，是尊者所行，故人子不得當之而行也。」

⑤食饗不爲槩——饗，音xiǎng（享）。鄭注：「槩，量也。不制待賓客饌具之所有。」孔疏：「熊氏云：『謂傳家事、任子孫，若不傳家事，則子孫無待賓之事。大夫士或相往來，設於饗食〔三〕。事由尊者所裁，而子不得輒豫限量多少也。』」

⑥祭祀不爲尸——鄭注：「尊者之處，爲其失子之道。然則尸卜筮無父者。」孔疏：「尸代尊者之處，故人子不爲也。」

⑦聽於無聲，視於無形——孔疏：「『聽於無聲』者，謂聽而不聞父母之聲，此明人子常禮也。『視於無形』者，謂視而不見父母之形，雖無聲無形，恒常於心想像，似見形聞聲，謂父母將有教使己然也。」

⑧不苟訾，不苟笑——訾，音zǐ（資）。鄭注：「人之性，不欲見毁訾，不欲見笑。君子樂然後笑。」孔疏：「苟，且也。相毁曰訾。不樂而笑爲苟笑。彼雖有是非，而己苟譏毁訾笑之，皆非彼所欲，必反見毁辱，

〔一〕棖闑：音chéng niè（誠聶），古代門兩旁的長木和門中間的豎木。
〔二〕梐：音bì（必），古時官府門前阻攔人馬通行的木架子。
〔三〕饗食：饗，音xiǎng（響）。隆重地宴請賓客的禮儀。

故孝子不爲也。」

【譯文】

禮記曲禮中說：做兒子的，當與父親處在同一個居室時，不要佔據室内西南角的位置，不要坐在席的當中，不要走院裏過道的當中，不要站在門的當中，這是因爲這四處都是尊者所處的地方。家宴待客用物多少，由尊者決定，不要預先設定食量；祭祀時不能充當神主受父輩祭拜。雖然没有聽到父母的聲音、看到父母的形象，但心中常常想象，好似看到聽到一樣，這是時刻準備著被父母所使唤。不要攀登高處，不要靠近深處；不要隨便詆毁，不要隨便嘲笑，這是因爲這些事會給自身帶來危險和恥辱，孝子不會去做。

## 二·八

〇孔子曰：父母在，不遠遊①，遊必有方②。

【注釋】

①遠遊——朱注：「遠遊，則去親遠而爲日久，定省曠而音問疏；不惟己之思親不置，亦恐親之念我不忘也。」

②遊必有方——朱注：「遊必有方，如己告云之東，即不敢更適西，欲親必知己之所在而無憂，召己則必至而無失也。」

【譯文】

（論語里仁中記載）孔子説：父母在世，不要長時間在外（一方面，會疏遠父母；另一方面，會加重父母的擔憂）。如果要出遠門，必須有確定的去處（如此讓父母知曉則不會擔憂，而且也便於隨時召喚回到身邊）。

## 二·九

○曲禮曰：父母存，不許友以死。①

【注釋】

①父母存，不許友以死——孔疏：「謂不許爲其友報仇讎〔一〕也，親存，存須供養，則孝子不可死也。若父母存，許友報仇怨而死，是忘親也。親亡則得許友報仇，故周禮有『主友之讎，視從父兄弟』。白虎通云：

〔一〕仇讎：讎，音chóu（愁）。仇人。

『朋友之道親存不得行者，不得許友以其身，亦不許友以死耳。』」

【譯文】

禮記曲禮中說：父母在世，不能承諾去爲朋友獻身（報仇）效死。

## 二·一〇

○禮記曰：父母在，不敢有其身，不敢私其財，①示民有上下也。父母在，饋獻不及車馬②，示民不敢專也。

【注釋】

①不敢有其身，不敢私其財——鄭注：「身及財皆當統於父母也。有，猶專也。」

②饋獻不及車馬——鄭注：「饋，本又作『餽』，音同。車馬，家物之重者。」

【譯文】

禮記坊記中說：父母在世時，做兒女的不敢專有自身，不敢私存財物，這是向民衆顯示有尊卑上下的統屬關係。父母在世，做兒子的饋贈、奉獻給别人的物品，不能涉及車馬之類的貴重財物，這是向民衆顯示做兒子的不敢專擅家産。

## 二·一一

○内則曰：子婦孝者敬者，父母舅姑之命，勿逆勿怠①。若飲食之，雖不耆，必嘗而待。②加之衣服，雖不欲，必服而待。③加之事，人代之，己雖不欲，④姑與之而姑使之⑤，而後復之⑥。

【注釋】

①勿逆勿怠——鄭注：「恃其孝敬之愛，或則違解〔一〕。」

②雖不耆……——耆，同「嗜」，愛好。孔疏：「謂尊者以飲食與己，己雖不嗜愛，必且嘗之，而待尊者後命，令己去之，而後去之。」

③加之衣服……——孔疏：「爲尊者加己衣服，己雖不欲，必且服之，而待後命而藏去之。」

〔一〕解：音xiè，同「懈」，鬆弛，懈怠。

④加之事……——孔疏：「謂尊者言加己以事業，事業欲成，尊者又使人代己。此事既嚮成，不欲他人代己，而難其妨己之業。」

⑤姑與之而姑使之——孔疏：「姑，且也。且與代己者之事，而且使代己者爲之。」

⑥而後復之——孔疏：「待代己者休解，而後復本事業於己身也。」

【譯文】

禮記內則中說：孝敬父母公婆的兒子、媳婦們，父母公婆有什麼吩咐，不要違背，也不要懈怠。老人如果賞賜某種飲食，即使不喜歡吃，也一定要嘗一點，等待老人發話讓自己退下，才能離去。老人賜給衣服，即使不想要，也一定要穿上，等待老人發話讓自己退下，才能走開。老人交給自己辦的事，中間又叫別人代替，自己雖然不情願，也姑且把事交給他，並且讓他去做，等他做完了，自己再來妥善地料理。

## 二·一二

○子婦無私貨，無私畜，無私器，不敢私假，不敢私與。①婦或賜之②飲食、衣服、布帛、佩帨、茝蘭③，則受而獻諸舅姑。舅姑受之則喜，如新受賜；若反賜之，則辭；不得命④，如更受賜，藏以待乏⑤。婦若有私親兄弟，將與之，則必復請其故，賜而後與之。⑥

【注釋】

①子婦無私貨……——鄭注：「家事統於尊也。」

②或賜之——鄭注：「或賜之，謂私親〔一〕兄弟。」

③茝蘭——茝，音chǎi。陸德明禮記釋文：「茝蘭〔二〕，本又作芷〔三〕，韋昭〔四〕注漢書云：『香草也』。」

④不得命——鄭注：「不得命者，不見許也。」

⑤待乏——鄭注：「待舅姑之乏也。」

⑥婦若有私親兄弟……——孔疏：「雖藏之以待舅姑之乏，若舅姑不乏，私親兄弟既貧，將欲以物與之，不敢別請其財，則必於舅姑處復請其故賜所藏之物。舅姑既許，然後取而與之。」

【譯文】

（禮記內則中記載）當兒子的、當兒媳婦的，沒有屬於個人的財貨、牲畜、器具，不敢私自把東西借給人，

---

〔一〕私親：自己的親屬；與自己關係親密的人。

〔二〕蘭：說文云：「蘭，香草也。」

〔三〕芷：音zhǐ（指），（白芷）多年生草本植物。簡稱「芷」，亦稱「辟芷」。

〔四〕韋昭：字弘嗣，吳郡雲陽人。著有漢書音義、國語注、官職訓等。

更不敢私自把東西送人。當兒媳婦的，如果有親屬密友贈送她什麽飲食、衣服、布帛、佩巾、香草，她接受之後，就要獻給公婆。公婆接受了，兒媳婦滿心歡喜，其心情如同剛剛接受親友的饋贈一樣。如果公婆把禮物回賜給兒媳婦，兒媳婦就該謝辭不受；得不到公婆的許可，非接受不可，那就如同再接受公婆的賞賜，收藏起來，等待公婆缺乏時再恭敬獻出。兒媳婦要是想送禮物給娘家、親戚、兄弟，就必須先向公婆説明原因，請求允許，公婆將所需東西賜給兒媳婦，兒媳婦再拿去送給人。

## 二・一三

○曲禮曰：父召無「諾」，先生召無「諾」，「唯」而起。①

【注釋】

①諾、唯——鄭注：「應辭，『唯』恭於『諾』。」孔疏：「父與先生呼召稱『唯』，唯，㕧〔一〕也。不得稱『諾』。其稱『諾』，則似寬緩驕慢。但今人稱『諾』，猶古之稱『唯』，則其意急也。今之稱『㕧』，猶古之稱『諾』，其意緩也，是今古異也。」

〔一〕㕧：音shì（是）。

【譯文】

禮記曲禮中說：父親召喚的時候，不要緩緩地稱「諾」，老師召喚的時候，也不要緩緩地稱「諾」，都要迅速恭敬地應聲「唯」，同時起立，這是因爲「唯」比「諾」更加恭敬。

## 二·一四

○士相見禮曰：凡與大人言，始視面①，中視抱②，卒視面③，毋改④，衆皆若是⑤。若父⑥，則遊目，毋上於面，毋下於帶。若不言⑦，立則視足，坐則視膝。

【注釋】

①始視面——鄭注：「始視面，謂觀其顏色，可傳言未也。」

②中視抱——鄭注：「中視抱，容其思之，且爲敬也。」

③卒視面——鄭注：「卒視面，察其納己言否也。」

④毋改——鄭注：「毋改，謂傳言見答應之間，當正容體以待之，毋自變動，爲嫌解惰不虚心也。」

⑤衆皆若是——鄭注：「衆，謂諸卿大夫同在此者。皆若是，其視之儀無異也。」

⑥若父——鄭注：「子於父，主孝不主敬，所視廣也，因觀安否何如也。」

⑦不言——鄭注：「不言則伺其行起而已。」

【譯文】

儀禮士相見禮中說：與有官職的人交談，首先看他的表情（是否可以交談），其次（視線下移）看他的胸部（讓他思考，且表示尊敬），最後看他的臉色（觀察其是否接受）。在這期間，當端正身體等候，不要隨意亂動，以免有不虛心的嫌疑。各位公卿大夫都應該如此去做。若是與父親交談，則可以看旁邊，看看父親近況如何。但視線不要高於面部，也不要低於腰帶。如果不交談，站著則要看對方的腳，坐著則要看對方的膝蓋，這是爲了觀察對方是否起身行動。

## 二・一五

○禮記曰：父命呼①，「唯」而不「諾」②，手執業則投之，食在口則吐之，走而不趨③。親老④，出不易方⑤，復不過時⑥。親癠⑦，色容不盛⑧。此孝子之疏節也。父没而不能讀父之書，手澤存焉爾；⑨母没而杯圈不能飲焉，口澤之氣存焉爾。⑩

【注釋】

①父命呼——孔疏：「『父命呼』者，父召子也。命，謂遣人。呼，非謂自喚也，亦云爲父命所呼也。」

②唯而不諾——孔疏：「『唯而不諾』者，應之以『唯』，而不稱『諾』，『唯』恭於『諾』也。」

③走而不趨——孔疏：「趨，疾趨也。但急走往而不暇疾趨也」

④親老——孔疏：「此云老者。若親未老，子出，或苟有礙，則亦許易方、過期也。而論語云『父母在，不遠遊，遊必有方』，亦當謂老者耳。」

⑤出不易方——鄭注：「易方，爲其不信己所處也。」孔疏：「方，常也。若啓〔一〕往甲，則不得往乙也。若覓不見，則老人易憂愁也。謂若屢易方，親忽須見之，則不復信己得往常處也。」

⑥復不過時——鄭注：「復，反也。」孔疏：「復，還也。假旦啓云日中還，不得過中。」

⑦瘠——音ji（紀），鄭注：「瘠，病也。王季有疾，文王色憂，行不能正履。」孔疏：「謂父母病也。」

⑧色容不盛——孔疏：「謂親之病，孝子當憂愁危懼，行不能正履也。今親病唯色容不充盛而已，不能顛頷憂愁危懼，此乃是孝子疏簡之節，言孝心不篤也。」〔二〕

〔一〕 啓：出發，啟程。

〔二〕 孔疏恐不確。

⑨父没而不能讀父之書……——孔疏：「凡孝子之情，父没之後，而不忍讀父之書，謂其書有父平生所持手之潤澤存在焉，故不忍讀也。」

⑩母没而杯圈不能飲焉……——鄭注：「孝子見親之器物，哀惻不忍用也。圈，屈木所爲，謂卮、匜之屬。」孔疏：「言孝子母没之後，母之杯圈，不忍用之飲焉，謂母平生口飲潤澤之氣存在焉，故不忍用之。經云『不能』者，謂不能忍爲此事。書是男子之所有，故父言『書』。杯圈是婦人所用，故母言『杯圈』也。」

【譯文】

禮記玉藻〔一〕中説：父親命人來呼唤，要疾聲應「唯」，不要緩聲應「諾」，「唯」和「諾」雖然都是答應的聲音，而「唯」體現著高度的恭敬。如果當時手中正拿著書册，那就趕快放下，嘴裏正吃著食物，那就趕快吐出，立刻跑到父親所在的地方去，要跑，不能僅僅是快走。父母年老，兒子更要做到出必告，返必面。出門前稟告父母自己要到哪去，離家後就不要改去他處，免得家中有事找不到人而引起父母的擔憂；到時回家，不要過時，免得老人牽掛。父親或母親病了，兒女憂愁得氣色不好。以上這幾點只不過是一般孝子都能做的簡略禮節，還稱不上至孝行爲。父親謝世之後，不忍心去翻讀父親讀過的書册，因爲書册上存在著父親的手澤〔二〕氣息。母親

---

〔一〕　玉藻：鄭玄云：「以其記服冕之事也。冕之旒以藻訓，貫玉爲飾，因以名之。」爲何命名爲「玉藻」？因爲此篇記載的是服飾和冠冕的禮節。君王的禮帽前後的旒通常用藻紃來製作，而用玉作爲裝飾，所以以此命名。

〔二〕　手澤：指先人所遺留下來的器物或手跡。

謝世之後，不忍心去使用母親用過的杯盤，因爲杯盤上存在著母親的口澤〔二〕氣息。孝子睹物思親，不忍動用。

## 二·一六

〇内則曰：父母有婢子①，若庶子庶孫，甚愛之，雖父母没，没身敬之不衰。子有二妾，父母愛一人焉，子愛一人焉，由衣服飲食，由執事，毋敢視父母所愛，②雖父母没不衰。

【注釋】

①婢子——婢，音bì（必）。鄭注：「婢子，所通賤人之子。」

②子有二妾……——孔疏：「由，自也。爲自己身所愛妾，衣服飲食及執事，毋敢比於父母所愛者，故鄭云：『由，自也。』」

【譯文】

禮記内則中説：父母對某個賤妾或者庶子〔三〕庶孫，非常寵愛，即使父母過世，作爲嫡系的兒女也要順承父

〔二〕口澤：口水的漬痕。多指逝去的先人所遺留。

〔三〕庶子：舊時指嫡子以外的衆子；亦指妾所生之子。禮記内則：「適子、庶子見於外寢。」鄭玄注：「庶子，妾子也。」

母的遺願終身敬重他們，感情不稍減弱。兒子有兩個小妾，父母喜愛一個，兒子喜愛另一個，兒子所喜愛的那一個，在衣服飲食方面，在家務勞動方面，都不敢跟父母所喜愛的那一個相比，即使父母過世後，做兒子的也要順承父母的意願，待遇不敢變更或削減。

## 二·一七

○子甚宜①其妻，父母不說，出②。子不宜其妻，父母曰「是善事我」，子行夫婦之禮焉，没身不衰。

【注釋】

①宜——鄭注：「宜猶善也。」孔疏：「宜，謂與之相善而寵愛。」

②出——孔疏：「出，謂出去也。案大戴禮本命云：『婦有七出：不順父母，去。無子，去。淫，去。妬，去。有惡疾，去。口多言，去。竊盜，去。不順父母，爲逆德也；無子，爲其絶世也；淫，爲亂其族

也；妬，爲亂其家也；有惡疾，爲其不可共粢盛[一]也；口多言，爲其離親也；竊盜，爲其反義也。』大戴禮又云：『婦有三不去：有所受，無所歸，不去。曾經三年喪，不去。前貧賤，後富貴，不去。』何休又云：『喪婦長女，不娶，無教戒。世有惡疾，不娶，棄於天。世有刑人，不娶，棄於人。亂家女，不娶，類不正。逆家女，不娶，廢人倫也。』案周易同人六二鄭注云：『天子諸侯后夫人，無子不出』，則猶有六出也。其天子之后雖失禮，亦不出，故鼎卦初六鄭注云：『嫁於天子，雖失禮，無出道，廢遠而已。若其無子，不廢，遠之。后尊，如其犯六出，則廢之。』」

【譯文】

禮記內則中説：如果兒子很愛自己的妻子，而父母不喜歡她，就該休妻。如果兒子不愛自己的妻子，而父母誇她善於服事我們，當兒子的就得跟她一起過夫妻生活，終身禮遇不減。

## 二·一八

○曾子曰：孝子之養老也，樂其心，不違其志。樂其耳目，安其寢處，以其飲食忠養

〔一〕粢盛：音zī chéng（資成），祭祀時將黍稷放在祭器裡，稱爲「粢盛」。孟子滕文公下云：「諸侯耕助，以供粢盛。」

之。是故父母之所愛亦愛之，父母之所敬亦敬之，至於犬馬盡然，而況於人乎！①

【注釋】

①至於犬馬盡然……——孔疏：「言父母所敬愛犬馬之屬，盡須敬愛，而況於父母所敬愛人乎！」

【譯文】

（禮記內則中記載）曾子說：孝子奉養父母，要使老人家心裏快樂，不違背他們的意志，讓老人聽好聽的，看好看的，起居安適，用飲食忠誠奉養。所以父母所愛的，孝子也要愛；父母所敬的，孝子也要敬。連對父母寵愛的狗、馬都是如此，更何況對人呢！

## 二·一九

○內則曰：舅沒則姑老①，冢婦②所祭祀賓客，每事必請於姑③。介婦④請於冢婦。舅姑使冢婦，毋怠⑤，不友無禮於介婦⑥。舅姑若使介婦，毋敢敵耦於冢婦⑦，不敢並行，不敢並命⑧，不敢並坐。凡婦⑨，不命適私室，不敢退。婦將有事，大小必請於舅姑。

【注釋】

①舅没則姑老——鄭注：「謂傳家事於長婦也。」孔疏：「若舅姑未没，年七十以上，傳家事於長子，其婦亦從夫知家事也。若舅没姑未老，則其婦不得專知家事也，故經云『姑老』。若其不老，則不得知也。」

②冢婦——冢，音zhǒng（腫）。嫡長子之妻。

③每事必請於姑——鄭注：「婦雖受傳，猶不敢專行也。」

④介婦——鄭注：「介婦，衆婦。」

⑤毋怠——鄭注：「雖有勤勞，不敢解倦。」

⑥不友無禮於介婦——鄭注：「衆婦無禮，冢婦不友之也。善兄弟爲友，娣姒猶兄弟也。」孔疏：「以其無禮，故冢婦疏薄之。此無禮，謂非七出之罪者；若其七出，自當棄之。若冢婦無禮，罪非七出，衆婦當友之，以適婦尊故也。」

⑦毋敢敵耦於冢婦——鄭注：「雖有勤勞，不敢掉磬〔一〕。」孔疏：「庾氏云：『齊人謂之差訐〔二〕。』崔氏云：『北海人謂相激之事爲掉磬。』隱義云：『齊人謂相絞訐〔三〕爲掉磬。』」

---

〔一〕掉磬：磬，音qìng（慶）。急躁厭煩；爭論。

〔二〕訐：音jié（節），揭發別人的隱私或攻擊別人的短處。

〔三〕絞訐：絞，音jiǎo（攪）。急切指責別人的過失。

⑧命——鄭注：「命，爲使令。」孔疏：「謂介婦不敢與冢婦並有教令之命，下冢婦也。」

⑨婦——鄭注：「婦，侍舅姑者也。」

【譯文】

禮記內則中說：公公去世以後，當婆婆的如果年老，把她主管的家事傳給長房兒媳掌管。每逢祭祀和接待賓客的時候，遇有重要事宜，長房兒媳一定要向婆婆請示而不敢獨斷專行，衆兒媳向長房兒媳請示。公婆讓長房兒媳辦事，長房兒媳身份雖高，也不要懈怠，不要對妯娌們不友好、無禮。（對於不守禮節的衆婦，要疏遠薄待她。）公婆如果讓某兒媳操辦什麽事，某兒媳也不敢跟長房兒媳持身份相等的態度而和她爭論，不敢跟她並肩而行，不敢跟她一起吩咐下人，不敢跟她平起平坐。凡是當兒媳的，公婆不發話讓你回自己居室，就不敢擅自退下。兒媳將辦什麽事，大小都必須請示公婆。

## 二·二〇

○適子庶子①，祇②事宗子宗婦③。雖貴富，不敢以貴富入宗子之家。雖衆車徒，舍於外，以寡約入，不敢以貴富加④於父兄宗族。

## 【注釋】

①適子庶子——孔疏：「適子〔一〕謂父及祖之適子，是小宗也。庶子，謂適子之弟。」

②祇——音zhī（支），鄭注：「祇，敬也。」

③宗子宗婦——孔疏：「宗子，謂大宗〔二〕子。宗婦，謂大宗子之婦。言小宗及庶子等敬事大宗子及宗婦也。」

④加——鄭注：「加猶高也。」

## 【譯文】

（禮記内則中記載）小宗的嫡子及其弟弟們，都要敬重奉事大宗的嫡長子、嫡長婦。即使富貴了，也不能用富貴的排場進入宗子的家裏，不管你有多少車馬隨從，都要停在門外，自己僅帶一二隨從去拜見。不敢依仗富貴而淩駕於父兄宗族之上。〔三〕

---

〔一〕適子：同「嫡子」。儀禮士冠禮云：「適子冠於阼，以著代也。」

〔二〕大宗：宗法社會以嫡系長房爲「大宗」，餘子爲「小宗」。儀禮喪服云：「爲人後者孰後？後大宗也。曷爲後大宗？大宗者，尊之統也。」禮記大傳云：「有百世不遷之宗，有五世則遷之宗」，孔穎達疏：「百世不遷之宗者，謂大宗也，云有五世則遷之宗者，謂小宗也。」

〔三〕孔疏：「此一節論族人敬事宗子之禮。」（這一節是講同一宗族的人恭敬地奉事嫡長子的禮儀。）

## 二·二二

〇曾子曰：父母愛之，喜而不〔一〕忘；父母惡之，懼而無怨①；父母有過，諫而不逆②。

【注釋】

①無怨——鄭注：「無怨，無怨於父母之心。」

②諫而不逆——鄭注：「順而諫之。」

【譯文】

（禮記祭義中記載）曾子說：父母疼愛自己，欣喜而永不忘懷；父母厭惡自己，心中戒懼而沒有怨恨。父母有了過失，要和顏悦色地解勸而不能抗拒頂撞。

〔一〕摛藻堂四庫全書薈要本作「弗」。

二·二二

〇內則曰：父母有過，下氣怡色，柔聲以諫。諫若不入，起①敬起孝。說，則復諫；不說②，與其得罪於鄉黨州閭③，寧孰諫④。父母怒，不說而撻⑤之流血，不敢疾怨，起敬起孝。

【注釋】

①起——鄭注：「起猶更也。」

②不說——孔疏：「謂父母有過，子犯顏諫諍，使父母不說也。」

③與其得罪於鄉黨州閭——鄭注：「子從父之令，不可謂孝也。周禮曰『二十五家爲閭，四閭爲族，五族爲黨，五黨爲州，五州爲鄉』也。」孔疏：「謂子恐父母不說，不敢孰諫，使父母有過，得罪於鄉黨州閭，謂鄉黨州閭所共罪也。」

④寧孰諫——孔疏：「犯顏而諫，使父母不說，其罪輕。畏懼不諫，使父母得罪於鄉黨州閭，其罪重。二者之間，寧可孰諫，不可使父母得罪。孰諫，謂純孰殷勤而諫，若物之成孰然。」

⑤撻——音tà（踏），鄭注：「撻，擊也。」

【譯文】

禮記內則中說：父母有了過錯，做兒女的要低聲下氣和顏悦色地進行規勸。如果老人家不聽規勸，那就要越發恭敬，越發孝順。等老人家心情和悦了，再來勸說。老人家還是不高興採納，與其使父母因過錯而得罪鄉里街坊，不如再進行深刻透徹的規勸。父母被惹得惱怒了，將自己鞭打得流血，自己也不敢心生怨恨，對父母更要恭敬孝順。〔一〕

## 二·二三

○曲禮曰：子之事親也，三諫而不聽，則號泣而隨之。①

【注釋】

①號泣而隨之——鄭注：「至親無去，志在感動之。」孔疏：「父子天然，理不可逃，雖不從，則當號泣而隨之。」

〔一〕孔疏：「此一節論父母有過子諫諍之禮。」（諫諍：音jiàn zhèng，直言規勸，使人改正過錯。這一節是講父母有過錯子女直言規勸的禮儀。）

泣而隨之，冀有悟而改也。然論語云『事父母幾諫』，此不云者，以其略耳。檀弓云『事親無犯』，相互耳。又云『事君有犯』，故此論其微。檀弓言『事親無犯』，此論其犯，亦互言耳。故注云：『至親無去，志在感動之。』」

【譯文】

禮記曲禮中説：（當臣子的規矩是：不要公開批評國君的錯誤，再三規勸國君而不被採納，那就離職而去。）人子侍奉父母就不同了，恩義出於天然，無所逃避，再三規勸而不被採納，則繼之以哭泣，希望父母能感悟而有所改正。不要聽之任之，陷父母於不義。

## 二·二四

〇父母有疾，冠者不櫛①，行不翔②，言不惰③，琴瑟不御，食肉不至變味④，飲酒不至變貌，笑不至矧⑤，怒不至詈⑥，疾止復故。

【注釋】

①櫛——用梳子梳頭髮。

②翔——悠閒自在地行走。

③言不惰——鄭注：「憂不在私好。惰，不正之言。」孔疏：「好謂華好，言語戲劇，華飾文辭，故云『不在私好』。」

④食肉不至變味——孔疏：「猶許食肉，但不許多耳。變味者，少食則味不變，多食則口味變也。」

⑤矧——音shěn（沈），牙齦，鄭注：「齒本曰矧，大笑則見。」

⑥詈——音lì（立），說文：「詈，罵也。」

【譯文】

（禮記曲禮中說）父母有了疾病，由於心中憂慮，人子頭髮無心梳理，走路也不再那麼悠閒自在了，說話也不說懈怠無聊的話，琴瑟不彈。雖然可以吃肉，但不要多吃至口中味道發生變化；雖然可以喝酒，也不至於到臉紅的地步。笑不會笑得漏出牙牀，發怒也不會怒得罵人。及至父母病狀消失，做兒子的才可以恢復常態。

## 二·二五

○君有疾，飲藥，臣先嘗①之。親有疾，飲藥，子先嘗之。醫不三世②，不服其藥。

【注釋】

①嘗——鄭注：「嘗，度其所堪。」

②三世——鄭注：「慎物齊〔一〕也。」孔疏：「凡人病疾，蓋以筋血不調，故服藥以治之。其藥不慎於物，必無其徵，故宜戒之，擇其父子相承至三世也。是慎物調齊也。又說云：『三世』者，一曰黃帝針灸，二曰神農本草，三曰素女脈訣，又云夫子脈訣。若不習此三世之書，不得服食其藥。然鄭云『慎物齊也』，則非謂本草、針經、脈訣，於理不當，其義非也。」

【譯文】

（禮記曲禮中說）國君有病，吃藥之前，侍臣先嘗嘗，看看是否能忍受。父母有病，吃藥之前，兒子也要先嘗嘗。如果不是三代行醫，就不要輕率地服用他所開的藥。

## 二·二六

○孔子曰：父在，觀其志；①父没，觀其行。②三年無改於父之道，可謂孝矣。③

〔一〕齊：音jì（計），藥劑。

【注釋】

①父在，觀其志——朱注：「父在，子不得自專，而志則可知。」

②父没，觀其行——朱注：「父没，然後其行可見，故觀此足以知其人之善惡。」

③三年無改於父之道……——朱注：「然又必能三年無改於父之道，乃見其孝，不然，則所行雖善，亦不得爲孝矣。」

【譯文】

（論語學而中記載）孔子説：當父親在世的時候，兒子不能擅自行動，但他的志向是可以瞭解的；父親去世後，他才能自主行動，所以觀察這些就足以瞭解他的善惡。但是如果判斷其是否孝敬父親，則必須看他在三年裏是否能不改變父親的所作所爲，否則即便行爲是正確的，也不能稱作孝順。

## 二·二七

○内則曰：父母雖没，將爲善，思貽①父母令名，必果②；將爲不善，思貽父母羞辱，必不果。

【注釋】

①貽——音yí（遺），鄭注：「貽，遺也。」

②果——鄭注：「果，決也。」

【譯文】

禮記內則中說：父母雖然不在了，當兒子的將要做善事，考慮到這樣會給父母帶來好的名聲，就下定決心去做；將要做不善的事情，考慮到這樣會給父母留下恥辱，就下定決心不去做。總之，孝子做人做事，首先要考慮的是父母的意願、榮辱。〔一〕

## 二・二八

○祭義曰：霜露既降①，君子履之，必有悽愴之心，非其寒之謂②也。春，雨露既濡③，君子履之，必有怵惕之心，如將見之④。

〔一〕孔疏：「此一節論子事父母，父母雖没，思行善事，必果決爲之。若爲不善，思遺父母羞辱，必不得果決爲之。」

【注釋】

①霜露既降——鄭注：「霜露既降，禮說在秋，此無秋字，蓋脱爾。」

②非其寒之謂——鄭注：「謂悽愴〔一〕及怵惕〔二〕，皆爲感時念親也。」

③濡——音rú（如），沾濕，詩曹風候人云：「不濡其翼。」

④如將見之——孔疏：「言孝子於春雨露之時，必有怵惕之心焉。意想念親，如似得見親也。春秋二時，於文相互。上云『悽愴』，下云『非其寒之謂』，此『怵惕之心』下，宜云『非其煖之謂』。今『怵惕之心』下云『如將見之』，則『悽愴之心』下亦宜云『如將見之』，是其互也。但作記以秋是物去，寒爲甚，故不云『如將見之』，但言寒也。春是物來，煖輕於寒，故云『如將見之』，故不言『煖之謂』也。先秋後春，以涼，悽愴之甚，故先言之。」

【譯文】

禮記祭義中説：秋天，霜露降臨大地之後，君子走在上面，必然有一種淒涼悲愴的心情，這不是指感到寒意説的。春天，雨露濕潤大地之後，君子走在上面，必然有一種震驚的心情，萬物復蘇，好像將要見到失去的

〔一〕悽愴：愴，音chuàng（創）。悲傷，悲涼。

〔二〕怵惕：音chù tì（觸替），戒懼，驚懼。

親人。這些都是因時而感，思念過世的父母而造成的。

二·二九

○祭統曰：夫祭也者，必夫婦親之，所以備外內之官也。官備則具①備。

【注釋】

①具——鄭注：「具，謂所共衆物。」

【譯文】

禮記祭統中說：宗廟大祭，必須夫婦親自主祭，用以備齊內外的職能，職能齊備那供祭的物品也就能齊備了。

二·三〇

○君子之祭也，必身親莅①之。有故，則使人可也。

【注釋】

①莅——音lì（立），鄭注：「莅，臨也。」

【譯文】

（禮記祭統中說：）君子（原文似指君主）舉行祭祀，必須親自臨祭。有特殊事故，就派人攝代行祭。

## 二・三一

○祭義曰：致齊①於内，散齊②於外。齊之日，思其居處③，思其笑語，思其志意，思其所樂，思其所嗜④。齊三日，乃見其所爲齊者⑤。祭之日：入室，僾然⑥必有見乎其位；周還出户⑦，肅然必有聞乎其容聲；出户而聽⑧，愾然必有聞乎其歎息之聲。是故先王之孝也，色不忘乎目，聲不絶乎耳，心志嗜欲不忘乎心。致愛則存⑨，致慤則著⑩，著存不忘乎心⑪，夫安得不敬乎？

【注釋】

①致齊——齊，同「齋」。鄭注：「致齊思此五者〔一〕也。」

②散齊——鄭注：「散齊七日，不御〔二〕、不樂、不弔耳。」

③思其居處——孔疏：「謂祭致齊之日也，『思其居處』以下五事，謂孝子思念親存之五事也。先思其麤，漸思其精，故居處在前，樂、嗜居後。」

④所嗜——鄭注：「所嗜，素所欲飲食也。」

⑤見其所爲齊者——鄭注：「見所爲齊者，思之熟也。」孔疏：「謂致齊思念其親，精意純孰，目想之，若見其所爲齊之親也。」

⑥僾然——僾，音ài（愛），依稀，模糊。孔疏：「謂祭之日朝，初入廟室時也。初入室陰厭時，孝子當想象僾僾，髣髴〔三〕見也。詩云：『愛而不見。』見，如見親之在神位也。故論語云『祭如在』。」

⑦周還出户——鄭注：「周還出户，謂薦設時也。」孔疏：「謂薦饌時也。孝子薦俎酌獻，行步周旋，或出户。當此之時，必有悚息肅肅然，如聞親舉動容止之聲。」

---

〔一〕此五者指「思其居處，思其笑語，思其志意，思其所樂，思其所嗜」，這些都著重於收攝精神。

〔二〕御：治理，統治。

〔三〕髣髴：同「仿佛」。

⑧出户而聽——鄭注：「無尸者，闔户〔一〕，若食間，則有出户而聽之。」孔疏：「『出户而聽，愾〔二〕然』者，謂祭此人爲無尸之時，設薦已畢，孝子出户而靜聽，愾愾然也，必有聞乎其歎息之聲也。」〔三〕又云：「案士虞禮云：『無尸，則禮及薦饌皆如初，主人哭，出復位，祝闔牖户，如食間。』注云：『如尸一食九飯之頃。』彼謂虞祭無孫行爲尸者，則吉祭亦當然也。此鄭云『闔户，若食間』，見如正祭九飯之間也。而皇氏謂『尸謖之後，陽厭之時』，又云『無尸謂之陰厭，尸未入前』，其義並非也。」

⑨致愛則存——孔疏：「謂孝子致極愛親之心，則若親之存，以嗜欲不忘於親故也。」

⑩致慤則著——慤，音què（却），誠實，謹慎。孔疏：「謂孝子致其端慤敬親之心，則若親之顯著，以色不忘於目、聲不忘於耳故也。」

⑪著存不忘乎心——孔疏：「言如親之存在，恒想見之，不忘於心。既思念如此，何得不敬乎！」

【譯文】

禮記祭義中説：爲了至誠致敬地進行祭祀，主人事前必須獨處一室，從生活上心理上作出充分的準備，這就是齋。齋十天，其中散齋七天，致齋三天。散齋著重檢束生活，比如不工作，不吊喪，不娛樂，不和女

〔一〕闔户：閉門。易繫辭上：「是故闔户謂之坤，闢户謂之乾。」孔穎達疏：「闔户，謂閉藏萬物若室之閉闔其户。」

〔二〕愾：音kài，説文云：「愾，大息也」，嘆息、感慨。

〔三〕案：此處孔疏之句讀似與鄭注不同。

人過夜等，致齋著重於齊一心志。致齋可在内宅進行，散齋可在外舍進行。致齋的日子裏，要時刻思念著死者在世時的生活起居，思念著他的談笑，思念著他的心意，思念著他的喜愛，思念著他的嗜好。致齋三天，心目中就能浮現出所要祭祀親人的形象。經過散齋、致齋，祭祀的那天，當主人進入廟堂室中的時候，隱約地必定見到了親人安處在神位上；當主人轉身走出室户的時候，肅穆地必定聞見了親人的音容；主人出户而聆聽，傷感地必定聽到了親人的嘆息之聲。所以往昔帝王對已逝雙親的孝心是，父母的容顔永不從眼中消失，他們的聲音永不從耳中斷絶，他們的心意和嗜好永不從心中遺忘。由於極爲熱愛，雙親就永遠存活在心中；由於極爲摯誠，雙親的形象就永遠顯著。顯著的形象、生存的風貌在心目中永不淡忘，那怎能對他們不恭敬呢？

## 二·三二

○曲禮曰：君子雖貧，不粥①祭器；雖寒，不衣祭服；爲宫室，不斬於丘②木。

【注釋】

①粥——同「鬻」，音yù（育），鄭注：「粥，賣也。」

②丘——鄭注：「丘，壟〔一〕也。」

【譯文】

禮記曲禮中說：君子即使貧窮，也不要出賣祭器；即使寒冷，也不要穿用祭服；建造宫室，不得砍伐墓地上的樹木，這是因爲要對鬼神保持敬畏之心。

## 二·三三

○王制曰：大夫祭器不假①。祭器未成，不造②燕器③。

【注釋】

①大夫祭器不假——孔疏：「皇氏云：『此謂有地大夫，故祭器不假〔二〕。若無地大夫，則當假之，故禮運云「大夫祭器不假，聲樂皆具，非禮也」，謂無地大夫也。』」

②造——鄭注：「造，爲也。」

---

〔一〕壟：墳墓。

〔二〕假：音jiǎ（甲），借用。

③燕器——鄭注：「燕居〔一〕安體之器也。」〔二〕

【譯文】

禮記王制中說：身爲（有封地的）大夫，祭器就該自備，不能向人借用。祭祀所用的器具没有製成，就不能製造日常生活的器具。

## 二·三四

○孔子謂曾子曰：身體髮膚①，受之父母，不敢毀傷②，孝之始也。立身行道③，揚名於後世，以顯父母，孝之終也。夫孝始於事親，中於事君，終於立身。④愛親者，不敢惡於人；⑤敬親者，不敢慢於人。⑥愛敬盡於事親，而德教加於百姓，刑於四海⑦，此天子之孝也⑧。在上不驕，高而不危，⑨制節謹度，滿而不溢，⑩然後能保其社稷，而和其民人，⑪此

〔一〕燕居：退朝而處，閒居。
〔二〕見儀禮既夕禮：「燕器，杖、笠、翣。」

諸侯之孝也。⑫非先王之法服不敢服，非先王之法言不敢道，非先王之德行不敢行，⑬然後能保其宗廟，⑭此卿大夫之孝也。⑮以孝事君則忠⑯，以敬事長則順⑰，忠順不失，以事其上，然後能守其祭祀，此士之孝也。用天之道⑱，因地之利⑲，謹身節用⑳以養父母，此庶人之孝也㉑。故自天子至於庶人，孝無終始，而患不及者，未之有也。㉒

【注釋】

①身體髮膚——邢疏：「身謂躬〔二〕也，體謂四支也，髮謂毛髮，膚謂皮膚。」

②不敢毀傷——李注：「父母全而生之，己當全而歸之，故不敢毀傷。」

③立身行道——李注：「言能立身行此孝道，自然名揚後世，光榮其親，故行孝以不毀爲先，揚名爲後。」

④夫孝始於事親，中於事君，終於立身——李注：「言行孝以事親爲始，事君爲中。忠孝道著，乃能揚名榮親，故曰『終於立身』也。」邢疏：「夫爲人子者，先能全身而後能行其道也。夫行道者，謂先能事親而後能立其身。前言立身，末示其迹。其迹，始者在於内事其親也；中者在於出事其主；忠孝皆備，揚名榮親，是『終於立身』也。」

〔二〕躬：身體。說文云：「躬，身也。」

⑤愛親者，不敢惡於人——李注：「博愛也。」邢疏：「博，大也。言君愛親，又施德教於人，使人皆愛其親，不敢有惡其父母者，是博愛也。」

⑥敬親者，不敢慢於人——李注：「廣敬也。」邢疏：「廣亦大也。言君敬親，又施德教於人，使人皆敬其親，不敢有慢其父母者，是廣敬也。」

⑦刑於四海——李注：「刑，法也。君行博愛、廣敬之道，使人皆不慢惡其親，則德教加被天下，當爲四夷之所法則也。」

⑧此天子之孝也——「此」字，孝經注疏中作「蓋」。李注：「蓋，猶略也。孝道廣大，此略言之。」

⑨在上不驕，高而不危——李注：「諸侯，列國之君，貴在人上，可謂高矣。而能不驕，則免危也。」

⑩制節謹度，滿而不溢——李注：「費用約儉謂之制節，慎行禮法謂之謹度。無禮爲驕，奢泰爲溢。」

⑪然後能保其社稷，而和其民人——李注：「列國皆有社稷，其君主而祭之。言富貴常在其身，則長爲社稷之主，而人自和平也。」

⑫此諸侯之孝也——「此」字，孝經注疏中亦作「蓋」。

⑬非先王之法服不敢服……——李注：「服者，身之表也。先王制五服，各有等差。言卿大夫遵守禮法，不敢僭上偪下。法言，謂禮法之言。德行，謂道德之行。若言非法、行非德，則虧孝道，故不敢也。」邢疏：「言大夫委質事君，學以從政，立朝則接對賓客，出聘則將命他邦。服飾、言、行須遵禮典。若非先王禮法之衣

服，則不敢服之於身。若非先王禮法之言辭，則不敢道之於口。若非先王道德之景行，亦不敢行之於身。就此三事之中，言、行尤須重慎。是故非禮法則不言，非道德則不行。」

⑭保其宗廟——李注：「禮：卿大夫立三廟，以奉先祖。言能備此三者（服、言、行），則能長守宗廟之祀。」

⑮此卿大夫之孝也——「此」字，孝經注疏中亦作「蓋」。

⑯以孝事君則忠——李注：「移事父孝以事於君，則爲忠矣。」

⑰以敬事長則順——李注：「移事兄敬以事於長，則爲順矣。」

⑱用天之道——李注：「春生、夏長、秋斂、冬藏，舉事順時，此用天道也。」

⑲因地之利——「因」字，孝經注疏作「分」。李注：「分別五土，視其高下，各盡所宜，此分地利也。」

⑳謹身節用——李注：「身恭謹則遠恥辱，用節省則免飢寒，公賦既充則私養不闕。」

㉑此庶人之孝也——李注：「庶人爲孝，唯此而已。」

㉒故自天子至於庶人……——李注：「始自天子，終於庶人，尊卑雖殊，孝道同致，而患不能及者，未之有也。言無此理，故曰未有。」邢疏：「謂天子、庶人尊卑雖別，至於行孝，其道不殊。天子須愛親敬親，諸侯須不驕不溢，卿大夫於言行無擇，士須資親事君，庶人謹身節用，各因心而行之斯至，豈藉創物之智、扛鼎之力？若率強之，無不及也……人無貴賤尊卑，行孝之道同致，若各率其己分，則皆能養親。言患不及於孝者

未有也。」

【譯文】

（孝經中記載）孔子對曾子說：一個人的身體、四肢、毛髮、皮膚，都是從父母那裏得來的，所以要特別地加以愛護，不敢損壞傷殘，這是孝的開始，是基本的孝行。如果一個人能把行孝道作爲自身做人處事的基礎，那麼自然會揚名於後世，使父母榮耀顯赫，這是孝的終了，是完滿的、理想的孝行。孝，開始時從侍奉父母做起，中間的階段是效忠君王，將孝親之道和忠君之道都做好了，就能名揚後世、榮耀父母，所以說終於立身。天子能够親愛自己的父母，又施德教於民，百姓就都能親愛自己的父母，而不敢有厭惡之心；天子能够尊敬自己的父母，又施德教於民，百姓就都能尊敬自己的父母，而不敢有怠慢之心。天子能以愛敬之心盡力侍奉父母，並且以此來教化百姓，就會成爲其他文明效法學習的典範。這是天子孝道的大概！諸侯身居高位而不驕傲，那麼儘管高高在上也不會有傾覆的危險；儉省節約，慎守法度，那麼儘管財富充裕也不會僭禮奢侈。（如此則能長久地守住高貴的地位和充足的財富），然後才能保住自己的國家，使自己的人民和睦相處。這是諸侯孝道的大概！不合乎先代聖王禮法所規定的服裝不敢穿，不合乎先代聖王禮法的言語不敢說，不合乎先代聖王規定的道德的行爲不敢做。完全地做到了這三點，服飾、言語、行爲都符合禮法道德，然後才能長久地保住自己的宗廟，奉祀祖先。這是卿、大夫的孝道大概！用侍奉父母的態度去服事君主，這就是忠誠；用敬重兄長的態度去對待上級，這就是順從。忠誠與順從都做到没有什麼缺憾和過失，用這樣的態度侍奉國君和上級，就能守住士的身份，保持對祖先的祭祀。這是士孝道的大概！順應春夏秋冬天時變化的規律，分別（因循）土地的不同特點，使之各盡所宜；行爲舉止小心謹慎，用度花費節約儉省，這樣俸禄就足以來供養父母。這就是普通百姓的孝道啊！所以，上自天子下到百姓，雖然有尊卑的差别，但是孝道却是一致的。孝道是每個人只要用心就能做到的，所以如果有人擔心自己做不來、做不到，那是根本不會有的事。

## 二·三五

○孔子曰：父母生之，續莫大焉。①君親臨之，厚莫重焉。②是故不愛其親而愛他人者，謂之悖德；不敬其親而敬他人者，謂之悖禮。

【注釋】

①父母生之，續莫大焉——李注：「父母生子，傳體相續。人倫之道，莫大於斯。」邢疏：「案説文云：『續，連也。』言子繼於父母，相連不絶也。易稱『生生之謂易』，言後生次於前也。此則傳續之義也。」

②君親臨之，厚莫重焉——李注：「謂父爲君，以臨於己，恩義之厚莫重於斯。」邢疏：「案禮記文王世子稱『昔者周公攝政，抗世子法於伯禽，使之與成王居，欲令成王之知父子、君臣之義。君之於世子也，親則父

也，尊則君也。有父之親，有君之尊，然後兼天下而有之』者，言既有天性之恩，又有君臣之義，厚重莫過於此也。」

【譯文】

（孝經聖治章中記載）孔子說：父母生下孩子，使得生命相連不絶，這是人倫關係中最爲重要的。（父母生下兒子，使其得以上繼祖宗，下續子孫，這就是父母對子女的最大恩情。）父親對於兒子，兼具君王和父親的雙重身份，既有爲父的親情，又有爲君的尊嚴，父子關係的厚重，没有任何關係能够超越。如果做兒子的不愛自己的雙親而去愛其他什麽别的人，這就叫作違背道德；如果做兒子的不尊敬自己的雙親而去尊敬其他什麽别的人，這就叫作違背禮法。

## 二·三六

〇孝子之事親，居則致其敬①，養則致其樂②，病則致其憂③，喪則致其哀④，祭則致其嚴⑤。五者備矣，然後能事親。事親者居上不驕，爲下不亂，在醜不爭⑥。居上而驕則亡，爲下而亂則刑，在醜而爭則兵⑦。此〔一〕三者不除，雖日用三牲之養，猶爲不孝也。⑧

【注釋】

①居則致其敬——李注：「平居必盡其敬。」邢疏：「致猶盡也。平居，謂平常在家，孝子則須恭敬也。」

②養則致其樂——李注：「就養〔二〕能致其懽。」邢疏：「案檀弓曰『事親有隱而無犯，左右就養無方』，言孝子冬溫夏凊，昏定晨省，及進飲食以養父母，皆須盡其敬安之心。不然，則難以致親之懽。」

③病則致其憂——李注：「色不滿容，行不正履。」

④喪則致其哀——李注：「擗踴〔三〕哭泣，盡其哀情。」

⑤祭則致其嚴——李注：「齋戒沐浴，明發不寐。」邢疏：「此皆說祭祀嚴敬之事也。案祭義曰『孝子將祭，夫婦齋戒，沐浴盛服，奉承而進之』，言將祭必先齋戒沐浴也。又云『文王之祭也，事死如事生』。詩云『明發不寐，有懷二人。』文王之詩也。』鄭注云：『明發不寐，謂夜而至旦也。二人，謂父母也。』言文王之嚴敬祭祀如此也。」

⑥在醜不爭——李注：「醜，衆也。爭，競也。當和順以從衆也。」

〔一〕摛藻堂四庫全書薈要本無「此」字。
〔二〕就養：一、侍奉。二、父母到兒子任官的住所，受其供養。
〔三〕擗踴：音pǐ yǒng（匹勇），擗，捶拍胸部。踴，以腳頓地。擗踴形容捶胸頓足，極爲悲痛的樣子。

⑦在醜而爭則兵——李注：「謂以兵刃相加。」

⑧三者不除……——李注：「三牲，太牢〔一〕也，孝以不毀爲先。言上三事皆可亡身，而不除之，雖日致太牢之養，固非孝也。」邢疏：「三牲，牛、羊、豕也。」

【譯文】

（孝經紀孝行章中記載）孝子侍奉父母，日常在家時，要充分表達出對父母的恭敬；供奉父母，要充分表達出照顧父母的快樂（侍奉父母没有一定的規則，但要盡可能讓父母高興）；父母生病，要充分表達出對父母健康的憂慮關切；父母去世，要充分表達出悲傷哀痛；祭祀的時候，要充分表達出敬仰肅穆。這五個方面都能做齊全了，才算是你能侍奉父母盡孝道。能侍奉父母盡孝道的人，身居高位，不可驕傲恣肆，當以莊敬的態度對待下屬；爲人臣下，不可犯上作亂，當以恭謹的態度侍奉上級；對待衆人，不相互爭鬥，當以和順的態度順從大家。身居高位而驕傲恣肆，就會滅亡；爲人臣下而犯上作亂，就會受到刑戮；與衆人相處而爭鬥不休，就會動用兵刃相互殺戮。如果這三種（容易丟掉性命的）行爲不能去除，即便天天以太牢這樣祭祀天地的標準去奉養雙親，那也不能算是孝行啊！

〔一〕太牢：古代祭祀天地，以牛、羊、豬三牲俱備爲太牢，以示尊崇之意。

## 二・三七

〇孟子曰：世俗所謂不孝者五：惰其四支，不顧父母之養，一不孝也。博弈好飲酒，不顧父母之養，二不孝也。好貨財私妻子，不顧父母之養，三不孝也。從耳目之欲，以爲父母戮①，四不孝也。好勇鬭狠②，以危父母，五不孝也。

【注釋】

①戮——音lù（路）。朱注：「戮，羞辱也。」

②狠——朱注：「狠，忿戾〔一〕也。」

【譯文】

（孟子離婁下中記載）孟子説：一般人所謂不孝的事情有五件：四肢懶惰，不管父母的生活，一不孝；好下棋喝酒，不管父母的生活，二不孝；好錢財，偏愛妻室兒女，不管父母的生活，三不孝；放縱耳目的欲

〔一〕　忿戾：音fèn lì（憤立），憤怒而乖戾違理。

望，使父母因此蒙受恥辱，四不孝；逞強好鬥，危及父母的生命，五不孝。

## 二・三八

〇曾子曰：身也者，父母之遺體也。行父母之遺體，敢不敬乎？居處不莊，非孝也。事君不忠，非孝也。莅官①不敬，非孝也。朋友不信，非孝也。戰陳無勇，非孝也。五者不遂，災及其親，敢不敬乎？②

【注釋】

①莅官——莅，音lì（立）。同「涖官」。孔疏：「涖，臨也；官，謂卿、大夫、士各有職掌。」〔一〕

②五者不遂，災及其親，敢不敬乎——孔疏：「遂，猶成也。若行在上五者事不成，其如是，烖害必及親，所以爲非孝。然則君子於上五者，豈敢不敬而承之者乎？」

〔一〕見禮記曲禮上。

【譯文】

（禮記祭義中記載）曾子說：凡是人的身軀，都是父母給留下的。用父母給的身體來生活行動，怎敢不敬慎呢？生活起居不莊重，就是不孝；侍奉君主不忠誠，就是不孝；居官不敬慎，就是不孝；跟朋友不講信用，就是不孝；在戰場上不勇敢，就是不孝。莊、忠、敬、信、勇這五點做不到，災禍就要連及雙親，怎敢不敬慎呢！

## 二·三九

○孔子曰：五刑之屬三千①，而罪莫大於不孝。

【注釋】

①五刑之屬三千——李注：「五刑，謂墨、劓、剕、宮、大辟也。〔一〕條有三千，而罪之大者，莫過不孝。」

〔一〕五刑：指墨、劓、剕（刖）、宮、大辟五種刑法，見尚書呂刑。墨，在額上刺字後，塗上墨色的刑法。劓（音yì），割掉鼻子的刑法。剕（音fèi），砍掉腳的刑法，也被稱爲刖（音yuè）。宮，男子割掉睾丸，女子破壞生殖器的刑法（一說女子幽閉，囚禁於宮室）。大辟，死刑。

邢疏：「五刑者，言刑名有五也。三千者，言所犯刑條有三千也。〔二〕所犯雖異，其罪乃同，故言『之屬』以包之。就此三千條中，其不孝之罪尤大，故云『而罪莫大於不孝』也。」

【譯文】

（孝經五刑章中記載）孔子說：應當處以墨、劓、剕（刖）、宫、大辟五種刑法的罪過有三千種，其中最嚴重的是不孝。

## 右明父子之親

### 二·四〇

○禮記曰：將適公所，宿齊戒，居外寢，沐浴。史進象笏①，書思對命②。既服，習

〔二〕三千：指應當處以五種刑法的罪有三千條。尚書吕刑云：「墨罰之屬千，劓罰之屬千，剕罰之屬五百，宫罰之屬三百，大辟罰之屬二百，五刑之屬三千。」

容、觀玉聲，③乃出④。

【注釋】

①史進象笏——笏，音hù（護），古代大臣上朝拿著的手板，用玉、象牙或竹片製成，上面可以記事。孔疏：「史謂大夫亦有史官也。熊氏云：『案下大夫不得有象笏，有「象」字者，誤也。』熊氏又解與明山賓〔一〕同，云『有地大夫，故用象』。皇氏載諸所解皆不同，以此爲勝，故存之耳。」

②書思對命——鄭注：「思，所思念將以告君者也。對，所以對君者也。命，所受君命者也。書之於笏，爲失忘也。」

③既服，習容、觀玉聲——孔疏：「既服，著朝服已竟也。服竟而私習儀容，又觀容聽己珮鳴，使玉聲與行步相中適。玉，珮玉也。」

④乃出——孔疏：「習儀竟而出也。」

【譯文】

禮記玉藻中說：大夫有事將去宫裏朝君，前一天要齊一心志地進行齋戒，獨自居處在正寢，沐浴更衣。手下史官進呈象牙笏板，大夫將想要告訴君主的、應答回復君主的以及君主所安排的事情一一記在笏板上，以免遺

〔一〕明山賓：字孝若，南朝梁人，著有吉禮儀注、禮儀、孝經喪禮服義。

忘。穿好朝服後，演習一下儀容舉止是否得當，聽一下走路時玉佩聲音與步伐是否和諧，都合適了，才外出。

## 二·四一

〇曲禮曰：凡爲君使者，已受命①，君言②不宿於家。君言至，則主人出拜君言之辱③；使者歸，則必拜送於門外。若使人於君所，則必朝服而命之。使者反，則必下堂而受命。

【注釋】

①受命——孔疏：「謂受得君命，爲聘使也。」

②君言——孔疏：「謂受君言宜急去，不得停留宿於家也。」

③君言至，則主人出拜君言之辱——孔疏：「此謂君使人問其臣，臣對使禮也。出，出門也。君使初至，則主人出門拜迎君命也。辱者，言屈辱尊者之命來也。」

【譯文】

禮記曲禮中說：凡是被國君委任爲使者的人，既已受命，就要奉命急行，不要讓國君之命在自己的家裏停留。國君派人傳話來了（詢問事情），主人就要出大門拜迎傳命使者，謙稱君命下達自家對國君是個恥辱。使者升堂致命後，回歸報命，主人一定要拜送到大門外。如果派人到國君那裏去請示報告公務，主人就一定要身穿朝服鄭重地吩咐他。所派人員回來的時候，主人一定要身穿朝服下堂聽受所派人員回傳國君的指令。

## 二·四二

○論語曰：君召使擯①，色勃②如也，足躩③如也。揖所與立④，左右手⑤，衣前後，襜如⑥也。趨進，翼如也⑦。賓退，必復命曰：「賓不顧矣。」

【注釋】

①擯——音bìn（鬢），朱注：「擯，主國之君所使出接賓者。」

②勃——朱注：「勃，變色貌。」

③躩——音jué（絶），朱注：「躩，盤辟〔一〕貌。」

---

〔一〕　盤辟：盤旋進退，古代行禮時的動作儀態。

④所與立——朱注：「所與立，謂同爲擯者也。擯用命數之半，如上公九命，則用五人，以次傳命。」

⑤左右手——朱注：「揖左人，則左其手；揖右人，則右其手。」

⑥襜——音chān（攙），朱注：「襜，整貌。」

⑦翼——朱注：「疾趨而進，張拱端好，如鳥舒翼。」

【譯文】

論語鄉黨中記載：魯君招孔子去接待賓客，孔子必改變面色，行爲盤旋進退符合禮儀，以示對君命的敬重。向兩邊同爲接待賓客之人作揖，朝左邊的人作揖則向左拱手，朝右邊的人作揖則向右拱手，衣裳一俯一仰，却很整齊。快步向前，張臂拱手以爲禮，端正好看，好像鳥兒舒展翅膀。賓客離開後，一定向君主回報説：「客人已經不回頭了。」這些都是對於君主的敬意。

## 二·四三

○入公門①，鞠躬②如也，如不容。立不中門③，行不履閾④。過位⑤，色勃如也，足躩如也，其言似不足⑥者。攝齊升堂⑦，鞠躬如也，屏氣似不息⑧者。出降一等⑨，逞⑩顏色，怡怡⑪如也。没階趨⑫，翼如也。復其位，踧踖⑬如也。

【注釋】

①公門——古稱國君之外門爲「公門」。禮記曲禮上：「國君下齊牛，式宗廟，大夫士下公門，式路馬，乘路馬，必朝服。」

②鞠躬——朱注：「鞠躬，曲身也。公門高大而若不容，敬之至也。」

③中門——朱注：「中門，中於門也。謂當棖闑〔一〕之間，君出入處也。」

④閾——音yù（玉），朱注：「閾，門限也。禮：士大夫出入君門，由闑右，不踐閾。」

⑤位——朱注：「位，君之虚位。謂門屏之間，人君宁立之處，所謂宁也。君雖不在，過之必敬，不敢以虚位而慢之也。」

⑥言似不足——朱注：「言似不足，不敢肆也。」

⑦攝齊升堂——朱注：「攝，摳也。齊，衣下縫也。禮：將升堂，兩手摳衣，使去地尺，恐躡之而傾跌失容也。」

⑧屏氣似不息——朱注：「屏，藏也。息，鼻息出入者也。近至尊，氣容肅也。」

〔一〕棖闑：音chéng niè（成聂），古代門兩旁的長木和門中間的竪木。禮記玉藻：「大夫中棖與闑之間。」

⑨等——朱注：「等，階之級也。」

⑩逞——音chěng（騁），朱注：「逞，放也。漸遠所尊，舒氣解顏。」

⑪怡怡——朱注：「怡怡，和悦也。」

⑫没階趨——朱注：「没階，下盡階也。趨，走就位也。」

⑬踧踖——音cù jí（促急），朱注：「復位踧踖，敬之餘也。」

【譯文】

（論語鄉黨中記載）孔子走進國君住所的外門，彎曲著身子，公門雖大，却好像無法容身一樣，表現出極大的恭敬。站立時，不站在門的正中間，因爲那是君主出入的地方；行走時，不踩門檻，以示謹慎恭敬。經過國君的座位，即便國君不在，也必改變面色，行爲盤旋進退符合禮儀，言語上也不敢放肆。提起下擺向堂上走（以防踩到跌倒在國君面前失態），彎曲著身子，憋住氣好像不能呼吸一般，因爲越靠近國君，容色氣息越要嚴肅端正。從堂上退下，每走下一級臺階，（因爲與尊敬的國君逐漸遠離，因此）面色便舒緩一些，和樂愉悦的樣子。走完了臺階，快步回到自己的位置，就好像鳥兒舒展翅膀。回到自己的位置上，（仍然表現出）恭敬而不安的樣子。

## 二・四四

〇禮記曰：君賜車馬，乘以拜；賜衣服，服以拜。①賜，君未有命，弗敢即乘、服也。②

【注釋】

①君賜車馬，乘以拜；賜衣服，服以拜——孔疏：「謂受君賜，賜至則拜。至明日更乘、服所賜，往至君所又拜，敬重君恩故也。」

②賜，君未有命，弗敢即乘、服也——鄭注：「謂卿大夫受賜於天子者，歸必致於其君，君有命，乃服之。」孔疏：「此使臣雖受賜於王，不敢即乘、服，當歸國獻其君，君命與之，則臣乃乘、服耳。若君未有命，即不敢乘、服也。」

【譯文】

禮記玉藻中說：國君派人賞賜士大夫車馬，賜至則拜受，第二天便乘此車馬，前往國君那裏去拜謝君恩。國君派人賞賜衣服，賜至則拜受，第二天便穿此衣服，前往國君那裏去拜謝君恩。這都是因爲敬重君主賞賜的緣故。使臣得到天子賞賜的車馬衣服，應當歸國獻給國君，國君下令賞賜了，才敢繼續乘坐穿用；如果國君没有下令賞賜，那就再也不敢乘坐穿用了。

## 二·四五

○曲禮曰：賜果於君前，其有核者懷其核。①

【注釋】

①賜果於君前，其有核者懷其核——鄭注：「嫌棄尊者物也。木實曰果。」

【譯文】

禮記曲禮中説：國君當面賞賜果實吃，有帶核的，就把核放在自己的懷裏，不要亂扔尊者所賜之物。

## 二·四六

○御①食於君，君賜餘，器之溉②者不寫③，其餘皆寫。

【注釋】

①御——鄭注：「勸侑〔一〕曰御。」

②溉——音gài（概），洗滌。鄭注：「溉，謂陶梓〔二〕之器；不溉，謂萑〔三〕竹之器也。」

③寫——鄭注：「寫者，傳己器中乃食之也。」

【譯文】

（禮記曲禮中說：）侍候國君吃東西，國君將吃剩下的食品賞賜臣下，如果是放在能洗滌的器皿裏的帶汁的菜肴之類的事物，就用原器食用，不要往另外的器皿裏倒；如果是放在不能洗滌的竹編盛器裏的水果、乾肉之類的食物，就把餘食倒在自己的器皿中，再吃。這是爲了不污辱國君的器皿。

## 二·四七

○論語曰：君賜食，必正席先嘗之。①君賜腥，必熟而薦之。②君賜生，必畜之。③

〔一〕勸侑：侑，音yòu（右）。謂勸人喝酒、吃飯。
〔二〕梓：音zǐ（子），落葉喬木。
〔三〕萑：音huán（環），古代指蘆葦一類的植物。

【注釋】

①君賜食，必正席先嘗之——朱注：「食恐或餕[一]餘，故不以薦[二]。正席先嘗，如對君也。言先嘗，則餘當以頒賜矣。」

②君賜腥，必熟而薦之——朱注：「腥，生肉。熟而薦之祖考，榮君賜也。」

③必畜之——朱注：「畜之者，仁君之惠，無故不敢殺也。」

【譯文】

論語鄉黨中說：國君賜以剩下的食物，則不祭獻於祖先，一定擺正座位先嘗一嘗，就好像國君當面賞賜一樣，剩下的部分分賞給族人。國君賜以生肉，一定煮熟了再進獻給祖先，以國君的賞賜爲榮耀。國君賜以活物，一定養著它，以表示愛惜國君的恩惠，不敢没有緣由就殺掉。

## 二·四八

○侍食於君，君祭，先飯。①

[一] 餕：音jùn（俊），吃剩下的食物。
[二] 薦：進獻，祭獻。

【注釋】

①侍食於君，君祭，先飯——朱注：「周禮：『王日一舉，膳夫〔一〕授祭，品嘗食，王乃食』。故侍食者，君祭，則己不祭而先飯。若爲君嘗食然，不敢當客禮也。」

【譯文】

（論語鄉黨中説：）陪同國君一起吃飯，當他舉行飯前祭禮的時候，自己不祭祀先吃飯，就好像替國君先嘗食物一樣，不敢把自己當成客人。

## 二·四九

〇疾，君視之，東首①，加朝服，拖紳②。

【注釋】

①東首——朱注：「東首，以受生氣也。」

〔一〕膳夫：膳，音shàn（善）。古官名，掌宫廷的飲食。

②加朝服，拖紳——朱注：「病臥不能著衣束帶，又不可以褻服見君，故加朝服於身，又引大帶於上也。」

【譯文】

（論語鄉黨中說：）孔子病了，國君來探問，他便面朝東向，表示迎接。病中臥牀不能穿衣束帶，但又不能穿家居時的便服，所以把上朝的禮服披在身上，並將束腰的大帶放在上面，表示對國君的尊重。

## 二·五〇

○君命召，不俟駕行矣。①

【注釋】

①君命召，不俟駕行矣——朱注：「急趨君命，行出而駕車隨之。」

【譯文】

（論語鄉黨中言：）國君召喚，孔子因急於復命，所以不等所乘車輛準備好就立即先步行前往，駕車則跟隨

在後面。〔一〕

## 二・五一

〇吉月①，必朝服而朝。

【注釋】

①吉月——朱注：「吉月，月朔〔二〕也。孔子在魯致仕時如此。」

【譯文】

（論語鄉黨中記載）孔子在魯國退休不再擔任官職時，舊曆每月初一，一定穿著上朝的禮服去朝賀。

〔一〕以上，朱子注云：「此一節，記孔子事君之禮。」

〔二〕對此有各種解釋：一，每月初一（舊注多主此說）；二，「吉」應作「告」，告月就是每月月底，司曆者以下月初一告于君（王引之經意述聞、俞樾群經平議主此說）；三，大年初一（程樹德論語集釋）。

## 二・五二

〇孔子曰：君子事君①，進思盡忠②，退思補過③，將順其美④，匡救其惡⑤，故上下能相親⑥。

【注釋】

①君子事君——孝經注疏作「君子之事上也」。李注：「上，謂君也。」

②進思盡忠——李注：「進見於君，則思盡忠節。」

③退思補過——李注：「君有過失，則思補益。」

④將順其美——李注：「將，行也。君有美善，則順而行之。」

⑤匡救其惡——李注：「匡，正也。救，止也。君有過惡，則正而止之。」

⑥故上下能相親——李注：「下以忠事上，上以義接下。君臣同德，故能相親。」

【譯文】

（孝經事君章中記載）孔子說：君子侍奉君主，上朝覲見時，盡心竭力謀劃國事；退朝回家，考慮補救君主的過失。對於君主美善的想法，就順從執行；對於君主的過錯，就設法糾正，加以制止。臣下能以忠心侍奉君主，君主能以道義對待臣下，君臣同心同德，所以能够相親相愛。

## 二·五三

○君使臣以禮，臣事君以忠。①

【注釋】

①此段出自論語八佾，原文爲：「定公問：『君使臣，臣事君，如之何？』孔子對曰：『君使臣以禮，臣事君以忠。』」朱注：「定公，魯君，名宋。二者皆理之當然，各欲自盡而已。吕氏〔一〕曰：『使臣不患其不忠，患禮之不至；事君不患其無禮，患忠之不足。』尹氏〔二〕曰：『君臣以義合者也。故君使臣以禮，則臣事君以忠。』」

【譯文】

（論語八佾中記載，孔子對於魯定公的提問答道：）國君應該依禮來差遣臣子，臣子應該忠心服事國君。

〔一〕吕氏：指吕大臨，字與叔，京兆藍田（今陝西藍田）人。先投張載，後投二程求學。撰有禮記解、大學解、論語解等。
〔二〕尹氏：指尹焞，字彦明，程頤弟子，著有論語解、孟子解。

## 二・五四

○大臣以道事君，不可則止。①

【注釋】

①此段出自論語先進，原文爲：「季子然問：『仲由、冉求可謂大臣與？』子曰：『吾以子爲異之問，曾由與求之問。所謂大臣者：以道事君，不可則止。今由與求也，可謂具臣矣。』曰：『然則從之者與？』子曰：『弑父與君，亦不從也。』」朱注：「以道事君者，不從君之欲。不可則止者，必行己之志。」

【譯文】

（論語先進中記載）孔子說：所謂的大臣，是用合於道義的方式來奉事國君，而不屈從於國君的欲望。如果國君不依此而行，則寧肯辭職不幹，因爲大臣必須堅持自己的原則。

## 二・五五

○子路①問事君，子曰：「勿欺也，而犯②之。」

【注釋】

①子路——朱注：「由，孔子弟子，姓仲，字子路。」

②犯——朱注：「犯，謂犯顔諫爭。」

【譯文】

（論語憲問中記載）子路問怎樣奉事國君，孔子説：不可以欺騙國君，却可以當面冒犯國君，規勸其改正錯誤。

## 二·五六

○鄙夫①可與事君也與哉？其未得之也，患得之②。既得之，患失之。苟患失之，無所不至矣。③

【注釋】

①鄙夫——朱注：「鄙夫，庸惡陋劣之稱。胡氏〔一〕曰：『許昌靳裁之〔二〕有言曰：「士之品大概有三：志

〔一〕胡氏：胡寅，字明仲，一作仲剛、仲虎，宋代經學家。胡安國侄，養爲己子。著有論語詳説、讀史管見等。另有斐然集三十卷。

〔二〕靳裁之：宋代儒家學者，學宗二程，曾爲南宋經學家胡安國的老師。

於道德者，功名不足以累其心；志於功名者，富貴不足以累其心；志於富貴而已者，則亦無所不至矣。」志於富貴，即孔子所謂鄙夫也。』」

②患得之——朱注：「何氏[一]曰：『患得之，謂患不能得之。』」

③苟患失之，無所不至矣——朱注：「小則吮癰舐痔，大則弒父與君，皆生於患失而已。」

【譯文】

（論語陽貨中記載，孔子說：）那些追求富貴、庸俗惡劣的人，難道能同他們共同奉事君主嗎？當沒有得到富貴的時候，生怕得不到；已經得到了，又會害怕失去。如果害怕失去富貴，就會小到吮癰舐痔[二]，大到殺父弒君，無所不爲了。

## 二·五七

〇孟子曰：責難於君謂之恭①，陳善閉邪謂之敬②，吾君不能謂之賊③。

---

[一] 何氏：何晏，字平叔。南陽宛（今河南南陽）人。三國時期曹魏大臣、玄學家。東漢大將軍何進之孫。撰有論語集解。

[二] 吮癰舐痔：音shǔn yōng shì zhì，謂以口吸癰疽，以舌舔痔瘡而祛其毒。見莊子列御寇，「秦王有病召醫，破癰潰痤者得車一乘，舐痔者得車五乘，所治愈下，得車愈多。」

【注釋】

①責難於君謂之恭——朱注：「范氏〔一〕曰：『人臣以難事責於君，使其君爲堯舜之君者，尊君之大也。』」

②陳善閉邪謂之敬——朱注：「范氏曰：『開陳善道以禁閉君之邪心，惟恐其君或陷於有過之地者，敬君之至也。』」

③吾君不能謂之賊——朱注：「范氏曰：『謂其君不能行善道而不以告者，賊害其君之甚也。』」

【譯文】

（孟子離婁上中記載）孟子說：用成爲聖王這樣的難事來要求國君，這才叫「恭」；向國君講陳爲善之道以約束國君的邪惡念頭，擔心國君陷於過錯的地步，這才叫「敬」；認爲國君不足以行善道而不告之以聖王之道，這便是「賊」。

# 二·五八

○有官守①者，不得其職則去；有言責②者，不得其言則去。

〔一〕范氏：指范祖禹，生於仁宗康定二年（1041），卒于哲宗元符元年（1098）。字淳甫，一字夢得，是北宋中期著名的史學家，「三范修史」之一。著有唐鑒十二卷、帝學八卷等。

【注釋】

①官守——朱注：「官守，以官爲守者。」

②言責——朱注：「言責，以言爲責者。」

【譯文】

（孟子公孫丑下中記載，孟子說：）以做官爲職守的，如果無法盡其職責，就可以去官離開；以進言爲責任的，如果不聽勸誡，也就可以去官離開。

## 二・五九

○王蠋①曰：忠臣不事二君，烈女不更二夫。

【注釋】

①王蠋——蠋，音zhú（竹）。集注：「蠋，齊之畫邑人。忠義之臣，始終一心。貞烈之女，始終一志。不以利害易，不以生死變。按通鑑：燕將樂毅破齊，聞蠋賢，使請蠋，蠋拒之，以此遂自經死。」

【譯文】

（史記田單列傳中記載）王蠋說：忠臣絶不輔佐兩個朝代的君主，貞烈的婦女決不再嫁第二個丈夫。

# 右明君臣之義

## 二·六〇

○曲禮曰：男女非有行媒，不相知名。①非受幣，不交不親。②故日月以告君③，齊戒以告鬼神④，爲酒食以召鄉黨僚友，以厚⑤其别也。取妻不取同姓，故買妾不知其姓則卜之。⑥

【注釋】

①…不相知名——孔疏：「相知男女名者，先須媒氏行傳昏姻之意，後乃知名，見媒往來，傳昏姻之言，乃相知姓名也。故昏禮有六禮〔一〕，二曰問名。」

---

〔一〕　六禮：古代在確立婚姻過程中的六種禮儀。即納采（請媒人去提親）、問名（請媒人問女方姓名及出生日期）、納吉（在祖廟卜問吉凶）、納徵（亦稱納幣，男方送聘禮給女方）、請期（男方擇定婚期，備禮告知女方，請求同意）、親迎（新郎親至女方家迎娶）。

②非受幣不交不親——鄭注：「重別，有禮乃相纏固。」孔疏：「幣，謂聘之玄纁〔一〕束帛也。先須禮幣，然後可交親也。」

③故日月以告君——鄭注：「周禮『凡取判妻入子』者，媒氏書之以告君，謂此也。」孔疏：「既男女須辨，故婦來則書取婦之年月日時，以告國君也。引媒氏職，證必書告君也。妻是判合〔二〕，故云『判』也。『入子』者，鄭康成〔三〕注云：『入子者，謂容媵〔四〕及姪娣〔五〕不聘者也。』妾既非判合，但廣於子胤〔六〕而已，故云『入子』。」

④齊戒以告鬼神——齊，同「齋」。鄭注：「昏禮凡受女之禮，皆於廟爲神席以告鬼神，謂此也。」孔疏：「爲神布席，將以先祖之遺體許人，不敢不告。」

⑤厚——鄭注：「厚，重慎也。」

⑥故買妾不知其姓則卜之——鄭注：「爲其近禽獸也。妾賤，或時非媵，取之於賤者，世無本繫。」孔疏：

---

〔一〕玄纁：纁，音xūn（勳）。黑色和淺紅色的布帛。

〔二〕判和：配合；兩半相合。特指兩性的結合。漢書翟方進傳云：「天地判合，乾坤序德。」顏師古注：「言元帝既有威德，太后又兆符應，則是天地乾坤夫妻之義相配合也。」

〔三〕鄭康成：即鄭玄。

〔四〕媵：音yìng（硬），一、古代指隨嫁，亦指隨嫁的人；二、古代稱姬妾婢女。

〔五〕姪娣：又作「侄娣」，音zhí dì（值第），古代諸侯貴族之女出嫁，以侄女和妹妹從嫁爲媵妾者。禮記曲禮下云：「國君不名卿老世婦，大夫不名世臣姪娣」，孔穎達疏：「姪是妻之兄女，娣是妻之妹，從妻來爲妾也。」

〔六〕子胤：胤，音yìn（印），子嗣。

「如諸侯取一國之女，則二國同姓以姪娣媵。媵，送也。妾送嫡行，則明知姓氏，大夫士取亦各有妾媵。或時非此媵類，取於賤者，不知何姓之後，則世無本繫，但卜得吉者取之。」

【譯文】

禮記曲禮中說：青年男女没有人往來作媒提親，雙方不會相互知道名字的。女方没有接受聘禮，雙方不會交往親迎的，這是因爲重視男女之别。所以將結婚日期告訴國君，齋戒之後稟告廟中祖先神明（這是因爲要將祖先留下來的身體許配給别人，不敢不告知），準備酒飯來邀請同鄉、同事、朋友，都是爲了慎重地對待男女的區别、名分。娶妻不娶同姓女子。所以買女子做妾，如果不知道她姓什麽，就該通過占卜，以決定取舍。

## 二・六一

○士昏禮曰：父醮子①，命之曰：「往迎爾相，承我宗事。②勖帥以敬先妣之嗣，若則有常。③」子曰：「諾！唯恐弗堪，不敢忘命。」父送女，命之曰：「戒之敬之，夙夜無違命④。」母施衿結帨⑤，曰：「勉之敬之，夙夜無違宫事⑥。」庶母及門内⑦，施鞶⑧，申⑨之以父母之命，命之曰：「敬恭聽，宗⑩爾父母之言。夙夜無愆⑪，視諸衿鞶⑫。」

【注釋】

①父醮子——醮，音jiào（叫），古代婚娶時用酒祭神的禮。鄭注：「子，壻〔一〕。」賈疏：「女父禮女用醴〔二〕，又在廟。父醮子用酒，又在寢。不同者，父禮女者，以先祖遺體許人，以適他族，婦人外成，故重之而用醴，復在廟告先祖也。男子直取婦入室，無不反之，故輕之而用酒，在寢。」

②往迎爾相，承我宗事——鄭注：「相，助也。宗事，宗廟之事。」

③勖帥以敬先妣之嗣，若則有常——勖，音xù（序）。妣，音bǐ（比），原指母親，後稱已經死去的母親。鄭注：「勖，勉也。若，猶女也。勉帥婦道，以敬其爲先妣之嗣。女之行則當有常，深戒之。」

④夙夜無違命——鄭注：「夙，早也，早起夜卧。命，舅姑之教命。古文『毋』爲『無』。」

⑤母施衿結帨——衿，音jìn（今）；帨，音shuì（睡）。鄭注：「衿猶結也。婦人有纓，示系屬也。帨，佩巾〔三〕。」

⑥夙夜無違宫事——賈疏：「『宫事』則姑命婦之事，若内宰職云『后教六宫』，婦人稱宫故也。」

〔一〕壻：一、丈夫，説文云：「壻，夫也。」。二、女兒、妹妹及其他晚輩的丈夫。
〔二〕醴：音lǐ（裏），甜酒。
〔三〕佩巾：或曰：「古代女子出嫁時，母親所授。用以擦拭不潔。在家時掛在門右，外出時系在身左。」或曰：「拭手的巾帕。」未知孰是。

⑦庶母及門内——鄭注：「庶母，父之妾也。」

⑧施鞶——鞶，音pán（盤）。鄭注：「鞶，鞶囊也。男鞶革，女鞶絲，所以盛帨巾之屬，爲謹敬。」賈疏：「是鞶以盛帨巾之屬。此物所以供事舅姑，故云謹敬也。」

⑨申——鄭注：「申，重也。」

⑩宗——鄭注：「宗，尊也。」

⑪愆——音qiān（千），鄭注：「愆，過也。」

⑫視諸衿鞶——鄭注：「諸，之也。示之以衿鞶者，皆託戒使識之也。不示之以衣笄者，尊者之戒，不嫌忘之。」賈疏：「前文父戒以衣笄，此經母施衿結帨，庶母直示之以衿鞶，不示以衣笄，故鄭決之也。」

【譯文】

儀禮士昏禮中記載：父親爲即將結婚的兒子在寢宫舉行用酒祭神的禮儀活動，並告誡他説：「去迎接以後幫助你承擔宗廟祭祀的人吧。你要勉勵她遵循婦道，敬重她爲你母親的接續者。並且告誡她，女子的行爲應當有常。」兒子回答説：「是！只是擔心做不到，不敢忘記父親的告誡。」父親爲即將出嫁的女兒送行時，告誡她説：「要警醒要恭敬，從早到晚都不要違背公公婆婆的教誨和命令。」母親爲即將出嫁的女兒送上系衣服的帶子和佩巾，對她説：「要努力要恭敬，從早到晚不要違背宫裏（家裏）的規矩。」父親的侍妾在門内，送給（她）絲質的小口袋，用來裝佩巾之類供奉公公婆婆的東西，表示謹慎恭敬。重申父母的告誡，説：「恭敬地聽著，遵從父母的告誡。從早到晚都没有過錯，常看長輩給的佩巾、小口袋之類的物件以此不忘父母的告誡。」

## 二·六二

〇禮記曰：夫昏禮，萬世之始也。取於異姓，所以附遠厚別也。①幣必誠②，辭無不腆③，告之以直信④。信，事人也。⑤信，婦德也。⑥一與之齊⑦，終身不改，故夫死不嫁。男子親迎，男先⑧於女，剛柔之義也。天先乎地，君先乎臣，其義一也。執摯以相見，敬章別也。⑨男女有別，然後父子親。父子親，然後義生。義生然後禮作，禮作然後萬物安。無別無義，禽獸之道也。

【注釋】

①取於異姓，所以附遠厚別也——孔疏：「取異姓者，所以依附相疏遠之道，厚重分別之義，不欲相褻，故不取同姓也。」

②幣必誠——孔疏：「誠，謂誠信。幣帛必須誠信，使可裁制，勿令虛濫。」

③辭無不腆——腆，音tiǎn（舔）。孔疏：「腆，善也。賓之傳辭，無自謙退。云幣不善，不詐飾也。」

④告之以直信——孔疏：「所以幣必信，辭必直，欲告戒婦人以正直誠信也。」

⑤信，事人也——孔疏：「事，立也。言婦人立身之道，非信不立。」

⑥信，婦德也——孔疏：「言貞信是婦人之德。」

⑦一與之齊——鄭注：「齊，謂共牢〔一〕而食，同尊卑也。齊或爲『醮〔二〕』。」

⑧先——鄭注：「先，謂倡道〔三〕也。」

⑨執摯以相見，敬章別也——摯，音zhì（至）。孔疏：「摯，鴈也。章，明也。壻親迎入門，而先奠鴈〔四〕，然後乃與婦相見，是先行敬，以明夫婦，禮有分別，不妄交親。」

【譯文】

禮記郊特牲中說：婚禮意義深遠，夫妻婚配，以後萬世子子孫孫從這開始。必須迎娶異姓女子爲妻，一是爲了聯合疏遠的族姓成爲姻親，二是爲了嚴格排斥本族血緣的結合。訂婚時所送的聘禮一定要誠信可用，致辭也要正直無虛，不必謙説禮幣不够豐厚。這是爲了告誡女兒正直誠信。誠信，是婦人的立身之道。貞

〔一〕共牢：古婚禮時，夫婦共食一牲。牢，祭祀用的犧牲。
〔二〕醮：音jiào（叫），古代婚娶時用酒祭神的禮。
〔三〕道：同「導」。
〔四〕奠雁：古代婚禮，新郎到女家迎親，獻雁爲贄禮，稱「奠鴈」。

信，是做媳婦的基本品德。在婚禮的晚上只要一跟丈夫喝過了交杯酒（只要在婚禮時共食一牲），就一輩子忠於他，永不變心，所以即便丈夫死了也不再嫁人。結婚那天，男子親自到女方家中去迎娶，男子乘車先導，女子乘車相隨，這含有陽剛進取、陰柔順從的意思。這和天倡地隨、君求臣應的意義是一樣的。男子親自迎娶時，手執大雁拜見女方家長，放置好雁後，才和女子相見，這就莊敬地顯明了男女的區別，不隨便相互親近。男女的名分有了嚴格的區別，交接不苟，夫妻關係嚴格明確，然後父子間才能有深摯的親情。父子間有了親情，然後就產生了人倫道義。人倫道義產生了，然後禮也就因之興起了。禮興起了，人間萬事也就會得到安定。如果男女無別，胡亂交配，夫妻關係不嚴格，父子關係不明確，彼此無情無義，那就是禽獸的生活方式了。

## 二・六三

〇取婦之家，三日不舉樂，思嗣親也。①昏禮不賀，人之序②也。

【注釋】

①取婦之家，三日不舉樂，思嗣親也——嗣，音sì（四），接續、繼承。鄭注：「重世變也。」孔疏：「所

以『不舉樂』者，思念己之取妻，嗣續其親，則是親之代謝，所以悲哀感傷，重世之改變也。」

②序——鄭注：「序，猶代也。」

【譯文】

（禮記曾子問中記載，孔子説：）娶媳婦的人家，婚前三天不動用樂器，思念著自己即將娶妻，承擔起家族傳宗接代的責任，而父母開始進入老境，慨嘆世態的變遷。

（禮記郊特牲中説：）婚禮不過是人生必經程式，不需要祝賀。爲什麼不需要祝賀呢？因爲結婚意味著傳宗接代，傳宗接代意味著新陳代謝，做人子的自然不能無所感傷，因此無心受賀。

## 二・六四

○内則曰：禮，始於謹夫婦。爲宫室，辨外内，男子居外，女子居内。深宫固門，閽寺①守之，男不入，女不出。男女不同椸枷②。不敢縣於夫之楎椸③，不敢藏於夫之篋笥④，不敢共湢浴⑤。夫不在，斂枕篋簟席襡器而藏之。少事長，賤事貴，咸⑥如之。雖婢妾⑦，衣服飲食必後長者。妻不在，妾御莫敢當夕。⑧

【注釋】

①閽寺——閽，音hūn（婚），鄭注：「閽，掌守中門之禁也。寺，掌内人之禁令也。」

②椸枷——音yí jiā（宜家），鄭注：「竿謂之椸。」

③楎椸——楎，音huī（揮），鄭注：「楎，杙〔二〕也。」孔疏：「郭景純引禮云：『不敢縣於夫之楎椸。』植曰楎，横曰椸。然則楎椸是同類之物，横者曰椸，則以竿爲之，故云『竿謂之椸』。」

④篋笥——音qiè sì（竊肆），藏物的竹器。

⑤湢浴——湢，音bì（必）。鄭注：「湢，浴室。」

⑥咸——鄭注：「咸，皆也。」

⑦雖婢妾——鄭注：「人貴賤不可以無禮。」

⑧妻不在，妾御莫敢當夕——鄭注：「辟〔三〕女君之御日也。」孔疏：「此謂卿大夫以下，故經云『妻』，而注云『女君』。大夫一妻二妾，則三日御徧。士一妻一妾，則二日御徧。妾恒辟女君之御日，非但不敢當女君之御日，縱令自當君之御日，猶不敢當夕而往，故詩小星云：『肅肅宵征，夙夜在公。』注引此云『凡妾御於

〔二〕杙：音yì（義），假借爲「弋」，小木樁。

〔三〕辟：同「避」。

君不當夕』是也。」

【譯文】

禮記內則中說：禮，開始於嚴謹的夫妻關係。建造宮室，明辨內外。男子居外，女子居內。庭院深嚴，門闌牢固，各有門人內侍把守，男人不得隨便進入，女人不得隨便外出。男女不許同用一個衣架。妻子不敢把自己的衣服懸掛在丈夫的衣架上，不敢把自己的衣物藏放在丈夫的竹箱中，不敢和丈夫共用一間浴室。丈夫不在家，把他的枕頭放在枕匣裏，把他的竹席捲好裝在席套裏，都收藏起來，而不敢有所輕慢。年少的侍奉年長的，低賤的侍奉尊貴的，都該這樣。（妻子回娘家或過世之後，妾也不敢當夕〔一〕，必須把妻子的一天空下來，以避正嫡之嫌。）即使身份卑賤的婢妾，衣服和飲食一定要比年長的差一些，而不敢逾越。正妻不在家，趕上該正妻陪宿的日子，姬妾們不敢去陪伴丈夫過夜。

## 二·六五

○男不言內，女不言外。非祭非喪，不相授器。①其相授，則女受以篚②。其無篚，則

〔一〕當夕：妻妾輪值侍寢。

皆坐奠③之而後取之。外内不共井，不共湢浴，不通寢席，不通乞假。男女不通衣裳。男子入内，不嘯④不指，夜行以燭，無燭則止。女子出門，必擁⑤蔽其面。夜行以燭，無燭則止。道路，男子由右⑥，女子由左。

【注釋】

①非祭非喪，不相授器——孔疏：「以經云『非祭非喪，不相授器』，則是祭與喪時得相授器，所以得者，祭是嚴敬之處，喪是促遽之所，於此之時，不嫌男女有淫邪之意。」

②篚——音fěi（斐），古代盛物的竹器。

③奠——鄭注：「奠，停地也。」

④嘯——鄭注：「嘯，讀爲叱〔二〕，叱，嫌有隱使也。」孔疏：「嘯是自嘯，叱謂叱人。經言『不嘯』與『不指』連文，而指既指物，明嘯是叱人，故以嘯爲叱矣。云『嫌有隱使』者，若其常事，以言語處分，是顯使人也。如有姦私，恐人知聞，不以言語，但諷叱而已。是幽隱而使，故云『叱，嫌有隱使也』。」

⑤擁——鄭注：「擁猶障也」。

⑥男子由右——鄭注：「地道尊右。」

〔二〕叱：音chì（斥），大聲呵斥，説文云：「叱，呵也。」

【譯文】

（禮記內則中說：）男人主外，不過問家庭瑣事；女人操持家務，不過問家外公事。即使是一家人，男女也要彼此檢點，除了祭事、喪事，男女不能相互親手遞交器物，這是因爲祭祀莊嚴敬慕，喪事急促緊迫，所以不用避嫌。必須遞交器物的時候，女人就用竹筐來接；手邊沒有筐子，就要跪坐把東西放在地上，然後對方跪坐下來再取。外院和內宅不同用一口井打水，男女不同用一個浴室，不混著使用寢席，不互相要東西、借東西。男女衣服不能混著穿用。男子進入內宅，要光明正大，不要隱含呵斥，不要指指點點；夜裏出行要點燃燭火，沒有燭火就不要出門。女子出門，一定要掩面而行。夜裏出行要點燃燭火，沒燭火就不要出門。在道路上也要彼此回避，男人由右邊走，女人由左邊走，這是因爲右邊更尊貴。

## 二·六六

○孔子曰：婦人，伏①於人也。是故無專制②之義，有三從之道：在家從父，適人從夫，夫死從子，無所敢自遂也。教令不出閨門，事在饋食之間而已矣。③是故女及日④乎閨門之內，不百里⑤而奔喪，事無擅爲，行無獨成。參知而後動，可驗而後言。⑥晝不遊庭，夜行以火。⑦所以正婦德也。⑧女有五不取：逆家子不取，亂家子不取，世有刑人不取，世有惡疾不取，喪父長子不取。⑨婦有七去：不順父母去，無子去，淫去，妬去，有惡疾去，多言去，竊盜去。⑩有三不去：有所取無所歸，不去；與更三年喪，不去；前貧賤後富貴，不去。⑪凡此，聖人所以順男女之際，重昏姻之始也。⑫

【注釋】

①伏——集注：「伏，屈伏也。」

②專制——集注：「專制，自遂，即下文所謂擅爲獨成也。」

③事在饋食之間而已矣——集注：「饋食，供饋酒食也。已，止也。」

④及日——集注：「及日，猶言終日。」

⑤不百里——集注：「不百里，猶言不越境。」

⑥參知而後動，可驗而後言——集注：「參，使人相參也。驗，證驗也。」

⑦晝不遊庭，夜行以火——集注：「晝居於內，而不出中庭。夜行於內，而必照以火。」

⑧所以正婦德也——集注：「婦人之德，以順爲正。凡此皆所以正婦德而使之正也。」案：此處文字略有出入。今本大戴禮記原文爲：「事無獨爲，行無獨成之道。參之而後動，可驗而後言，宵行以燭，宮事必量，

六畜蕃於宫中，謂之信也，所以正婦德也。」

⑨五不取……——集注：「逆謂逆德，如不忠不孝之類。亂謂亂倫。世有刑人，棄於人也。世有惡疾，棄於天也。長子，長女也。喪父而又無兄，則無所受命矣。或疑世有刑人不取，朱子曰：『所謂不取者，是世世爲惡不能改者，非指一世而言。』如喪父長子不取却可疑，若然則無父之女不復嫁，此不可曉。」

⑩七去……——集注：「妬，妬忌也。不順父母去，爲其逆德也。無子去，爲其絶世也。淫去，爲其亂族也。妬去，爲其亂家也。有惡疾去，爲其不可與共粢盛也。多言去，爲其間親也。竊盜去，爲其反義也。無子去、惡疾去，於義未安。若必以爲不去，則無以承宗事繼後世也。處之自當以義，何至於去邪？此皆可疑。」

⑪三不去……——集注：「有所取無所歸，謂其嫁有所受命，後無父兄、無可回之地也。與更三年喪，謂曾居舅姑之喪也。前貧賤後富貴，謂娶婦時貧賤，而今富貴也。」

⑫順男女之際、重婚姻之始——集注：「際謂交際之道，始謂正始之義，通結此章。」

【譯文】

（大戴禮記本命中記載）孔子説：婦人，就是以禮屈服於人的意思。因此，婦人没有專斷的理由，只有「三從」的原則——所謂「三從」，就是在家從父，嫁了人從夫，丈夫死了就聽從長子。從來不敢自作主張來做事。婦人的教訓吩咐不傳出内室，所做的事也只是料理餐食一類的事而已。因此，婦人整天處於内室，不奔喪到遠在百里之外的地方，没有自作主張、自己決定事情的道理。知道得很仔細了才行動，證據確鑿了才説話，白天不去庭院中閒遊，夜晚走路一定要點蠟燭，這是婦人應該具有的德性。女子有下列五種情性之一，就不能娶爲妻子：悖逆尊長的女子不娶（因爲違背孝道），淫亂家庭的女子不娶（因爲破壞倫理），先世是罪犯的女子不娶（因爲爲社會所不容），先世有惡疾的女子不娶（因爲被上天所棄絶），早年死了父親的長女不娶（因爲缺少父兄的薰陶教導）。婦人如果有下列七種行爲（之一）就應該離婚：不順從公婆就離婚（因爲違背孝道），不能生育就離婚（因爲斷絶後嗣），淫蕩就離婚（因爲搞亂血統），嫉妒就離婚（因爲在家裏製造麻煩），有惡疾就離婚（因爲不能和丈夫共同主持宗廟的祭祀），好搬弄是非就離婚（因爲離間親人的感情），偷竊就離婚（因爲違背道義）。可是婦人有下列三種情形（之一）丈夫就不能任意找藉口和她離婚：嫁過來之後，娘家已經没有近親的，不能離婚；和丈夫一同爲公婆守喪三年的，不能離婚；結婚時丈夫貧賤，和丈夫一同吃苦，後來丈夫才富貴的，也不能離婚。這些禮儀規定都是聖人爲了順應男女之情、注重婚姻的開始。

## 二·六七

○曲禮曰：寡婦之子，非有見①焉，弗與爲友。

【注釋】

①有見——孔疏：「見，謂奇才卓異可見也。寡婦無夫，若其子有奇才異行者，則已可與之爲友。若此子凡庸，而已與其往來，則於寡婦有嫌也。是以鄭注『有見，謂奇才卓然，衆人所知』也。」

【譯文】

禮記曲禮中說：寡婦的兒子，没有發現他有什麽傑出的才能，就不要和他交朋友，免招嫌疑。

## 右明夫婦之别

### 二・六八

〇孟子曰：孩提之童①無不知愛其親也，及其長也，無不知敬其兄也。

【注釋】

①孩提之童——朱注：「孩提，二三歲之閒，知孩笑〔一〕、可提抱者也。」

〔一〕知孩笑：來自趙岐注：「在繈褓知孩笑。」指會笑的小兒。

【譯文】

（孟子盡心上中記載）孟子說：兩三歲的小孩，雖不教導但没有不愛自己父母的。等到長大，雖不教導但没有不知道尊敬其兄長的。

## 二・六九

〇徐行後長者謂之弟，疾行先長者謂之不弟。①

【注釋】

①此段出自孟子告子下，原文爲：曹交問曰：「人皆可以爲堯舜，有諸？」孟子曰：「然。」「交聞文王十尺，湯九尺，今交九尺四寸以長，食粟而已，如何則可？」曰：「奚有於是？亦爲之而已矣。有人於此，力不能勝一匹雛，則爲無力人矣；今曰舉百鈞，則爲有力人矣。然則舉烏獲之任，是亦爲烏獲而已矣。夫人豈以不勝爲患哉？弗爲耳。徐行後長者謂之弟，疾行先長者謂之不弟。夫徐行者，豈人所不能哉？所不爲也。堯舜之道，孝弟而已矣。子服堯之服，誦堯之言，行堯之行，是堯而已矣。子服桀之服，誦桀之言，行桀之行，是桀而已矣。」曰：「交得見於鄒君，可以假館，願留而受業於門。」曰：「夫道若大路然，豈難知哉？人病

不求耳。子歸而求之，有餘師。」

【譯文】

（孟子告子下中說）緩慢地走在長者之後，便叫「悌」；快速地走在長者之前，便叫「不悌」。

## 二·七〇

○曲禮曰：見父之執，不謂之進不敢進，不謂之退不敢退，不問不敢對。①

【注釋】

①見父之執……——鄭注：「敬父同志如事父。」

【譯文】

禮記曲禮中說：見到父親的同志好友，要像尊敬自己父親那樣尊敬他，他不叫近前就不敢近前，不叫退下就不敢退下，不問就不敢開口對話。

## 二·七一

○年長以倍則父事之，①十年以長則兄事之，②五年以長則肩隨③之。

【注釋】

①年長以倍則父事之——鄭注：「謂年二十於四十者，人年二十，弱冠成人，有爲人父之端。今四十於二十者有子道。內則曰：『年二十，惇行孝弟。』」

②十年以長則兄事之——孔疏：「謂年二十於三十者。全倍者，父事之。半倍，故兄事之也。兄事之，則正差退而鴈行〔二〕也。」

③肩隨——鄭注：「肩隨者，與之並行差退。」

【譯文】

（禮記曲禮中記載）成人以後，在鄉黨鄰里之間，面對年紀比自己大一倍的人，就當作父輩對待；比自己

〔二〕鴈行：並行而稍後。

大十歲的人，就當作兄長對待；比自己大五歲的人，和他並肩行走時，自己要稍錯後一些。

## 二・七二

○謀於長者，必操几杖以從之①。長者問，不辭讓而對，非禮也。

【注釋】

①操几杖以從之——孔疏：「操，執持也。杖可以策〔一〕身，几可以扶己，俱是養尊者之物，故於謀議之時持就也。」

【譯文】

（禮記曲禮中記載）同長輩商量事情，一定要操持手杖、憑几去，手杖可以支撐身體，憑几可以倚靠休息，這些都是奉養長者的工具。長輩有所詢問，不謙讓就回答，是不禮貌的。

〔一〕策：拄，拄棍杖。晉陶淵明歸去來兮辭：「策扶老以流憩，時矯首而遐觀。」

## 二·七三

○從於先生①，不越路而與人言。遭先生於道，趨而進，正立拱手。②先生與之言則對③，不與之言則趨而退。從長者而上丘陵，則必鄉長者所視。④

【注釋】

①從於先生——孔疏：「謂從行時。先生，師也。謂師爲先生者，言彼先己而生，其德多厚也。自稱爲弟子者，言己自處如弟子，則尊師如父兄也。」

②遭先生於道，趨而進，正立拱手——孔疏：「遭，逢也。趨，疾也。拱手，見師而起敬，故疾趨而進就之也。又不敢斥問先生所爲，故正立拱手而聽先生之教。」

③與之言則對——孔疏：「此謂問時事之言則對，若問己大事，則辭讓然後對。」

④則必鄉長者所視——鄉，同「向」。孔疏：「長者東視則東視，長者西視則西視，從先生、君子亦然。」

【譯文】

（禮記曲禮中記載）跟隨先生一起走，不要横越道路去和别人説話，這是因爲尊重要專注，不能分散精力爲二。在路上遇到先生，緊走近前，正立拱手，等待先生的教導驅使。先生跟自己說話，就答對；不跟自己說話，就緊走退下，因爲先生不想與自己一同走。跟從長輩登上土山，就一定要朝著長輩所看的方向，以備長者看不清遠處而有所詢問。

## 二·七四

〇長者與之提攜①，則兩手奉〔一〕長者之手。負、劍，辟咡詔之，則掩口而對。

【注釋】

①長者與之提攜——孔疏：「提攜，謂牽將行時，因牽行之，又教之爲節也。奉長者之手，爲兒長大，方當供養扶持長者，故先使學之，令習便也。」

②負、劍，辟咡詔之——咡，音èr（二）；詔，音zhào（照）。鄭注：「負謂置之於背，劍謂挾之於旁。辟咡詔之，謂傾頭與語，口旁曰咡。」

〔一〕奉：同「捧」。

【譯文】

（禮記曲禮中記載）長輩跟孩子牽手走路，孩子要雙手捧定長輩的手，這是學習將來如何扶持長者。被長者背著或夾在身旁，長輩俯身側頭跟孩子說話，孩子就要用手遮擋自己的嘴巴回答。

## 二・七五

○凡爲長者糞①之禮，必加帚於箕上，②以袂拘而退③，其塵不及長者，以箕自鄉而扱之④。

【注釋】

①糞——掃除，說文：「糞，棄除也。」

②必加帚於箕上——帚，音zhǒu（肘）；箕，音jī（機）。鄭注：「如是得兩手奉箕，恭也。謂初執而往時也。」

③以袂拘而退——袂，音mèi（妹）；拘，音jū（居）。孔疏：「謂埽時也。袂，衣袂也。退，遷也。當掃時卻遷，以一手捉帚，又舉一手衣袂以拘障於帚前，且埽且遷，故云『拘而退』。」

④以箕自鄉而扱之——扱，音xī（吸）。孔疏：「扱，斂取也。謂以箕自鄉斂取糞穢，亦不以箕鄉尊也。」

【譯文】

（禮記曲禮中記載）凡爲長者清掃席前，禮規是：初次前往時，一定要把掃帚放在簸箕之上，這樣就可以雙手捧著簸箕以示恭敬。打掃的時候，用長袖遮擋著掃帚邊掃邊退，灰塵不要飛向長輩，用簸箕朝向自己收掃垃圾，因爲不能用簸箕朝向尊者。

## 二·七六

○將即席，容毋怍，①兩手摳衣，去齊尺。②衣毋撥③，足毋蹶④。先生書策琴瑟在前，坐而遷之，戒勿越。⑤坐必安⑥，執爾顏⑦。長者不及⑧，毋儳⑨言。正爾容，聽必恭，毋勦⑩說，毋雷同⑪，必則古昔⑫，稱先王⑬。

【注釋】

①將即席，容毋怍——怍，音zuò（坐）。孔疏：「此明弟子講問初來之法。即，就也。怍，顏色變也。初將來就席，顏色宜莊，不得變動顏色也。」

②兩手摳衣，去齊尺——摳，音kōu。孔疏：「摳，提挈〔一〕也。衣，謂裳〔二〕也。齊是裳下緝〔三〕也。亦謂將就席之時，以兩手當裳前，提挈裳使起，令裳下緝去地一尺，恐衣長轉足躡〔四〕履之。」

③撥——鄭注：「撥，發揚貌。」

④足毋蹶——蹶，音jué（絶）。孔疏：「蹶，行急遽〔五〕貌也，亦謂客初至之時，勿得以爲行遽，恐有蹶蹪〔六〕之貌也。」

⑤先生書策琴瑟在前，坐而遷之，戒勿越——孔疏：「策，篇簡也。坐亦跪也，坐通名跪，跪名不通坐也。越，踰也。弟子將行，若遇師諸物或當己前，則跪而遷移之，戒慎勿得踰越，廣敬也。」

⑥坐必安——孔疏：「凡坐好自摇動，故戒之，令必安坐。」

⑦執爾顔——孔疏：「執，守也。久坐好異，故必戒之宜如嚮者無怍顔容也。」

⑧長者不及——孔疏：「長者，猶先生也，互言耳。及，謂所及之事也。」

---

〔一〕提挈：挈，音qiè（竊）。用手提著。
〔二〕裳：音cháng（常），古人穿的遮蔽下體的衣裙，男女都穿，是裙的一種，不是褲子。
〔三〕緝：音qī（期），縫衣邊。釋名釋衣服云：「緝，下横縫，緝其下也。」
〔四〕躡：音niè（聶），踩，踏。
〔五〕急遽：遽，音jù（句）。倉促，急速。
〔六〕蹶蹪：音jué zhì（決至），跌倒，顛仆。

⑨儳——音chán（饞），孔疏：「儳，暫也。長者正論甲事，未及乙事，少者不得輒以乙事雜甲事，暫然雜錯師長之說。」

⑩勦——音chāo（抄），鄭注：「勦猶擥也，謂取人之說以爲己說。」

⑪雷同——鄭注：「雷之發聲，物無不同時應者，人之言，當各由己，不當然也。孟子曰：『人無是非之心，非人也。』」孔疏：「凡爲人之法，當自立己心，斷其是非，不得聞他人之語，輒附而同之。若聞而輒同，則似萬物之生，聞雷聲而應，故云『毋雷同』。『人之言』，評議是非，須自出己情，『不當然』者，『然』，謂如此也，謂不當如此，隨附他意。」

⑫必則古昔——孔疏：「則，法也。雖不雷同，又不得專輒，故當必法於古昔之正。」

⑬稱先王——孔疏：「既法古昔，而所言之事，必稱先王。先王，聖人爲天子者也。如孔子說孝經，稱『先王有至德』也，言必有所依據。」

【譯文】

（禮記曲禮中記載）弟子初次來到老師講習之所，將要上席就坐，容顔應當莊重，不得隨意改變。兩手提起衣襟，讓底邊離地一尺來高，以防踩到失儀。衣裳不要掀動揚起，腳步不要匆忙慌張。行走時，如果有老師的書册琴瑟在前面，就跪下把它移開，禁止從上面跨過去，對老師使用的物品也要保持敬意。坐一定要安穩，不要隨便摇擺。久坐時，要保持莊敬的臉色。老師没有提到的事情，不要插嘴打亂話題。端正自己的表情，聽人講話一定要謙恭。發言不要將别人的説法據爲己有，不要隨聲附和，要有自己的判斷。雖有自己的判斷，但也並非專斷，定要取法古時正確之事，此時應稱舉聖王，做到有理有據。

## 二·七七

○侍坐①於先生，先生問焉，終則對。②請業則起③，請益④則起。

【注釋】

①侍坐——孔疏：「謂先生坐一席，己坐一席，己必坐於近尊者之端，勿得使近尊者之端更有空餘之席。所以然者，欲得親近先生，似若扶持然，備擬先生顧問，不可過遠，且擬後人之來故闕其在下空處以待之。」

②終則對——鄭注：「不敢錯亂尊者之言。」

③請業則起——鄭注：「業，謂篇卷〔一〕也。起，若今摳衣前請也。」

④請益——鄭注：「益，謂受説不了，欲師更明説之。子路問政，子曰：『先之，勞之。』請益，曰：『無倦。』」

〔一〕篇卷：指書籍。

【譯文】

（禮記曲禮中記載）陪侍老師坐著的時候，老師問話，等問完了才回答，因爲不敢插嘴打亂老師的問話。請教學業問題，要站起來；請求進一步解答，也要站起來。這都是尊師重道的表現。

## 二・七八

〇尊客之前不叱狗。①讓食不唾。②侍坐於君子，君子欠伸③，撰杖屨④，視日蚤莫⑤，侍坐者請出矣。⑥

【注釋】

①尊客之前不叱狗——孔疏：「若有尊客至，而主人叱罵於狗，則似厭倦其客，欲去之也。卑客亦當然，舉尊爲甚。」

②讓食不唾——鄭注：「嫌有穢惡。」

③君子欠伸——孔疏：「君子志疲則欠，體疲則伸。」

④撰杖屨——鄭注：「撰猶持也。」孔疏：「君子自執杖在坐，著屨升堂，脱之在側，若倦則自撰持之也。」

⑤視日蚤莫——蚤，同「早」；莫，同「暮」。孔疏：「君子或瞻視其庭影，望日蚤晚也。」

⑥侍坐者請出矣——孔疏：「禮，卑者賤者請進不請退，退由尊者，是以論語云：『杖者出，斯出矣』，不敢自專。今若見尊者爲上諸事，皆是欲起之漸，故侍坐者得請出矣。」

【譯文】

（禮記曲禮中記載）在尊敬的客人面前不要呵斥狗，因爲會給人逐客的感覺。主人殷勤讓食，客人不要咀嚼中間當場啐唾，因爲會讓主人認爲自己準備的食物污穢骯髒。陪伴君子坐談，要是見到君子打哈欠，伸懶腰，拿手杖，穿鞋子，張望時間早晚，表現出疲憊的樣子，這時候侍坐者就該向君子請求告退了。

## 二·七九

○侍坐於君子，君子問更端①，則起而對②。

【注釋】

①更端——孔疏：「更端，別事也，謂嚮語已畢，更問他事。」

②起而對——孔疏：「事異，宜新更敬，又起對也。」

【譯文】

（禮記曲禮中記載）陪伴君子坐談，君子又換了話題詢問，那就要起立答對，表示尊敬。

## 二・八〇

〇侍坐於君子，若有告者曰：「少間①，願有復②也。」則左右屏③而待。

【注釋】

①間——孔疏：「間謂清閑也。」

②復——鄭注：「復，白〔一〕也。」

③屏——鄭注：「屏，猶退也，隱也。」

【譯文】

（禮記曲禮中記載）陪伴君子坐談，如果有告事的人說：「占您點時間，想有所回稟。」那麼，侍坐者就該

〔一〕白：稟告，報告。柳宗元童區寄傳云：「虛吏白州，州白大府。」

退避别處等待。

## 二·八一

〇侍飲於長者，酒進則起①，拜受於尊所②。長者辭，少者反席而飲。③長者舉未釂④，少者不敢飲。

【注釋】

①酒進則起——孔疏：「謂長者賜侍者酒，進至侍者前則起。侍者見酒至，不敢即飲，故起也。」

②拜受於尊所——鄭注：「降席拜受，敬也。燕飲之禮鄉〔二〕尊。」孔疏：「『尊所』，謂陳尊之處也。侍者起而往尊處拜受之也。陳尊之所，貴賤不同。若諸侯燕禮、大射，設尊在東楹之西，自北嚮南陳之。酌者在尊東，西嚮，以酌者之左爲上尊。尊面有鼻，鼻向君，示君專有此惠也。若鄉飲酒及卿大夫燕，則設尊陳於房户之間，東西列尊，尊面嚮南，酌者嚮北，以西爲上尊。時主人在阼，西嚮，賓在户西牖前，南嚮，使賓主得夾

〔二〕鄉：同「嚮」。

尊，示不敢專惠也。今云『拜受於尊所』者，當是燕禮。而燕禮不云『拜受於尊所』，鄉飲酒亦無此語，正是文不具耳。近尊嚮長者，故往於尊所，嚮長者而拜。」

③長者辭，少者反席而飲——孔疏：「長者辭止少者之起。長者既止，故少者復反還其席而飲賜也。」

④舉未釂——釂，音jiào（叫）。鄭注：「盡爵〔二〕曰釂。燕禮曰『公卒爵而後飲』也。」孔疏：「舉猶飲也。」

【譯文】

（禮記曲禮中記載）陪侍長者飲酒，見長輩斟酒將送過來，晚輩就趕快站起，走到設酒樽的地方，拜後雙手接杯，以示尊敬。長輩説不必這樣，晚輩返回自己席位上去喝。長輩舉杯還没有飲盡，晚輩就不敢先喝。

## 二·八二

○長者賜，少者、賤者不敢辭。①

〔二〕　爵：音jué（絶），古代飲酒的器皿，三足，以不同的形狀顯示使用者的身份。

【注釋】

①少者、賤者不敢辭——孔疏：「少謂幼稚，賤謂僮僕之屬也。若少者及賤者被尊長之賜，則不敢辭謙，宜即受也，不敢亢禮〔一〕也。敵者亢而有辭，少者賤者故不敢也。」

【譯文】

（禮記曲禮中記載）長輩賜給什麼東西，晚輩或者身份卑微的書僮僕人等就只管接受，不要推辭，因爲不敢以對等的禮節相待。

## 二·八三

○御同於長者①，雖貳②不辭，偶坐不辭③。

【注釋】

①御同於長者——孔疏：「御謂侍也，同謂侍食而與長者同饌〔二〕也。」

〔一〕亢禮：亢，音kàng（抗）。謂以對等的禮節相待。禮記燕義云：「設賓主，飲酒之禮也；使宰夫爲獻主，臣莫敢與君亢禮也。」

〔二〕饌：音zhuàn（轉），飲食，吃喝。

②貳——孔疏：「貳，謂重也。侍者雖獲殽膳〔一〕重，而己不須辭其多也。所以然者，此饌本爲長者設耳，若辭之，則嫌當長者。何胤〔二〕云：『禮：當盛饌宜辭，以賤不能當之。此侍食於長者，盛饌不在己。』故鄭云『貳，謂重殽膳也。辭之，爲長者嫌』也。」

③偶坐不辭——孔疏：「偶，媲也。或彼爲客設饌，而召己往媲偶〔三〕於客共食，此饌本不爲己設，故己不辭之也。又一云：偶，二也。若唯獨有己，主人設饌，己當辭謝。若與他人俱坐，則己不假辭，以主人意不必在己也。故鄭云『盛饌不爲己』。並會兩通也。」

【譯文】

（禮記曲禮中記載）陪同長輩去赴宴，即便獲得了和長者同樣的隆重款待，也不須辭謝。主人宴請貴客，自己被召爲陪客，遇到讓食布菜的時候，自己不須辭謝，因爲這個盛宴本不是專爲自己設的。

## 二·八四

○侍於君子，不顧望而對，非禮也。①

〔一〕殽膳：殽，同「肴（yáo）」，做熟的魚肉等；膳，音shàn（善），飯食。
〔二〕何胤：字子季，南北朝時南齊人。撰有禮記隱義、禮答問、毛詩隱義等。
〔三〕媲偶：媲，音pì（辟）。相伴，陪伴。

【注釋】

①侍於君子，不顧望而對，非禮也——鄭注：「禮尚謙也。不顧望，若子路帥爾而對。」孔疏：「謂多人侍而君子有問，若指問一人，則一人直對。若問多人，則侍者當先顧望坐中，或有勝己者宜前，而已不得率爾先對，先對非禮也。」

【譯文】

（禮記曲禮中記載）多人陪侍君子，君子有所問詢，自己不環顧在座的有没有比自己更合適的解答者就直接對答，這是很失禮的。

## 二・八五

○少儀曰：尊長於己踰等①，不敢問其年。燕見不將命②。遇於道，見則面，③不請所之④。侍坐，弗使，不執琴瑟，⑤不畫地⑥，手無容⑦，不翣也⑧。寢，則坐而將命。⑨侍射則約矢⑩，侍投則擁矢⑪，勝則洗而以請⑫。

【注釋】

①踰等——鄭注：「踰等，父兄黨也。問年，則己恭孫之心不全。」

②燕見不將命——鄭注：「自不用賓主之正來，則若子弟然。」孔疏：「謂卑幼私燕而見，不使擯〔一〕者將傳其命，無賓主之禮。」

③遇於道，見則面——孔疏：「若於道路遇逢尊者，尊者若見己，己則面見。若尊者不見己，己則隱也。」

④不請所之——孔疏：「雖面自見，而不得問尊者何處往也。」

⑤侍坐，弗使，不執琴瑟——孔疏：「卑侍尊者之法也。侍坐於尊，尊者若不使己，己則不得執琴瑟而鼓之。若使己，則得執之也。」

⑥不畫地——孔疏：「盧〔二〕云：『不敢無故畫地也。』」

⑦手無容——孔疏：「盧云：『不弄手也。』」

⑧不翣也——翣，音shà（煞）。孔疏：「盧云：『翣，扇也。雖熱亦不敢摇扇也。』」

⑨寢，則坐而將命——孔疏：「寢，卧也。坐，跪也。若尊者眠卧，而侍者若傳辭，當跪前，不可以立，

---

〔一〕擯：音bìn（鬢），古同「儐」，迎賓。

〔二〕盧：盧植，字子幹。涿郡涿縣（今河北涿州）人。東漢末年經學家。著有尚書章句、三禮解詁等，今皆失佚。

恐臨尊者。」

⑩侍射則約矢——孔疏：「矢，箭也。凡射必計耦，先設楅〔一〕在中庭。楅者，兩頭爲龍頭，中央共一身，而倚箭於楅身上。上耦前取一次，下耦又進取一，如是更進，各得四箭而升堂。插三於要，而手執一隻。若卑者侍射，則不敢更拾進取，但一時並取四矢，故云『則約矢』也。」

⑪侍投則擁矢——孔疏：「投，投壺也。擁，抱也。矢，謂投壺箭也，若柘、若棘爲之。投壺禮亦賓主各四矢，從委於身前坐，一一取之。若卑者侍投，則不敢釋置於地，但手並抱投之也。故鄭云『不敢釋於地』。庾〔二〕云：『擁抱己所當投矢也。』隱義云：『尊者委四矢於地，一一取以投，卑者不敢委於地，悉執之也。』」

⑫勝則洗而以請——孔疏：「若敵射及投壺竟，司射命酌〔三〕，而勝者當應曰『諾』。而勝者弟子酌酒，南面，以置豐上，豐在西階上西楹之西。而不勝者下堂，揖讓升堂，就西階上立，北面，就豐上取爵，將飲之而跪之，曰『賜灌』，灌，猶飲也。而勝者立於不勝者東，亦北面跪，而曰『敬養』。若卑者得勝，則不敢直酌，

〔一〕楅：音bì（逼），古代行鄉射禮時插箭的器具。

〔二〕庾：庾蔚之，南北朝時劉宋著名禮學家，但宋書與南史等正史均未爲其立傳。據經典釋文序録關於禮記注解傳述人的記載：「庾蔚之，略解十卷（字季隨，潁川人，宋員外常侍）。」

〔三〕酌：音zhuó（卓），斟酒。

當前洗爵而請行觴〔一〕，然後乃行也。」

【譯文】

禮記少儀中説：對於自己父兄輩的尊長，（因爲恭遜而）不敢問他的年紀。私下拜見尊長，也不敢用賓主之禮讓擯者往來傳話。在道路上遇到尊長，如果他看見自己了，就上前問安答話，不要詢問尊長的去處。如果他没看見自己，就躲開，不要上前打招呼，以免勞煩尊長。

陪著尊長坐談時，態度要端恭誠敬，不是出於尊長的指使，自己就不敢拿起琴瑟彈奏，不敢無故塗畫地面，不要擺弄手，没個樣子，即便熱也不要摇扇，這些都是因爲端正誠懇地對尊者表示敬意。尊長躺在席上，若卑幼者傳達辭令，則需要跪著，這是因爲不敢站立以臨尊長。

射禮中，二人爲一耦，每耦先在庭中箭架上取箭，你取一支，我取一支，每人取四支。卑幼者與尊長爲一耦，取箭時，卑幼者待尊長取完四箭，自己再一時並取四箭，叫作約矢，不敢與尊長一支一支的輪流地對取。投壺禮也是二人爲一耦，各取四矢放在面前，一一坐取，立起投壺。卑幼者奉陪尊長投壺，尊長將四矢放在地上，一一取投，卑幼者則不敢放在地上，要用左手擁抱自己的四矢，右手一一投出。誰射中、投中的次數多，誰算是勝者。如果卑幼者勝了，則不敢當面斟酒，要洗好杯子斟好酒，拿到尊長面前請他飲用。

〔一〕行觴：觴，音shāng（傷）。猶行酒，謂依次敬酒。

## 二・八六

○王制曰：父之齒隨行，兄之齒雁行①，朋友不相踰。輕任并②，重任分③，斑④白者不提挈⑤。君子耆老⑥不徒⑦行，庶人耆老不徒食。

【注釋】

①雁行——陳澔禮記集説：「雁行，併行而稍後也。」

②輕任并——孔疏：「任，謂有擔負者。俱應擔負，老少并輕，則併與少者擔之也。」

③重任分——孔疏：「老少并重，不可併與少者一人，則分爲輕重，重與少者，輕與老者。」

④斑——摛藻堂四庫全書薈要本作「頒」，鄭注：「雜色曰斑。」

⑤挈——音qiè（切），用手提著。

⑥耆老——耆，音qí（其）。鄭注：「耆老，鄉中致仕之卿大夫也。」〔二〕

〔二〕見禮記王制：「耆老皆朝於庠。」

⑦徒——鄭注：「徒，猶空也。」

【譯文】

禮記王制中說：同行的人，相當於父親年紀的人，讓他走在前面，自己隨在後面；相當於兄長年紀的人，可以和他并行，而自己稍稍錯後。和朋友一起走，自己也不要超越在前。二人同行，各有負擔，分量若都不重，就合在一起，由年輕人挑；分量若都不輕，就調整一下，年輕人挑重的，年長的人挑輕的。頭髮花白的老者，就不讓他在路上提攜東西了。士大夫階層的老年人，出必乘車，不至於徒步；一般民衆的老年人，食必有肉，不至於吃素。

## 二·八七

〇論語曰：鄉人飲酒①，杖者②出，斯出矣。

【注釋】

①鄉人飲酒——即行鄉飲酒禮，據禮記鄉飲酒義「少長以齒」。王制也說：「習鄉尚齒」。即論年齡大小，

所以孔子必須讓杖者先出。〔二〕

②杖者——朱注：「杖者，老人也。六十杖於鄉，未出不敢先，既出不敢後。」

【譯文】

論語鄉黨中記載：行鄉飲酒禮後，六十歲以上的老人如果未出去，孔子就不敢先出去，已經出去則趕緊跟出去，不敢怠慢。

## 右明長幼之序

### 二・八八

○曾子曰：君子以文會友①，以友輔仁②。

〔二〕見楊伯峻論語譯注對此章的解釋。

【注釋】

①以文會友——朱注：「講學以會友，則道益明。」

②以友輔仁——朱注：「取善以輔仁，則德日進。」

【譯文】

（論語顔淵中記載）曾子說：君子通過講論學問來結交朋友，這樣道理就會更加明澈；通過朋友的美善來幫助自己培養仁德，這樣德性就會更加精進。

## 二・八九

○孔子曰①：朋友切切②、偲偲③，兄弟怡怡④。

【注釋】

①此語出自論語子路，原文爲：「子路問曰：『何如斯可謂之士矣？』子曰：『切切、偲偲、怡怡如也，可謂士矣。朋友切切、偲偲，兄弟怡怡。』」

②切切——朱注：「胡氏曰：切切，懇到也。」

③偲偲——偲音sī（思），朱注：「胡氏曰：偲偲，詳勉也。」

④怡怡——怡音yí（宜），朱注：「胡氏曰：怡怡，和悦也。」

【譯文】

（論語子路中記載）孔子說：「朋友之間，真心懇切地相互勉勵；兄弟之間，和睦愉悅地共處。」

## 二·九〇

○孟子曰：責善，朋友之道也。①

【注釋】

①責善，朋友之道也——朱注：「朋友當相責以善。」

【譯文】

（孟子離婁下中記載）孟子說：「希望對方能做得更好，是朋友相處之道。」

## 二・九一

○子貢問友，孔子曰：「忠告而善道之①，不可則止，無自辱焉。」

【注釋】

①忠告而善道之——朱注：「告，工讀反。道，去聲。友所以輔仁，故盡其心以告之，善其説以道之。」

【譯文】

（論語顔淵中記載）子貢問對待朋友的方法，孔子説：「忠心地勸告並且告訴他應該如何去做，如果不聽從，就停止勸告（因爲朋友之間是靠道義結合的）。不要因爲屢次勸告而導致疏遠，那就是自取其辱了。」

## 二・九二

○孔子曰①：居是邦也，事其大夫之賢者，友其士之仁者。②

【注釋】

①此語出自論語衛靈公，原文爲：「子貢問爲仁。子曰：『工欲善其事，必先利其器。居是邦也，事其大夫之賢者，友其士之仁者。』」

②事其大夫之賢者，友其士之仁者——朱注：「賢以事言，仁以德言。」

【譯文】

（論語衛靈公中記載）孔子説：居住在諸侯國，就要跟隨那些大夫中做事有才幹的，結交那些士人中道德高尚的（這些是實踐仁德的憑依）。

二·九三

○益者三友，損者三友。友直①，友諒②，友多聞③，益矣。友便辟④，友善柔⑤，友便佞⑥，損矣。

【注釋】

①友直——朱注：「友直，則聞其過。」

②友諒——朱注：「友諒，則進於誠。」

③友多聞——朱注：「友多聞，則進於明。」

④便辟——音pián bì，朱注：「便，習熟也。便辟，謂習於威儀而不直。」

⑤善柔——朱注：「善柔，謂工於媚悦而不諒。」

⑥便佞——音pián nìng，朱注：「便佞，謂習於口語，而無聞見之實。」

【譯文】

（論語季氏中記載，孔子説：）有益的朋友有三種，有害的朋友有三種。同正直的人交朋友，則能知道自己的過失；同誠信的人交朋友，則自己會逐漸真誠；同見聞廣博的人交朋友，則自己的智慧會逐漸明澈。與這三種人交朋友，對自己的成長有益。同熟悉通曉禮儀但不正直的人交朋友，同善於取悦别人却不真誠的人交朋友，同誇誇其談却没有真實見聞的人交朋友，（與這三種人交朋友）則對自己的成長有害。

## 二·九四

〇孟子曰：不挾①長，不挾貴，不挾兄弟而友。友也者，友其德也，不可以有挾也。

【注釋】

①挾——音xié（斜），朱注：「挾者，兼有而恃之之稱。」

【譯文】

（孟子萬章下中記載）孟子説：不倚仗自己年紀大、不倚仗自己地位高、不倚仗自己的兄弟，不要倚仗這三者而去交朋友。所謂朋友，是因爲其品德而去結交他，因此不可以依仗這些東西。

## 二·九五

〇曲禮曰：君子不盡人之歡①，不竭人之忠②，以全交也。

【注釋】

①歡——鄭注：「歡，謂飲食。」孔疏：「飲食是會樂之具，承歡〔二〕爲易。」

②忠——鄭注：「忠，謂衣服之物。」孔疏：「衣服比飲食爲難，必關忠誠籌度〔三〕，故名忠。」

〔二〕承歡：迎合人意，求取歡心。

〔三〕籌度：謀劃；想辦法。

【譯文】

禮記曲禮中説：君子不討別人無盡的喜歡，亦不要別人無盡的愛戴，這樣，才能保持永久的交情。

## 二·九六

〇凡①與客入者，每門讓於客②。客至於寢門③，主人請入爲席④，然後出迎客⑤，客固辭⑥，主人肅⑦客而入。主人入門而右，客入門而左。主人就東階，客就西階。客若降等⑧，則就主人之階。主人固辭，然後客復就西階。主人與客讓登，⑨主人先登，客從之，拾級聚足⑩，連步以上⑪。上於東階，則先右足；上於西階，則先左足。

【注釋】

①凡——孔疏：「言『凡』者，通貴賤也。」

②每門讓於客——孔疏：「『每門』者，天子五門，諸侯三門，大夫二門。客敵〔一〕者，主人出門外迎客，

〔一〕敵：相當，對等。爾雅云：「敵，匹也。」

主人輒先讓不先入，故曰『每門讓於客』也。」

③寢門——孔疏：「寢門，最内門也，謂客與主人入至主人内門也。」

④爲席——孔疏：「爲猶敷〔二〕也。客至於内門，而主人請先獨入敷席也。」

⑤然後出迎客——孔疏：「入鋪席竟，後更出迎客也。」

⑥客固辭——孔疏：「固，如故也。禮有三辭：初曰禮辭，再曰固辭，三曰終辭。主人入鋪席竟。出而迎，客再辭不先入也。」

⑦肅——孔疏：「肅，進也，謂先導之也。客以再辭，故主人進道客也。故公食大夫禮云『公揖入，賓從』是也。」

⑧降等——孔疏：「降等，卑下之客也。不敢亢禮，故就主人階，是繼屬於主人。」

⑨主人與客讓登——孔疏：「客主至其階，又各讓，不先升也。」

⑩拾級聚足——孔疏：「此上階法也。拾，涉也。級，等也。聚足，謂每階先舉一足，而後足併之，不得後過前也。涉等聚足，謂前足躡〔三〕一等，後足從而併之也。」

---

〔二〕　敷：音fū（夫），佈置，鋪開，擺開。

〔三〕　躡：音niè（孽），踩，踏。

⑪連步以上——孔疏：「上，上堂也。在級末。在堂，後足不相過，故云『連步』也。涉而升堂，故云『以上』。」

【譯文】

（禮記曲禮中説）無論身份貴賤，當客人的身份與自己對等時，都要出門迎客。引客人進宅時，走到每道門前都得讓客人先進去。來到（最裏面的）起居室門前，主人請求自己先進去鋪設坐席然後再出來迎接客人，客人一再推辭，主人這才先入引導客人進門。主人進門拐向右邊兒轉身北行，客人進門拐向左邊兒轉身北行。主人走向東階，客人走向西階。假若客人級别較主人低一等，就要跟隨主人走向東階而不敢單獨走西階，因爲卑微要受尊貴統領，不敢擅自做主。主人一再推辭，謙讓之後，客人再走向西階。主人與客人互相謙讓都不肯先登階，謙讓再三，最後主人先登臺階，客人再登。前腳登上第一級，後腳隨上來，與前腳並聚一起，然後前腳再登第二級，後腳再隨上來，與前腳並立，這樣連步而上堂。主人上東階時先邁右腳，客人上西階時先邁左腳。

## 二·九七

○大夫、士相見，雖貴賤不敵，主人敬客，則先拜客；客敬主人，則先拜主人。①

【注釋】

①大夫、士相見……——鄭注：「尊賢。」孔疏：「此謂使臣行禮受勞已竟，次見彼國卿大夫也。唯賢是敬，不計賓主貴賤，雖爲大夫而德劣，亦先拜有德之士也。謂異國則爾，同國則否。又士相見禮『若先生異爵者』，謂士則先拜之，此則不必同國也。」

【譯文】

（禮記曲禮中說）出使國外，大夫和士相見，雖然雙方貴賤不能相當，但允許這樣：主人尊敬客人，就先拜客人；客人尊敬主人，就先拜主人。這是因爲尊敬賢德而不看身份貴賤、等級高低的緣故。

## 二·九八

〇主人不問，客不先舉①。

【注釋】

①舉——孔疏：「舉亦問也。客從外來，宜問路中寒熱無恙〔二〕。若主人未問，則客不可先問也。」

〔二〕恙：音yàng（樣），爾雅釋詁云：「恙，憂也」。

【譯文】

（禮記曲禮中說）客人遠道而來，主人應該問路途寒暑、有無擔憂之事，但若主人不先問話，客人就不要先提問。

## 右明朋友之交

### 二·九九

〇孔子曰：君子之事親孝，故忠可移於君；①事兄弟，故順可移於長；②居家理，故治可移於官。③是以〔二〕行成於內，而名立於後世矣。④

【注釋】

①事親孝，故忠可移於君——李注：「以孝事君則忠。」

〔二〕摛藻堂四庫全書薈要本作「是故」。

②事兄弟，故順可移於長——李注：「以敬事長則順。」

③居家理，故治可移於官——李注：「君子所居則化，故可移於官也。」

④是以行成於內，而名立於後世矣——李注：「修上三德於內，名自傳於後代。」

【譯文】

（孝經廣揚名章中記載）孔子說：君子侍奉父母能盡孝道，因此能够將對父親的孝心，移作侍奉君王的忠心；侍奉兄長知道敬順，因此能够將對兄長的服從，移作侍奉官長的順從；管理家政有條有理，因此能够把理家的經驗移於做官，用於辦理公務。所以，自己在家中修養這三種德行，美好的名聲自然會流傳後世。

## 二·一〇〇

○天子有爭臣七人，雖無道，不失其天下；諸侯有爭臣五人，雖無道，不失其國；大夫有爭臣三人，雖無道，不失其家。①士有爭友，則身不離於令名。②父有爭子，則身不陷於不義。③故當不義，則子不可以不〔二〕争於父，臣不可以不〔三〕争於君。

【注釋】

①天子有争臣七人……——李注：「降殺以兩，尊卑之差。争謂諫也。言雖無道，爲有争臣，則終不至失天下、亡家國也。」

②士有争友，則身不離於令名——李注：「令，善也。益者三友，言受忠告，故不失其善名。」

③父有争子，則身不陷於不義——李注：「父失則諫，故免陷於不義。」

④故當不義……——李注：「不争則非忠孝。」

【譯文】

（孝經諫諍章中記載，孔子回答曾子説：）天子身邊有敢於直言勸諫的大臣七人，天子雖然無道，還是不至於失去天下；諸侯身邊有敢於直言勸諫的大臣五人，諸侯雖然無道，還是不至於亡國；大夫身邊有敢於直言勸諫的家臣三人，大夫雖然無道，還是不至於丢掉封邑。士身邊有敢於直言勸諫的朋友，那麽他就能保持美好的名聲。父親身邊有敢於直言勸諫的兒子，那麽他就不至於陷入錯誤之中，幹出不義的事情。所以，如果父親

---

〔二〕摛藻堂四庫全書薈要本作「弗」。

〔三〕同上。

有不義的行爲，做兒子的不可以不去勸諫；如果君王有不義的行爲，做臣子的不可以不去勸諫。不去勸諫的話，就是不忠不孝。

## 二·一〇一

〇禮記曰：事親有隱①而無犯②，左右③就養無方④，服勤⑤至死，致⑥喪三年。事君有犯而無隱，左右就養有方，服勤至死，方喪⑦三年。事師無犯無隱，左右就養無方，服勤至死，心喪⑧三年。

【注釋】

①隱——鄭注：「隱，謂不稱揚其過失也。」

②無犯——鄭注：「無犯，不犯顏而諫。」孔疏：「據親有尋常之過，故無犯。若有大惡，亦當犯顏，故孝經云『父有爭子，則身不陷於不義』是也。論語曰『事父母幾諫』，是尋常之諫也。」

③左右——孔疏：「凡言『左右』者，據僕從之臣，故立有左右僕從之官位。此『左右』言『扶持之』，謂子在親左相右相而奉持之。」

④無方——鄭注：「方，猶常也。子則然，無常人。」孔疏：「云『子則然，無常人』，然猶如是也。但是子則須如是，或左右奉持不常，遣一人在左，一人在右，故云『無常人』。」

⑤服勤——孔疏：「謂服持勤苦勞辱之事。」

⑥致——鄭注：「致，謂戚容稱其服也。」孔疏：「致之言至也，謂哀情至極而居喪禮，故云『致，謂戚容稱其服也』。」

⑦方喪——鄭注：「方喪，資於事父。」孔疏：「方謂比方也，謂比方父喪禮以喪君，故云『資於事父』。資，取也。取事父之喪禮以喪君，但居處飲食同耳，不能戚容稱其服。」

⑧心喪——鄭注：「心喪，戚容如父而無服也。」

【譯文】

禮記檀弓中說：侍奉父母，父母有了過失，要有所包容，和顏規勸，不要面色難看、言語頂撞，左右扶持伺候，事事躬親，沒有固定專職的人，承擔勞苦卑下的事情直到老人過世，盡哀地爲之服喪三年，這都是根據恩情制定的。侍奉國君，國君有了過失，要正色規勸，不要有意見隱瞞不說，左右扶持伺候，諸事各有專職，承擔勞苦卑下的事情直到國君逝世，如同父死的悲哀，也爲之服喪三年，這都是根據（君臣之）義制定的。侍奉老師，老師有了過失，既不要面色難看、語言頂撞，也不要包藏隱瞞，左右扶持伺候，事事躬親，沒有固定專職的人，承擔勞苦卑下的事情直到老師去世，雖不穿孝服，而心裏哀傷三年，這是根據恩義之間來制定的。

## 二·一〇二

〇欒共子①曰：民生於三，事之如一。父生之，師教之，君食之。非父不生，非食不長，非教不知，生之族也，故一事之。②唯其所在，則致死焉，③報生以死，報賜以力，④人之道也。

【注釋】

①欒共子——欒，音luán（孿）。集注：「欒共子，晉大夫，名成。」

②民生於三……——食，音sì（四）。集注：「食，養也。族，類也。君父師，皆人之所由生者，故曰『民生於三』。又曰『生之族也，一事之』，即事之如一。」

③唯其所在，則致死焉——集注：「所在致死，謂在君爲君、在父爲父、在師爲師。」

④報生以死，報賜以力——集注：「真氏〔一〕曰：報生以死，謂君父師也。報賜以力，謂他人之有賜於我

〔一〕真氏：真德秀，字希元，浦城人。撰有四書集編、西山讀書記等。

者，則以力報之也。」

【譯文】

（國語晉語中記載）欒共子說：人的生存，依賴三種人，所以服侍他們應該是一樣的。父母生我，老師教我，君王養我。没有父母，我就不能産生，没有君主的養育，我就不能成長，没有老師教導，我就不能知曉，他們都是和人的生存休戚相關的，所以要一樣對待。在父母那裏就要盡力侍奉父母，在君王那裏就要盡力效忠君王，在老師那裏就要盡力服侍老師。對於生養之恩用死來報答，對於别人的恩惠則用效力報答，這是做人應當遵循的道理。

## 二·一〇三

〇晏子①曰：君令臣共，父慈子孝，兄愛弟敬，夫和妻柔，姑慈婦聽②，禮也。③君令而不違，臣共而不二。父慈而教，子孝而箴④。兄愛而友，弟敬而順。夫和而義，妻柔而正。姑慈而從⑤，婦聽而婉，禮之善物也。⑥

【注釋】

①晏子——晏，音yàn（燕）。集注：「晏子，齊大夫，名嬰。」

②聽——集注：「聽，猶從也。」

③禮也——集注：「真氏曰：此十者，皆禮之當然。」

④箴——音zhēn（真）。集注：「箴，諫也。」

⑤從——集注：「從，不自專也。」

⑥婉——集注：「婉，順也。」

⑦禮之善物也——集注：「物，猶事也。真氏曰：君以出令爲職要，必不違於理，然後人心服而令行。臣之事君以恭爲本，然必忠誠不二，然後可貴。父慈而不能教，則敗其子。子孝而不能箴，則陷父於不義。兄能愛弟矣，必有切磋之益，如朋友之相資。弟能敬兄矣，必有和順之美，使情意之相親。夫之於妻，雖貴和樂，必以義而帥其妻。妻之於夫，雖貴柔順，必以正而事其夫。君臣以下，皆以二德相濟。姑之於婦一於慈，而從婦之於姑一於聽而婉者，蓋姑婦相與，專主於和柔也。此十者，於禮爲至善矣。」

【譯文】

（左傳昭公二十六年中記載）君下令，臣恭敬。父慈愛，子孝順。兄愛弟，弟敬兄。丈夫和順，妻子柔和。婆婆慈祥，媳婦順從。這十件事全是合於禮儀之人應當去做的。君下令而不違背，臣恭敬而没有二心。父親慈愛而教導兒子，兒子孝順而勸諫父親的過失。哥哥親愛而友善，弟弟恭敬而順從。丈夫和順而合義，妻子柔和而端正。婆婆慈祥而不專斷，媳婦順從而溫婉。這十件事是禮儀中最好的事情。

## 二·一〇四

〇曾子曰：親戚不説，不敢外交。近者不親，不敢求遠。小者不審，不敢言大。①故人之生也，百歲之中，有疾病焉，有老幼焉，故君子思其不可復者而先施焉。親戚既没，雖欲孝，誰爲孝？年既耆艾，雖欲悌，誰爲悌？故孝有不及，悌有不時，其此[一]之謂歟！②

【注釋】

①親戚不説……——集注：「親戚謂父兄，外謂外人。近即内人，遠即外人。小謂家，大謂國與天下。此三者，欲人先脩孝弟於家耳。」

②親戚既没……——集注：「六十曰耆，耆之言久也。五十曰艾，艾之言老也。其間有疾病老幼之變，不

[一] 摛藻堂四庫全書薈要本作「斯」。

能常也，故君子思其養之不可復追，而及時先行之。若親没，則養不逮。已老，則兄不存。欲行孝弟，不可得已！曾子曰：『木欲静而風不止，子欲養而親不逮』，此孝有不及之意也。李勣[一]曰：『姊年老，勣亦老，雖欲數爲姊煮粥，得乎？』此悌有不時之意也。」

【譯文】

（大戴禮記曾子疾病中記載）曾子説：不討得父母的歡心，就不敢在外結交朋友。不得到周邊人的喜愛，就不敢去親近遠方的人。小事還未詳細地知道，就不敢去談論大事。所以人生在世，百年之中，有小病大病，也有老年幼年，所以君子要考慮清楚那些不能再返回的事情，而先抓緊去做。父母過世，雖然想要孝順，去孝敬誰呢？自己一到五十或六十歲，雖然想要尊敬兄長，去尊敬誰呢？所以説孝順有趕不及的，敬兄有不得其時的，説得就是這種情況吧！

## 二·一〇五

○官怠於宦成①，病加於小愈②，禍生於懈惰③，孝衰於妻子，察此四者，慎終如始，

[一] 李勣：原名徐世勣，字懋功。唐高祖李淵賜其姓李，後避唐太宗李世民諱改名爲李勣，曹州離狐（今山東菏澤東明縣東南）人，唐初名將，與李靖並稱，被封爲英國公，爲淩煙閣二十四功臣之一。

詩云：「靡不有初，鮮克有終。」④

【注釋】

①宦成——集注：「宦成，官已遂也。」

②小愈——集注：「小愈，病稍減也。」

③懈惰——集注：「懈惰，不謹也。」

④詩云：「靡不有初，鮮克有終。」——靡，音mí（迷）。集注：「詩大雅蕩之篇。靡，無。鮮，少。克，能也。有始無終，人之常情，能察能慎，斯免矣。」

【譯文】

（劉向說苑敬慎中說：）做官懈怠往往是在官位顯貴之時，病情加重往往是在小愈之後，禍害一般產生於懈怠不謹慎，孝心的衰減一般因爲妻子兒女。反復詳察這四種情況，要做到慎終如始。詩經中說：「所有的事情都有開端，但能堅持到最後的却很少。」

二・一〇六

○荀子①曰：人有三不祥②：幼而不肯事長，賤而不肯事貴，不肖而不肯事賢，是人之三不祥也。

【注釋】

①荀子——集注：「荀子，名况，戰國人。」

②三不祥——集注：「祥，吉也。三者皆凶德，有一於是，災及其身矣。」

【譯文】

（荀子非相中記載）人有三種不吉利的事：年幼而不肯侍奉長者，身份低賤而不肯侍奉身份尊者，才智平庸而不肯侍奉賢者，這是人的三種不祥之事。

## 二·一〇七

〇無用之辯、不急之察，棄而不治①。若夫君臣之義、父子之親、夫婦之別，則日切磋而不舍也。②

【注釋】

①無用之辯、不急之察，棄而不治——集注：「治，理也。無用之言而辯之，不急之務而察之，非惟無益，

反害於心，故當棄而不理。」

②若夫君臣之義、父子之親、夫婦之別，則日切磋而不舍也——集注：「舍亦棄也。切以刀鋸，磋以鑢鐊〔二〕，皆治骨角之事。若夫三綱之道，乃人倫之大者。則當朝夕講習，如切如磋，已精而益求其精，不可舍也。」

【譯文】

（荀子天論中記載）對於無用的辯論、不急的明察，棄置而不理。至於君臣之義、父子之親、夫婦之別，則日日精研而不感到滿足。

## 右通論〔三〕

〔二〕鑢鐊：鑢，音lǜ（律），磋磨骨角銅鐵等使之光滑的工具。鐊，音tàng（趟），古代磨木使平的石制器具。

〔三〕集注云：「通論五倫也，共九章。」

# 敬身第三[一]

孔子曰：「君子無不敬也。敬身爲大。身也者，親之枝也，敢不敬與？不能敬其身，是傷其親；傷其親，是傷其本；傷其本，枝從而亡。」①仰聖模，景賢範，②述此篇以訓蒙士。

【注釋】

①語見禮記哀公問。集注：「身之於親，猶木之有枝。親之於身，猶木之有本。」

②仰聖模，景賢範——集注：「仰，慕也。景，猶向也。聖賢之言，爲天下後世法，故曰模、範。」

[一] 集注：「敬身者，敬以持身也。許文正公曰：『敬身之目，其別有四：心術、威儀、衣服、飲食。心術正乎内，威儀正乎外，則敬身之大體得矣。其衣服、飲食所以奉身也，苟不制之以義、節之以禮，將見其所以養人者反害於人也。分而言之，心術、威儀，修德之事也。衣服、飲食，克己之事也。統而言之，皆敬身之要也。』蓋惟敬身，故於父子、君臣、夫婦、長幼、朋友之間，無施而不可，此古人修身必本於敬矣。凡四十六章。」

【譯文】

（禮記哀公問中記載）孔子説：「君子無時無刻不恭敬。然而談到敬，最重要的就是敬重自身。因爲自己是父母所衍生的支脈，怎敢不敬呢？不敬重自身，就是損害自己的父母；損害父母就是斬傷自己的根本；斬傷根本，則它的枝葉也要跟著受到傷害，甚至死亡。」將聖人作爲榜樣來敬仰，將賢者作爲模範來敬慕，根據以往的經典編纂敬身這一篇，以此來訓誡尚待啓蒙的初學之人。

## 三・一

〇丹書①曰：敬勝怠者吉，怠勝敬者滅。義勝欲者從，欲勝義者凶。②

【注釋】

①丹書——集注：「丹書，書名，師尚父〔一〕所以告武王者。」

②敬勝怠者吉……——集注：「敬，敬畏。怠，怠慢。滅，亡也。義者，天理之公。欲者，人欲之私。從，

〔一〕師尚父：姜子牙，被周武王尊爲「師尚父」。

順也。真氏曰：『敬則萬善俱立，怠則萬善俱廢。義則理爲之主，欲則物爲之主。吉凶存亡之所由分也。』」

【譯文】

丹書中說：敬畏戰勝怠慢就吉祥，怠慢戰勝敬畏就毀滅。道義戰勝欲望就順利，欲望戰勝道義就凶險。

## 三・二

○曲禮曰：毋不敬①，儼若思②，安定辭③，安民哉④！敖不可長，欲不可從，志不可滿，樂不可極。⑤賢者狎而敬之⑥，畏而愛之⑦。愛而知其惡，憎而知其善。⑧積而能散⑨，安安而能遷⑩。臨財毋苟得⑪，臨難毋苟免⑫，狠毋求勝，分毋求多。⑬疑事毋質⑭，直而勿有⑮。

【注釋】

①毋不敬——鄭注：「禮主於敬。」孔疏：「人君行禮無有不敬，行五禮〔一〕皆須敬也。」

〔一〕五禮：吉、嘉、賓、軍、凶五種禮儀。最早見於周禮春官小宗伯，其言曰：「掌五禮之禁令與其用等。」鄭玄注引鄭司農曰：「五禮，吉、凶、軍、賓、嘉。」

②儼若思——鄭注：「儼，矜莊〔一〕貌，人之坐思，貌必儼然。」孔疏：「若，如也。思，計慮也。夫人計慮，狀必端慤。今明人君矜莊之貌，如人之思也。」

③安定辭——鄭注：「審言語也。易曰：『言語者，君子之樞機。』」孔疏：「安定，審也。辭，言語也。人君出言，必當慮之於心，然後宣之於口，是詳審於言語也。」

④安民哉——鄭注：「此上三句可以安民，説曲禮者美之云耳。」孔疏：「但人君發舉，不離口與身心，既心能肅敬，身乃矜莊，口復審慎，三者依於德義，則政教可以安民也。云『哉』者，記人美此三句者也。」

⑤敖不可長，欲不可從，志不可滿，樂不可極——鄭注：「四者慢遊之道，桀、紂所以自禍。」孔疏：「此一節承上人君敬慎之道，此亦據人君恭謹節儉之事，故鄭引桀、紂以證之。『敖不可長』者，敖者，矜慢在心之名。長者，行敖著迹之稱。夫矜我慢物，中人不免，若有心而無迹，則於物無傷，若迹著而行用，則侵虐爲甚。傾國亡家，必由乎此，故戒不可長。『欲不可從』者，心所貪愛爲欲，則『飲食男女，人之大欲存焉』是也。人皆有欲，但不得從之也。『志不可滿』者，六情徧覩，在心未見爲志。凡人各有志意，但不得自滿，故六韜云：『器滿則傾，志滿則覆。』『樂不可極』者，樂者天子宮縣以下，皆得有樂，但主歡心，人情所不能已，當自抑止，不可極爲，故樂記云：『樂盈而反，以反爲文。』」

〔一〕矜莊：矜，音jīn（今）。端莊穩重。

⑥賢者狎而敬之——狎，音xiá（俠）。鄭注：「狎，習也，近也，謂附而近之，習其所行也。月令曰『雖有貴戚近習』。」孔疏：「賢是有德成之稱。賢者身有道藝，朋類見賢思齊焉，必須附而近之，習其德藝。儕倫〔一〕易相褻慢，故戒令相敬也。」

⑦畏而愛之——鄭注：「心服曰畏。曾子曰：『吾先子之所畏。』」

⑧愛而知其惡，憎而知其善——鄭注：「謂凡與人交，不可以己心之愛憎，誣人之善惡。」

⑨積而能散——鄭注：「謂己有蓄積，見貧窮者，則當能散以賙救之，若宋樂氏。」孔疏：「引宋樂氏者，案襄二十九年左傳云：鄭國饑，子皮貸民粟，户一鍾。樂氏者，宋司城官，姓樂，名喜，字子罕。宋亦饑，樂喜請於平公云：『鄰於善，民之望。』請貸民粟，並使諸大夫亦貸之。」

⑩安安而能遷——鄭注：「謂己今安此之安，圖後有害，則當能遷。晉舅犯與姜氏醉重耳而行，近之。」孔疏：「晉舅犯者，案左傳僖二十三年，晉重耳自翟之齊，齊桓公妻之，有馬二十乘，重耳心安於齊，不歸晉。從者重耳之舅，字子犯，謀於桑下。蠶妾在其上，以告姜氏。姜氏殺之，而謂公子曰：『子有四方之志，其聞之者，吾殺之矣。』公子曰：『無之。』姜氏曰：『行也，懷與安，實敗名。』公子不可，姜氏與子犯謀，醉而遣之。醒，以戈逐子犯。」

⑪臨財毋苟得——鄭注：「爲傷廉也。」孔疏：「財利，人之所貪，非義而取謂之苟得。故記人戒之。今有

〔一〕儕倫：儕，音chái（柴）。同輩。

財利，元非兩人之物，兩人俱臨而求之，若苟得入己，則傷廉隅〔二〕，故鄭云：『爲傷廉也。』」

⑫臨難毋苟免——鄭注：「爲傷義也。」孔疏：「難謂有寇仇謀害君父，爲人臣子，當致身授命以救之。故記人戒之云：若君父有難，臣子若苟且免身而不鬭，則陷君父於危亡，故云『毋苟免』。『見義不爲，無勇也』，故鄭云：『爲傷義也。』」

⑬狠毋求勝，分毋求多——鄭注：「爲傷平也。很，鬩〔三〕也，謂爭訟也。詩云：『兄弟鬩於牆。』」孔疏：「很，謂小小鬩很。凡人所爭，皆欲求勝。故記人戒之云：而有小小鬩很，當引過歸己，不可求勝。『分毋求多』者，此元是衆人之物，當共分之，人皆貪欲，望多入己。故記人戒之云：所分之物毋得求多也。」

⑭疑事毋質——鄭注：「質，成也。彼己俱疑而己成言之，終不然，則傷知。」孔疏：「人多專固，未知而爲己知。故戒之云：彼己俱疑，而來問己。質，成也。若己亦疑，則無得成言之；若成言疑事，後爲賢人所譏，則傷己智也。故孔子戒子路云：『不知爲不知，是知也。』」

⑮直而勿有——鄭注：「直，正也。己若不疑，則當稱師友而正之，謙也。」孔疏：「此謂彼疑己不疑者，仍須謙退。直，正也。彼有疑事而來問己，己若不疑而答之，則當稱師友所説以正之，勿爲己有此義也。」

〔二〕廉隅：隅，音yú（餘）。有節操、端正的品行。
〔三〕鬩：音xì（戲），爭吵。鬩牆（引申爲内部不和）。

【譯文】

禮記曲禮中說：一切行爲準則皆以「敬」爲基礎，態度要端莊持重而若有所思的樣子，說話亦要安詳而確定。這樣才能使民衆信服啊！不可起傲慢的念頭，不可受欲望的支配，求善的意志不可自滿，享樂的行爲則要適可而止。對於比我善良而能幹的人要跟他親密而且敬重他，畏服而又愛慕他。對於自己所愛的人要能分辨出他的短處；對於嫌惡的人，亦要能看出他的好處。能積聚財富就要能分配財富以造福於人。雖然適應於安樂顯榮的地位，但亦能適應不同的地位。能屈能伸，無入而不自得。遇到財物毋隨便取得。遇到危難亦不要隨便逃避。對於意見相反者，不要壓伏人家。分配物品，不可獨要多得。自己不明白的事，不要亂作證明。已經明白的事理，亦不要自誇早已知道。

## 三·三

○孔子曰：非禮①勿②視，非禮勿聽，非禮勿言，非禮勿動。

【注釋】

①非禮——朱注：「禮者，天理之節文也。非禮者，己之私也。」

②勿——朱注：「勿者，禁止之辭。」

【譯文】

（論語顏淵中記載：顏淵問仁）孔子說：出於一己之私不合禮儀的事不看，出於一己之私不合禮儀的話不聽，出於一己之私不合禮儀的話不說，出於一己之私不合禮儀的事不做。

## 三·四

〇出門如見大賓，使民如承大祭。己所不欲，勿施於人。①

【注釋】

①己所不欲，勿施於人——朱注：「敬以持己，恕以及物，則私意無所容而心德全矣。內外無怨，亦以其效言之，使以自考也。」

【譯文】

（論語顏淵中記載，仲弓問什麽是仁，孔子回答說）出門在外好像去接待尊貴的賓客，役使百姓好像去承當重大的祭祀，都要恭敬謹慎，這是持守自己的內心。不希望別人給與自己的事物，就不要強加於別人，這是推己及人。（以敬慎持守，以寬恕待物，如此才能成就德性而不讓私意萌生。）

## 三・五

〇居處恭，執事敬①，與人忠。雖之夷狄，不可棄也②。

【注釋】

①居處恭，執事敬——朱注：「恭主容，敬主事。恭見於外，敬主乎中。」

②雖之夷狄，不可棄也——朱注：「之夷狄不可棄，勉其固守而勿失也。」

【譯文】

（論語子路中記載：樊遲問仁，孔子說）平日閒居容貌恭謹，處理事情內心敬畏，與人交往忠心誠意。這三個方面，即使去了夷狄之邦，也不要丟掉。

## 三・六

〇言忠信，行篤①敬，雖蠻貊②之邦，行矣。言不忠信，行不篤敬，雖州③里，行乎哉？

【注釋】

①篤——朱注：「篤，厚也。」

②蠻貊——貊音mò（墨），朱注：「蠻，南蠻。貊，北狄。」

③州——朱注：「二千五百家爲州。」

【譯文】

（論語衛靈公中記載，子張問行，孔子回答説）言語忠誠信實，行爲篤實恭敬，即使去了蠻夷之地，也行得通。言語欺詐無信，行爲輕浮放肆，即便在本鄉本土，能行得通嗎？

## 三·七

○君子有九思：視思明①，聽思聰②，色思溫③，貌思恭④，言思忠，事思敬，疑思問⑤，忿思難⑥，見得思義⑦。

【注釋】

①視思明——朱注：「視無所蔽，則明無不見。」

②聽思聰——朱注：「聽無所壅〔二〕，則聰無不聞。」

③色思溫——朱注：「色，見於面者。」

④貌思恭——朱注：「貌，舉身而言。」

⑤疑思問——朱注：「思問，則疑不蓄。」

⑥忿思難——難音nàn，朱注：「思難，則忿必懲〔三〕。」

⑦見得思義——朱注：「思義，則得不苟。」

【譯文】

（論語季氏中記載，孔子說）君子有九種反省：看的時候，就想著看清楚了没有（不要有遮蔽）；聽的時候，就想著聽清楚了没有（不要有堵塞）；面容表情，就想著是否溫和；外貌舉止，就想著是否恭謹；說的言語，就想著是否忠誠信實；做的事情，就想著是否敬畏嚴肅；遇到疑問，就想著怎樣向人請教（把問題搞清楚）；憤怒的時候，就想著可能的後果（不敢隨便發火）；獲得的時候，就想著是否該得。

〔二〕壅：堵塞。
〔三〕懲：戒止。

## 三·八

〇曾子曰：君子所貴①乎道者三：動容貌②，斯遠暴慢③矣；正顏色，斯近信矣；④出辭氣⑤，斯遠鄙倍⑥矣。

【注釋】

①貴——朱注：「貴，猶重也。」

②容貌——朱注：「容貌，舉一身而言。」

③暴慢——朱注：「暴，粗厲也。慢，放肆也。」

④正顏色，斯近信矣——朱注：「信，實也。正顏色而近信，則非色莊也。」

⑤辭氣——朱注：「辭，言語。氣，聲氣也。」

⑥鄙倍——朱注：「鄙，凡陋也。倍，與背同，謂背理也。」

【譯文】

（論語泰伯中記載）曾子說：君子應該注重三個方面的事：整飭自己的行爲舉止，就可以遠離粗暴和放肆；端正嚴肅自己的表情，就接近於誠信真實；說話的時候多考慮言辭和聲調，就可以避免平庸淺陋，也不會違背正理。

## 三・九

○曲禮曰：禮不踰節①，不侵侮②，不好狎③，脩身踐④言，謂之善行。

【注釋】

①不踰節——孔疏：「禮者所以辨尊卑，別等級，使上不逼下，下不僭上，故云禮不逾越節度也。」

②不侵侮——孔疏：「禮主於敬，自卑而尊人，故戒之不得侵犯侮慢〔一〕於人也。」

③不好狎——孔疏：「賢者當狎〔二〕而敬之，若直近而習之，不加於敬，則是好狎，故鄭云『習近爲好狎』也。」

④踐——鄭注：「踐，履也，言履而行之。」

〔一〕侮慢：侮，音wǔ（午）。對人輕忽，態度傲慢，乃至冒犯無禮。尚書大禹謨云：「侮慢自賢，反道敗德。」

〔二〕狎：音xiá（俠），親近而態度不莊重。

【譯文】

禮記曲禮中說：禮，不能超越節限分寸，不能侵犯怠慢（别人），不能親昵不敬。修養身心，履行諾言，這叫作完善的品行。

## 三·一〇

〇樂記曰：君子姦聲亂色，不留聰明；①淫樂慝禮，不接心術；②惰慢邪辟之氣，不設於身體。③使耳目鼻口心知百體，皆由順正，以行其義。④

【注釋】

①姦聲亂色不留聰明——孔疏：「謂不使姦聲亂色留停於耳目，令耳目不聰明也。」

②淫樂慝禮不接心術——慝，音tè（特），奸邪，邪惡。孔疏：「謂不使淫樂慝禮而連接於心術，謂心不存念也。」

③惰慢邪辟之氣，不設於身體——孔疏：「以耳目心術所爲皆善，則怠惰邪辟之氣無由來入也，故邪辟之氣不施設於身體。」

④使耳目鼻口心知百體，皆由順正，以行其義——孔疏：「既邪辟不在於身，耳目、口鼻、心想知慮、百事之體，皆由順正。由，從也。皆從和順，以行其正直義理也。」

【譯文】

禮記樂記中說：君子不讓奸邪淫亂的聲色經耳過目（以免令目光迷亂、頭腦混亂），不讓淫樂邪禮接觸心靈（心靈不在這些地方停留），（耳目心靈接觸的都是美善的東西，如此）則怠惰、驕慢、邪僻的習氣不附加於身體，（邪僻不附加於身體）則自己的耳、目、鼻、口、思慮以及全身各處，就都遵從順正的方向來實行合乎道義的舉措。

## 三·一一

○孔子曰：君子食無求飽，居無求安①，敏於事而慎於言②，就有道而正焉③，可謂好學也已。

【注釋】

①食無求飽，居無求安——朱注：「不求安飽者，志有在而不暇及也。」

②敏於事而慎於言——朱注：「敏於事者，勉其所不足。慎於言者，不敢盡其所有餘也。」

③就有道而正焉——朱注：「然猶不敢自是，而必就有道之人，以正其是非，則可謂好學矣。凡言道者，皆謂事物當然之理，人之所共由者也。」

【譯文】

（論語學而中記載）孔子説：君子不去追求飲食的飽足、居住的舒適，是因爲志向在别的地方（没有閒暇去想這些）。敏於行動，努力去做那些還没做到的事情；慎於言辭，不敢把話説得太滿。即便如此也不敢自以爲是，還是要結交有道之人來輔助自己辨别是非對錯。這樣可以稱得上好學了。

## 三・一二

〇管敬仲①曰：畏威如疾，民之上也；②從懷如流，民之下也；③見懷思威，民之中也。④

【注釋】

①管敬仲——集注：「管敬仲，齊大夫，名夷吾。」

②畏威如疾，民之上也——集注：「威，刑名也。疾，疾病也。畏威如疾，懷刑之君子也。」
③從懷如流，民之下也——集注：「懷，貪欲也。流謂水之流。從懷如流，懷惠之小人也。」
④見懷思威，民之中也——集注：「見懷思威，畏則君子，不畏則小人矣。」

【譯文】

（國語晉語中記載）管夷吾説：像害怕疾病一樣地敬畏刑律（國家權威）的人，是最上等的。只知道遵從欲望隨波逐流的人，是最下等的。欲望萌動時想到刑律（國家權威）的人，可以稱得上是中等者（因爲敬畏刑律就是君子，不敬畏刑律就是小人）。

右明心術之要

## 三·一三

○冠義曰：凡人之所以爲人者，禮義也。①禮義之始，在於正容體，齊顔色，順辭令。容體正，顔色齊，辭令順，而後禮義備，以正君臣，親父子，和長幼。君臣正，父子親，長幼和，而後禮義立②。

【注釋】

①凡人之所以爲人者，禮義也——孔疏：「言人之所以得異於禽獸者，以其行禮義也。禮義之事，終身行之。」

②立——鄭注：「立，猶成也。」

【譯文】

禮記冠義中說：凡人之所以爲人（而區別於禽獸），就在於能够踐行禮義（禮義是終身都應該去踐行的）。禮義的開始，在於端正容貌體態，整飭面部表情，理順言談辭令。姿容體態端正了，面部表情整飭了，言談辭令理順了，然後禮義才算略備，以此來端正君臣的地位，密切父子的感情，諧調長幼的關係。君臣的地位端正了，父子的感情親密了，長幼的關係和諧了，然後禮義才算達成。

三·一四

○曲禮曰：毋側聽①，毋噭應②，毋淫視③，毋怠荒④。遊毋倨⑤，立毋跛⑥，坐毋箕⑦，寢毋伏⑧。斂髮毋髢⑨，冠毋免⑩，勞毋袒⑪，暑毋褰裳⑫。

【注釋】

①毋側聽——孔疏：「凡人宜當正立，不得傾欹[一]側聽人之語，嫌探人之私，故注云『側聽，耳屬於垣[二]』。若側聽，則耳屬於垣壁，聽旁人私言也。」

②毋噭應——噭，音jiào（叫）。孔疏：「噭，謂聲響高急，如叫之號呼也。應答宜徐徐而和，不得高急也。」

③毋淫視——孔疏：「淫，謂流移也。目當直瞻[三]視，不得流動邪眄[四]也。」

④毋怠荒——孔疏：「謂身體放縱，不自拘斂也。」

⑤遊毋倨——倨，音jù（巨）。孔疏：「遊，行也。倨，慢也。身當恭謹，不得倨慢也。」

⑥立毋跛——跛，音bǒ。孔疏：「跛，偏也，謂挈[五]舉一足，一足蹋地。立宜如齊，雙足並立，不得

---

[一] 欹：音qī（期），古同「攲」，傾斜。
[二] 垣：音yuán，矮牆。
[三] 瞻：音zhān（沾），往上或往前看。
[四] 眄：音miǎn（免），斜眼看。
[五] 挈：音qiè（竊），提著。說文云：「挈，縣持也。」

偏也。」

⑦坐毋箕——箕，音jī（機）。孔疏：「箕謂舒展兩足，狀如箕舌也。」

⑧寢毋伏——孔疏：「寢，卧也。伏，覆也。卧當或側或仰而不覆也。」

⑨斂髪毋髢——髢，音dí（敵）。孔疏：「髢，髲〔一〕也，垂如髲也。古人重髪，以纚〔二〕韜〔三〕之，不使垂也。」

⑩冠毋免——孔疏：「免，脱也。常著在首，不可脱也。」

⑪勞毋袒——袒，音tǎn（毯）。孔疏：「袒，露也。雖有疲勞之事，厭患其衣，而不得袒露身體。」

⑫暑毋褰裳——褰，音qiān（謙），揭起。孔疏：「暑雖炎熱，而不得褰祛〔四〕取涼也。」

【譯文】

禮記曲禮中説：不要側耳偷聽（以免有探人隱私之嫌），不要叫喊著答應（應緩慢平和地應答），不要歪眼瞧看（應直接向前看），不要懈怠放縱。行走不要傲慢（應當恭敬謹慎），不要單腳站立（應該安穩地雙腳著地），坐時不要岔開兩腿像個簸箕，睡時不要趴著（應當側卧或仰卧）。收斂頭髪不要披散，冠帽不要隨便摘

〔一〕髲：音bì（必），假髪。
〔二〕纚：音xǐ（洗），古代束髪的布帛。
〔三〕韜：音tāo（濤），掩藏。
〔四〕祛：音qū（區），舉起，撩起。

掉，勞動時不要袒胸露懷，天熱時不要（爲了涼爽）撩起下裳。

## 三·一五

○登城不指，城上不呼。將適舍①，求無〔二〕固②。將上堂，聲必揚。户外有二屨③，言聞則入，言不聞則不入。④將入户，視必下。⑤入户奉扃⑥，視瞻毋回⑦。户開亦開，户闔亦闔。有後入者，闔而勿遂。⑧毋踐屨，毋踖席⑨，摳衣趨隅⑩，必慎唯諾⑪。

【注釋】

①將適舍——孔疏：「適猶往也。舍，主人家也。」

②求毋固——鄭注：「固，猶常也。求主人物，不可以舊常，或時乏無，周禮土訓『辨地物，原其生，以詔地求』，其類。」孔疏：「凡往人家，不可責求於主人，覓常舊有之物，故曰『求毋固』也。」

③二屨——孔疏：「室有兩人，故户外有二屨，此謂兩人體敵，故二屨在外，若尊卑不同，則長者一人脱

〔二〕摛藻堂四庫全書薈要本作「毋」。

屨於户内。」

④言聞則入，言不聞則不入——孔疏：「若一屨，有一人，一人無非法之私事，則外人可即入。若有二屨，二屨是有二人，或清閑密事，若内人語聞於户外，則外人乃可入也。」

⑤將入户，視必下——孔疏：「雖聞言而入，亦不得舉目而視，恐覩人私，故必下。」

⑥入户奉扃——扃，音jiōng。孔疏：「奉扃之説，事有多家，今謂禮有鼎扃，所以關鼎。今關户之木，與關鼎相似，亦得稱扃。凡常奉扃之時，必兩手向心而奉之。今入户雖不奉扃木，其手若奉扃然，以其手對户，若奉扃，言恭敬，故言奉扃也，是以注云『奉扃，敬也』。」

⑦視瞻毋回——瞻，音zhān（沾）。孔疏：「初將入時視必下，而竟不得迴轉廣有瞻視也。」

⑧有後入者，闔而勿遂——闔，音hé（和）。孔疏：「有後入者，謂己於先入後，猶有人又應入者也，雖己應還闔，當徐徐欲作闔勢，以待後入，不得遂闔以成拒後入，故注云『示不拒人』。」

⑨毋踖席——踖，音jí（及）。孔疏：「踖猶躐〔一〕也。席既地鋪，當有上下，將就坐，當從下而升，當己位上不發初從上，從上爲躐席也。玉藻云『升席不由前，爲躐席』也。熊氏以爲踖席猶逆席。逆席謂從上升，故鄭云：『必由下。』玉藻所云者，自是不由席前升，與此別。」

〔一〕躐：音liè（列），踐踏，踩。

⑩摳衣趨隅——摳，音kōu。隅，音yú（餘）。孔疏：「摳，提也。衣，裳也。趨猶向也。隅猶角也。既不踏席，當兩手提裳之前，徐徐向席之下角，從下而升，當己位而就坐也。」

⑪慎唯諾——鄭注：「慎唯諾者，不先舉，見問乃應。」

【譯文】

（禮記曲禮中說：）登上城牆，不要伸臂指點，不要在城上呼喊，以免引起城下人的疑惑驚訝。將要到别人家去，不要粗野無禮（去索求慣常之物，以防主人没有）。將登入堂室，先高聲呼問，以提醒在内之人。室外有兩雙鞋，説明室内之人身份相當，聽得見説話的聲音，就進去；聽不見説話的聲音，就不要進去。將進屋門，視線一定要向下，以防窺見别人的隱私。進了屋門，雙手向捧著門栓一樣放在胸前，以示恭敬。不要回頭，抬頭向前看。屋門原來是開著的，就仍舊開著；原來是關著的，就仍舊關上。如果後面還有人來，門就不要關緊，表示不拒絶後來者。後來者不要踩先入者的鞋，不要從席的上位就坐。就坐時，提起衣裳走向席的下角，升席就坐。就坐後，不先説話，别人提問再回答，以示謹慎。

## 三·一六

○禮記曰：君子之容舒遲①，見所尊者齊遬②。足容重③，手容恭④，目容端⑤，口容止⑥，聲容靜⑦，頭容直⑧，氣容肅⑨，立容德⑩，色容莊⑪。

【注釋】

①舒遲——孔疏：「舒遲，閑雅〔一〕也。」

②見所尊者齊遬——遬，音sù（訴），窘迫不安的樣子。孔疏：「君子雖尋常舒遲，若見所尊之人，則『齊遬』。齊，謂齊齊也。遬，謂蹙蹙〔二〕。言自斂持迫促，不敢自寬奢，故注云『謙慤〔三〕貌也』。是齊遬爲謙敬之貌。」

③足容重——鄭注：「舉欲遲也。」

④手容恭——鄭注：「高且正也。」

⑤目容端——孔疏：「目宜端正，不邪睇〔四〕而視之。」

⑥口容止——鄭注：「不妄動也。」

---

〔一〕閑雅：一、閑，通「嫻」。形容舉止情趣嫻靜文雅。二、閑，通「嫻」。指文辭或言辭優雅。
〔二〕蹙蹙：音cù cù（促促），憂懼不安貌。
〔三〕慤：音què（卻），誠實、謹慎。
〔四〕睇：音dì（地），斜著眼看。

⑦聲容靜——鄭注：「不噦欬〔一〕也。」

⑧頭容直——鄭注：「不傾顧也。」

⑨氣容肅——鄭注：「似不息也。」

⑩立容德——孔疏：「德，得也。立則磬折〔二〕，如人授物與己，己受得之形也。賀〔三〕云：『德，有所施與之名也。立時身形小俯嚮前，如授物與人時也，故注云「如有予也」，會前兩注也。』」

⑪色容莊——孔疏：「欲當矜莊，『勃如戰色』，不乍變動也。」

【譯文】

禮記玉藻中說：君子（平時）的容貌要從容閑雅，（但）遇見所尊重的人，就特別謙恭拘謹（收斂局促謹慎）。君子足的儀態應該穩重，不要懈怠（舉步要遲緩）；手的儀態應該恭敬，不要妄加比劃（手要舉高並且端正）；目光的儀態應該端正，不要斜視；嘴角的儀態應該靜止，不要輕率說話；聲音的儀態應該平靜，不要隨便（乾嘔）咳嗽發怪聲；頭的儀態要直向前方，不要歪脖回頭；氣度（呼吸）的儀態應該嚴肅，好像不呼吸的樣子；站立的儀態應該身形微向前傾，如恭敬等待對方授物的樣子；面色的儀態應該莊重拘謹，不要

〔一〕噦欬：噦，音yuě，嘔吐，氣逆。欬，亦作咳。
〔二〕磬折：音qìng shé（慶蛇），彎腰。表示謙恭。
〔三〕賀：賀瑒，字德璉，南朝梁會稽山陰人，著有禮講疏、易講疏、朝廷博議、賓禮儀注等，均佚。

鬆懈輕佻（突然改變）。

## 三·一七

○曲禮曰：坐如尸①，立如齊②。

【注釋】

①坐如尸——孔疏：「尸居神位，坐必矜莊。言人雖不爲尸，若所在坐法，必當如尸之坐，故鄭云『視貌正』也。」

②立如齊——齊，同「齋」。孔疏：「人之倚立，多慢不恭，故戒之云，倚立之時雖不齊，亦當如祭前之齊，必須磬折屈身。」

【譯文】

禮記曲禮中說：如果坐，就要像尸（即祭祀中裝扮受祭者的人）那樣嚴肅莊敬地端坐，立就要像祭祀前齋戒時那樣彎腰屈身地順從恭敬。

## 三·一八

○少儀曰：不窺密①，不旁狎②，不道故舊③，不戲色④。毋拔來，毋報往。⑤毋瀆神⑥，毋循枉⑦，毋測未至⑧。毋訾衣服成器⑨，毋身質言語⑩。

【注釋】

①不窺密——鄭注：「嫌伺人之私也。密，隱曲處也。」孔疏：「人當正視，不得窺覘隱密之處，故鄭云『嫌伺人之私也』。」

②不旁狎——鄭注：「妄相服習，終或爭訟。」孔疏：「旁，猶妄也，不得妄與人狎習，或致忿爭，因狎而致訟也。」

③不道故舊——鄭注：「言知識之過失，損友也。孔子曰：『故舊不遺則民不偷。』」孔疏：「不道說故舊之罪過。」

④不戲色——鄭注：「暫變傾顏色爲非常，則人不長，失敬也。」孔疏：「『不戲色』者，不戲弄其顏色。人當恒自矜持，尊其瞻視。若暫傾變顏色，爲非常褻慢，則人不復長久，失他人所敬，故云『則人不長，失敬也』。」

⑤毋拔來，毋報往——孔疏：「報，謂赴也。拔、赴皆速疾之意。凡人所之適，必有宿漸，毋得疾來，毋得疾往。」

⑥毋瀆神——鄭注：「瀆，謂數〔一〕而不敬。」孔疏：「謂瀆慢也。神明正直，敬而遠之，不可慢。」

⑦毋循枉——鄭注：「前日之不正，不可復遵行以自伸。」孔疏：「循，猶追述也。枉，邪曲也。」

⑧毋測未至——鄭注：「測，意度也。」孔疏：「未至之事，聖人難之，凡人故不可豫欲測量之也。若終不然，則傷知也。」

⑨毋訾衣服成器——孔疏：「訾，思也。成，善也。無得思念衣服善器。」鄭注：「思此則疾貪也。」

⑩毋身質言語——鄭注：「質，成也，聞疑則傳疑，若成之，或有所誤也。」孔疏：「凡言語有疑則稱疑，無得以身質成言語之疑者，其言既疑，若必成之，或有所誤也。」

【譯文】

禮記少儀中說：不要窺探别人的隱蔽私密之處（應當正視），不要胡亂跟别人套近乎、裝親近熟悉（以免最終因爭論而訴訟），不要提起别人的不太光彩的舊事（或過往的罪過），不要對别人有輕慢戲弄的臉色（不要突然改變臉色，以免失去别人的尊敬）。不要猝然而來，不要唐突而往，這是説人們待人做事要穩重周詳，須有

---

〔一〕數：音shuò（碩），屢次。

個漸進的過程，不要浮躁衝動。不要褻瀆輕慢神明，這是說祭神自有定時，頻繁祭祀祈禱就是對神明的輕慢了。不可循著邪路來達到目的（不可追尋過往的錯事來行事），不要臆想預測未來的事。不要非議人家的衣服、器具（不要整天想着穿好的衣服、用好的器具，這樣容易嫉妒貪心），不要親自去證實沒有根據拿不准的言辭。

## 三・一九

○論語曰：車中不內顧①，不疾言，不親指。

【注釋】

①內顧——朱注：「內顧，回視也。禮〔二〕曰：『顧不過轂。』」

【譯文】

論語鄉黨中說：在馬車內不要環顧看向外面，禮儀規定視線不要超過車輪；〔三〕不要急遽地說話；不要用

---

〔二〕禮，指禮記曲禮。

〔三〕朱子語類中記載：立之說「車中不內顧」一章。曰：「『立視五巂，式視馬尾。』蓋巂是車輪一轉之地，車輪高六尺，圍三徑一，則闊丈八，五轉則正爲九丈矣。立視雖遠，亦不過此。」

手指指點點。這三者都是儀容缺少修養的表現，而且容易使人迷惑。

## 三·二〇

〇曲禮曰：凡視，上於面則敖①，下於帶則憂②，傾則姦③。

【注釋】

①上於面則敖——孔疏：「視人過高，則是敖慢。定十五年：『邾子執玉，高其容仰。高、仰，驕也』。」

②下於帶則憂——孔疏：「若視過下，則似有憂。有憂，頭低垂，定十五年：『魯公受玉卑，其容俯。卑、俯，替也』。」

③傾則姦——孔疏：「傾，攲側〔一〕也。若視尊者而攲側旁視，流目東西，則似有姦惡之意也。」

【譯文】

禮記曲禮中説：凡是看人（視線有固定的界限）：視線高過對方面孔，就顯得神情驕傲；視線低於對方

〔一〕攲側：攲，音qī（妻）。傾斜；歪斜。

腰帶，就顯得憂心忡忡；目光傾斜，就顯得心術不正了。

## 三·二一

○論語曰：孔子於鄉黨①，恂恂如也②，似不能言③者。其在宗廟朝廷，便便④言，唯謹爾。⑤朝⑥，與下大夫⑦言，侃侃⑧如也；與上大夫言，誾誾⑨如也。

【注釋】

①鄉黨——周制，一萬二千五百家爲鄉，五百家爲黨。朱注：「鄉黨，父兄宗族之所在，故孔子居之，其容貌辭氣如此。」

②恂恂——音xún（旬），朱注：「恂恂，信實之貌。」

③似不能言——朱注：「似不能言者，謙卑遜順，不以賢知先人也。」

④便便——音pián（駢），朱注：「便便，辯也。」

⑤唯謹爾——朱注：「宗廟，禮法之所在；朝廷，政事之所出；言不可以不明辨。故必詳問而極言之，但謹而不放爾。」

⑥朝——朱注：「此君未視朝時也。」

⑦下大夫、上大夫——朱注：「王制，諸侯上大夫卿，下大夫五人。」

⑧侃侃——朱注：「許氏〔二〕説文：『侃侃，剛直也。』」

⑨誾誾——誾音yín（銀），朱注：「許氏説文：『誾誾，和悦而諍也。』」

【譯文】

論語鄉黨中記載：孔子在家鄉，因爲是父兄宗族所在之地，所以容貌信實，表現得謙卑恭順，好像不會説話的樣子。孔子在宗廟裏、朝廷上，有話必清楚明白地説出，只是説得很謹慎。孔子在上朝的時候，君主還没有到來，同下大夫説話，（表現得）剛強正直；同上大夫説話，和悦而正直地爭辯。

## 三·二二

〇孔子食不語，寢不言。①

〔二〕許氏：許慎，字叔重，東漢汝南召陵人，撰有五經異義、説文解字。

【注釋】

①食不語，寢不言——朱注：「答述曰語。自言曰言。范氏曰：『聖人存心不他，當食而食，當寢而寢，言語非其時也。』楊氏〔二〕曰：『肺爲氣主而聲出焉，寢食則氣窒而不通，語言恐傷之也。』亦通。」

【譯文】

（論語鄉黨中記載）孔子吃飯的時候不與人交談，睡覺的時候不自言自語，這是因爲專心致志。

## 三・二三

○士相見禮曰：與君言，言使臣①。與大人言，言事君。②與老者言，言使弟子。③與幼者言，言孝弟於父兄。④與衆言，言忠信慈祥。⑤與居官者言，言忠信。⑥

【注釋】

①言使臣——鄭注：「言使臣者，使臣之禮也。」

---

〔二〕楊氏：楊時，字中立，南劍將樂人。二程弟子，有龜山集。

②與大人言，言事君——鄭注：「大人，卿大夫也。言事君者，臣事君以忠也。」

③與老者言，言使弟子——賈疏：「謂七十致仕之人，依書傳：大夫致仕爲父師，士致仕爲少師，教鄉閭子弟。雷次宗〔一〕云『學生事師，雖無服，有父兄之恩』，故稱弟子也。」

④與幼者言，言孝弟於父兄——賈疏：「幼既與老者相對，此幼即弟子之類。孝弟，事父兄之名，是人行之本，故云『言孝弟于父兄』。」

⑤與衆言，言忠信慈祥——鄭注：「祥，善也。」賈疏：「此文承老幼之下，亦非朝廷之臣，但是鄉閭長幼共聚之處，使之行忠信慈善之事也。」

⑥與居官者言，言忠信——鄭注：「居官，謂士以下。」賈疏：「此與在朝之士言，以忠信爲主也。」

【譯文】

儀禮士相見禮中說：與君主交談，談使用臣下要合乎禮儀。與卿大夫交談，談侍奉君主要忠心。和退休做老師的人交談，談怎樣對待學生。和學生談，談如何孝敬父母、尊敬兄長。與鄉閭中的衆人交談，談忠信慈善的事情。與在位的官員談，要以忠信爲主要內容。

〔一〕雷次宗：字仲倫，豫章南昌人，尤明三禮、毛詩，南朝劉宋時期的方志家、教育家、佛學家。

## 三·二四

○論語曰：席不正，不坐。①

【注釋】

①席不正，不坐——朱注：「謝氏〔一〕曰：『聖人心安於正，故於位之不正者，雖小不處。』」

【譯文】

論語鄉黨中説：坐席擺的方向不合正理（不端正），就不坐（因爲心安於正理）。

## 三·二五

○子見齊衰①者，雖狎②，必變。見冕者③與瞽者④，雖褻⑤，必以貌⑥。凶服⑦者式⑧

〔一〕謝氏：謝良佐，字顯道，人稱上蔡先生或謝上蔡，蔡州上蔡（今屬河南）人。師從程顥、程頤，與游酢、吕大臨、楊時號稱程門四先生。著有論語説，其門人曾恬、胡安國所録有上蔡先生語録，經朱熹編輯爲上蔡語録三卷。

之。式負版⑨者。

【注釋】

①齊衰——音zī cuī（資催）。朱注：「齊衰，喪服。」〔一〕

②狎——音xiá（霞）。朱注：「狎，謂素親狎。」

③冕——朱注：「冕，冠也。冕而衣裳，貴者之盛服也。」

④瞽——音gǔ（鼓），朱注：「瞽，無目者。」

⑤褻——音xiè（謝）。朱注：「褻，謂燕見〔二〕。」

⑥貌——朱注：「貌，謂禮貌。」

⑦凶服——喪服；孝衣。周禮春官司服：「其凶服，加以大功、小功。」鄭玄注：「喪服，天子諸侯齊斬而已，卿大夫加以大功、小功，士亦如之，又加緦焉。」

⑧式——朱注：「式，車前横木。有所敬，則俯而憑之。式此二者，哀有喪，重民數〔三〕也。」

---

〔一〕 齊衰：「五服」中列位二等，次於斬衰。其服以粗疏的麻布製成，衣裳分制，緣邊部分縫緝整齊，故名。有别於斬衰的毛邊。具體服制及穿著時間視與死者關係親疏而定。

〔二〕 燕見：私下相見。

〔三〕 數：天命、命運。

⑨負版——朱注：「負版，持邦國圖籍〔一〕者。」

【譯文】

（論語鄉黨中記載）孔子看見穿齊衰喪服的人，就算平時關係很親昵，也一定改變容貌態度，表示同情。看見戴著禮帽和眼睛看不見的人，即使私下見面，也一定有禮貌。乘車時遇到穿喪服的人，便把身體微微地向前輕俯，手撫著車前的横木，表示哀悼。遇見背負國家圖籍的人，也手撫車前横木，表示崇敬。

## 三·二六

○禮記曰：若有疾風迅雷甚雨，則必變；雖夜必興，衣服冠而坐。①

【注釋】

①若有疾風迅雷甚雨……——鄭注：「敬天之怒。」

〔一〕圖籍：地圖和户籍，常以指疆土人民。

【譯文】

禮記玉藻中說：（君子平常居處時）遇到天氣劇變，如刮大風、打大雷、下大雨時，那麼舉止一定要有所變動，即使在深夜，也必須起來，穿好衣服戴好冠帽，正襟危坐，因天變而有所敬畏。

## 三·二七

○論語曰：寢不尸①，居不容。②

【注釋】

①寢不尸——朱注：「尸，謂偃卧似死人也。范氏曰：『寢不尸，非惡其類於死也。惰慢之氣不設於身體，雖舒布其四體，而亦未嘗肆耳。』」

②居不容——朱注：「居，居家。容，容儀。范氏曰：『居不容，非惰也。但不若奉祭祀、見賓客而已，申申夭夭是也。』」

【譯文】

論語鄉黨中說：孔子睡覺不像死尸一樣直躺著，之所以這樣做，是因爲雖舒展四肢，但也不隨意放肆。平日居家雖然不怠惰，但也不像祭祀或接見賓客那樣容貌舉止莊重嚴肅，表現出舒適安閒的樣子。

## 三·二八

○子之燕居①，申申如也，夭夭如也。②

【注釋】

①燕居——朱注：「燕居，閒暇無事之時。」

②申申如也，夭夭如也——朱注：「楊氏曰：『申申，其容舒也。夭夭，其色愉也。』程子曰：『此弟子善形容聖人處也，爲申申字説不盡，故更著夭夭字。今人燕居之時，不怠惰放肆，必太嚴厲。嚴厲時著此四字不得，怠惰放肆時亦著此四字不得，惟聖人便自有中和之氣。』」

【譯文】

（論語述而中記載）孔子在家閒居之時，既非怠惰放肆，也非嚴肅厲害，而是表現出體貌安舒、容色和悦的樣子。

## 三・二九

〇曲禮曰：並坐不横肱①，授立不跪，授坐不立。

【注釋】

①並坐不横肱——肱，音gōng（工），胳膊由肘到肩的部分。鄭注：「爲害旁人。」

②授立不跪——孔疏：「謂尊者立之時，卑者以物授尊者，不得跪，煩尊者俯俛。若尊者形短，雖卑者得跪以授之，故少儀云：『受立授立，不坐，性之直者，則有之也。』注云『尊者短則跪，不敢以長臨之』是也。」

【譯文】

禮記曲禮中説：和别人並坐在一起，不要横著胳膊，以免妨害旁邊的人。拿著東西交給站立的尊者不要跪著送，交給坐著的尊者時也不要站著遞，以免勞煩尊者俯仰受之。

## 三·三〇

○入國不馳①，入里必式②。

【注釋】

①入國不馳——孔疏：「國中人多，若馳車則害人，故不馳。注云：『愛人也。馳，善藺人也。』善猶好也。藺，雷刺也。若車馳則好行刺人也。」

②入里必式——孔疏：「二十五家爲里，里巷首有門，十室不誣，故入里則必式而禮之爲敬也。里必式，則門閭亦式，故門閭必步，不誣十室也。論語云：『十室之邑，必有忠信如丘者焉。』是『不誣十室』也。」

【譯文】

（禮記曲禮中說：）進入都城這種人多的地方，車馬就不再奔馳，以免傷害到别人。進入里巷，一定要以手撫軾〔一〕，以示尊敬之意。

〔一〕軾：音shì（是），一、古代車廂前面用作扶手的横木：憑軾。二、憑軾致敬。

## 三・三一

〇少儀曰：執虛如執盈，入虛如有人。①

【注釋】

①執虛如執盈，入虛如有人——鄭注：「重慎。」

【譯文】

禮記少儀中説：手執空虛的器皿，就如同捧著盛滿東西的器皿一樣小心；進入空房就如同進入有人的房屋一樣鄭重。這是説，恭敬謹慎的心情不隨外在條件的不同而有所鬆懈。

## 三・三二

〇禮記曰：古之君子必佩玉①，右徵角，左宮羽。②趨以采薺③，行以肆夏④，周還中規⑤，折還中矩⑥，進則揖之⑦，退則揚之⑧，然後玉鏘鳴也⑨。故君子在車則聞鸞和之聲⑩，行則鳴佩玉，是以非辟之心無自入也。⑪

【注釋】

①君子必佩玉——鄭注：「比德焉。君子，士已上。」孔疏：「案詩秦風云：『言念君子，溫其如玉。』是玉以『比德』。案下文云『天子佩白玉』下至士，是君子含士以上也。」

②右徵角，左宮羽——鄭注：「玉聲所中也。徵、角在右，事也，民也，可以勞。宮、羽在左，君也，物也，宜逸。」孔疏：「『玉聲所中也』者，謂所佩之玉，中此徵、角、宮、羽之聲。云『事也，民也，可以勞』者，案樂記：『角爲民，徵爲事。』右厢是動作之方而佩徵、角，事則須作而成，民則供上役使，故可勞而在右也。云『君也，物也，宜逸』者，案樂記云：『宮爲君，羽爲物。』今宮、羽在左，是無事之方。君宜靜而無爲，物宜積聚，故在於左，所以『逸』也。」

③趨以采薺——鄭注：「路門外之樂節也。門外謂之趨。齊，當爲『楚薺』之『薺』。」孔疏：「路寢門外至應門〔一〕謂之『趨』，於此趨時，歌采齊爲節。云『齊，當爲「楚薺」之「薺」』者，案詩小雅有楚茨之篇，此作『齊』字，故讀爲『楚茨』之『茨』，音同耳，其義則異。」

④行以肆夏——鄭注：「登堂之樂節。」孔疏：「路寢門內至堂，謂之『行』，於行之時則歌肆夏之樂。」

---

〔一〕 應門：古代王宮的正門。

⑤周還中規——鄭注：「反行也，宜圜。」孔疏：「反行謂到行，反而行，假令從北嚮南，或從南嚮北。」

⑥折還中矩——鄭注：「曲行也，宜方。」孔疏：「曲行，謂屈曲而行，假令從北嚮南行，曲折而東嚮西嚮也。」

⑦進則揖之——鄭注：「揖之，謂小俛〔一〕見於前也。」孔疏：「揖，俯也。若行前進，則身恒小俯俛也。『見於前』者，謂佩嚮前垂而見之。」

⑧退則揚之——鄭注：「揚之，謂小仰見於後也。」孔疏：「揚，仰也。卻退還行，則身微仰也。『見於後』者，謂佩嚮後垂而見也。」

⑨然後玉鏘鳴也——鏘，音qiāng（槍）。孔疏：「若進俯退仰，則然後佩離身而直行搖動，佩自擊，所以玉聲得鏘鏘而鳴也。」

⑩鸞和之聲——鄭注：「鸞在衡，和在式。」孔疏：「『鸞在衡，和在式』，韓詩外傳文也。若鄭康成之意，此謂平常所乘之車也。」

⑪是以非辟之心無自入也——孔疏：「謂君子恒聞鸞、和佩玉之正聲。自，由也。是以非類邪辟之心，無由入於身也。」

〔一〕俛：同「俯」。

【譯文】

禮記玉藻中說：古代的君子必定要隨身懸掛玉佩，（因爲）玉象徵君子堅定、純潔、溫潤的品德，走路時隨著步伐起伏，玉佩上的玉相互撞擊，發出悦耳和諧的聲音，右邊的玉佩發出徵聲、角聲（象徵勞作），左邊的玉佩發出宫聲、羽聲（象徵安逸）。經過寢門到正門快走時要與采齊樂的節拍相和，經過寢門登上廳堂慢走時要與肆夏樂的節拍相應。反轉回行，要走出弧線，可以中乎圓規；拐彎而行，要走出直角，可以合乎矩尺。前進則身軀微俯，像是作揖，玉佩垂在身前；後退則身軀略仰，玉佩就出現身後。這樣快走、慢行、旋轉、拐彎、前進、後退，然後玉佩就隨之鏗鏘作響了。所以説，君子乘車的時候，就聽到車轅前端横木上的鸞鈴與車軾上的和鈴聲相應。步行的時候，就聽到腰間左右懸掛玉佩的鏘鳴。常常聽到這些清和純正的聲音，如此則種種邪思惡念就無從進入君子的内心了。

## 三·三三

○射義曰：射者進退周還必中禮。内志正，外體直，①然後持弓矢審固。持弓矢審固，然後可以言中。此可以觀德行矣。

【注釋】

①內志正，外體直——鄭注：「內正外直，習於禮樂有德行者也。正鵠之名，出自此也。」孔疏：「正者，正也，欲明射者內志須正也。鄭注大射云『正者，正也，亦鳥名。齊魯之間，名題肩爲正』是也。以大射之質，謂之鵠，鵠者直也，欲使射者外體之直。是正鵠之名出自射者而來，故云『正鵠之名，出自此也』。」

【譯文】

禮記射義中說：射箭的人在賽場中前進後退、轉身行走都必須符合禮儀規定。內志要端正，外體要挺直，然後握弓持箭就穩定牢固；握弓持箭穩定牢固，然後才談得上射中目標。從這些動作舉止就可以看出一個人的德行。

# 右明威儀之則

## 三・三四

○士冠禮：始加，祝曰：「令月吉日，始加元服。①棄爾幼志，順爾成德。壽考維祺，介爾景福。②」再加，曰：「吉月令辰，乃申爾服。③敬爾威儀，淑慎爾德。眉壽萬年，永受胡福④。」三加，曰：「以歲之正，以月之令，咸加爾服。⑤兄弟具在，以成厥⑥德。黄耇無疆⑦，受天之慶。」

【注釋】

①令月吉日，始加元服——鄭注：「令、吉，皆善也。元，首也。」

②棄爾幼志……——鄭注：「爾，女也。既冠爲成德。祺，祥也。介、景皆大也。因冠而戒，且勸之。女如是則有壽考之祥，大女之大福也。」

③吉月令辰，乃申爾服——鄭注：「辰，子丑也。申，重也。」賈疏：「云『辰，子丑也』者，以十干配十二辰，直云『辰，子丑』，明有干可知，即甲子、乙丑之類，略言之也。」

④永受胡福——鄭注：「胡猶遐也、遠也。遠，無窮。」

⑤以歲之正，以月之令，咸加爾服——鄭注：「正猶善也。咸，皆也。皆加女之三服，謂緇布冠、皮弁、爵弁也。」

⑥厥——音jué（絶）。鄭注：「厥，其。」

⑦黄耇無疆——耇，音gǒu（苟）。鄭注：「黄，黄髮也。耇，凍梨也。皆壽徵也。疆，竟。」賈疏：「爾

雅云『黄髮兒〔一〕齒』，故以黄爲黄髮也。云『耇，凍梨』者，爾雅云『耇，老壽也』。此云『耇，凍梨』者，以其面似凍梨之色故也。」

【譯文】

儀禮士冠禮中記載：（三次加冠，要吟誦三道祝詞）第一次加冠（黑布冠）的祝辭是：「吉祥美好的日子，開始加冠。拋棄幼稚的想法，遵從成人的品德。祝你長壽，祝你大福！」第二次加冠（皮冠）的祝辭是：「吉祥美好的日子，再次加冠。要敬重你的威儀，要謹慎你的德行。祝你長壽萬年，永享幸福！」第三次加冠（爵冠）的祝辭是：「美好的日子，給你加了全部的冠，兄弟和你一起，共同成就美好的德行。祝你萬壽無疆，享受上天的恩賜。」

三・三五

○曲禮曰：爲人子者，父母存，冠衣不純素①。孤子當室，冠衣不純采。

---

〔一〕兒：音ní（泥），老年人牙落後重生的細齒。

【注釋】

①冠衣不純素——鄭注：「爲其有喪象也。純，緣也。玉藻曰：『縞冠玄武，子姓之冠也。縞冠素紕，既祥之冠也。』深衣曰：『具父母，衣純以青。』」孔疏：「冠純謂冠飾也，衣純謂深衣領緣也。禮：具父母、太父母存，冠衣純以繢；若有父母，無太父母，則純以青；若少而并無，則乃純素也。故親存者不得純素也。」

②孤子當室，冠衣不純采——鄭注：「早喪親，雖除喪，不忘哀也。謂年未三十者。三十壯，有室，有代親之端，不爲孤也。當室，適子也。深衣曰：『孤子，衣純以素。』」孔疏：「孤子謂二十九以下而無父者，當室謂適子也。既少孤，故雖除服，猶自素也。然深衣云：『孤子，衣純以素』，則嫡庶悉然。今云『當室』，則似庶子不同，所以爾者，通者有二。云凡子皆然，豈唯當室，但嫡子内理蒸嘗，外交宗族，代親既備，嫌或不同，故特明之，所以鄭引深衣爲注，會證凡孤子悉同也。崔靈恩〔一〕云：『指謂當室，不當室則純采，所以然者，當室之孤，内理蒸嘗，外交宗族，所履之事，莫不傷心，故特純素示哀也。深衣不云『當室』者，文略耳。』」

【譯文】

禮記曲禮中説：做兒子的，父母在世，冠不要用素色的裝飾，衣服不要用素色鑲邊，因爲這是喪事才穿的。三十歲以下失去父親的孤子如果是當家作主的嫡長子，除喪後的冠服也不要用彩色鑲邊，用素色以示不忘

〔一〕崔靈恩：生卒年不詳，南北朝時經學家，著有集注毛詩、集注周禮、三禮義宗等。

失去父母的哀傷。

## 三·三六

〇論語曰：君子①不以紺②緅③飾④，紅紫⑤不以爲褻服⑥。當暑，袗⑦絺綌⑧，必表而出之⑨。

【注釋】

①君子——朱注：「君子，謂孔子。」

②紺——音gàn（贛），朱注：「紺，深青揚赤色，齊服也。」

③緅——音zōu（鄒），朱注：「緅，絳色。三年之喪，以飾練〔一〕服也。」

④飾——朱注：「飾，領緣也。」

⑤紅紫——朱注：「紅紫，間色不正，且近於婦人女子之服也。」

〔一〕練：白絹。

⑥褻服——朱注：「褻服，私居服也。言此則不以爲朝祭之服可知。」

⑦袗——音zhěn（診），朱注：「袗，單也。」

⑧絺綌——音chī xì（吃細），朱注：「葛之精者曰絺，麤者曰綌。」〔二〕

⑨表而出之——朱注：「表而出之，謂先著裏衣，表絺綌而出之於外，欲其不見體也。詩所謂『蒙彼縐絺』〔三〕是也。」

【譯文】

論語鄉黨中說：孔子不用齋戒服飾上微微帶紅的黑色和三年之喪時裝飾喪服的赤色來做領口的顏色，不用近於婦人女子衣服的紅紫色來做平常居家的衣服，就更不要說用這種顏色去做朝服和祭祀的服裝了。暑天，裏面穿著貼身内衣，外面套上或精或粗的葛布衣服，不要讓別人看到自己的身體。

## 三·三七

### ○去喪，無所不佩①。

〔二〕絺綌：指夏天所穿的葛衣。（葛，多年生草本植物，莖可編籃做繩，纖維可織布。用葛的纖維製成的布稱爲葛布，也稱夏布。）

〔三〕蒙彼縐絺：語出詩鄘風君子偕老。縐絺，音zhòu chī（宙吃），精細的葛布。

【注釋】

①配——朱注：「君子無故，玉不去身。觿礪〔二〕之屬，亦皆佩也。」

【譯文】

（論語鄉黨中記載）服喪到達期限以後，玉、解結錐與礪石之類的東西都可以佩戴。

## 三·三八

〇孔子羔裘玄冠不以弔。①

【注釋】

①羔裘玄冠不以弔——朱注：「喪主素，吉主玄。弔必變服，所以哀死。」

【譯文】

（論語鄉黨中記載）孔子去弔喪時，不穿朝服、朝冠，因爲喪事以樸素爲主，喜事才講求莊重華麗，所以喪

〔二〕觿礪：音xī lì（犀利），解結錐與礪石之類的佩戴物。

事必穿著樸素的服裝，以表示對死者的哀悼。

## 三·三九

○禮記曰：童子不裘不帛①，不屨絇②。

【注釋】

①童子不裘不帛——裘，音qiú（求）。鄭注：「童子，未冠之稱也。裘、帛溫，傷壯氣也。」

②不屨絇——屨〔一〕，音jù（巨）。絇，音qú（渠）。鄭注：「絇，屨頭飾也。」孔疏：「未成人不盡飾爲節也。」

【譯文】

禮記玉藻中說：兒童不穿皮裘，不穿絲帛，（因爲太過溫暖，容易傷到壯氣。）鞋頭上也不加裝飾，未成年人以不窮盡裝飾爲禮節。

〔一〕說文云：「屨，履也。」段玉裁注：「今時所謂履者，自漢以前皆名屨。」

## 三・四〇

〇孔子曰：士志於道，而恥惡衣惡食者，未足與議也。①

【注釋】

①士志於道……——朱注：「心欲求道，而以口體之奉不若人爲恥，其識趣之卑陋甚矣，何足與議於道哉？程子曰：『志於道而心役乎外，何足與議也？』」

【譯文】

（論語里仁中記載）孔子說：士有志得道行道，但又以自己吃粗食穿破衣爲恥辱，這樣的人以道爲志向，内心却受外物的奴役，不值得與他談論道。

# 右明衣服之制

## 三·四一

○曲禮曰：共食不飽①，共飯不澤手②。毋摶飯③，毋放飯④，毋流歠⑤。毋咤食⑥，毋齧骨⑦，毋反魚肉⑧，毋投與狗骨⑨，毋固獲⑩。毋揚飯⑪，飯黍毋以箸⑫。毋嚃羹⑬，毋絮羹⑭，毋刺齒⑮，毋歠醢⑯。客絮羹，主人辭不能亨〔二〕；⑰客歠醢，主人辭以窶。⑱濡肉齒決，乾肉不齒決，⑲毋嘬炙⑳。

【注釋】

①共食不飽——鄭注：「謙也，謂共羹飯之大器也。」孔疏：「共食，謂同事聚居，非禮食，則有同器食法，共食宜謙，不輒厭飫〔三〕爲飽也。」

②共飯不澤手——孔疏：「亦是共器盛飯也。澤謂光澤也。古之禮，飯不用箸，但用手，既與人共飯，手

〔二〕摛藻堂四庫全書薈要本作「烹」。
〔三〕厭飫：飫，音yù（玉）。吃飽；吃膩。

宜絜淨，不得臨食始挼莎〔一〕手乃食，恐爲人穢也。」

③毋摶飯——摶，音tuán（團）。孔疏：「共器若取飯作摶，則易得多，是欲爭飽，非謙也。故（鄭）注云『爲欲致飽，不謙』也。」

④毋放飯——鄭注：「去手餘飯於器中，人所穢。」

⑤毋流歠——歠，音chuò（輟），飲；喝。孔疏：「謂開口大歠，汁入口如水流，則欲多而速，是傷廉也。故鄭云：『大歠，嫌欲疾。』」

⑥毋咤食——咤，音zhà（炸）。孔疏：「咤謂以舌口中作聲也，似若嫌主人之食也。」

⑦毋齧骨——齧，音niè（聶）。孔疏：「一則有聲，二則嫌主人食不足，以骨致飽，故庾云『爲無肉之嫌』；三則齧之口唇可憎，故不齧也。」

⑧毋反魚肉——孔疏：「謂與人同器也，已齧殘不可反還器中，爲人穢之也。故鄭云：『謂已歷口，人所穢。』」

⑨毋投與狗骨——孔疏：「投，致也。狗，犬也。言爲客之禮，無得食主肉後，棄其骨與犬，故鄭云：『爲其賤飲食之物』。」

〔一〕挼莎：挼，音ruó。兩手相切摩。

⑩毋固獲——孔疏：「專取曰固，爭取曰獲。與人共食，不可專固獨得及爭取也。盧植云：『固獲取之，爲其不廉也。』」

⑪毋揚飯——孔疏：「飯熱當待冷，若揚去熱氣，則爲貪快，傷廉也。」

⑫飯黍毋以箸——箸，音zhù（著），筷子。黍，音shǔ（鼠），黄米。孔疏：「飯黍無用箸，當用匕〔一〕，故少牢云『廩人〔二〕溉〔三〕匕與敦〔四〕』，注云『匕，所以匕黍稷』是也。」

⑬毋嚃羹——嚃，音tà（踏），囫圇吞咽。羹，音gēng（耕）。孔疏：「人若不嚼菜，含而歠吞之，其欲速而多又有聲，不敬，傷廉也。故鄭云『亦嫌欲疾也』。『嚃，爲不嚼菜』，羹有菜者用梜，故不得歠，當梜嚼也。」

⑭毋絮羹——孔疏：「絮，謂就食器中調足鹽梅也。若得主人羹，更於器中調和，是嫌主人食味惡也。」

⑮毋刺齒——孔疏：「口容止，不得刺弄之，爲不敬也，謂其弄口。少儀曰『口容止』，容儀欲静止也。」

⑯毋歠醢——醢，音hǎi（海）。孔疏：「醢，肉醤也。醤宜鹹，客若歠之，則是醤淡也。」

〔一〕匕：古代指勺、匙之類的取食用具。
〔二〕廩人：廩，音lǐn（凜）。古代管理糧倉的官吏。
〔三〕溉：音gài（概），洗滌。
〔四〕敦：音duì（對），古代盛黍稷的器具。

⑰客絮羹，主人辭不能亨——孔疏：「亨，煮也。若客失禮而絮羹，則主人宜有優賓之辭謝之，謝之云：以家不能亨煮，故羹味不調適也。」

⑱客歠醢，主人辭以窶——窶，音jù（巨）。孔疏：「窶，無禮也。若客失禮而歠醢，則主人亦致謝云：主人作醢淡而無鹽，故可歠也。」

⑲濡肉齒決，乾肉不齒決——濡，音rú（儒）。孔疏：「濡，濕也。濕軟不可用手擘〔一〕，故用齒斷決而食之。決，猶斷也。乾肉，脯〔二〕屬也，堅肕〔三〕不可齒決斷之，故須用手擘而食之。」

⑳毋嘬炙——嘬，音zuō。炙，音zhì（至）。孔疏：「火灼曰炙，炙肉濡，若食炙，先當以齒嚌〔四〕而反置俎上，不一舉而併食，併食之曰嘬，是貪食也。」

【譯文】

禮記曲禮中說：和人一起吃飯，應該謙讓，不能只爲了自己吃飽；和人一起用手抓飯吃時，不要僅僅揉搓手而不洗淨，以免讓人覺得骯髒。不要搓飯團（要謙讓，不要只爲自己吃飽），不要把手裏的飯再放回盛飯

〔一〕擘：音bāi，同「掰」。

〔二〕脯：音fǔ（府），肉乾。

〔三〕肕：音rèn，古同「韌」。

〔四〕嚌：音jì（記），微微嘗一點，古代行禮時的儀節之一。如「啐」與「嚌」對舉時，則「嚌」特指吸入酒時只到牙齒而止，不吸入口，吸入口則稱「啐」。

的器皿（以免讓人覺得骯髒），不要張嘴不停地往裏灌（好像爲了多吃而快速喝一樣），不要吃得滿嘴帶響（好像厭棄主人準備的食物一樣），不要啃嚼骨頭（一是發出聲響表示不尊敬；二是好像主人準備的食物不足一樣；三是吃相醜陋可憎），不要把咬過的魚肉又放回去（以免讓人覺得骯髒），不要把骨頭扔給狗（輕賤主人所準備的飲食），不要專取或爭取一種食物，不要爲了晾涼而抖動手中熱飯（好像很著急的樣子）。吃黃米飯不要用筷子（應當用勺之類的器具），不要不嚼菜而大口喝菜湯（好像要著急多吃的樣子），不要當場加佐料調和菜湯（好像嫌棄主人做的味道不好一樣），不要剔牙（容貌應該保持安靜不動以示敬畏），不要喝醬汁（好像嫌棄主人做的清淡似的）。若是客人調和菜羹，主人就要致歉說自家不會烹調。若是客人喝醬汁，主人也要致歉說做醬淡而無鹽，招待不周。這都是因爲優待賓客的緣故。濕肉可以用牙咬斷，乾肉不要用牙咬斷，要用手撕。不要拿起整塊烤肉一下子吞下去。

## 三・四二

〇少儀曰：燕侍食〔一〕於君子，則先飯而後已①，毋放飯，毋流歠，②小飯而亟之③，數

〔一〕摛藻堂四庫全書薈要本作「侍燕於君子」。

噍④，毋爲口容⑤。

【注釋】

①先飯而後已——孔疏：「先飯，先君子之飯，若嘗食然，君子食罷而後已，若勸食然。」

②毋放飯，毋流歠——鄭注：「去手餘飯於器中，人所穢。」孔疏：「謂開口大歠，汁入口如水流，則欲多而速，是傷廉也。故鄭云：『大歠嫌欲疾。』」

③小飯而亟之——孔疏：「小飯，謂小口而飯。亟，謂疾速而咽。小飯而備噦噎〔一〕也。速咽之，備見問也。」

④數噍——噍，音jiào（叫）。孔疏：「謂數數嚼之。」

⑤毋爲口容——孔疏：「無得弄口以爲容也。」

【譯文】

禮記少儀中說：陪同有德有位的君子吃飯，爲了嘗食，要先君子而吃；爲了勸食，要後君子而止。不要把手裏的飯再放回盛飯的器皿（以免讓人覺得骯髒），不要仰脖張嘴往裏灌湯（好像爲了多吃而快速喝一樣）。要小口吃飯而速嚼速咽，以防嘔吐、噎食，而且這樣才能及時回答君子的問話。多次咀嚼，但不要弄嘴。咀嚼要快，但不要鼓嘴、努嘴、吧唧嘴。

〔一〕噦噎：噦，音yuě，嘔吐，氣逆；噎，音yē，食物塞住了嗓子。

## 三・四三

〇論語曰：食不厭精，膾不厭細。①食饐而餲②，魚餒而肉敗③，不食。色惡④，不食。臭惡⑤，不食。失飪⑥，不食。不時⑦，不食。割不正⑧，不食。不得其醬⑨，不食。肉雖多，不使勝食氣。⑩唯酒無量，不及亂。⑪沽酒市脯，不食。⑫不撤姜食，不多食。⑬

【注釋】

①食不厭精，膾不厭細——膾，音kuài（快）。朱注：「食，飯也。精，鑿[一]也。牛羊與魚之腥，聶而切之爲膾。食精則能養人，膾麤則能害人。不厭，言以是爲善，非謂必欲如是也。」

②食饐而餲——饐，音yì（義）；餲，音ài（愛）。朱注：「饐，飯傷熱濕也。餲，味變也。」

③魚餒而肉敗——餒，音něi。朱注：「魚爛曰餒，肉腐曰敗。」

④⑤色惡、臭惡——朱注：「色惡臭惡，未敗而色臭變也。」

[一] 鑿：舂米使之精白。左傳桓二年曰：「粢食不鑿，昭其儉也。」（舂，音chōng，把東西放在石臼或乳钵裏搗掉皮殼或搗碎。粢，音zī，一、穀子，子實去殼後爲小米。二、泛指穀物。）

⑥失飪——飪，音rèn（任）。朱注：「飪，烹調生熟之節也。」

⑦不時——朱注：「不時，五穀不成，果實未熟之類。此數者皆足以傷人，故不食。」

⑧割不正——朱注：「割肉不方正者不食，造次不離於正也。漢陸續之母，切肉未嘗不方，斷葱以寸爲度，蓋其質美，與此暗合也。」

⑨不得其醬——朱注：「食肉用醬，各有所宜，不得則不食，惡其不備也。此二者，無害於人，但不以嗜味而苟食耳。」

⑩肉雖多，不使勝食氣——朱注：「食以穀爲主，故不使肉勝食氣。」

⑪唯酒無量，不及亂——朱注：「酒以爲人合歡，故不爲量，但以醉爲節而不及亂耳。程子曰：『不及亂者，非惟不使亂志，雖血氣亦不可使亂，但浹洽而已可也。』」

⑫沽酒市脯，不食——沽，音gū（姑）；脯，音fǔ（府），肉乾。朱注：「沽、市，皆買也。恐不精潔，或傷人也。與不嘗康子之藥同意。」

⑬不撤姜食，不多食——朱注：「薑（姜），通神明，去穢惡，故不撤。適可而止，無貪心也。」

【譯文】

論語鄉黨中說：平日飲食，米舂得越精細越好，因爲可以養人，但不特意追求這些。魚和牛羊肉切得越細越好，因爲切得太粗容易傷身。但不是必須追求精細，儘量做好即可。糧食霉爛發臭，魚和肉腐爛，都不吃。

食物雖未腐爛，但顔色變了的，不吃；氣味變了的，也不吃。因烹調導致生熟失當的，不吃。尚未成熟的穀物果實，不吃。因爲這些都會給人的身體造成損害，所以不吃。切割得不方正的肉，不吃，表示在慌亂倉促中也不能失了分寸。吃肉時，没有適當調味的醬料，不吃，因爲厭惡準備得不够完備。這二者雖然不會給人身帶來損害，但不能僅僅爲了滿足口腹之欲（味覺享受）隨便就吃。席上的肉雖然多，但吃肉的量不超過主食，因爲吃飯時是以穀物爲主的。由於喝酒是爲了彼此和諧歡樂，所以只有酒不限量，但也不至於喝醉亂了方寸。從外面買來的酒和肉乾，不吃。由於來歷不明，擔心不精細乾净，會損害身體。吃完了，姜依舊擺放在桌上不撤除，因爲姜可以溝通神明、祛除污穢，吃任何東西都適可而止，不貪心多食。

## 三・四四

〇禮記曰：君①無故②不殺牛，大夫③無故不殺羊，士無故不殺犬豕。君子遠庖厨，凡有血氣之類，弗身踐④也。

【注釋】

①君——孔疏：「此『君』非一。據作記之時言之，此君得兼天子，以天子日食少牢；若據周禮正法言

之，此君唯據諸侯，以天子日食大牢，無故得殺牛也。大略此文謂諸侯也。」

②故——鄭注：「故，謂祭祀之屬。」孔疏：「言『祭祀之屬』者，若待賓客饗〔一〕食，亦在其中，故云『祭祀之屬』。」

③大夫——孔疏：「亦諸侯大夫也。若天子大夫有故得殺牛，故知此據諸侯大夫。」

④踐——鄭注：「踐，當爲『翦〔二〕』，聲之誤也。翦，猶殺也。」孔疏：「此謂尋常，若祭祀之事，則身自爲之，故楚語云『禘郊之事，天子自射其牲，又刲〔三〕羊擊豕〔四〕』是也。」

【譯文】

禮記玉藻中說：除非舉行祭祀，宴請貴賓，國君（諸侯）一般不無故殺牛，（諸侯）大夫不無故殺羊，士人不無故殺狗殺豬。君子對於禽獸也有仁愛之心，見其生不忍見其死，聞其聲不忍食其肉，所以一向遠離宰殺、烹煮牲口的場所，一般情況下，不僅大牲，凡是有血氣之類的小動物，君子都不忍親自宰殺。

〔一〕饗：音xiǎng（響），用酒食招待客人，泛指請人受用。
〔二〕翦：音jiǎn（減），殺戮。
〔三〕刲：音kuī（虧），刺殺，宰殺。
〔四〕豕：音shǐ（使），豬。

## 三·四五

〇樂記曰：豢豕爲酒①，非以爲禍也，而獄訟益繁，則酒之流生禍也。是故先王因爲酒禮②，一獻之禮，賓主百拜，③終日飲酒而不得醉焉，④此先王之所以備酒禍也。

【注釋】

①豢豕爲酒——豢，音huàn（患）。鄭注：「以穀食犬豕曰豢。爲，作也，言豢豕作酒，本以饗祀養賢，而小人飲之，善酗以致獄訟。」孔疏：「豢，養也，言養豕作酒，本爲行禮，非以爲禍亂而爲也。」

②是故先王因爲酒禮——孔疏：「由其生禍，故先王因此爲飲酒之禮也。」

③一獻之禮，賓主百拜——鄭注：「一獻，士飲酒之禮。百拜，以喻多。」孔疏：「謂士之饗禮，唯有一獻，言所獻酒少也。從初至末，賓主相答而有百拜，言拜數多也。是意在於敬，不在酒也。」

④終日飲酒而不得醉焉——孔疏：「謂饗禮也。以其恭敬，示飲而已，故不得醉也。」

【譯文】

禮記樂記中說：養豬釀酒本來是爲了祭祀和供奉賢者，並非用來製造災禍，而爭訟的案件却日益增多，那都是由於縱酒無度而滋生的禍端。所以先王爲此制定了飲酒禮。包括敬酒、回敬酒、酬酒的一獻之禮，每次所斟的酒都很少，而且賓主雙方需要許多次跪拜，意在表達尊敬之情而非在飲酒。這樣，在宴請時即使整天飲酒也不至於喝醉，這是因爲彼此恭敬而象徵性地飲酒。這就是先王防備酗酒肇禍的辦法。

## 三·四六

〇孟子曰：飲食之人①則人賤之矣，爲其養小以失大也。

【注釋】

①飲食之人——朱注：「飲食之人，專養口腹者也。」

【譯文】

（孟子告子上中記載）孟子説：那些僅滿足自己口腹之欲的人，大家都輕視他，因爲他只滿足了作爲人小的方面，却喪失了人之爲人大的方面（心靈品德）。

## 右明飲食之節

# 稽古第四〔一〕

孟子道性善，言必稱堯舜。①其言曰：「舜爲法於天下，可傳於後世。我猶未免爲鄉人也，是則可憂也。憂之如何？如舜而已矣。」②摭往行，實前言，述此篇，使讀者有所興起。③

【注釋】

①孟子道性善，言必稱堯舜——語見孟子滕文公上，朱注：「道，言也。性者，人所稟於天以生之理也，渾然至善，未嘗有惡。人與堯舜初無少異，但衆人汩於私欲而失之，堯舜則無私欲之蔽，而能充其性爾。故孟子與世子言，每道性善，而必稱堯舜以實之。欲其知仁義不假外求，聖人可學而至，而不懈於用力也。門人不能悉記其辭，而撮其大旨如此。」

〔一〕集注：「稽，考也，考虞夏商周聖賢已行之迹，以證前篇立教、明倫、敬身之言也。凡四十七章。」

②其言曰……——語見孟子離婁下，朱注：「鄉人，鄉里之常人也。君子存心不苟，故無後憂。」〔一〕

③摭往行……——摭，音zhí（直）。集注：「摭，猶采也。實，猶證也。興起，謂感動奮發而爲善也。」

【譯文】

孟子每次言性善，一定會提到堯、舜。他説：「舜作爲天下的表率，可以傳給後人。但我還是鄉里的一個普通人，這真讓人憂慮。憂慮之後怎麼辦呢？像舜那樣努力去做就好了。」所以選取落實先賢的言行，根據以往的經典編纂稽古這一篇，使讀到的人有所感悟而能够發奮努力。

## 四・一

○太任，文王之母，摯任氏之中女也。①王季娶以爲妃，太任之性，端一誠莊，維德之行。②及其娠③文王，目不視惡色，耳不聽淫聲，口不出敖言，生文王而明聖。太任教之以一而識百，卒爲周宗④。君子謂太任爲能胎教。

〔一〕集注：「其，指孟子也。朱子曰：『法者，人倫而已。鄉人，鄉里之常人也。』」其中「法者，人倫而已」今本四書章句集注未見。

【注釋】

①太任——摯，音zhì（至）。集注：「太，尊稱。任，姓。文王，周國之君。摯，國名。中女，次女。王季，文王之父。」

②端一誠莊，維德之行——集注：「端正純一，誠實莊肅，性之美也。惟德是行，行之美也。」

③娠——音shēn（身），集注：「娠，妊也。」

④宗——集注：「始受命曰宗。太任性行既美，又能胎教，故文王之生，明無不照，聖無不通，教之以一即能識百，後爲周家始受命之君也。此摭太任之行以實首篇胎教之言，後皆放〔二〕此。然或詳或略未必盡同，讀者宜求其大意焉。」

【譯文】

（列女傳母儀傳周室三母中記載）太任，是文王的母親，摯任氏的二女兒。王季娶她爲妃。太任性情端莊專一，誠摯莊重，言行皆遵循德行。她懷文王以後，不看邪惡的事物，不聽淫邪的聲音，不説傲慢的言語，文王生來就明達聖哲，太任教給他的東西都能觸類旁通，文王最後做了周朝的開創者。後世君子都認爲這是太任善於胎教的結果。

〔二〕放：同「仿」。

## 四・二

○孟軻之母，其舍近墓。①孟子之少也，嬉戲爲墓間之事，踊躍築埋②，孟母曰：「此非所以居子也。」乃去。舍市，其嬉戲爲賈衒③，孟母曰：「此非所以居子也。」乃徙④。舍學宮之旁，其嬉戲乃設俎豆，揖讓進退，⑤孟母曰：「此真可以居子矣。」遂居之。孟子幼時，問東家殺豬何爲，母曰：「欲啖汝⑥。」既而悔曰：「吾聞古有胎教，今適有知而欺之⑦，是教之不信⑧。」乃買豬肉以食之⑨，既長就學，遂成大儒。

【注釋】

①孟軻之母，其舍近墓——集注：「軻，孟子名。舍，居也。趙氏〔一〕曰：『孟子夙喪父，幼被慈母三遷之教，長師孔子之孫子思，通五經，著書七篇，命世亞聖之大才也。』」

②踊躍築埋——集注：「踊躍，哭狀。築埋，葬事。」

〔一〕趙氏：趙岐，字邠卿。京兆長陵（今陝西咸陽）人。東漢末年經學家，著有孟子章句十四卷、三輔決録七卷等。

③賈衒——音gǔ xuàn（古炫），集注：「坐而賣曰賈，行而賣曰衒。」

④徙——音xǐ（喜），集注：「徙，遷也。」

⑤設俎豆，揖讓進退——俎，音zǔ（組）。集注：「俎豆〔一〕，禮器。揖讓進退，禮容。」

⑥欲啖汝——啖，音dàn（淡）。集注：「啖，食也。欲啖汝，戲答之也。」

⑦今適有知而欺之——集注：「適，猶方也。欺，誑也。」

⑧信——集注：「信，實也。」

⑨乃買豬肉以食之——集注：「買肉食之，以見前言之非誑。」

【譯文】

（列女傳鄒孟軻母中記載）孟軻的母親，最初居住在墳墓附近。孟子小的時候常常在墳墓間遊玩，喜歡做一些哭泣修築墳墓掩埋棺材的遊戲。孟母就説：「這裏不適合兒子居住。」於是就離開那裏，搬到一個市場旁邊。孟子又嬉戲玩鬧學商人叫賣，孟母又説道：「這裏不是我兒子該住的地方。」於是再次搬家到一個學校附近，孟子這次玩耍時擺弄祭祀器皿，學習揖讓進退之禮。孟母説道：「這才適合我兒子住。」於是就住了下來。

---

〔一〕俎豆：古代祭祀、宴饗時，用來盛祭品的兩種禮器。亦泛指各種禮器。

（韓詩外傳卷九中記載）孟子年幼的時候，東邊鄰居殺豬，孟子問他母親說：「東鄰家殺豬幹什麼？」母親說：「要給你吃。」一會他的母親懊悔而自語道：「我聽聞古時候尚在胎中就要教育，現在孩子剛剛開始懂事，我却欺騙他，這是教他不講信用。」就向鄰家買了些豬肉做給孟子吃，以證明没有欺騙他。等孟子長大後爲學，終於成爲一位大儒。

## 四・三

○孔子嘗獨立，鯉①趨而過庭，曰：「學詩乎？」對曰：「未也。」「不學詩，無以言②。」鯉退而學詩。他日又獨立，鯉趨而過庭，曰：「學禮乎？」對曰：「未也。」「不學禮，無以立③。」鯉退而學禮。

【注釋】

①鯉——朱注：「鯉，孔子之子伯魚也，先孔子卒。」

②言——朱注：「事理通達，而心氣和平，故能言。」

③立——朱注：「品節詳明，而德性堅定，故能立。」

【譯文】

（論語季氏中記載）孔子曾獨自在庭院中站立，兒子孔鯉快步經過，孔子問道：「學詩没有？」孔鯉答道：「還没有。」孔子説：「不學詩（則不能通曉事理、心平氣和，這樣）就無法把話説得妥帖。」於是孔鯉離開後就開始學詩。一天孔子又獨自站在庭院中，孔鯉快步經過，孔子問道：「學禮没有？」孔鯉答道：「還没有。」孔子説：「不學禮（則不能明辨分寸、内心堅定，這樣）就無法自立於世。」於是孔鯉離開後就開始學禮。

## 四・四

〇孔子謂伯魚曰：「女①爲②周南、召南③矣乎？人而不爲周南、召南，其猶正牆面而立④也與！」

【注釋】

①女——音rǔ（汝），指你。

②爲——朱注：「爲，猶學也。」

③周南、召南——朱注：「周南召南，詩首篇名〔二〕，所言皆修身齊家之事。」

④正牆面而立——朱注：「正牆面而立，言即其至近之地，而一物無所見，一步不可行。」

【譯文】

（論語陽貨中記載）孔子對兒子伯魚説：「你學過詩經中的周南和召南了嗎？不學習這兩篇，（日常生活行爲）就好像面向牆很近地站著一般，什麼東西都看不到、一步也走不了。」

右立教

## 四・五

〇虞舜①，父頑②，母嚚③，象傲④。克諧以孝，烝烝乂，不格姦。⑤

〔二〕詩首篇名：是説周南召南爲詩經國風的前兩篇，也是整個詩經的前兩篇。

【注釋】

①虞舜——孔注：「虞，氏；舜，名也。」

②父頑——孔注：「無目曰瞽，舜父有目，不能分别好惡，故時人謂之瞽，配字曰瞍。瞍，無目之稱。心不則德義之經爲頑。」

③母嚚——書經集傳云：「母，舜後母也。」

④象傲——孔注：「象，舜弟之字，傲慢不友。言並惡。」

⑤克諧以孝，烝烝乂，不格姦——乂，音yì（易）。孔注：「諧，和。烝，進也。言能以至孝和諧頑嚚昏傲，使進進以善自治，不至於姦惡。」

【譯文】

（尚書虞書堯典中記載）虞舜的父親内心昏暗不辨善惡，後母愚蠢頑固，後母所生的弟弟象又傲慢不友善。即便如此，舜却能用盡孝的方式和家人相處得非常和諧，並積極用美善來要求自己，使這些人不至於做出奸惡的事來。

# 四・六

○萬章問曰：「舜往於田①，號泣於旻天②，何爲其號泣也？」孟子曰：「怨慕③也。

我竭力耕田，共爲子職而已矣。父母之不我愛，於我何哉④？帝⑤使其子九男二女，百官牛羊倉廩備，以事舜於畎畝⑥之中，天下之士多就之者，帝將胥天下而遷之⑦焉。爲不順於父母，如窮人無所歸。天下之士悦之，人之所欲也，而不足以解憂。好色，人之所欲，妻帝之二女而不足以解憂。富，人之所欲，富有天下而不足以解憂。貴，人之所欲，貴爲天子而不足以解憂。人悦之、好色、富、貴無足以解憂者，惟順於父母可以解憂。人少則慕父母，知好色則慕少艾⑧，有妻子則慕妻子，仕則慕君，不得⑨於君則熱中⑩。大孝終身慕父母。五十而慕⑪者，予於大舜見之矣。」

【注釋】

①舜往於田——朱注：「舜往於田，耕歷山時也。」

②號泣於旻天——朱注：「仁覆閔下，謂之旻天。號泣於旻天，呼天而泣也。」

③怨慕——朱注：「怨慕，怨己之不得其親而思慕也。」

④於我何哉——朱注：「於我何哉，自責不知己有何罪耳，非怨父母也。」

⑤帝——朱注：「帝，堯也。」

⑥畎畝——畎音quǎn（犬）。田地，田間，田野。

⑦胥天下而遷之——胥音xū（需），朱注：「胥，相視〔二〕也。遷之，移以與之也。」

⑧艾——朱注：「艾，美好也。楚辭、戰國策所謂幼艾，義與此同。」

⑨不得——朱注：「不得，失意也。」

⑩熱中——朱注：「熱中，躁急心熱也。」

⑪五十而慕——朱注：「言五十者，舜攝政時年五十也。五十而慕，則其終身慕可知矣。」

【譯文】

（孟子萬章上中記載〔三〕）萬章問：「尚書虞書大禹謨中記載，舜去歷山耕種之時，呼喊著上天而哭泣，爲什麼呢？」孟子答道：「這是因爲怨恨自己得不到父母的愛而又強烈渴望期待得到雙親的愛的緣故。舜自責：我盡力耕種，是盡作爲兒子的本分。父母不愛我，我竟然不知道自己錯在什麼地方。皇帝堯將兩個女兒嫁給舜，考察他處理家事的能力；派九個男子去侍奉他，考察他處理外事的能力。在舜的治理下，第一年很多人都來此聚居，第二年就形成了小的城市，第三年就建起了都城。官員齊備、牛羊和倉庫的糧食財物也都很豐足，人們都到田野中來侍奉舜，天下的士人也大都跟隨他，堯通過考察要將天下讓給舜。但是因爲父母對他不好，舜就

〔二〕相視：考察之意。
〔三〕與原文稍異。

好像窮人無家可歸一樣，所以雖然得到了人人夢寐以求的天下士人的愛戴，但仍不足以解除他的憂愁；雖然堯將兩個女兒嫁給他，得到了人人夢寐以求的美色，但仍不足以解除他的憂愁；雖然富有天下，得到了人人夢寐以求的財富，但仍不足以解除他的憂愁；雖然貴爲天子，得到了人人夢寐以求的尊貴，但仍不足以解除他的憂愁。受人愛戴、美色、富有、尊貴這些人人所夢寐以求的東西雖然都達到了極致，但仍不足以解除舜的憂愁，只有讓父母順心才能解除憂患。愛慕之心隨事物而改變，是人之常情：人年少時，愛慕父母。知道喜好美色時，就愛慕年輕貌美的女孩。娶妻生子，則愛慕妻子兒女。做官後，則愛慕國君，得不到國君的歡心就焦慮急躁。因此，最大的孝順就是一生都愛慕父母而不改變。五十歲了依舊愛慕父母，我從舜的身上看到了。」〔二〕

## 四·七

〇揚子①曰：事父母自知不足者②，其舜乎！不可得而久者，事親之謂也。孝子愛日③。

---

〔二〕朱注：「此章言舜不以得衆人之所欲爲己樂，而以不順乎親之心爲己憂。非聖人之盡性，其孰能之？」

【注釋】

①揚子——集注：「揚子，名雄，西漢人。」

②自知不足者——集注：「自知不足者，舜雖已順其親，而其心常若不足也。」

③愛日——集注：「愛日者，惜此日之易過，懼來日之無多，而不得久事其親也。」

【譯文】

（法言至孝中記載）揚雄説：侍奉父母孝順，却自以爲還不够的，大概只有舜吧！没有辦法獲得的長久，説的就是侍奉父母吧。所以孝子都很珍惜（侍奉父母）的時光。

## 四·八

〇文王之爲世子，朝於王季，日三①。雞初鳴而衣服，至於寢門外，問内豎之御者②曰：「今日安否何如？」内豎曰：「安。」文王乃喜③。及日中又④至，亦如之；及莫⑤又至，亦如之。其有不安節⑥，則内豎以告文王。文王色憂，行不能正履⑦。王季復膳，然後亦復初。食上，必在⑧視寒暖之節；食下，問所膳。命膳宰曰：「末有原⑨。」應曰：

「諾。」然後退⑩。

【注釋】

①日三——鄭注：「三皆曰朝，以其禮同。」
②内豎之御者——鄭注：「内豎，小臣之屬，掌外内之通命者。御，如今小史直日矣。」
③文王乃喜——鄭注：「孝子恒兢兢。」
④又——鄭注：「又，復也。」
⑤莫——同「暮」。鄭注：「莫，夕也。」
⑥節——鄭注：「節，謂居處故事。」
⑦履——鄭注：「履，蹈地也。」
⑧在——鄭注：「在，察也。」
⑨末有原——鄭注：「末猶勿也。原，再也。勿有所再進，爲其失飪，臭味惡也。」孔疏：「末，無也。原，再也。言在後進食之時，皆須新好，無得使前進之物而有再進。」
⑩退——鄭注：「退，反其寢。」

【譯文】

（禮記文王世子中記載）周文王當世子的時候，每天三次朝見父親王季。早晨，雞剛叫，文王就穿好衣服來到父親的寢宫門外，問值班的宫内小臣説：「今天父親安好嗎？」宫内小臣説安好，文王就很歡喜（因爲孝子擔憂父母常常是戰戰兢兢的）。到了中午，又來至寢門，像早晨一樣地探問；晚上也是一樣。如果王季有點不舒服，宫内小臣就稟告文王，文王臉色憂愁，連行走的腳步都不正常了。王季飲食正常了，文王也就回復了原態。侍者給王季送上膳食，文王一定要察看溫度；侍者撤下用過的膳食，文王就問吃了什麼。又囑咐掌管膳食的膳宰説：「撤下的飯菜就不要再往上送了。」膳宰答應説：「是。」文王才離去回寢宫。

## 四·九

○文王有疾，武王不説冠帶而養，①文王一飯亦一飯，文王再飯亦再飯。②

【注釋】

①不説冠帶而養——説，作脱。鄭注：「言常在側。」

②文王一飯亦一飯……——鄭注：「欲知氣力箴〔二〕藥所勝。」

〔二〕箴：同「針」。

【譯文】

（禮記文王世子中記載）文王有病了，武王就日夜不脱冠不解帶地小心伺候，常常陪在身邊。文王吃一口飯，武王也吃一口；文王吃兩口飯，武王也吃兩口。以此瞭解文王身體情况，看看能承受什麽樣的治療。

## 四·一〇

○孔子曰：武王、周公，其達孝①矣乎！夫孝者，善繼人之志，善述人之事者也。②踐其位，行其禮，奏其樂，敬其所尊，愛其所親，事死如事生，事亡如事存，孝之至也。③

【注釋】

①達孝——朱注：「達，通也。承上章而言武王、周公之孝，乃天下之人通謂之孝，猶孟子之言達尊也。」

②夫孝者……——朱注：「上章言武王纘大王、王季、文王之緒以有天下，而周公成文武之德以追崇其先祖，此繼志述事之大者也。下文又以其所制祭祀之禮，通於上下者言之。」

③踐其位……——朱注：「踐，猶履也。其，指先王也。所尊所親，先王之祖考、子孫、臣庶也。始死謂之死，既葬則曰反而亡焉，皆指先王也。此結上文兩節，皆繼志述事之意也。」

【譯文】

（中庸第十九章中記載）孔子說：武王和周公（所做的），大概是天下人公認的孝吧！這種孝，指的是善於繼承先人的遺志，善於續成先人的事業。站在一定的位置上，舉行祭祀的禮節，奏起祭祀的音樂，尊敬愛護先人的祖先、子孫和臣民，侍奉剛過世的人如同他活著時一樣，侍奉已葬的人如同他在世時一樣，這就是孝的極致。

## 四・一一

○淮南子①曰：周公之事文王也，行無專制，事無由己。身若不勝衣，言若不出口。有奉持②於文王，洞洞屬屬，如將不勝，如恐失之。可謂能子③矣。

【注釋】

①淮南子——集注：「淮南子，漢淮南王劉安也。」

②奉持——集注：「奉持，執物以進也。」

③能子——集注：「能子，能盡子道也。」

【譯文】

淮南子泛論訓中説：周公對待文王，行動上不敢擅自作主，做事上也不自作主張。身體好像不能承受衣服一樣，言語好像不能説出口一樣，恭敬如此。把東西獻給文王時，謹慎專注，好像拿不動的樣子，又好像怕它掉落，可謂能盡爲子之道。

## 四·一二

○孟子曰：「曾子養曾皙①，必有酒肉。將徹②，必請所與。問有餘，必曰『有』。曾皙死，曾元③養曾子，必有酒肉。將徹，不請所與。問有餘，曰『亡矣』，將以復進也。此所謂養口體者也。若曾子，則可謂養志也。事親，若曾子者可也。」

【注釋】

①曾皙——朱注：「曾皙，名點，曾子父也。」

②徹——形聲。從彳（chì）。甲骨文從「鬲」（炊具）從「丮」（舉手），表示吃罷飯用手撤去炊具的意思。本義：撤除，撤去。

③曾元——朱注：「曾元，曾子子也。」

【譯文】

（孟子離婁上中記載）孟子說：曾子奉養父親曾皙，每頓飯必有酒肉。每次吃完將要撤去吃剩的酒肉時，曾子一定要請示父親：「剩下的酒肉給誰？」或者父親問酒肉是否還有剩餘時，曾子一定回答說：「還有剩餘。」這是因爲恐怕父親想要讓別人嘗嘗而準備的。曾皙死後，兒子曾元奉養曾子，每頓飯也必有酒肉。每次吃完將要撤去吃剩的酒肉時，曾元則不會請示曾子把剩餘的酒肉給誰。或者曾子問酒肉是否還有剩餘，曾元就回答說：「没有了。」這是因爲想把剩下的酒肉再次給曾子吃，因此不想給別人。像曾元這樣就只是供養了父母的口腹之欲。而曾子則可以説是順承了父母的心意，不忍令其傷心。侍奉父母的話，像曾子這樣才算合格。

## 四·一三

○孔子曰：孝哉閔子騫！人不間於其父母昆弟之言。①

【注釋】

①孔子曰……——朱注：「胡氏曰：『父母兄弟稱其孝友，人皆信之無異辭者，蓋其孝友之實，有以積於中

而著於外，故夫子歎而美之。』」

【譯文】

（論語先進中記載）孔子説：閔子騫真可以稱得上孝順啊！别人對於他父母兄弟對他的誇獎之辭没有任何異議。

## 四·一四

○老萊子①孝奉二親，行年七十，作嬰兒戲，身著五色②斑斕之衣。嘗取水上堂，詐跌仆③卧地，爲小兒啼。弄雛④於親側，欲親之喜。

【注釋】

①老萊子——集注：「老萊子，楚人也。」

②五色——集注：「五色，青赤黄白黑也。」

③仆——音pū（扑），集注：「仆，僵倒也。」

④雛——音chú（除），集注：「雛謂烏雛。吴氏曰：『恐父母見子之老而生悲感，故爲是以樂其心也。』」

【譯文】

（高士傳老萊子中記載）老萊子奉養父母很孝順，七十歲了，裝扮成幼兒的樣子，身穿五彩斑爛的衣服。一次從外取水登上廳堂，假裝跌倒躺在地上，像小孩一樣啼哭。又在父母身邊擺弄幼鳥，希望博取父母的歡心。

## 四·一五

○樂正子春下堂而傷其足，數月不出，猶有憂色。門弟子曰：「夫子之足瘳①矣，數月不出，猶有憂色，何也？」樂正子春曰：「善如爾之問也！善如爾之問也！吾聞諸曾子，曾子聞諸夫子曰：『天之所生，地之所養，無人爲大②。父母全而生之，子全而歸之，可謂孝矣。不虧其體，不辱其身，可謂全矣。③』故君子頃④步而不敢忘孝也。今予⑤忘孝之道，予是以有憂色也。壹舉足而不敢忘父母，是故道而不徑⑥，舟而不游⑦，不敢以先父母之遺體行殆。壹出言而不敢忘父母，是故惡言不出於口⑧，忿言不反於身⑨，不辱其身，不羞其親，可謂孝矣。」

【注釋】

①瘳——音chōu（抽），病癒。

②無人爲大——孔疏：「言天地生養萬物之中，無如人最爲大。故孝經云『天地之性，人爲貴』是也。」

③不虧其體，不辱其身，可謂全矣——孔疏：「非直體全，又須善名得全。若能不虧損，形體得全，不損辱其身，是善名得全也。」

④頃——鄭注：「頃當爲跬〔二〕，聲之誤也。」孔疏：「頃，跬也，謂一舉足。君子於一舉足之間，不敢忘父母也。言念之恐有傷損。」

⑤予——鄭注：「予，我也。」

⑥道而不徑——鄭注：「徑，步邪趨疾也。」孔疏：「謂於正道而行，不遊邪徑。正道平易，於身無損傷。邪徑險阻，或於身有患。」

⑦舟而不游——孔疏：「言渡水必依舟船，不浮游水上。乘舟則安，浮水則危。」

⑧惡言不出於口——孔疏：「悖逆惡戾之言不出於口，爲人所賤也。」

⑨忿言不反於身——鄭注：「忿言不反於身，人不能無忿怒，忿怒之言，當由其直，直則人服，不敢以忿

---

〔二〕跬：音kuǐ，半步（古代稱人行走，舉足一次爲「跬」，舉足兩次爲「步」，故半步稱「跬」）。

言來也。」孔疏：「謂己之言必能正直，人則服之，故他人瞋忿之言不反於身。」

【譯文】

（禮記祭義中記載）樂正子春下堂階摔傷了腳，幾個月沒出門，還面有憂色。他的門人弟子問道：「老師的腳已經痊癒，幾個月不出門，還面帶憂色，這是何故？」樂正子春說：「你問得好啊！你問得好啊！我聽我老師曾子說過，曾子聽孔子說：『天所生的，地所養的，沒有比人更重大的了。父母完完全全地生你下來，做兒子的就該完完全全地歸還給他們，才稱得上孝。不虧損這個形體，不污辱這個身軀，才稱得上完全。因此，君子邁出一腿，跨出一步，都不敢忘記這項保全身體的孝道。』現今我却忘記了保全身體的孝道，所以我心有煩惱而面有憂色。（由於）一抬腿都不敢忘記父母，所以走路要走平坦大路，而不走不安全的小道，過河要乘船，而不要游水，不敢用父母賜給我們的身體去做危險的行動。（由於）一出言都不敢忘記父母，所以惡言惡語不出於自己的口中，從而忿怒難聽的語言也不會回罵在自己的身上。自身不受侮辱，父母也就不會蒙受羞恥，這就稱得上孝了。」

# 四·一六

○伯俞①有過，其母笞之，泣。其母曰：「他日笞，子未嘗泣，今泣，何也？」對曰：「俞得罪②，笞常痛。今母之力不能使痛，是以泣③。」故曰：父母怒之，不作於意，不見於色，深受其罪，使可哀憐，上也。父母怒之，不作於意，不見於色，其次也。父母怒之，作於意，見於色，下也④。

【注釋】

①伯俞——俞，音yú（餘）。集注：「伯俞，姓韓名俞。」

②得罪——集注：「得罪，謂他日得罪也。」

③是以泣——集注：「伯俞之泣，悲母力之衰耳。」

④下也——集注：「故曰以下，劉向論也，意發於心，色見〔一〕於面。」

【譯文】

（說苑建本中記載）韓伯俞有過錯，他的母親打他，他哭了。母親問他：「以往打你，你從來不哭，今天爲什麼哭呢？」伯俞說：「我往常犯了錯誤，每次都被打得很疼。可如今母親的氣力不能把我打疼，因此才哭。」所以說，父母發怒，不反感，不變臉色（心中没有抵觸，不反映在臉上），自己甘願受責罰，使父母哀傷憐惜，這是最好的。父母發怒，不反感，不變臉色，這是一般的。父母發怒，自己反感，變臉色，這是最差的。

---

〔一〕見：音xiàn，古同「現」，出現，顯露。

## 四・一七

○公明宣①學於曾子，三年不讀書。曾子曰：「宣而居參之門，三年不學，何也？」公明宣曰：「安敢不學！宣見夫子居庭②，親在，叱咤③之聲未嘗至於犬馬，宣說之，學而未能。宣見夫子之應賓客，恭儉④而不懈惰，宣說之，學而未能。宣見夫子之居朝廷⑤，嚴臨下而不毀傷⑥，宣說之，學而未能。宣說此三者，學而未能。宣安敢不學，而居夫子之門乎！」

【注釋】

①公明宣——集注：「公明，姓。宣，名。曾子弟子。」

②夫子居庭——集注：「夫子謂曾子。庭，中庭也。」

③叱咤——音chì zhà（斥炸），集注：「叱咤，怒聲也。」

④恭儉——集注：「恭，莊敬也。儉，節制也。」

⑤朝廷——集注：「朝廷，外庭也。」

⑥不毁傷——集注：「不毁傷，謂不毁傷其下。讀書，學文之事。孝敬慈，力行之事。論語曰：『行有餘力，則以學文。』」

【譯文】

（説苑反質中記載）公明宣向曾子求學，但三年没有讀過書。曾子就問他：「你到我這來求學，三年不學，這是爲什麽呢？」公明宣回答説：「我怎麽敢不學呢！我看您在家裏，父母在的時候，您連犬馬也不大聲呵斥，我很敬慕悦服，想學可是還没能做到。我看您接待賓客，恭敬節儉却不怠慢，我很敬慕悦服，想學可是還没能做到。我看您在外庭，對下人很嚴格但却不傷害他們，我很敬慕悦服，想學可是還没能做到。我悦慕這三件事（孝敬慈），學了却還未能做到。我來求學，怎麽敢不學呢！」

## 四・一八

○少連、大連善居喪，三日不怠①，三月不解②，期悲哀③，三年憂④，東夷之子也⑤。

【注釋】

①三日不怠——鄭注：「怠，惰也。」孔疏：「親之初喪，三日之内禮不怠，謂水漿不入口之屬。」

②三月不解——解，同「懈」。鄭注：「解，倦也。」孔疏：「以其未葬之前，朝奠、夕奠，及哀至則哭之屬。」

③期悲哀——孔疏：「謂練〔一〕以來常悲哀，朝哭、夕哭之屬。」

④三年憂——孔疏：「以服未除，憔悴憂戚。」

⑤東夷之子也——鄭注：「言其生於夷狄而知禮也。」

【譯文】

（禮記雜記下中記載，孔子說：）少連、大連二人都能妥善地爲父母服喪，父母死後頭三天，沐浴、穿衣、小斂、大斂，毫不懈怠；停殯未葬的三個月期間，朝夕祭奠，悲至則哭，毫不鬆懈；周年前後，仍然心懷悲哀；第三年喪服未除，還是滿臉憂戚。他們雖是夷狄的子弟，卻很懂得禮儀！

## 四·一九

○高子皋①之執親之喪也，泣血②三年，未嘗見齒③，君子以爲難。

〔一〕練：古代祭名。因古時於父母去世十三月時戴練冠祭於家廟而得名。荀子子道云：「魯大夫練而床，禮邪？」

【注釋】

①高子皋——皋，音gāo（高）。鄭注：「子皋，孔子弟子，名柴。」孔疏：「案史記孔子弟子傳：高柴，鄭人，字子皋。」

②泣血——鄭注：「言泣無聲，如血出。」孔疏：「凡人涕淚，必因悲聲而出。若血出，則不由聲也。今子皋悲無聲，其涕亦出，如血之出，故云『泣血』。」

③未嘗見齒——鄭注：「言笑之微。」孔疏：「既云『泣血三年』，得有微笑者，凡人之情，有哀有樂。哀至則泣血，樂至則微笑。凡人大笑則露齒本，中笑則露齒，微笑則不見齒。」

④君子以爲難——鄭注：「言人不能然。」孔疏：「君子以高柴所爲，凡人難可爲之，何者？凡人發聲始涕出，樂至爲大笑，今高柴恒能如此，餘人不能，故爲難也。」

【譯文】

（禮記檀弓上中記載）孔子的弟子高柴爲父親服喪，三年裏哀泣無聲如同出血一樣，未曾露齒笑過。即便是君子，能做到這樣也是很難的。

## 四·二〇

○顏丁①善居喪：始死，皇皇焉如有求而弗得。②既殯，望望焉如有從而弗及。③既葬，慨然如不及其反而息。④

【注釋】

①顏丁——鄭注：「顏丁，魯人。」

②始死……——孔疏：「『皇皇』猶彷徨，如所求物不得。」

③既殯……——鄭注：「從，隨也。」孔疏：「謂殯後容貌，望望焉，如有從逐人後行而不及之貌。但始死，據內心所求；殯後，據外貌所求。故此經始死求而不得，據內心也。」

④既葬……——鄭注：「慨，憊貌。」孔疏：「謂既葬之後，中心悲慨然，如不復所及。」

【譯文】

（禮記檀弓下中記載）魯國人顏丁辦父母喪事期間，能够很妥善地流露自己對親人的深情。老人剛過世的時候，他惶惶不安，好像有所尋求而没發現的樣子；停殯在堂的時候，依戀不舍，好像有所追隨而没有趕上的樣子；下葬以後，失望疲憊，好像追隨不及無奈返回休息的樣子。

## 四·二一

○曾子有疾，召門弟子曰：「啓①予足！啓予手！詩②云：『戰戰兢兢③，如臨深淵，如履薄冰④。』而今而後，吾知免夫，小子！」⑤

【注釋】

①啓——朱注：「啓，開也。曾子平日以爲身體受於父母，不敢毀傷，故於此使弟子開其衾[一]而視之。」

②詩——朱注：「詩小旻之篇。」

③戰戰兢兢——朱注：「戰戰，恐懼。兢兢，戒謹。」

④如臨深淵，如履薄冰——朱注：「臨淵，恐墜；履冰，恐陷也。」

⑤而今而後，吾知免夫，小子——朱注：「曾子以其所保之全示門人，而言其所以保之之難如此；至於將死，而後知其得免於毀傷也。小子，門人也。語畢而又呼之，以致反復丁寧之意，其警之也深矣。」

【譯文】

（論語泰伯中記載）曾子患重疾將要離世，召集門人弟子，對他們說：「打開被子看看我的腳、看看我的手，詩小雅小旻上說：『要戒慎恐懼，就好像面臨深淵恐怕掉下去、踩在薄冰恐怕陷下去一樣小心謹慎。』我就是這樣保護父母所賜予的身體的，不過從今往後我不用再擔心因身體受損而讓父母擔憂了，你們也要如此啊！」

[一] 衾：音qīn（親），被子。

## 四・二二

〇箕子者，紂親戚也。①紂始爲象箸，箕子歎曰：「彼爲象箸，必爲玉杯。爲玉杯，則必思遠方珍怪之物而御②之矣。輿馬宮室之漸自此始，不可振③也。」紂爲淫泆④，箕子諫，紂不聽而囚⑤之。人或曰：「可以去矣。」箕子曰：「爲人臣諫不聽而去，是彰⑥君之惡而自説於民，吾不忍爲也。」乃被髮佯⑦狂而爲奴，遂隱而鼓琴以自悲，故傳之曰箕子操⑧。王子比干⑨者，亦紂之親戚也。見箕子諫不聽而爲奴，則曰：「君有過而不以死爭，則百姓何辜⑩？」乃直言諫紂，紂怒曰：「吾聞聖人之心有七竅，信有諸乎？」乃遂殺王子比干，刳⑪視其心。微子⑫曰：「父子有骨肉，而臣主以義屬⑬。故父有過，子三諫而不聽，則隨而號之。人臣三諫而不聽，則其義可以去矣。」於是遂行⑭。孔子曰：「殷有三仁焉！」⑮

【注釋】

①箕子者，紂親戚也——集注：「箕，國名。子，爵也。紂之諸父〔一〕。紂，商王受也。」

②御——集注：「御，用也。」

③振——集注：「振，救也。」

④淫泆——泆，古同「逸」。集注：「淫，貪欲。泆，放蕩。如嬖〔二〕妲己〔三〕爲酒池肉林〔四〕之類。」

⑤囚——集注：「囚，拘繫也。傳曰：『囚箕子以爲奴。』」

⑥彰——集注：「彰，著也。」

⑦佯——音yáng（羊），集注：「佯，詐也。」

⑧箕子操——集注：「操，琴曲也。」

⑨王子比干——集注：「王子比干，亦紂諸父。」

⑩何辜——辜，音gū（姑），集注：「辜，罪也。何辜，言無罪而被虐也。」

---

〔一〕諸父：古代天子對同姓諸侯或諸侯對同姓大夫，皆尊稱爲「父」或「諸父」。

〔二〕嬖：音bì（必），寵倖、寵愛。

〔三〕妲己：妲，音dá（達）。己姓，字妲，有蘇氏部落之女，世稱「蘇妲己」，紂王的寵妃。

〔四〕酒池肉林：商朝紂王好酒淫樂，以酒爲池，懸肉爲林，使男女裸相追逐其間，爲長夜之飲。典出史記殷本紀。比喻生活極端奢侈縱欲，毫無節制。

⑪刳——音kū（哭），集注：「刳，剖〔二〕也。」

⑫微子——集注：「微，國名。子，爵也。紂庶兄。」

⑬屬——集注：「屬，聯續也。」

⑭行——集注：「行，所以存宗祀也。」

⑮殷有三仁焉——集注：「朱子曰：三人之行不同，而同出於至誠惻怛之意，故皆不咈〔三〕乎愛之理，而有以全其心之德也。」

【譯文】

（史記宋微子世家中記載）箕子，是商紂王的親戚。紂王開始用象牙筷子時，箕子歎息說：「他現在用象牙筷子，將來一定會用玉製的杯子。用玉製的杯子就一定想要遠方的珍奇異物。車馬宮殿也會漸漸開始奢侈，那時就不可挽救了。」紂王貪欲放蕩，箕子規勸，紂王不聽，把箕子囚禁起來。有人對箕子說：「乾脆離開算了。」箕子回答說：「當臣子的規勸君主，君主不聽就離開，這是暴露君主的過失而自己取悦百姓，我不願這樣做。」於是披著頭髮裝瘋，給人當奴隸，隱藏起來。有時通過彈琴發洩心中的悲憤，他的琴曲就被稱作箕子

---

〔二〕剖：音pōu，破開。

〔三〕咈：音fú，古同「拂」，違逆，乖戾。

操。（紂王的叔父）比干，也是紂王的親戚，看見箕子規勸紂王而不聽，去當了奴隸，就說：「君主有過失而不以死諫諍，就會讓過失危害百姓，可是百姓有什麽錯呢！」於是直言規勸紂王，紂王大怒，說：「我聽說聖人的心有七個孔，我倒要看看是不是真的。」就把比干殺了，剖腹看他的心。微子說：「父子有骨肉親情，而君臣則是依靠道義聯繫的。所以父親有過錯，兒子三次規勸不聽，就哭泣以求感化其心。人臣三次規勸君王，君王不聽，從道義上講是可以離開的。」於是就離開了紂王（爲了延續香火）。孔子說：「商朝有三位稱得上仁德的人！」

## 四·二三

○武王伐紂，伯夷、叔齊叩馬而諫①，左右欲兵②之。太公③曰：「此義人④也。」扶⑤而去之。武王已平殷亂，天下宗周，而伯夷、叔齊恥之，義不食周粟。隱於首陽山，采薇而食之，遂餓而死。⑥

【注釋】

①伯夷、叔齊叩馬而諫——集注：「伯夷、叔齊，孤竹君[一]之二子。叩馬，當馬之前也。」

②兵——集注：「兵，猶殺也。」

③太公——集注：「太公，吕望也。」

④義人——集注：「夷、齊之諫曰：『以臣弑君，可謂義乎？』故太公以爲義人。」

⑤扶——集注：「扶，猶搊[二]也。」

⑥武王已平殷亂……——集注：「武王處一時之大權，二子守萬世之大經，各一義也。」

【譯文】

（史記伯夷列傳中記載）周武王討伐商紂王，伯夷、叔齊攔住武王的馬規勸其不要討伐。武王手下的人想要殺他們。太公説：「這是守道義的人。」送他們離去。武王平定了殷商的亂局，天下爲周朝所統一，身爲殷商臣子的伯夷、叔齊感到羞恥，因道義而不吃周朝的糧食，歸隱於首陽山，採集薇菜爲食，最終餓死了。

[一] 孤竹君：史記索隱云：「孤竹君，是殷湯三月丙寅日所封。相傳至夷、齊之父，名初，字子朝。」

[二] 搊：音chōu（抽），方言，扶。

## 四・二四

○衞靈公①與夫人夜坐，聞車聲轔轔〔一〕，至闕②而止，過闕復有聲。公問夫人曰：「知此爲誰？」夫人曰：「此蘧伯玉③也。」公曰：「何以知之？」夫人曰：「妾聞：禮，下公門④，式路馬⑤，所以廣敬⑥也。夫忠臣與孝子，不爲昭昭信節，不爲冥冥惰行。⑦蘧伯玉，衞之賢大夫也，仁而有智，敬於事上。此其人必不以闇昧廢禮，是以知之。」公使人視之，果伯玉也。

【注釋】

①衞靈公——集注：「衞，國名。靈公，衞君，名元。」

②闕——集注：「闕，君門。」

③蘧伯玉——蘧，音qú（渠）。集注：「蘧伯玉，衞大夫，名瑗。」

〔一〕轔轔：音lín lín（林林），車行聲。

④下公門——集注：「下者，下車以過也。公門，亦君門。」

⑤式路馬——集注：「式，說見敬身。路，大也，君馬曰路馬，大之也。」

⑥廣敬——集注：「廣敬，推廣其敬也。」

⑦不爲昭昭信節，不爲冥冥惰行——昭，音zhāo（召）。冥，音míng（明）。集注：「昭昭，顯明也。冥冥，隱暗也。忠臣之事君也如事親，孝子之事親也如事天，豈以人知而信節，人不知而惰行乎！」

【譯文】

（列女傳仁智傳衛靈公夫人中記載）衛靈公和夫人在夜裏坐著，聽見轔轔的車聲到宮闕就停止了，過了宮闕又有聲音。衛靈公問夫人：「你知道坐車的是誰嗎？」夫人說：「是蘧伯玉。」衛靈公又問：「你怎麽知道？」夫人說：「我聽說禮儀規定，臣民要在公門下車，要手扶車前横木向君主的馬致敬，以表示對君主的敬意。忠臣孝子不會因爲光天化日而有意顯示自己的操行，也不會因爲黑暗難見而不行禮儀。蘧伯玉是衛國的賢大夫，仁德而有智慧，對君主很敬重，絶不會因爲是黑天就廢棄禮儀，所以我知道是他。」衛靈公派人去察看，果然是蘧伯玉。

## 四·二五

〇趙襄子殺智伯①，漆其頭以爲飲器②。智伯之臣豫讓欲爲之報讎，乃詐爲刑人③，挾匕首④，入襄子宫中塗厠⑤，左右⑥欲殺之。襄子曰：「智伯死無後，而此人欲爲報讐，真義士也！吾謹避之耳。」讓又漆身爲癩，吞炭爲啞，行乞於市，其妻不識也。⑦其友識之，爲之泣曰：「以子之才，臣事趙孟⑧，必得近幸，子乃爲所欲爲，顧不易耶？⑨何乃自苦如此！」讓曰：「委質⑩爲臣而求殺之，是二心也。吾所以爲此者，將以愧天下後世之爲人臣而懷二心者⑪也。」後又伏於橋下，欲殺襄子，襄子殺之。

【注釋】

①趙襄子殺智伯——襄，音xiāng（鄉）。集注：「襄子名無恤，智伯名瑶，皆晉大夫。」

②飲器——集注：「飲器，或云飲酒之器，或云溲溺〔一〕之器，未詳孰是。」

③刑人——集注：「刑人，有罪被刑而執役者。」

④匕首——集注：「匕首，短劍也，其首類七。」

⑤塗厠——集注：「塗厠，謂以泥塗墁〔二〕溷厠〔三〕之牆壁。讓之爲此，謀欲以殺襄子也。」

〔一〕溲溺：音sōu nì（搜逆），撒尿、小便。
〔二〕墁：音màn（慢），鋪飾。
〔三〕溷厠：溷，音hùn（混）。厠所。

⑥左右——集注：「左右，謂襄子從者。」

⑦讓又漆身为癩……——集注：「爲癩、爲啞而行乞，欲人不識，得以殺襄子也。識謂識其形容，一説謂識其志意，在於報仇。」

⑧趙孟——集注：「趙孟即襄子。」

⑨爲所欲爲，顧不易耶——集注：「顧，猶反也。爲所欲爲，謂殺襄子。」

⑩委質——集注：「委質，猶屈膝也，即致身〔二〕之意。」

⑪懷二心者——集注：「讓之死舍生取義也，真可以愧天下後世之爲人臣而懷二心者矣！」

【譯文】

（史記刺客列傳中記載）趙襄子把智伯殺了，把他的頭塗上漆作爲飲用的器具。智伯的臣子豫讓想爲其報仇，就裝成犯了法的人，帶著匕首，到趙襄子宮中粉刷厠所。趙襄子身邊的人發現了想殺他，趙襄子説：「智伯死了，没有後代，這人想替他報仇，真是義士！我小心避開他就是。」豫讓又把漆塗在身上，使皮膚潰爛成爲癩子，吞炭成爲啞巴，在市上行乞，連他的妻子也認不出來。他的朋友認出他來，傷心地哭了，對他説：「以你的才能，像臣子對君王那樣侍奉趙孟，一定能成爲趙孟的親信，到時你再做想做的事，那不更容易嗎，爲

〔二〕致身：獻身、委身。

什麼要這樣折磨自己呢！」豫讓說：「給他當臣子又想殺他，是有二心。我之所以這樣做，就是想讓天下有二心的臣子羞愧。」豫讓後來又埋伏在橋下想殺趙襄子，趙襄子無奈就把他殺了。

## 四・二六

○王孫賈事齊閔王①，王出走②，賈失王之處。其母曰：「女朝去而晚來，則吾倚門③而望。女莫出而不還，則吾倚閭④而望。女今事王，王出走，女不知其處，女尚何歸？」王孫賈乃入市中，曰：「淖齒⑤亂齊國，殺閔王。欲與我誅齒者，袒右⑥。」市人從之⑦者四百人，與誅淖齒，刺而殺之。

【注釋】

①王孫賈事齊閔王——集注：「王孫，姓。賈，名。齊大夫。閔王，名地。」

②王出走——集注：「燕破齊，王走莒，爲楚人淖齒所殺。」

③門——集注：「門謂家之門。」

④閭——音lǘ（驢），集注：「閭謂巷之門。」

⑤淖齒——淖，音zhuō（桌）。集注：「淖，姓。齒，名。齊相也。」

⑥袒右——集注：「袒右，袒露右臂也。」

⑦從之——集注：「從之，謂袒右也。」

【譯文】

（戰國策齊策中記載）王孫賈是齊閔王的臣子，齊閔王出走了，王孫賈不知道齊閔王在什麼地方。他的母親說：「你早上到朝廷去，晚上回來，我倚著門望著你。你傍晚出去不回來，我倚著巷門望著你。你今天侍奉齊王，齊王出走了，你不知道他在什麼地方，還回來幹什麼！」王孫賈就從家裏來到集市上，對人們說：「淖齒搞亂齊國，殺了閔王，想和我一起殺掉淖齒的人，露出右臂。」集市上有四百人回應王孫賈，和他一道把淖齒殺死了。

## 四·二七

○臼季①使，過冀，見冀缺耨，其妻饁之，②敬，相待如賓。與之歸，言諸文公③曰：「敬，德之聚也。能敬④，必有德。德以治民⑤，君請用之。臣聞出門如賓，承事如祭，仁之則也。⑥」文公以爲下軍大夫。

【注釋】

①臼季——集注：「臼季，晉大夫，名胥臣。」

②過冀，見冀缺耨，其妻饁之——耨，音nòu。饁，音yè（葉）。集注：「冀，邑名。缺，人名。郤，其姓也。耘田曰耨，野饋曰饁[一]。」

③文公——集注：「文公，晉君，名重耳。」

④能敬——集注：「能敬則心存，心存則理得，故敬爲德之聚。」

⑤德以治民——集注：「修己可以安百姓，故曰德以治民。」

⑥出門如賓，承事如祭，仁之則也——集注：「出門如賓，承事如祭，敬也。以是爲則而持守之，則私意無所容，而心德全矣。」

⑦下軍大夫——集注：「下軍大夫，官名。」

【譯文】

（左傳僖公三十三年記載）晉國大夫臼季出使，經過冀這個地方，見到冀缺在耕田。他的妻子送飯給他，

---

[一] 饁：給在田間耕作的人送飯。

相敬如賓。臼季就帶著冀缺一起回朝，對晉文公説：「敬，是德行的彙聚。能恭敬，必定有德行。德性可以用來治理百姓，請君王重用他。我聽説出門就像見到賓客，承擔事務像祭祀那樣，這就是行仁的準則。」於是晉文公委任冀缺爲下軍大夫。

## 四·二八

〇公父文伯之母①，季康子②之從祖叔母也。康子往③焉，闖④門而與之言，皆不踰閾⑤。仲尼聞之，以爲别於男女之禮矣。

【注釋】

①公父文伯之母——集注：「公父文伯，魯大夫，名歜〔一〕，其母敬姜也。」

②季康子——集注：「季康子亦魯大夫，名肥。」

③往——集注：「往謂往而見之也。」

〔一〕歜：音chù（觸）。

④闈——音wěi（偉），集注：「闈，開也。」

⑤皆不踰閾——踰，音yú，同「逾」。閾，音yù（玉）。集注：「閾，門限[一]也。敬姜不踰閾而出，康子不踰閾而入，故曰皆不踰閾。」

【譯文】

（國語魯語中記載）魯國大夫公父文伯的母親，是季康子的堂嬸。季康子到公父文伯家，公父文伯的母親打開門和他說話。公父文伯的母親站在門裏，季康子站在門外，都不越過門檻。孔子聽説後，稱贊他們知道男女有别的禮儀。

## 四·二九

○衛共姜①者，衛世子共伯之妻也。共伯早死，共姜守義②。父母欲奪③而嫁之，共姜不許。作柏舟之詩，以死自誓。

---

[一] 門限：門下的横木，爲内外之限。即門檻。

【注釋】

①衞共姜——集注：「衞，國名。姜，齊姓，歸共伯，故曰共姜。」

②義——集注：「夫死不嫁，義也。」

③奪——集注：「奪謂奪其守義之志。」

④作柏舟之詩，以死自誓——集注：「柏舟之詩曰：『之死矢靡他〔一〕』，是以死自誓也。」

【譯文】

（詩經柏舟詩序中寫道：）衞國的共姜，是衞國國君長子共伯的妻子。共伯早死，共姜守節（夫死不嫁）。共姜的父母想要她改變想法，讓她再嫁。共姜不願意，作柏舟一詩，表示誓死守節。

## 四・三〇

○蔡人妻，宋人之女也。既嫁而夫有惡疾，其母①將改嫁之，女曰：「夫之不幸，乃

〔一〕之死矢靡他：本作「之死矢靡它」，至死没有二心，形容貞節的婦女至死不改嫁。

妾之不幸也，奈何去之！適人之道，一與之醮，終身不改。不幸遇惡疾，彼無大故，又不遣妾，何以得去！」終不聽。

【注釋】

①其母——集注：「其母，女之母也。」

②醮——醮，音jiào（叫）。集注：「酌〔二〕而無酬酢〔三〕曰醮。蓋婚禮，贊者三酌壻婦而不酬酢也。」

③彼無大故——集注：「彼指夫，大故謂惡逆。」

④妾——集注：「婦人自稱曰妾。」

⑤聽——集注：「聽，猶從也。」

【譯文】

（列女傳貞順傳蔡人之妻中記載）蔡人的妻子，是宋人的女兒。出嫁後，丈夫得了惡疾，她的母親準備將她改嫁。女兒説：「丈夫不幸，就是我的不幸，怎麽能離他而去呢！爲人妻的準則是，一旦結爲夫妻，就終生不會更改。丈夫不幸得了惡疾，他又没有犯罪，又没有休妻，我怎麽能够離開他呢！」始終没有聽從母親的話改嫁。

---

〔二〕酌：音zhuó（卓），斟酒。

〔三〕酬酢：音chóu zuò（愁做），筵席中主客互相敬酒。

## 四・三一

○萬章問曰：「象日以殺舜爲事，立爲天子則放之，何也？」孟子曰：「封之也，或曰放焉。①仁人之於弟也，不藏怒焉，不宿怨焉，②親愛之而已矣。」

【注釋】

①封之也，或曰放焉——朱注：「放，猶置也，置之於此，使不得去也。萬章疑舜何不誅之，孟子言舜實封之，而或者誤以爲放也。」

②仁人之於弟也，不藏怒焉，不宿怨焉——朱注：「萬章疑舜不當封象，使彼有庳〔二〕之民無罪而遭象之虐，非仁人之心也。藏怒，謂藏匿其怒。宿怨，謂留蓄其怨。」

【譯文】

（孟子萬章上中記載）萬章問道：「舜的弟弟象每天都想着要殺害舜，等到舜成爲天子後，却没有誅殺他，

〔二〕 庳：音bēi（杯），低下。

而是流放他，這是爲什麽呢？」孟子回答説：「舜實際上分封了象，大家却都以爲是流放。有仁德的人對待弟弟，不隱藏自己的憤怒，也不會蓄積自己的怨恨，僅僅是用親之愛之的態度去對待他而已。」

## 四・三二

○伯夷、叔齊，孤竹君①之二子也。父欲立叔齊。及父卒，叔齊讓伯夷。伯夷曰：「父命也。」遂逃去。叔齊亦不肯立而逃之。國人立其中子。②

【注釋】

①孤竹君——集注：「孤竹，國名。」

②及父卒……——集注：「朱子曰：伯夷以父命爲尊，叔齊以天倫爲重。」

【譯文】

（史記伯夷列傳中記載）伯夷、叔齊是孤竹國國君的兩個兒子。父親想要立叔齊當儲君。等到父親去世，叔齊想讓位給伯夷。伯夷説：「這是父親的遺命，不能更改。」於是逃走了。叔齊也不肯繼位，也逃走了。孤竹國的百姓就立第二個兒子爲國君。

## 四・三三

○虞、芮①之君相與爭田，久而不平，乃相謂曰：「西伯②，仁人也，盍往質焉③？」乃相與朝周，入其境，則耕者讓畔④，行者讓路。入其邑，男女異路，斑白者不提挈〔一〕。入其朝，士讓爲大夫，大夫讓爲卿。二國之君感而相謂曰：「我等小人，不可以履君子之庭。」乃相讓，以其所爭田爲閒田而退。天下聞而歸之者四十餘國。

【注釋】

①虞芮——虞，音yú（餘）。芮，音ruì（鋭）。集注：「虞、芮，皆國名。」

②西伯——集注：「西伯，周文王也。」

③盍往質焉——盍，音hé（何）。集注：「盍，何不也。質，正〔二〕也。」

〔一〕提挈：挈，音qiè（且）。用手提著東西。

〔二〕正：評判。

④畔——集注：「畔，田界也。」

【譯文】

（史記周本紀中記載）虞和芮兩國的國君互相爭奪田産，爭了很久，互不相讓，兩個人都説：「西伯是有仁德人之，爲什麽不去請教他呢？」於是他們一起去朝拜周國。進入周國，看到耕田的人讓田界，行走的人互相讓路。進入城市，男女各走各的路。頭髮花白的人不攜帶重物。進入朝廷，士禮讓升爲大夫機會，大夫禮讓升爲卿機會。虞和芮兩國的國君很受感動，説：「我們這些小人，不可以到君子的朝廷中去。」於是互相謙讓，以他們所爭的田爲閒田，也就和解了。此事天下傳揚，四十多個諸侯國聽説後，都歸順了周。

## 四·三四

○曾子曰：「以能問於不能，以多問於寡，有若無，實若虛，犯而不校①，昔者吾友②嘗從事於斯矣。」

【注釋】

①校——朱注：「校，計校也。」

②友——朱注：「友，馬氏〔二〕以爲顏淵是也。顏子之心，惟知義理之無窮，不見物我之有間，故能如此。」

【譯文】

（論語泰伯中記載）曾子說：有才能却能向没有才能的人請教，懂得多却能向懂得少的人請教，雖然有學問却像没學問一樣謙虛，知識很充實却表現得很空虛，被人冒犯却也不去計較，從前我的朋友顏回就是這樣做的。

## 四·三五

○孔子曰：晏平仲①善與人交，久而敬之②。

【注釋】

①晏平仲——朱注：「晏平仲，齊大夫，名嬰。」

②久而敬之——朱注：「程子曰：『人交久則敬衰，久而能敬，所以爲善。』」

〔二〕馬氏：馬融，字季長，東漢經學家。

【譯文】

（論語公治長中記載）孔子説：齊國大夫晏平仲善於和別人交往，雖然相處久了，但別人依然敬重他。

## 右明倫

### 四·三六

○孟子曰：伯夷，目不視惡色，耳不聽惡聲。

【譯文】

（孟子萬章下中記載）孟子説：伯夷，眼睛不看不正當的顏色，耳朵不聽不正當的聲音。

### 四·三七

○子游①爲武城②宰，子曰：「女得人焉爾乎？」曰：「有澹臺滅明③者，行不由徑④。

非公事⑤，未嘗至於偃之室也。」

【注釋】

①子游——朱注：「子游，孔子弟子，姓言，名偃。」

②武城——朱注：「武城，魯下邑。」

③澹臺滅明——澹，音tán（談）。朱注：「澹臺姓，滅明名，字子羽。」

④徑——朱注：「徑，路之小而捷者。不由徑，則動必以正，而無見小欲速之意可知。」

⑤公事——朱注：「公事，如飲射讀法之類。非公事不見邑宰，則其有以自守，而無枉己殉人之私可見矣。」

【譯文】

（論語雍也中記載）子游成爲魯國小縣武城的長官，孔子問他：「你得到什麼優秀的人才没有？」子游答道：「有一個叫澹臺滅明的人，走路從不走那些便捷的小道。不是因爲公事，從不來我家裏拜訪。」〔一〕

---

〔一〕 朱子認爲：對自身言行的把握當以澹台滅明爲準繩，這樣就不會有因苟且下賤帶來的羞恥；選取人才當以子游爲榜樣，這樣就不會有因奸邪諂媚帶來的迷惑。

## 四・三八

〇高柴自見孔子，足不履影，啓蟄①不殺，方長②不折。衛輒之難③，出而門閉。或曰：「此有徑。」子羔曰：「吾聞之，君子不徑。」曰：「此有竇④。」子羔曰：「吾聞之，君子不竇。」有間⑤，使者至，門啓而出。⑥

【注釋】

①啓蟄——蟄，音zhé（哲），指動物冬眠。集注：「啓謂開穴，而出蟄蟲之藏者。」
②方長——集注：「方長謂草木。」
③衛輒之難——集注：「輒，衛君名。難，謂輒以兵拒父時也。」
④竇——音dòu（豆）。集注：「竇，孔穴也。」
⑤有間——間，音jiàn（見）。集注：「有間，少頃也。」
⑥集注：「不踐影，敬人之至。不殺不折，愛物之至。不徑不竇，守身之至。朱子曰：『不徑不竇，無事時可也。若有寇盜患難，如何守此以殘其軀？觀聖人微服過宋可見矣。』」

【譯文】

（孔子家語弟子行中記載）高柴自從見到孔子，腳不踩影子，不殺從洞裏出來剛剛蘇醒的生物，不摧折正在生長的草木。衛國國君輒的時候發生了動亂，高柴準備出逃，門却關閉了。有人說：「這裏有小路可以逃出去。」高柴說：「我聽聞，君子不走小路。」有人說：「這裏有洞可以鑽出去。」高柴說：「我聽聞，君子不鑽洞。」過了一會，使者來了，門打開了，高柴才出去。

## 四·三九

○南容①三復「白圭」②，孔子以其兄之子妻之。

【注釋】

①南容——朱注：「南容，孔子弟子，居南宮。名縚，又名适。字子容，謚敬叔。孟懿子之兄也。」

②白圭——朱注：「詩大雅抑之篇曰：『白圭〔一〕之玷，尚可磨也；斯言之玷，不可爲也。』南容一日三復

〔一〕白圭：古代白玉制的禮器。

此言，事見家語，蓋深有意於謹言也。此邦有道所以不廢，邦無道所以免禍，故孔子以兄子妻之。」

【譯文】

（論語先進中記載）南容一日三次吟誦詩大雅抑這一篇中的詩句，「白圭上的污點，還可以通過打磨除去；如果話説錯了，那便一點辦法也没有了」，可見南容在言語上十分謹慎。所以孔子把自己哥哥的女兒嫁給他。

## 四·四〇

〇子路無宿①諾。

【注釋】

①宿——朱注：「宿，留也，猶宿怨之宿。急於踐言，不留其諾也。記者因夫子之言而記此，以見子路之所以取信於人者，由其養之有素也。」

【譯文】

（論語顔淵中記載）子路没有留著的諾言，説過就馬上去履行。

## 四·四一

○孔子曰：衣敝緼袍①，與衣狐貉②者立而不恥者，其由也與！

【注釋】

①敝緼袍——緼，音yùn（韻）。朱注：「敝，壞也。緼，枲著〔一〕也。袍，衣有著者也，蓋衣之賤者。」

②狐貉——貉，音hé（何）。朱注：「狐貉，以狐貉之皮爲裘，衣之貴者。」

【譯文】

（論語子罕中記載）孔子説：即便自己穿著窮人才穿的已經壞掉的以亂麻爲襯的長衣，同那些穿著富人才穿的由狐、貉的毛皮製成的皮衣的人站在一起却不感到絲毫的羞恥，這或許只有子路這種心志堅定、貧富都不蓄懷的人才能做到吧！

---

〔一〕枲著：音xǐ zhuó（喜卓），以麻襯於袍内。

## 四・四二

〇鄭子臧出奔宋①，好聚鷸冠②，鄭伯聞而惡之，使盜殺之。君子曰：「服之不衷③，身之災也。」詩曰④：「彼其⑤之子，不稱其服。」子臧之服，不稱也夫。

【注釋】

①鄭子臧出奔宋——臧，音zāng（髒）。集注：「鄭、宋，皆國名。子臧，鄭伯之子。」

②聚鷸冠——鷸，音yù（玉）。集注：「鷸，翠鳥。聚鷸冠者，聚其羽以爲冠也。」

③衷——集注：「衷，正也。」

④詩曰——集注：「詩曹風候人之篇。」

⑤其——集注：「其，語辭。」

【譯文】

（左傳僖公二十四年記載）鄭伯的兒子子臧跑到宋國去了。他喜歡用翠鳥的羽毛做成鷸冠，鄭伯聽說後很反感，派人把子臧暗殺了。君子說：「衣服穿得不正，是身體的災害。」詩經中說：「那個人啊，和衣服不相稱。」鄭子臧的裝束就是和身份不相稱的。

## 四·四三

〇公父文伯退朝，朝其母。其母方績①，文伯曰：「以歜之家而主猶績乎②？」其母嘆曰：「魯其亡乎！使僮子備官而未之聞邪？③居④，吾語女。民勞則思，思則善心生。逸則淫，⑤淫則忘善，忘善則惡心生。沃土之民不材，淫也。瘠土之民莫不嚮義，勞也。⑥是故王后親織玄紞⑦，公侯之夫人加以紘綖⑧，卿之内子爲大帶，命婦成祭服，列士之妻加之以朝服，自庶士以下皆衣其夫。⑨社而賦事，烝而獻功。男女效績，愆則有辟，古之制也。⑩吾冀而朝夕脩我曰『必無廢先人』，爾今曰『胡不自安？』以是承君之官，予懼穆伯之絶嗣也。」⑪

【注釋】

①績——集注：「績，緝麻〔一〕也。」

〔一〕緝麻：緝，音qi，把麻析成縷連接起來。

②以歜之家而主猶績乎——集注：「歜，文伯之名。主，主母也。」

③其母嘆曰……——僮，音tóng（童）。集注：「僮子，指文伯。國將亡則任非人，文伯富貴而驕，故敬姜嘆而責之，亦善計國矣。」

④居——集注：「居者，喻之使止也。」

⑤民勞則思，思則善心生。逸則淫——集注：「勞，勤勞。逸，安逸。淫，淫蕩。」

⑥沃土之民不材……——集注：「沃，肥饒。瘠，薄瘦也。善心生則嚮義矣，惡心生則不材矣。不材由於淫，嚮義由於勞。」

⑦玄紞——紞，音dǎn（膽）。集注：「玄，黑色。紞，冠之垂前後者。」

⑧紘綖——紘，音hóng（紅），系於頜下的帽帶。綖，音yán（言），古代覆蓋在帽子上的一種裝飾物。集注：「紘，纓之無緌者[一]。綖，冕之上覆者。」

⑨卿之內子爲大帶……——集注：「內子，卿之妻。命婦，大夫之妻。列士，元士。庶士，下士。庶士以下，則庶人也。自公侯至士庶之妻，所織以漸而加者，以貴賤爲勞逸之差也。」

⑩社而賦事……——集注：「冬祭曰烝。績，功。愆，過。辟，罪也。春祭社之時，則供其農桑之事。冬

---

[一] 纓之無緌者：纓，音yīng（英），帶子，繩子。緌，音ruí，一、古時帽帶打結後下垂的部分；二、像纓飾的下垂物。

祭廟之時，則獻其五穀布帛之功。男耕女織，各效其績。逸而有過，則治以罪也。古之制，通貴賤言之。」

⑪吾冀而朝夕脩我曰……——集注：「冀，欲也。而、爾，皆汝也。脩，猶飭也。廢，猶墜也。先人謂穆伯，文伯之父也。胡，何也。君謂魯君。居位而苟求安逸，敗亡之道也，故敬姜懼穆伯之絶嗣。文伯曠於禮，敬姜語之皆凜凜有法度，其愛而知勞者與！」

【譯文】

（國語魯語下中記載）魯國大夫公父文伯退朝，拜見他的母親。他的母親正在緝麻，文伯説：「以我們的家境，主母還要緝麻嗎？」他的母親嘆息説：「魯國大概快要滅亡了吧！小孩子當官連緝麻的道理都不知道嗎？坐下來，我説給你聽。人勤勞就會思考，思考就會産生善心。安逸則會惑亂，惑亂就忘掉善，忘掉善就會産生惡念。土地肥沃的地方人不成材，就是因爲過度安逸。土地貧瘠的地方没有人不嚮往道義，就是因爲勤勞。所以王后親自織系冠瑱〔一〕的繩子，公侯的夫人要織冠冕上裝飾的繩帶。卿的妻子要織大帶，大夫的妻子要織祭服，列士的妻子要織朝服。從庶士以下的妻子都要給他們的丈夫織衣服穿。社日的時候就供祀農桑之事，冬祭的時候就獻五穀布帛之功。男耕女織都要拿出實際功績來，有過錯就要治罪，這是古代的制度。我朝夕修飭，想著一定不要對不起你過世的父親。你却説『爲什麽不過安逸的日子？』像你這樣給國君當臣子，我怕穆伯家

〔一〕瑱：音tiàn，古人冠冕上垂在兩側的裝飾物，用玉、石、貝等製成。

要絶後啊！」

## 四・四四

○孔子曰：賢哉，回也！一簞食，一瓢飲，在陋巷，人不堪其憂，回也不改其樂。賢哉，回也！

【注釋】

①簞食——簞，音dān（單）。朱注：「簞，竹器。食，飯也。」

②瓢——朱注：「瓢，瓠〔一〕也。」

【譯文】

（論語雍也中記載）孔子稱讚道：顔回，真是賢德啊！只有一簞那麼點食物，只有一瓢那麼點飲水，獨自在簡陋的小巷中，一般人都會因爲無法忍受這樣的貧窮而憂心忡忡，但是顔回却依然保持和樂的狀態。顔回，

〔一〕瓠，音hù（户），草本植物，對半剖開可做盛水用的瓢。

真是賢德啊！

## 右敬身

### 四·四五

○衛莊公娶於齊東宮得臣之妹，曰莊姜，美而無子。其娣戴嬀生桓公，①莊姜以爲己子。公子州吁，嬖人②之子也。有寵而好兵，公弗禁，莊姜惡之。石碏諫曰：「臣聞愛子，教之以義方，弗納於邪。驕奢淫泆，所自邪也。③四者之來，寵禄過也。夫寵而不驕，驕而能降，降而不憾，憾而能眕者鮮矣。④且夫賤妨貴、少陵長、遠間親、新間舊、小加大、淫破義，所謂六逆也。⑤君義、臣行、父慈、子孝、兄愛、弟敬，所謂六順也。去順效逆，所以速禍也。君人者，將禍是務去而速之，無乃不可乎？⑥」

【注釋】

①衛莊公娶於齊東宮得臣之妹……——集注：「衛、齊，皆國名。莊公，衛君，名揚。東宮，太子宮。得臣，太子名。姜，齊姓。嬀[一]，陳姓，莊公再娶於陳。莊、戴，皆謚也。娣女，弟之從嫁者。桓公，名完。」

②嬖人——嬖，音bì（必），寵倖。集注：「嬖人，幸妾也。」

③石碏諫曰……——碏，音què（卻）。泆，音yì（義），同「逸」。集注：「石碏，衛大夫。方，道也。義方，即六順。納，猶置也。邪即六逆。自，由也。寵禄過盛，則驕奢淫泆而陷於邪逆矣。」

④夫寵而不驕……——眕，音zhěn（枕）。集注：「降，抑也。憾，恨也。眕，安重也。蓋恃寵則驕，驕則恣横而不能自抑。若強抑之則恨，恨則思亂而不能自安自重，此必然之勢也。」

⑤賤妨貴……——少，音shào（紹）。間，音jiàn（見）。集注：「貴賤以位言，少長以齒言。親，猶近也。遠近以地言，新舊以時言，小大以德言，淫義以道言。淫者邪道，義者正道也。妨，害也。陵，犯也。間，離也。破亦害也。義謂使臣以義，行謂行君之義。」

⑥去順效逆……——集注：「去，猶違也，順即六順。效，猶習也。逆即六逆。速，召也。言爲人君者當務於去禍，不可反召禍也。莊公溺愛嬖人之子，使恃寵弄兵而弗之禁，是去順而效逆也。其後州吁弑桓公，爲

[一] 嬀，音guī（歸）。

石碏所誅，〔二〕豈非速禍之明驗乎！孔氏〔三〕曰：『州吁，於六逆則少陵長，於六順則弟不敬兄，非謂偏犯之也。』」

【譯文】

（左傳隱公三年記載）衛莊公娶了齊國太子得臣的妹妹，叫莊姜，長得漂亮而没有兒子。陪嫁的戴嬀生了兒子，就是後來的桓公，莊姜就把他抱來據爲己有，説是自己生的兒子。公子州吁是莊公寵姬的兒子，受莊公的寵愛而喜好戰爭，莊公又不制止，莊姜很討厭公子州吁。石碏向莊公進諫説：「我聽説所謂愛子，就是用道義來教育他，不要讓他置身於邪惡之中。驕奢淫逸，這些都是邪惡的。這四種邪惡的産生，都是由於寵禄太過，受寵而能不驕傲，驕傲而能自我抑制，受到抑制而不怨恨，怨恨而能平静地接受，這樣的人是很少的。而且卑賤妨礙高貴，年輕欺淩年老，關係疏遠的離間關係親近的，新的離間舊的，小德加在大德之上，邪惡破壞正義，這就是所謂的六逆。君王崇尚道義，臣下去實行，父親慈愛，兒子孝順，兄長友愛，弟弟恭敬，這是所謂的六順。遠離恭順而效法悖逆，就會迅速招來禍害。當國君的人，本應盡力去除禍害，可現在却在迅速招攬禍害，這樣難道可以長久嗎？」

〔二〕州吁：姬姓，衛氏，名州吁，衛莊公之子，衛桓公異母弟，春秋時期衛國第十四任國君。

〔三〕孔氏：未詳何人，待考。

## 四·四六

〇劉康公、成肅公會晉侯伐秦，①成子受脤於社②，不敬。劉子曰：「吾聞之，民受天地之中以生，所謂命也。是以有動作禮義威儀之則，以定命也。能者養之以福，不能者敗以取禍。③是故君子勤禮，小人盡力。④勤禮莫如致敬，盡力莫如敦篤⑤。敬在養神，篤在守業。⑥國之大事在祀與戎，祀有執膰，戎有受脤，神之大節也。⑦今成子惰，棄其命矣，其不反乎？⑧」

【注釋】

①劉康公、成肅公會晉侯伐秦——集注：「劉、成，皆邑名。康、肅，皆謚。秦、晉，皆國名。謚者，生有功德，卒則人君賜謚以易其名。」

②受脤於社——脤，音shèn（甚）。集注：「脤，祭肉也。凡出兵，則宜於社。宜，祭名。脤亦作蜃〔一〕，大

〔一〕蜃：音shèn（甚），蛤蜊。

蛤〔二〕也。古人多以蜃飾器，祭肉以蜃器盛之，故曰脤。」

③民受天地之中以生……——集注：「中者，理之本然也。動作以事言，禮義以理言，威儀以身言。定者，靜而復也。天地之理，人得之以生，所謂『在天爲命，在人爲性』者也。動作、禮義、威儀，各有當然之則，聖人所以定其性而使弗失也。能循是則以養其性則爲福，順乎天而吉也。不能循是則而敗其性則取禍，違乎天而凶也。能與不能，亦在乎敬怠之間而已。」

④君子勤禮，小人盡力——集注：「君子、小人，以位言之。」

⑤敦篤——集注：「敦，加厚也。篤實而加厚焉，亦敬也。」

⑥敬在養神，篤在守業——集注：「養神謂奉祭，守業謂務農。」

⑦國之大事在祀與戎……——膰，音fán（煩）。集注：「戎，兵戎。膰，祭肉。執膰受脤，皆交神之大節。」

⑧今成子惰……——集注：「惰謂受脤不敬。反，還也。君子敬以奉祭，小人敬以務農，皆養之以福者也。成子以君子而受脤不敬，有取禍之道，故劉子逆知〔三〕其不反，其後果卒於瑕。」

---

〔二〕蛤：音gé（革），軟體動物，殼形卵圓。

〔三〕逆知：預知。

【譯文】

（左傳成公十三年記載）劉康公、成肅公聯合晉侯攻打秦國，成肅公出兵時社祭獻肉，不恭敬。劉康公說：「人秉受天地之正氣（天理之本然）而生，這就是所謂的命。所以聖人用行爲的準則（禮儀威儀）來規範。能做到的人養性取福，做不到的人敗性取禍。君子恪守禮儀，百姓使用氣力。恪守禮儀最重要的是致敬，盡力最重要的是篤實。恭敬主要是在奉養神明，篤實主要在專務農耕。國家的大事主要在於祭祀和打仗。祭祀要獻熟的祭肉，打仗要獻生的祭肉，這是祭祀神明的大事。而現在成子祭祀偷懶，肯定會丟掉性命的，恐怕他回不來了。」（最後成肅公果然死在瑕這個地方。）

## 四·四七

○衛侯在楚，北宮文子見令尹圍之威儀，①言於衛侯曰：「令尹其將不免。②詩云：『敬慎威儀，維民之則。』③令尹無威儀，民無則焉。民所不則，以在民上，不可以終④。」公曰：「善哉！何謂威儀？」對曰⑤：「有威而可畏謂之威，有儀而可象謂之儀。君有君之威儀，其臣畏而愛之，則而象之，故能有其國家，令聞長世⑥。臣有臣之威儀，其下畏而愛之，故能守其官職，保族宜家。順是以下，皆如是。⑦是以上下能相固⑧也。衛詩曰：『威儀棣棣，不可選也。』⑨言君臣上下，父子兄弟，內外大小，皆有威儀也。周詩曰：『朋友攸攝，攝以威儀。』⑩言朋友之道，必相教訓以威儀也。故君子在位可畏，施舍可愛，進退可度，周旋可則，容止可觀，作事可法，德行可象，聲氣可樂，動作有文，言語有章，以臨其下，謂之有威儀也。⑪」

【注釋】

①衛侯在楚，北宮文子見令尹圍之威儀——集注：「衛、楚皆國名。衛侯，名惡。文子，衛大夫，名佗，北宮，其姓也。」

②令尹其將不免——集注：「時相衛侯在楚。令尹，楚上卿，執政者，名圍。免謂免於禍。真氏曰：『令尹圍專楚國之政，有篡奪之心，形諸威儀，必有僭偪於上者，故文子見而知其不終也。未幾，以篡被殺，果不能終。』」

③詩云：敬慎威儀，維民之則——集注：「詩大雅抑之篇。則，法也。」

④終——集注：「終謂善終。」

⑤對曰——集注：「此衛侯問而文子答也。」

⑥令聞長世——集注：「令聞長世，謂善名久垂於世也，是指君臣而言。」

⑦順是以下，皆如是——集注：「順是以下，若父子、兄弟、内外、大小是矣。皆如是，謂皆有威儀也。」

⑧固——集注：「固者，安固不敗也。」

⑨衛詩曰：威儀棣棣，不可選也——集注：「詩邶風柏舟之篇。棣棣，富而閑習之貌。選，簡擇也。言威儀無一不善，不可得而簡擇取舍也。此蓋借引，以爲人皆不可無威儀耳。」

⑩周詩曰：朋友攸攝，攝以威儀——集注：「詩大雅既醉之篇。攸，所也。攝，簡也。」

⑪故君子在位可畏……——集注：「施，用也。舍，不用也。用舍當，斯可愛。十者皆威儀也，自可畏言曰威，自可象言曰儀。」

【譯文】

（左傳襄公三十一年記載）衛侯在楚國，同在楚國的北宮文子看見楚國的令尹（執政）圍的威儀，對衛侯説：「令尹恐怕要遭禍。令尹没有威儀，百姓没有表率。百姓不把他當作表率，他又在百姓之上，不會善終的。」衛侯説：「説得好！但什麽是威儀呢？」北宮文子説：「有威嚴而可敬畏叫威，有儀表而可效法叫儀。君王有君王的威儀，臣子畏懼而敬愛，效法而敬仰，所以能够統治國家，美名長存。臣子有臣子的威儀，百姓畏懼而敬愛，所以能保住官職，保住家族。以此類推，都是一個道理。正因爲都有威儀，所以上下能够安定穩固。衛詩中説：『威儀文雅安和，無可挑剔。』這是説君臣上下，父子兄弟，内外大小，都有威儀。周詩説：

『朋友互相檢查約束，就是檢束彼此的威儀。』這説的是朋友之間要互相用威儀來約束。所以君子做官時可畏，施舍時可愛，進退可以量度，周旋可以效法，儀容舉止可觀，做事可以效法，德行可以成爲表率，聲音令人愉快，舉止文雅，言語有條理。這樣來統率百姓，叫作有威儀。」

## 右通論

# 外篇

詩曰：「天生烝民，有物有則。民之秉彜，好是懿德。」①孔子曰：「爲此詩者，其知道②乎！故有物必有則。民之秉彜也，故好是懿德。」歷傳記，接見聞，述嘉言，紀善行，爲小學外篇。③

【注釋】

①詩曰……——烝，音zhēng（爭）。彜，音yí（儀）。懿，音yì（義）。集注：「詩大雅烝民之篇，尹吉甫〔二〕之所作也。朱子曰：『烝，衆也。物，事也。則，法也。彜，常也。懿，美也。』有物必有法，如有耳目則有聰明之德、有父子則有慈孝之心，是民所秉執之常性也。故人之情，無不好此懿德者。」

②知道——集注：「胡氏〔三〕曰：『知道，知率性之道也。』」

③歷傳記……——傳，音zhuàn（轉）。集注：「歷考前代漢魏晉南北朝隋唐之傳記，承接近代五代之見聞，凡言之本乎物則民彜者，嘉言也，則述之行之。本乎物則民彜者，善行也，則紀之。所以合内篇而爲小學之全書也。學者讀内篇而遠師虞夏商周之聖賢，讀外篇而近師漢唐宋之君子，盛德大業於是乎在矣，奚可以爲

---

〔二〕尹吉甫：字吉父，一作吉甫。西周尹國的國君，相傳爲尹氏家族最早的祖先，因爲是詩經的主要採集者，所以又被尊稱爲中華詩祖。

〔三〕胡氏：未詳何人，待考。

童稚之習而忽之哉！」

【譯文】

詩經說：「天生衆人，有物事必然有法則。人所秉受的本性，使得大家都喜愛美好的德性。」孔子說：「寫這首詩的人，大概深明天地之道。所以說有物事就必然有相應的法則。人所秉受的本性，使得大家都喜愛美好的德性。」歷考前代的傳記，懲戒近代的見聞，敘述嘉言，記載善行，纂述而成小學的外篇。

# 嘉言第五〔二〕

## 五・一

○横渠張先生①曰：教小兒先要安詳恭敬②。今世學不講③，男女從幼便驕惰壞④了，到長益凶狠。只爲未嘗爲子弟之事，則於其親已有物我⑤，不肯屈下。病根⑥常在，又隨所居而長，至死只依舊。爲子弟則不能安灑掃應對，接朋友則不能下朋友，有官長則不能下官長，爲宰相則不能下天下之賢。⑦甚則至於徇⑧私意，義理都喪。也只爲病根不去，隨所居所接而長⑨。

〔二〕集注云：「嘉，善也。此篇述漢以來賢者所言之善言，以廣立教、明倫、敬身也。凡九十一章。」

【注釋】

①横渠張先生——集注：「横渠，地名。先生名載，字子厚，宋郿縣[一]人。」

②安詳恭敬——集注：「安静、詳審、恭莊、敬畏四者，小學涵養本原之事也。」

③不講——集注：「安詳恭敬不講，而矜驕惰慢成習，此天理所由滅而人欲所由熾也。」

④壞——集注：「壞謂壞其質性。」

⑤於其親已有物我——集注：「親，父母也。有物我，猶言分彼此。」

⑥病根——集注：「病根即驕惰也。」

⑦爲子弟則不能安灑掃應對……——集注：「此言病根隨所居而長也。安謂安意。爲之下，謂屈己下之。」

⑧徇——音xùn（訓）。集注：「徇，從也。」

⑨隨所居所接而長——集注：「居，居處。接，交接。」

【譯文】

張載先生説：教幼兒，先要教他安静、詳審、恭莊、敬畏。如今教育幼兒却都不講這些[二]（涵養幼兒本性的

[一] 郿縣：郿，音méi（眉）。今作眉縣，屬陝西省寶雞市。

事），男孩女孩從小就嬌慣壞了，長大會更加凶狠。還没有做孩子應該做的事，就不把父母放在眼裏。這病根不去除，會隨著年齡的增加而增長，到死也改變不了。（如此下去）幼兒時則不願做灑掃應對之事，交朋友則不尊重朋友，有了上級則不尊重上級，當宰相也不能禮賢下士。更甚者至於徇私，義理喪盡，也只是因爲這個病根没有去掉，還會隨著地位和交往的變化而增長。

## 五・二

〇楊文公①家訓曰：童稚之學，不止記誦。養其良知良能②，當以先入之言爲主③。日記故事④，不拘今古，必先以孝弟忠信禮義廉恥⑤等事，如黄香扇枕⑥、陸績懷橘⑦、叔敖陰德⑧、子路負米⑨之類，只如俗説，便曉此道理。久久成熟，德性⑩若自然矣。

【注釋】

①楊文公——集注：「公名億，字大年，謚文，宋浦城人。」

②良知良能——集注：「良知者，本然之知。良能者，本然之能，愛親敬長是也。」

③當以先入之言爲主——集注：「程子曰：『人之幼也，知思未有所主，則當以格言至論日陳於前，使盈

耳充腹，久自安習，若固有之者，後雖有讒説摇惑，不能入也。』」

④故事——集注：「故事，古今已往之事也。」

⑤孝弟、忠信、禮義、廉恥——集注：「善事父母爲孝，善事兄長爲弟〔一〕。盡己之謂忠，以實之謂信。禮者，天理之節文。義者，人心之裁制。廉即辭讓之心，禮之發也。恥即羞惡之心，義之發也。黄香扇枕之類，即孝弟等事。」

⑥黄香扇枕——扇，音shān（山）。集注：「黄香，字文强，盡心養親，暑則扇枕席，冬則以身温被。」

⑦陸績懷橘——集注：「陸績，字公紀，年六歲，見袁術，術出橘，績懷三枚拜辭，墮地，術曰：『陸郎作賓客而懷橘乎？』績跪答曰：『欲歸遺母。』術大奇之。」

⑧叔敖陰德——集注：「叔敖，楚官名，蔿〔二〕氏，名艾，爲兒時，出遊見兩頭蛇，殺而埋之，歸而泣。母問其故，對曰：『聞見兩頭蛇者死，嚮者見之，恐去母而死也。』母曰：『蛇今安在？』曰：『恐他人又見，殺而埋之矣。』母曰：『吾聞有陰德者，天報以福，汝不死也。』及長，爲楚相。」

⑨子路負米——集注：「子路，姓仲，名由，嘗曰：『昔事二親，常食藜藿〔三〕，爲親負米百里之外。親没

---

〔一〕弟：音tì，同「悌」。

〔二〕蔿，音wěi（委），姓。

〔三〕藜藿：音lí huò（離或），一、指粗劣的飯菜；二、一般百姓所吃的野菜。

之後，爲楚大夫，從車百乘〔一〕，積粟萬鐘〔二〕，累茵而坐〔三〕，列鼎而食〔四〕，雖欲食藜藿，爲親負米，何可得也！』」

⑩德性——集注：「德性，謂得之於天者，仁義禮智是也。」

【譯文】

楊億家訓中説：兒童的學習，不僅僅是記憶背誦。要涵養兒童本來固有的愛戴父母、尊敬兄長的良知良能，應當從小用一些優良的故事影響他。每天記些過往之事，不論古今，必須先記些有關孝悌、忠信、禮義、廉恥方面的故事。比如黄香扇枕，陸績懷橘，叔敖陰德，子路負米之類的故事。只按照傳統的方式講説就會讓兒童知曉這些道理，時間久了就會逐漸成熟，德性自然而然就好起來。

## 五・三

○明道程先生①曰：憂子弟之輕俊者，只教以經學念書，不得令作文字。②子弟凡百

〔一〕乘：音shèng（聖），古代稱兵車，四馬一車爲一乘。
〔二〕鐘：古容量單位，春秋時齊國公室的公量，合六斛四斗。之後亦有合八斛及十斛之制。
〔三〕累茵而坐：累茵，多層墊褥。
〔四〕列鼎而食：排列出大鼎裝食物吃飯。

玩好，皆奪志③。至於書札，於儒者事最近，然一向好著，亦自喪志④。

【注釋】

①明道程先生——集注：「先生名顥，字伯淳，宋河南人。文潞公題其墓曰：『明道先生。』」

②憂子弟之輕俊者……——集注：「憂者，憂其不能致遠也。蓋少年之輕浮俊秀者，惟教以學經讀書則可以收其放心，而於道知所向。若使作文字，則心愈放，而離道遠矣。」

③子弟凡百玩好，皆奪志——好，音hào（號）。集注：「凡百玩好，如畫與琴棋之類。奪志，謂奪其求道之志。」

④至於書札……——札，音zhá（炸）。好，音hào（號）。著，音zhuó（卓）。喪，音sàng。集注：「書，習字。札，小簡書札[一]。固儒者之一藝，若專攻乎此，則亦喪其求道之志也。」

【譯文】

程顥先生説：對年輕人的輕浮俊秀感到憂慮，擔憂其不能達到更高的境地，所以只教他學經讀書，不叫他寫文章。對年輕人來説，各種愛好如琴棋書畫之類，都會奪他求道之志。至於習字和寫簡短的書信，和儒者的事業是最接近的，但如果專攻於此，也會喪失求道的志向。

[一] 小簡書札：小簡，簡短的信札。札，古時寫字的小木筒；信件。

## 五・四

〇伊川程先生①曰：教人未見意趣，必不樂學。②欲且教之歌舞，如古詩三百篇，皆古人作之。如關雎之類，正家之始。③故用之鄉人，用之邦國，日使人聞之。此等詩，其言簡奥④，今人未易曉。别欲作詩，略言教童子灑掃應對事長之節，令朝夕歌之，似當有助。⑤

【注釋】

①伊川程先生——集注：「伊川，地名。先生名頤，字正叔，明道之弟。」

②教人未見意趣，必不樂學——集注：「趣，指趣也。樂，喜好也。」

③如關雎之類，正家之始——集注：「關雎，周南國風詩之首篇。關雎等詩，爲教於閨門之内，乃正家之始，故當時上下通用之。」

④簡奥——集注：「簡奥者，辭簡約而意深奥也。」

⑤别欲作詩……——集注：「以灑掃等事，編爲韻語，令朝夕詠歌之，庶見意趣而好學矣。朱子曰：『嘗

疑曲禮「衣無撥，足無蹶，將上堂，聲必揚。將入户，視必下」等皆是古人教小兒語。』」

【譯文】

程頤先生説：教人没有宗旨和趣味，被教的人一定不喜歡學。想要教他們歌舞，以有利於學習。詩經三百篇，都是古人所作。如關雎之類，是端正家庭的開始。所以用於教導鄉村之人，用於教導邦國之人，每天都讓他們聽到這些詩。這些詩語言簡潔意味深奥，現在的人不容易通曉。想另外寫些通俗易懂的詩，教導兒童灑掃應對以及侍奉長者的禮節，叫他們早晚唱誦，這樣似乎會有所幫助。

## 五・五

○陳忠肅公①曰：幼學之士，先要分别人品之上下，何者是聖賢所爲之事，何者是下愚所爲之事。向善背惡②，去彼取此，此幼學所當先也。顔子、孟子，亞聖也。③學之雖未至，亦可爲賢人。今學者若能知此，則顔、孟之事我亦可學。言温而氣和，則顔子之「不遷」漸可學矣；過而能悔，又不憚改，則顔子之「不貳」漸可學矣。④知埋鬻之戲不如俎豆，念慈母之教〔二〕至於三遷⑤，自幼至老，不厭不改，終始一意，則我之不動心亦可以如孟子矣。若夫立志不高，則其學皆常人之事，語及顏、孟則不敢當也，其心必曰：我爲孩童，豈敢學顏、孟哉！此人不可以語上矣。⑥先生長者見其卑下，豈肯與之語哉！先生長者不肯與之語，則其所與語皆下等人也。言不忠信，下等人也；行不篤敬，下等人也；過而不知悔，下等人也；悔而不知改，下等人也。聞下等之語，爲下等之事，譬如坐於房舍之中，四面皆牆壁也，雖欲開明，不可得矣。

【注釋】

①陳忠肅公——集注：「公名瓘〔三〕，字瑩中，號了翁，忠肅，謚也。宋延平人。」

②向善背惡——背，音bèi（輩）。集注：「吳氏曰：『當向當取者，上品聖賢也。當背當去者，下品下愚也。』」

③顏子、孟子，亞聖也——集注：「此下言聖賢之事，當向而取也。亞，次也。學之謂學顏、孟也。」

④言溫而氣和……——集注：「朱子曰：『遷，移也。貳，復也。怒於甲者不移於乙，過於前者不復

〔二〕摛藻堂四庫全書薈要本作「愛」。
〔三〕瓘：音guàn（慣）。

於後。』」

⑤知埋鬻之戲不如俎豆，念慈母之教至於三遷——鬻，音yù（育），賣。集注：「埋，墓間之事。鬻，市中之事。俎豆，學宫之事。此即三遷之教也。不厭謂學不倦，不改謂守不變。」

⑥若夫立志不高……——集注：「此言下愚之事，當背而去也。下等之語、下等之事，皆蔽塞人心之牆壁也。開而明之，在立志以學聖賢而已。吴氏曰：『言僞而行薄，恥過而遂非，所聞所行無一不歸於下愚之習。耳目壅塞，中心昏蔽，一物無所見，一步不可行，欲求開明，豈可得哉！』」

【譯文】

陳瓘先生説：幼學者，先要分别人品等級的高下。要分别什麽是聖賢所做的事，什麽是下愚所做的事。向善背惡，去彼取此，這是幼學者首先該做的。顔子和孟子是亞聖。以他們爲榜樣，即便做不到，也可以成爲賢人。當今的學者如果能够明白這個道理，顔子和孟子能做到的事我也可以。言語溫柔、氣象平和，漸漸就可以學習到顔子的「不遷怒」；有過錯能悔悟，又不害怕改正，漸漸就可以學習到顔子的「不貳過」。知道學習埋葬和買賣之事不如學習擺設俎豆的禮儀，念及慈母因爲愛孩子而三次遷居的用意，從幼年到老年，不滿足不改變，始終堅持一個信念，這樣也可以像孟子那樣做到「不動心」。如果立志不高遠，所學都是常人之事。談到顔子和孟子則不敢擔當，心裏一定會説：我還是孩童，怎麽敢學顔子和孟子呢！這樣的人不能跟他説聖賢的事情。老師和長輩看見他没出息，又怎麽肯教導他呢！老師和長輩不願教導他，那麽跟他交往的人就都是品行低下的人。言語不忠信的，是下等人；行爲不篤敬的，是下等人；有過錯不悔悟的，是下等人；悔悟了却不改正的，是下等人。聽下等人的話，做下等人的事，就好像坐在屋子中央，四周都是牆壁，想要開明，是不可能的。

## 五・六

○馬援兄子嚴、敦並喜譏議而通輕俠客，①援在交趾②還書誡之曰：「吾欲汝曹③聞人過失，如聞父母之名，耳可得聞，口不可得言也。好議論人長短，妄是非正法④，此吾所大惡也，寧死不願聞子孫有此行也。龍伯高敦厚周慎，口無擇言，謙約節儉，廉公有威，⑤吾愛之重之，願汝曹效之。杜季良豪俠好義，憂人之憂，樂人之樂，清濁無所失。父喪致客，數郡畢至。⑥吾愛之重之，不願汝曹效也。效伯高不得，猶爲謹敕之士，所謂刻鵠不成尚類鶩者也。效季良不得，陷爲天下輕薄子，所謂畫虎不成反類狗者也。⑦」

【注釋】

①馬援兄子嚴、敦並喜譏議而通輕俠客——集注：「援，字文淵，漢茂陵人。嚴、敦，援兄二子名。譏，

譏誚。議，議論。俠謂以權力俠輔人。通輕俠客，交通輕薄游俠之客也。」

②交趾——集注：「交趾，郡名。」

③汝曹——集注：「汝曹，汝輩也。」

④妄是非正法——集注：「妄是非正法，謂妄談國法之是非。」

⑤龍伯高敦厚周慎……——集注：「伯高，名述，京兆人。敦篤而重厚，周密而謹慎，出言皆善而無可選擇，謙約節儉而不驕奢，廉公有威而不私褻，皆君子之常道。」

⑥杜季良豪俠好義……——集注：「季良，名保。人有憂己亦爲之憂，人有樂己亦爲之樂。不辨清濁，待之皆無所失，故父喪致客，數郡皆至也。此輕俠之事。」

⑦效伯高不得……——鵠，音hú（胡），天鵝。鶩，音wù（毋），鴨子。集注：「吴氏曰：『鵠鶩皆鳥而略相似，虎狗皆獸而絶不同。』」

【譯文】

馬援哥哥之子馬嚴、馬敦都喜歡譏諷議論別人和朝廷之事，喜歡結識輕薄的俠客。馬援知道後，從交趾寫信告誡他們説：「我希望你們聽到別人的過失，就好像聽到你們父母的名字一樣，耳可以聽，但口不能言。喜歡議論人家的長短，妄談國法的是非，這是我最討厭的，寧願死也不願意聽到子孫有這種品行。龍伯高敦厚篤實、周到謹慎，出言皆善，謙虚簡明、節制儉省，廉潔公正而有威嚴，我愛他敬重他，希望你們能學習效法他。

杜季良豪氣俠義，憂人之憂，樂人之樂，不論清濁，待人都没有過失的地方。他父親過世時，幾個郡的人都來參加葬禮。我愛他敬重他，却不希望你們去學習效法他。因爲學習伯高學不到，還可以做一個謹慎整肅之士，這就是人們説的刻鵠（類天鵝）不成起碼還像鶩（鴨子）。而學習季良不成，則容易變成輕佻放蕩之人，這就是所謂的畫虎不成反類狗。」

## 五·七

○漢昭烈①將終，勑後主②曰：「勿以惡小而爲之，勿以善小而不爲。③」

【注釋】

①漢昭烈——集注：「漢，劉氏王天下之號。昭烈，漢帝，名備，字玄德。」

②勑後主——勑，音chì（斥），同「敕」。集注：「勑，戒也。後主，昭烈之子，名禪。」

③勿以惡小而爲之，勿以善小而不爲——集注：「朱子曰：『善必積而後成，惡雖小而可戒。』」

【譯文】

漢昭烈皇帝（劉備）快去世的時候，告誡兒子（劉禪）説：不要以爲是小的壞事就去做，不要以爲是小的善事就不屑去做。（因爲善需要積累才能最終達成，而惡即便是微小的也需要引以爲戒。）

## 五・八

○諸葛武侯戒子書①曰：君子之行，靜以修身，儉以養德。非澹泊無以明志，非寧靜無以致遠。②夫學須靜也，才須學也。非學無以廣才③，非靜無以成學。慆慢則不能研精，險躁則不能理性。④年與時馳，意與歲去，遂成枯落，悲歎窮廬，將復何及也！⑤

【注釋】

①諸葛武侯戒子書——集注：「侯，名亮，字孔明。諸葛，其姓也。事漢昭烈，爲丞相，謚忠武。子，瞻，字思遠。」

②靜以修身……——集注：「靜即寧靜也，儉即澹泊也。寧靜則心不逐於物，故可以修身致遠。澹泊則心不汩於欲，故可以養德明志。」

③廣才——集注：「廣才，充廣其才也。」

④慆慢則不能研精……——慆，音tāo（濤）。集注：「慆，淫也。慆慢則心不收，故不能研究精微之理。

險躁則心妄動，故不能理治氣質之性。」

⑤年與時馳……——集注：「蓋人之年意與時歲而俱往，不暫駐也。失時不學，遂與草木同枯落，雖悲歎而無及矣。真氏曰：『孔明此書，真格言也！』」

【譯文】

諸葛亮在戒子書中寫道：君子的行爲，要以寧靜修身，以淡泊養德，没有淡泊就不能明志，没有寧靜就不能致遠（因爲保持寧靜内心才能不追逐外物）。爲學需要内心平靜，而才能需要學習（擴展）。不學習就無法充實擴展才華，不寧靜就不能學有所成。内心怠慢就不能研究精妙的道理，輕薄浮躁則不能約束本性。年齡與時光一起奔馳，意志與歲月一起流逝，最終像草木一樣枯萎凋落。晚年在簡陋的屋子裏悲嘆，後悔都來不及了！

## 五·九

○柳玭①嘗著書戒其子弟曰：夫壞②名災己，辱先喪家，其失尤大者五，宜深誌③之。

其一，自求安逸，靡甘澹泊〔一〕，苟利於己，不恤人言；④其二，不知儒術，不悅古道，懵前經而不恥，論當世以解頤，身既寡知，惡人有學；⑤其三，勝己者厭之，佞己者悅之，唯樂戲談，莫思古道，聞人之善嫉之，聞人之惡揚之，浸漬頗僻，銷刻德義，簪裾徒在，厮養何殊；⑥其四，崇好優游，耽嗜麴櫱，以銜杯爲高致，以勤事爲俗流，習之易荒，覺已難悔；⑦其五，急於名宦，匿近權要，一資半級，雖或得之，衆怒羣猜，鮮有存者。⑧余見名門右族⑨，莫不由祖先忠孝勤儉以成立之，莫不由子孫頑率奢傲⑩以覆墜之。成立之難如升天，覆墜之易如燎⑪毛。言之痛心，爾宜刻骨⑫。

【注釋】

①柳玭——玭，音pín（頻）。集注：「玭，字直清，唐柳公綽〔二〕之孫，仲郢〔三〕之子。」

②壞——集注：「壞，敗也。」

③誌——集注：「誌，記也。」

---

〔一〕澹泊：音dàn bó（但博），恬靜而不慕名利。

〔二〕柳公綽：字寬，小字起之，唐朝大臣、書法家，京兆華原人。柳公權之兄。

〔三〕柳仲郢：唐朝大臣，字諭蒙，京兆華原人。柳公綽之子。

④其一……——靡，音mí（迷）。集注：「此言不勤儉之失。靡，不也。恤，憂也。」

⑤其二……——懵，音měng（猛）。集注：「此言不好學之失。懵，無知貌。頣，口旁也。人笑則口旁解[二]，言其於前聖之經無所知，而不恥於當世之事，妄議之以爲笑也。」

⑥其三……——浸漬，音jìn zì（盡字）。簪裾，音zān jū。集注：「此言不好善之失。厭，惡。佞，諂。嫉，妬。揚，播也。頗僻，謂偏頗邪僻之行。浸漬頗僻，漸染於惡也。銷刻德義，斲[三]喪其善也。簪裾，猶言衣冠。廝養謂奴僕。徒，空也。殊，異也。」

⑦其四……——蘖，音niè（聶）。銜，音xián（閑）。集注：「此言好宴樂之失。崇，尚也。吴氏曰：『麴蘖、銜杯，皆言酒也。高致，謂高尚之風致。勤事，勤於事業也。言好逸嗜酒自以爲高，反鄙勤事者爲俗流。此心既荒，雖知而不能悔也。』」

⑧其五……——集注：「此言好奔競之失。名宦，顯仕也。匿近，陰附也。權要，有勢位者。資，猶品也。猜，恨也。鮮，少也。言雖或得官，終必失之。」

⑨名門右族——集注：「古人以右爲尊，名門右族，皆大家也。」

---

〔二〕解：音jiě，分開。

〔三〕斲：音zhuó（卓），古同「斫」。大鋤；引申爲用刀、斧等砍。

⑩頑率奢傲——集注：「頑劣、輕率、奢侈、驕傲，皆敗家之由也。」

⑫燎——音liáo。集注：「燎，燒也。」

⑬刻骨——集注：「刻骨，猶言銘心，亦深誌之意，而語加切耳。」

【譯文】

柳玭曾著書告誡其子弟說：有五大過失將會導致敗壞名聲、損害自身、侮辱先人、喪失家庭，應該牢記在心中。第一，自己追求安逸，不甘淡泊，只求對自己有利，不管別人的勸誡，這是不勤儉的過失。第二，不知曉儒家的學說，不喜歡傳統的道理，不知道經典文辭却不覺得羞恥，妄談當今之事作爲笑料，自己既無知，又厭惡別人有學問，這是不好學的過失。第三，討厭勝過自己的人，喜歡諂媚自己的人。只知道談些不正經的事，根本不想傳統的道理。見到別人的優點就嫉妒，聽到別人的缺點就宣揚。沉浸在偏頗邪僻之中，銷毀道德仁義。這種人雖然穿戴衣冠，骨子裏和那些下賤之人有什麽區别！這是不好善的過失。第四，崇好優哉游哉的生活，沉湎於飲酒，以此爲高雅，認爲勤勞做事是流俗。習慣已經成爲自然，要想改正就非常困難，這是好宴樂的過失。第五，急於當顯耀的官，愛陰附權貴。也可能升遷一品或半級官，但引起衆人憤怒和猜疑，很少有能保住官位的，這是好競逐的過失。據我所知名望大族没有不是靠祖先忠孝勤勞儉樸建立起家業的，没有不是因爲子孫頑劣輕率奢侈傲慢將家業敗壞的。建立起家業像登天一樣艱難，而敗壞家業像用火燒毛一樣容易。說來痛心，你們應該刻骨銘記。

# 五·一〇

〇范魯公質爲宰相，從子杲嘗求奏遷秩，質作詩曉之。①其略曰：戒爾學立身，莫若先孝悌。怡怡奉親長，不敢生驕易。戰戰復兢兢，造次必於是。②戒爾學干禄，莫若勤道藝。嘗聞諸格言，學而優則仕。不患人不知，惟患學不至。③戒爾遠恥辱，恭則近乎禮。自卑而尊人，先彼而後己。相鼠與茅鴟，宜鑑詩人刺。④戒爾勿放曠，放曠非端士。周孔垂名教，齊梁尚清議。南朝稱八達，千載穢青史。⑤戒爾勿嗜酒，狂藥非佳味。能移謹厚性，化爲凶險類。古今傾敗者，歷歷皆可記。⑥戒爾勿多言，多言衆所忌。苟不慎樞機，災厄從此始。是非毁譽間，適足爲身累。⑦舉世重交游，擬結金蘭契。忿怨從是〔二〕生，風波當時起。所以君子心，汪汪淡如水。⑧舉世好承奉，昂昂增意氣。不知承奉者，以爾爲玩戲。所以古人疾，籧篨與戚施。⑨舉世重游俠，俗呼爲氣義。爲人赴急難，往往陷囚繫。所以馬援

〔二〕摛藻堂四庫全書薈要本作「容易」。

書，殷勤戒諸子。⑩舉世賤清素，奉身好華侈。肥馬衣輕裘，揚揚過閭里。雖得市童憐，還爲識者鄙。⑪我本羈旅臣，遭逢堯舜理。位重才不充，戚戚懷憂畏。深泉〔二〕與薄冰，蹈之唯恐墜。爾曹當閔我，勿使增罪戾。閉門斂踪跡，縮首避名勢。勢位難久居，畢竟何足恃。⑫物盛則必衰，有隆還有替。速成不堅牢，亟走多顛躓。灼灼園中花，早發還先萎。遲遲澗畔松，鬱鬱含晚翠。賦命有疾徐，青云難力致。寄語謝諸郎，躁進徒爲耳。⑬

【注釋】

①范魯公質爲宰相……——杲，音gǎo（搞）。秩，音zhì（至）。集注：「質，字文素，周宰相。事宋，封魯國公。從子，兄之子也，名杲。遷，陞也。秩，職也。」

②戒爾學立身……——悌，音tì（替）。怡，音yí（儀）。兢，音jīng（經）。集注：「孝悌者，立身之本。怡怡，和悦也。驕，驕傲。易，慢易。戰戰，恐懼。兢兢，戒謹。造次，急遽苟且之時。是，指孝悌也。」

③戒爾學干禄……——集注：「干，求也。禄，俸也。道，道理。藝，文藝。諸，語辭。格，猶法也。優，有餘力也。學優則仕，子夏之法言也。」

〔二〕摛藻堂四庫全書薈要本作「淵」。

④戒爾遠恥辱……——鴟，音chī（吃）。集注：「朱子曰：『恭，致敬也。禮，節文也。致恭而中其節，則能遠恥辱矣。自卑尊人，先彼後己，致恭之事也。』相鼠，詩名。其辭曰：『相鼠有體，人而無禮。人而無禮，胡不遄〔一〕死。』茅鴟，亦詩名，今亡其辭矣。二詩皆刺無禮也。鑑，照也。刺，譏諷。相，視也。」

⑤戒爾勿放曠……——曠，音kuàng（況）。穢，音huì（會），弄髒。集注：「放，放蕩。曠，疏曠。端士，正士也。周孔謂周公、孔子。名教，謂人倫之教，有實有名也。齊梁皆都江南，故又稱南朝。清議，清虛之談也。八達，謂晉胡母輔之、謝鯤、阮放、畢卓、羊曼、桓彝、阮孚、光逸。八人終日清談酣〔二〕飲，爲曠達也。當時雖稱之，而無禮無法得罪名教，其姓名久污史册，亦可賤矣。古史以竹故曰青史。」

⑥戒爾勿嗜酒……——嗜，音shì（世），喜好。集注：「酒能亂性，是狂藥也，古今以之而傾覆喪敗者多矣。」

⑦戒爾勿多言……——樞，音shū（書）。厄，音è（餓）。集注：「户之開闔〔三〕由於樞，弩之張弛由於機，人之禍福榮辱由於言，故比言於樞機。災厄謂禍辱。毁者稱人之惡而損其真也，譽者揚人之善而過其實也。以

〔一〕遄：音chuán（船），快，迅速。
〔二〕酣：音hān（憨），痛快。
〔三〕闔：音hé（和），關閉。

言而是非毀譽人，皆取禍召辱，祇〔一〕足自累而已。」

⑧舉世重交遊……——集注：「易曰：『二人同心，其利斷金。同心之言，其臭如蘭。』契，合也。風波比忿怨，勢利之交，一言不合則怒氣相加，如風波之起矣。汪汪，深廣貌。記曰：『君子之交如水，小人之交如醴〔二〕。君子淡以成，小人甘以壞。』」

⑨舉世好承奉……——籧篨，音qú chú（渠除）。戚施，音qī shī（期詩）。集注：「疾，憎惡也。籧篨，軀胸者。戚施，駝背者。籧篨不能俯，戚施不能仰，皆醜疾也。陳氏〔三〕曰：『好承奉之態似之。』」

⑩舉世重游俠……——集注：「游俠之徒，輕身以狥〔四〕人，似乎有氣有義而非正，故馬援之書曰：『寧死不願聞子孫有此行也。』」

⑪舉世賤清素……——裘，音qiú（求），皮衣。集注：「揚揚，自得之意。憐猶愛也，鄙猶賤也。」

⑫我本羈旅臣……——羈，音jī（機）。憫，音mǐn（敏），哀憐。戾，音lì（立）。集注：「羈，寄。旅，寓。理，治也。質既相周，復相宋，故自謂羈旅之臣。宋太祖受周禪，故比之堯舜之治。戚戚，憂畏意。若蹈淵冰，

〔一〕祇：音zhǐ（指），只。
〔二〕醴：音lǐ（裏），甜酒。
〔三〕陳氏：不詳何人，待考。
〔四〕狥：音xùn，同「殉」，爲某種目的而犧牲生命。

言憂畏之甚也。曹即輩也。戾亦罪也。戒其勿求遷秩，以增己罪也。畢，竟終也。又言爾等當深自斂避，勿求遷秩，蓋富貴無常，不足恃也。」

⑬物盛則必衰……——亟，音jí（集）。顛躓，音diān zhì（掂至）。灼灼，音zhuó zhuó（卓卓），光亮。萎，音wěi（偉）。澗，音jiàn（建），山中夾水。集注：「隆，興。替，廢。亟，急也。顛躓，蹉跎也。萎，枯。疾，速。徐，遲也。青云比名位之高顯也。躁，急。徒，空也。此一節，首八句言人物之常理，次二句言富貴有定命，末二句總括而戒之。」

【譯文】

魯國公范質當宰相，侄兒范杲請范質向皇帝奏請讓他升官，范質作詩給他講不能這樣做。詩大略是這樣說的：勸你學習做人，做人的根本是孝悌。和悦敬奉父母尊長，不要滋長驕傲率易。戰戰兢兢，小心謹慎孝敬父母，這是最要緊的事。與其求取俸禄，不如勤於學習道德和本事。古代的格言就説，學而優則仕。不怕人家不知道自己，只怕自己没有好好學習。勸你不要自招恥辱，恭敬就近於有禮。自己謙卑尊重别人，先别人後自己。應該記住古代詩人的諷刺，記住相鼠與茅鴟詩。勸你不要疏狂放蕩，那不是真正的士人。周公孔子留給後世的是名教，齊梁時代崇尚士人清議。南朝豔稱的「八達」，千年之後仍然遺臭青史。勸你不要貪酒，酒是狂藥，不是佳味。酒能改變人的謹厚性情，成爲凶險的醜類。古今因爲貪酒而傾敗的，歷歷可數，有案可稽。勸你不要多言，多言遭大家恨嫉。嘴巴稍一不慎，災禍就從此開始。説是道非，譭謗稱譽，只能招禍取危。世上的人都喜歡交朋友，想結成金蘭之契。可人容易產生忿怨，風波就會平地而起。所以君子與人相交，淡如一汪清水。世上的人都愛奉承，被人奉承就洋洋得意，殊不知奉承的人，把你當作玩物在戲耍，所以古代的君子，最恨雞胸和駝背。世上的人雖然都看重游俠，稱讚他們講義氣，但實際上游俠所爲並非正道，爲解人急難而自己入獄，所以馬援寫信，再三告誡他的侄子（不要做游俠）。世上的人都看不起清貧寒素，喜好的是華美奢侈。騎著飛馬穿著輕美的裘衣，得意洋洋經過闤市鄉里。雖然受到市井小兒的羨慕，可遭到有見識之人的鄙棄。我本是前朝的臣子，受到當今皇帝的重視。官位重而才能不相稱，我憂心忡忡，覺得畏懼不已。我仿佛親臨深淵走在薄冰之上，只怕一步不慎而沉墜。你們應該可憐我，不要使我再增罪過。我關門藏著蹤迹，我縮頭躲著名勢。名勢和官位都難以永久，有什麼好依恃的？物盛了就會衰，有興盛就有廢弛。速成的東西不會堅固牢靠，跑得太快就容易跌倒。園中灼灼的鮮花，早開就早謝。溪邊的松樹，寒天依然那麼蒼翠。獲得高位的早或晚都是命運，平步青云不是人力所能致。最後我要告訴你們，急著當大官而鑽營是徒勞無益的。

## 五·一一

○康節邵先生①戒子孫曰：上品之人不教而善，中品之人教而後善，下品之人教亦不善。不教而善，非聖而何？教而後善，非賢而何？教亦不善，非愚而何？②是知善也者，吉之謂也；不善也者，凶之謂也。③吉也者，目不觀非禮之色，耳不聽非禮之聲，口不道非禮之言，足不踐非禮之地。人非善不交，物非義不取。親賢如就芝蘭〔一〕，避惡如畏蛇蠍。或曰不謂之吉人，則吾不信也。④凶也者，語言詭譎，動止陰險，好利飾非，貪淫樂禍，疾良善如讎隙，犯刑憲如飲食。小則隕身滅性，大則覆宗絶嗣。或曰不謂之凶人，則吾不信也。⑤傳有之曰：「吉人爲善，惟日不足；凶人爲不善，亦惟日不足。」⑥汝等欲爲吉人乎？欲爲凶人乎？

【注釋】

①康節邵先生——集注：「先生名雍，字堯夫，康節，謚也。宋河南人。」

②上品之人……——集注：「氣質之性雖有是三品，然天地之性初無少異。愚者果能奮然用力於善，未必不可以爲賢也。」

③是知善也者……——集注：「爲善者爲吉人，爲惡者爲凶人。」

---

〔一〕芝蘭：芝、蘭爲兩種香草。比喻人德操、才質的美好。

④吉也者……——集注：「此一節言爲善者爲吉人。」

⑤凶也者……——詭譎，音guǐ jué（軌絶），奇特、怪誕。隙，音xì（戲）。集注：「此一節言爲惡者爲凶人。陰，暗也。飾非，文過也。貪淫，嗜欲也。樂禍，樂人有禍也。如讎隙，疾之甚也。如飲食，好而甘之也。隕猶喪也。覆猶傾也。吴氏曰：『隕身滅性，禍止一身，故曰小；覆宗絶嗣，禍及一族，故曰大。』」

⑥傳有之曰……——集注：「傳之言，今見書泰誓篇。惟日不足者，言終日爲之而猶以爲不足也。」

【譯文】

邵雍先生對子孫説：上品人不教育也是好的，中品人是教育才變好的，下品人是如何教育也不好的。不教育本身就好，不是聖人是什麽？一教就變好，不是賢人是什麽？教也教不好，不是愚人是什麽？由此可知，好就是吉，不好就是凶。所謂吉，就是眼睛不看非禮之色，耳朵不聽非禮之聲，口不説非禮之言，腳不踏非禮之地。人不善不交，物不義就不取。親近賢人好像走近芝與蘭一樣，躲避惡人好像躲避蛇與蠍一樣。説這樣的人不是吉人，我不信。所謂凶，就是言語詭詐，行爲陰險，好利飾過，貪淫樂禍，對待善良的人像對待仇敵，犯法成爲家常便飯。這種人，小會遭殺身之禍，大就會滅門滅族。説這種人不是凶人，我不信。尚書有這樣的話：「吉人做好事，成天做還覺得做不完。凶人做壞事，也是成天做還覺得做不完。」你們是想當吉祥的人呢，還是想當凶險的人呢？

## 五·一二

○節孝徐先生①訓學者曰：諸君欲爲君子②，而使勞己之力，費己之財，如此而不爲君子猶可也；不勞己之力，不費己之財，諸君何不爲君子？鄉人賤之，父母惡之，如此而不爲君子猶可也；父母欲之，鄉人榮之，諸君何不爲君子？又曰：言其所善，行其所善，思其所善，如此而不爲君子，未之有也。言其不善，行其不善，思其不善，如此而不爲小人，未之有也。③

【注釋】

①節孝徐先生——集注：「先生，名積，字仲車，節孝，謚也。宋山陽人。」

②諸君欲爲君子——集注：「諸君，指學者。君子，成德之稱。」

③又曰……——集注：「吴氏曰：『君子小人之分，在乎口之所言、身之所行、心之所思而已。』」

【譯文】

徐積先生對學生訓話説：諸君想當君子，如果要自己費力，自己花錢，不當君子還可以；不費自己的力，又不花自己的錢，諸君爲什麼不當君子呢？鄉親瞧不起，父母討厭，這樣不想當君子還情有可原；父母想你當君子，鄉親爲你當君子感到榮耀，諸君爲什麼不當君子呢？又説：口説善事，身行善事，心想善事，這樣没有不當小人的。口説不善的事，身行不善的事，心想不善的事，這樣没有不當小人的。

## 五・一三

〇胡文定公與子書①曰：立志以明道、希文自期待，②立心以忠信不欺爲主本③，行己以端莊清慎見操執④，臨事以明敏果斷辨是非⑤。又謹三尺，考求立法之意而操縱之，斯可爲政不在人後矣，⑥汝勉之哉！治心修身，以飲食男女爲切要，從古聖賢自這裏做工夫，⑦其可忽乎！

【注釋】

①胡文定公與子書——集注：「公名安國，字康侯，文定，謚也，宋建安人。三子：寅字明仲，寧字和仲，宏字仁仲。」

②立志以明道、希文自期待——集注：「志者，心之所之也。明道，程伯子也，朱子稱其十四五歲便學聖人。希

文，范文正公也，朱子稱其自做秀才便以天下爲己任。立志以二公，自期待而力行以求至焉，聖賢之德業不遠矣。」

③立心以忠信不欺爲主本——集注：「心者，身之主也。不欺即忠信之謂。人無實心，言行雖善，終非聖賢之徒，故立心必以是爲主爲本。」

④行己以端莊清慎見操執——集注：「操執，皆守也。端正、莊肅、清白、謹慎，惟有守者能之。」

⑤臨事以明敏果斷辨是非——集注：「熊氏曰：『事有是非，惟明敏可以立見，惟果斷可以早決。』」

⑥又謹三尺，考求立法之意而操縱之，斯可爲政不在人後矣——集注：「此言爲政之方。三尺謂法律，古者以三尺竹簡書之。操縱，謂本法意、原人情而適寬嚴之宜也。」

⑦治心修身……——集注：「飲食男女，人之大欲存焉。一念之偏，不能自克，則陷其身於惡而不可振矣。故治心修身，必以是爲切要。古之聖賢，如禹之菲〔一〕飲食、湯之不邇〔二〕聲色，皆從此做工夫者也。」

【譯文】

胡安國先生寫信給兒子：立志時要以程顥、范仲淹那樣的人期許自己，立心應該以忠信不欺爲根本，做人應該以端莊清慎見操守，做事要明敏果斷地辨别是非。同時要謹守法規，懂得立法的用意，掌握法規，這樣做官也

〔一〕菲：音fěi（斐），微，薄。
〔二〕邇：音ěr（而），近。

就會做得好。希望你能努力去做！治心修身，以飲食男女爲重要，上古的聖賢，都從這裏下工夫，不能忽視。

## 五・一四

○古靈陳先生爲仙居令①，教其民曰：爲吾民者，父義②、母慈、兄友、弟恭、子孝，夫婦有恩③，男女有別④，子弟有學，鄉閭有禮⑤。貧窮患難⑥，親戚相救，昏姻死喪，鄰保相助。無墮⑦農業，無作盜賊，無學賭博，無好爭訟，無以惡陵⑧善，無以富吞⑨貧。行者讓路，耕者讓畔，⑩斑白者不負戴於道路，則爲禮義之俗矣。⑪

【注釋】

①古靈陳先生爲仙居令——集注：「古靈，村名。先生名襄，字述古，宋福建人。仙居，台州屬邑。」

②義——集注：「義謂能正其家。」

③有恩——集注：「有恩謂貧窮相守，若棄妻不養、夫亡改嫁是無恩也。」

④有別——集注：「有別謂男有婦、女有夫，不相亂也。」

⑤有禮——集注：「有禮謂歲時相往來及燕飲敘齒之類。」

⑥患難——集注：「患難謂水火盜賊之類。」

⑦墮——音huī（揮），集注：「墮，廢墜也。」

⑧陵——集注：「陵，侵欺也。」

⑨吞——集注：「吞，兼并也。」

⑩行者讓路，耕者讓畔——畔，音pàn（判），田地的界限。集注：「讓路，若少避長、輕避重之類。讓畔，謂地有界畔，不相侵奪也。」

⑪則爲禮義之俗矣——集注：「此皆孟子所謂善教得民者。」

【譯文】

陳襄先生當仙居縣縣令，教導百姓説：當我的百姓，要父義（能端正家風）、母慈、兄友、弟恭、子孝，夫婦有恩（貧富皆能相守不離棄），男女有別（夫婦關係不亂），小孩子要學習，鄉里要有禮儀（往來宴請皆有長幼秩序）。貧窮患難（水火盜賊之類）時，親戚互相救濟。婚姻死喪，相鄰互相幫助。不要廢棄農桑，不要當盜賊，不要學賭博，不要好爭鬥打官司，不要以惡欺善，不要以富吞貧。走路的要讓路，耕田的要禮讓田邊，頭髮花白的老人不背著重物在路上走。這就是講禮義的風俗。

右廣立教

## 五・一五

○司馬溫公①曰：凡諸卑幼，事無大小，毋得專行，必咨②稟於家長。

【注釋】

①司馬溫公——集注：「公姓司馬，名光，字君實，宋陝州人，贈溫國公。」

②咨——集注：「咨，謀也。」

【譯文】

司馬光說：凡是卑賤的人和幼小的兒童，不管事情大小，都不能自己做主，必須稟告請示家長。

## 五・一六

○凡子受父母之命，必籍記而佩之①，時省②而速行之，事畢則返命③焉。或所命有不可行者，則和色柔聲，具是非利害而白之④。待父母之許，然後改之。若不許，苟於事無大害者，亦當曲⑤從。若以父母之命爲非而直行己志，雖所執皆是，猶爲不順之子，况未必是乎！

【注釋】

①必籍記而佩之——籍，音jí（及）。集注：「籍，簿〔一〕也。佩謂服於身。」

②省——音xǐng（醒），集注：「省，察也、視也。」

③返命——集注：「返命，復命也。」

④具是非利害而白之——集注：「備陳是非利害之兩端而稟白之，欲父母自喻也。」

⑤曲——集注：「曲，委曲。」

【譯文】

孩子得到父母的命令，必須用本子記下來帶在身上，及時看，趕緊做。事情做完後要稟告父母。父母吩咐的事如果不能做，就和顏悦色，輕聲地把是非厲害稟告父母，等父母同意，然後改正。如果不同意，而對於道義没有大碍，也應該委曲自己照辦。如果認爲父母的吩咐是錯的，而直接按自己的意見辦，雖然做得對，也不能算是孝順兒子，何况未必做得對呢！

〔一〕簿：音bù（部），本子，册籍。

## 五・一七

○橫渠先生曰：舜之事親，有不悦者，爲父頑母嚚，不近人情。①若中人之性，其愛惡若無害理，必姑順之。若親之故舊所喜②，當極力招致。賓客之奉③，當極力營辦，務以悦親爲事，不可計家之有無，然又須使之不知其勉強勞苦，苟使見其爲而不易，則亦不安矣。

【注釋】

①舜之事親……——嚚，音yín（銀），愚蠢而頑固。集注：「舜盡事親之道，宜得親之悦矣。而猶不悦者，爲其頑嚚不近人情也。今天下人之父母，若舜之父母者，蓋寡矣。事親不悦，何以爲人乎？」

②故舊所喜——集注：「故舊所喜，謂故舊中所喜者。」

③賓客之奉——集注：「賓客之奉，謂酒餚之類。」

【譯文】

張載先生說：舜侍奉父母，有令人不快的事，這就是他的父母不懂道理，不近人情。如果父母是一般人的性情，他們的好惡不違背天理，就必須順從他們。如果父母喜歡原來的熟人朋友，應該盡力請他們來。招待賓客酒食之類的物品，應該盡力營辦，務必要讓父母高興，不要計較家裏有没有。但又必須不讓父母知道營辦的艱難和勞苦。如果叫父母知道辦得不易，就會令他們於心不安。

## 五·一八

〇羅仲素論「瞽瞍底豫，而天下之爲父子者定」云：「只爲天下無不是底父母。」①了翁②聞而善之曰：「唯如此而後天下之爲父子者定。彼臣弒其君，子弒其父，常始於見其有不是處耳。③」

【注釋】

①羅仲素論……——瞽瞍，音gǔ sǒu（古叟）。集注：「仲素，名從彦，宋豫章人。底，音zhǐ（止），致也。豫，悦樂也。定者，子孝父慈各得其所也。孟子曰：『舜盡事親之道，而瞽瞍底豫，瞽瞍底豫而天下之爲父子者定。』羅氏讀之而有是論，蓋天下無不愛子之父母，豈有不是者哉！子孝，則父母之心自悦樂矣。」

②了翁——集注：「了翁，陳忠肅公也。」

③彼臣弑其君……——集注：「臣子弑逆常起於一念之差，以君父所爲不是也。若知天下無不是底君父，惡有弑逆之事哉？真氏曰：『罪己而不非其親者，仁人孝子之心也。怨親而不反諸己者，亂臣賊子之心也。』」

【譯文】

羅從彦在談論孟子中「瞽瞍厎豫，而天下之爲父子者定」這句話時説：「只因爲天下没有不對的父母。」陳瓘知道這話，認爲説得很對。陳瓘説：「只有這樣，天下當父親和當兒子的才能各得其所。那些臣弑君、子弑父的事，常常就是從認爲君王、父母有不對的地方開始的。」

## 五·一九

〇伊川先生曰：病卧於牀，委之庸醫，比之不慈不孝，事親者亦不可不知醫。①

【注釋】

①病卧於牀……——集注：「委猶付託也。病者死生所係，而委之庸醫，是飲藥以加病也。故親有疾而委之庸醫，比之不孝。子有疾而委之庸醫，比之不慈。子能知醫，則可以養親，且不爲庸醫所誤矣。」

【譯文】

程頤先生說：兒子病了躺在牀上，交給庸醫來治，這是不慈。父母病了躺在牀上，交給庸醫來治，這是不孝。因此，侍奉父母的人也不能不懂些醫術。

## 五·二〇

○横渠先生嘗曰：事親奉祭，豈可使人爲之？①

【注釋】

①事親奉祭，豈可使人爲之——集注：「事父母、奉祭祀，皆當親爲之。葉氏〔二〕曰：『使人代爲，孝敬之心安在？』」

【譯文】

張載先生曾經說：侍奉父母和祭祀，豈能使人代勞？（必須身體力行。）

〔二〕葉氏：葉采，字仲圭，號平巖。著有近思録集解。

## 五·二一

○伊川先生曰：冠昏喪祭①，禮之大者，今人都不理會②。豺獺皆知報本③，今士大夫家多忽此④。厚於奉養⑤而薄於先祖，甚不可也。某嘗修六禮大略，家必有廟，廟必有主，月朔必薦新。時祭用仲月，冬至祭始祖，立春祭先祖，季秋祭禰。忌日遷主，祭於正寢。⑥凡事死之禮，當厚於奉生者。人家能存⑦得此等事數件，雖幼者可使漸知禮義。

【注釋】

①冠昏喪祭——冠，音guàn（慣）。集注：「冠以責成人，昏以承宗事，喪以慎終，祭以追遠。」

②理會——集注：「理會，謂講而行之。」

③豺獺皆知報本——豺，音chái（柴）。獺，音tǎ（塔）。集注：「孟春獺祭魚，季秋豺祭獸，皆有報本之意，豈可人而不如獸乎？」

④此——集注：「此字指報本言。」

⑤奉養——集注：「奉養，謂奉養其親。」

⑥某嘗修六禮大略……——禰，音mí（迷）。集注：「六禮，冠、昏、喪、祭、鄉飲酒、士相見之禮也。主，木主也，所以依神。新謂新物。禰，父廟也。遷猶奉也。正寢猶正堂也。月朔，一月之始。四時，天道之變。冬至，陽生之始。立春，物生之始。季秋，物成之始。忌日，親之死日。君子於此，必有悽愴怵惕之心，故因之而行追遠之禮，此言祭禮之大略。司馬溫公曰：『國家時祭用孟月，私家不敢用，故用仲月。』」

⑦存——集注：「存，謂行之久而不廢也。」

【譯文】

程頤先生說：冠婚喪祭，是禮儀中的大事，今天的人都不講論施行。豺和獺都知道報本，今天的士大夫家却忽略了這個根本。奉養父母隆重而對待祖先輕薄，這是很不應該的。我曾經撰文談冠、婚、喪、祭、鄉飲酒、士相見六種禮的大略。我認爲家裏必須有廟，廟裏必須有祖先的神位。每月初，必須獻祭新的物產。每個季度的第二個月舉行祭祀。冬至祭祀初生之祖，立春祭祀先祖，秋天的最後一個月祭祀父母。在他們的忌日，供奉著神主，在正堂祭奠。所有對去世的祖先的禮儀，應該比對活著的人更厚重。如果能持久地做好這幾件事而不荒廢，即便是幼小的孩子，也會漸漸地知道禮義。

## 五・二二

○司馬溫公曰：冠者，成人之道也。成人者，將責爲人子、爲人弟、爲人臣、爲人少者之行也。①將責四者之行於人，其禮可不重與！冠禮之廢久矣，近世以來，人情尤爲輕薄。生子猶飲乳，已加巾帽②。有官者或爲之製公服而弄之③，過十歲猶總角者，蓋鮮④矣。彼責以四者之行，豈能知之！故往往自幼至長，愚騃⑤如一，由不知成人之道故也。古禮雖稱二十而冠，然世俗之弊不可猝⑥變。若敦厚好古之君子，俟⑦其子年十五以上能通孝經、論語，粗知禮義之方，然後冠之，斯其美矣。

【注釋】

①冠者，成人之道也：——冠，音guàn（慣）。集注：「所謂成人者，非謂形體異於童子也，將責孝弟忠順之行也，四行立而後可以爲人，故冠爲成人之道。」

②巾帽——集注：「巾帽，士庶所著者。」

③有官者或爲之制公服而弄之——集注：「有官，如今之蔭襲〔一〕也。弄，戲。」

④鮮——集注：「鮮，少。」

⑤騃——音sì（似）。集注：「騃，癡也。」

〔一〕 蔭襲：音yìn xí（印習），承襲先輩的名位爵禄。

⑥猝——音cù（促）。集注：「猝，遽也。」

⑦俟：音sì（似），等待。

【譯文】

司馬光説：冠（禮），是成人的標誌。成人，就有了作爲人子、作爲人弟、作爲人臣、作爲後輩的責任。人將要負擔起這四項責任，加冠之禮能不重視嗎？社會廢掉冠禮已經很久了，近世以來，人情更加淡薄。生了孩子，還在吃奶，就已經戴著頭巾和帽子了。當官的人還給孩子做官服穿。過十歲還把頭髮紮成角的，很少。問他們四項責任，他們哪里能知道？所以從幼年到成人往往一樣愚笨無知，這都是因爲不知道成人之道的緣故。古禮雖説二十歲才加冠，但世俗之弊不可能一下子就改變，如果有忠厚好古的君子，等孩子長到十五歲以後，能通孝經、論語，大略知道禮義，然後再實行加冠禮，這樣就比較好了。

## 五·二三

〇古者父母之喪，既殯，食粥。齊衰，疏食水飲，不食菜果。父母之喪既虞，卒哭，疏食水飲，不食菜果。①期而小祥，食菜果。又期而大祥，食醯醬。②中月而禫，禫而飲醴酒。

始飲酒者，先飲醴酒。始食肉者，先食乾肉。③古人居喪，無敢公然食肉飲酒者。漢昌邑王奔昭帝之喪，④居道上，不素食，霍光數其罪而廢之。晉阮籍負才放誕，居喪無禮，何曾面質籍於文帝坐，曰：「卿，敗俗之人，不可長也。」因言於帝曰：「公方以孝治天下，而聽阮籍之重哀飲酒食肉於公座〔一〕！宜擯四裔，無令污染華夏。」⑤宋廬陵王義真居武帝憂，使左右買魚肉珍羞，於齋内別立厨帳。會長史劉湛入，因命臑〔二〕酒，炙車螯，湛正色曰：「公當今不宜有此設。」義真曰：「旦甚寒，長史事同一家，望不爲異。」酒至，湛起曰：「既不能以禮自處，又不能以禮處人。」⑥隋煬帝爲太子，居文獻皇后喪，每朝令進二〔三〕溢米，而私令外取肥肉脯鮓，置竹筒中，以蠟閉口，衣襆裹而納之。⑦湖南楚王馬希聲葬其父武穆王之日，猶食雞臛，其官屬潘起譏之曰：「昔阮籍居喪食蒸肫，何代無賢！」⑧然則五代之時，居喪食肉者人猶以爲異事，是流俗之弊其來甚近也。今之士大夫居喪，食肉飲酒無異平日，又相從宴集，靦然無愧，人亦恬不爲怪，禮俗之壞，習以爲常，悲夫！

〔一〕摛藻堂四庫全書薈要本作「坐」。
〔二〕朱子全書本作「臑」，根據小學集注的解釋，似作「㬉」更合理。
〔三〕摛藻堂四庫全書薈要本作「一」。

⑨乃至鄙野之人或初喪未斂，親賓則齎酒饌往勞之，主人亦自備酒饌相與飲啜，醉飽連日，及葬亦如之。甚者，初喪作樂以娱尸。及殯葬，則以樂導輀車而號泣隨之。亦有乘喪即嫁娶者。噫！習俗之難變，愚夫之難曉，乃至此乎！⑩凡居父母之喪者，大祥之前皆未可飲酒食肉。⑪若有疾暫須食飲，疾止亦當復初。必若素食不能下咽，久而羸憊恐成疾者，可以肉汁及脯醢或肉少許，助其滋味，不可恣食珍羞盛饌及與人宴〔一〕樂。是則雖被衰麻，其實不行喪也。唯五十以上，血氣既衰，必資酒肉扶養者，則不必然耳。⑫其居喪聽樂及嫁娶者，國有正法⑬，此不復論。

【注釋】

①古者父母之喪……——殯，音bìn（臏），停放靈柩或把靈柩送到墓地去。齊衰〔二〕，音zī cuī（咨崔）。虞，音yú（於）。集注：「衰，喪服也。緝其旁及下際曰齊衰，不緝曰斬衰〔三〕。疏食，粗飯也。言父母之喪，既殯始

---

〔一〕 擒藻堂四庫全書薈要本作「燕」。

〔二〕 齊衰：一種喪服，次於最重的斬衰。以粗麻布製成，因其縫齊，故稱爲「齊衰」。分爲一年、五月、三月三種。祖父母喪、妻喪、已嫁女的父母喪，服期爲一年；曾祖父母喪，服期爲五月；高祖父母喪等，服期爲三月。見儀禮喪服。

〔三〕 斬衰：音zhǎn cuī（展崔），古代五種喪服之一。用最粗的麻布製成，不縫邊緣，服制三年。凡是兒女爲父母、媳婦爲公婆、嫡長孫爲祖父母及妻爲夫，皆穿此服。見禮記喪服小記。

食粥。若齊衰之喪，既殯得疏食水飲，異於父母之喪也。虞，祭名。既葬而虞，虞之言安也。以魂氣無所不之，故三行虞祭以安之。既虞而卒哭〔一〕，自是哀至則哭，猶朝夕哭也。」

②期而小祥……——醓，音xiān（先）。小祥，父母喪禮周年的祭祀。大祥，父母之喪滿二年時所舉行的祭禮。集注：「期，周年也。祥，吉也。祭用吉禮也。醓，醋也。」

③中月而禫……——禫，音dàn（但）。醴，音lǐ（裏）。集注：「中月，間一月也。禫，祭名，大祥之後間一月而禫。禫者，澹澹〔二〕然平安之意。喪至此，凡二十七月也。酒二宿熟者曰醴。醴酒味薄，乾肉味澀，先食之者，不忍遽〔三〕御醇厚之味也。」

④漢昌邑王奔昭帝之喪——集注：「漢，劉氏王天下之號。昌邑王名賀，昭帝崩，無子，賀嗣位。光字子孟，時爲大將軍，廢賀爲海昏侯。」

⑤晉阮籍負才放誕……——阮，音ruǎn（軟）。誕，音dàn（但）。擯，音bìn（臏）。裔，音yì（義）。集注：

〔一〕　卒哭：古代喪禮。自死者死日起，哀至則哭，晝夜無時，行卒哭之祭。其後則改爲朝夕哭。清制以百日爲卒哭之期，今民間則以終七爲卒哭之日。

〔二〕　澹澹：音dàn dàn（但但），一、水搖盪的樣子。二、恬靜的樣子。

〔三〕　遽：音jù（句），急，倉促。

「晉，司馬氏篡〔一〕國之號。阮籍，人姓名，自負其才，放蕩妄誕。曾字穎〔二〕考。籍、曾皆晉臣。質謂正言之。文帝，司馬昭也，時爲晉公。卿指籍，公指昭。聽猶許也。重哀謂親喪。擯，斥也。四裔，四夷。華夏，中國也。」

⑥宋廬陵王義真居武帝憂……——湛，音zhàn（站）。嚅，音rú（如）。炙，音zhì（志）。螯，音áo（熬）。集注：「宋，南朝劉氏篡國之號。義真，武帝裕之子。居憂即居喪。珍羞，美食。會，遇也。湛字弘仁。吳氏曰：『嚅當作暝〔三〕，古暖字。』炙，燒也。車螯，海蛤也。」

⑦隋煬帝爲太子……——溢，音yì（義）。脯，音fǔ（輔），肉乾。鮓，音zhǎ，一種用鹽和紅麴醃的魚。襆，音fú（符）。集注：「隋，楊氏據國之號。煬帝名廣。溢，一手所握也。衣襆即今之袱〔四〕也。」

⑧湖南楚王馬希聲葬其父武穆王之日……——臛，音huò（貨）。潘，音pān（攀）。肫，音zhūn（諄）。集注：「五代之時，馬殷據湖南。武穆王即殷也。雞臛，雞肉羹也。蒸肫，蒸熟豬也。何代無賢，反辭以譏之。」

⑨然則五代之時……——靦，音miǎn（免）。恬，音tián（田）。集注：「承上文潘起之譏而言。五代，梁、

〔一〕篡：音cuàn（竄），封建時代特指臣子奪取君位。
〔二〕穎：音yǐng（影）。
〔三〕暝：音nuǎn，同「暖」。
〔四〕袱：音fú（符），包裹或覆蓋用的布單。

唐、晉、漢、周也。靦，面見人之貌。恬，安也。怪，異也。」

⑩乃至鄙野之人或初喪未斂……——斂，音liǎn（臉），收。齎，音jī（機），1. 懷抱著，帶著。2. 把東西送給別人。饌，音zhuàn（轉），飲食，吃喝。啜，音chuò，1. 飲，吃。2. 哭泣時抽噎的樣子。輀，音ér（兒）。集注：「勞，慰勞。輀車，喪車也。」

⑪凡居父母之喪者……——集注：「禮也」

⑫若有疾暫須食飲……——羸憊，音léi bèi（雷備），瘦弱疲憊。醢，音hǎi（海），用肉、魚等製成的醬。集注：「暫，權也。食飲，食肉飲酒也。羸憊，羸瘦疲憊也。」

⑬法——集注：「法謂法律。」

【譯文】

在古代，如果父母去世，那麼要等到出殯（停放靈柩或將靈柩送到墓地去）後才能吃些粥食，如果是齊衰等級的喪事，則與父母之喪有所不同，出殯後可以吃粗飯喝水，但不能吃蔬菜和水果。父母的靈柩下葬後，朝夕而哭，吃粗飯飲水，不吃蔬菜和水果。一周年而小祥，可以吃蔬菜和水果。又一周年而大祥，可以吃醋和醬。隔一個月而禫，可以飲薄酒。開始飲酒要飲薄酒，開始吃肉要吃乾肉。古人居喪期間，沒有人敢公然吃肉飲酒。漢昌邑王奔漢昭帝的喪，在途中，不吃素，霍光數他的罪把他廢了。晉代阮籍仗著自己有才而放誕，居喪無禮，何曾在司馬昭的宴席上當面指責阮籍說：「你是敗俗的人，不能助長你。」又對司馬昭說：「您正以孝治天下，居然讓阮籍在重喪期間在大庭廣衆之中飲酒吃肉！應該把阮籍貶到荒遠的邊區去，不要讓他污染中國。」劉宋時期，廬陵王劉義真居武帝喪，叫手下的人買魚肉美食，在家裏另外設立一個厨房烹飪。長史劉湛到劉義真家，劉義真就叫人暖酒燒海蛤給劉湛吃。劉湛嚴肅地說：「你現在不應該擺這樣的東西出來。」劉義真說：「夜晚很冷，長史和我如同一家，希望不要見怪。」酒斟來時，劉湛起身說：「你不能以禮自處，又不能以禮待人。」隋煬帝當太子的時候，居文獻皇后喪，每天早上叫人進一把米，而私下派人到外面買肥肉、脯、鮓，放在竹筒中，用臘把口封上，用包袱裹著交給他。湖南楚王馬希聲在他父親武穆王下葬的那天，還吃雞肉羹，他手下的官員潘起諷刺說：「從前阮籍居喪吃蒸豬，（現在你吃雞肉羹，）真是哪個時代都有這樣的賢人呢！」然而，在五代的時候，居喪吃肉，人們還認爲是稀奇事，說明流俗弊端的産生，是從最近開始的。現在的士大夫居喪吃肉飲酒和平常没什麽兩樣。又參加宴飲集會，恬不知耻，世人也不覺得有什麽奇怪。禮俗被敗壞，已經使人們習以爲常，可悲啊！鄙野地方的人有的死了還没來得及爲死者穿衣（斂），親戚賓客已經帶著酒食來慰勞主人，主人也自備酒肉吃喝，接連幾天醉飽，下葬的時候也是這樣。更有甚者，剛死就作樂娱尸。殯葬的時候，又用樂來引導靈車，後面再隨車號哭。還有趁喪期嫁女娶媳婦的。唉！習俗難變，愚夫難曉，竟到了這步田地！凡是居父母喪的人，大祥之前，都不可以飲酒吃肉。如果有病，暫時必須飲酒吃肉，病好了就應該像未病之前居喪一樣。如果吃素吃不下去，久了身體衰弱，害怕得病，可以用肉湯或乾肉肉醬，或少量的肉來佐味，不能隨意地吃珍饈和豐盛的美食以及和人宴飲享樂。要是那樣，雖然穿著孝服，其實没有行喪。只有五十歲以上，血氣衰了，必須依靠酒肉扶養，才不必這樣。至於居喪聽樂和嫁娶的，國家有明確的法律處置，這裏就不論述了。

## 五·二四

〇父母之喪，中門外擇樸陋之室，爲丈夫喪次。斬衰、寢苫、枕塊，不脱絰帶，不與人坐焉。婦人次於中門之内，别室撤去帷帳、衾褥、華麗之物。①男子無故不入中門，婦人不得輒至男子喪次。②晉陳壽遭父喪，有疾，使婢丸藥，客往見之。鄉黨以爲貶議，坐是沉滯，坎坷終身。嫌疑之際，不可不慎。③

【注釋】

①父母之喪……——苫，音shān（山），草墊子。絰，音dié（碟）。帷帳，音wéi zhàng（圍丈），帳子。衾，音qīn（親）。褥，音rù（入），睡覺時墊在身體下面的東西。集注：「樸，樸素。陋，隘陋。苫，藁薦〔一〕。塊，

〔一〕藁薦：藁，音gǎo（搞），多年生草本植物，莖直立中空，根可入藥。薦，音jiàn（見），草。

土墼〔一〕。麻在首曰絰，在腰曰帶。撤亦去也。皆哀痛之至，有所不安而然。」

②男子無故……——集注：「内外之辨當然。」

③晉陳壽遭父喪……——貶，音biǎn（扁）。滯，音zhì（志）。坎坷，音kǎn kě（砍可）。集注：「陳壽，人姓名。貶議謂貶抑而議論之。坐猶爲也。沉滯，不振也。坎坷，不遇也。嫌疑，事之可嫌可疑者。」

【譯文】

父母去世，在中門外選擇樸素簡陋的屋子，作爲男人居喪的地方。穿不縫邊的斬衰的喪服，睡草墊，枕土塊，不去頭上的麻繩、腰間的麻帶，不和人同坐。婦女居喪，住在中門之内，所住的地方去掉帷帳、被褥以及華麗的東西。男子無故不進中門，婦女不得隨便到男子居喪的地方。晉代陳壽父親去世，他得了病，叫婢子來給他做藥丸，客人去見到了，鄉里就議論這事。陳壽因此不振，終身坎坷。對於有嫌疑的事，不能不小心謹慎。

## 五・二五

○父母之喪不當出，若爲喪事及有故不得已而出，則乘樸馬，布裹鞍轡。①

〔一〕 墼：音jī（機），未燒的磚坯。

【注釋】

①乘樸馬，布裹鞍轡——裹，音guǒ（果），包，纏繞。鞍轡，音ān pèi（安配），馬鞍和韁繩。集注：「樸，素也。」

【譯文】

居父母之喪不應出門，如果是爲了喪事或别的原因必須出門，就要乘坐樸素的馬，用布包裹馬鞍和馬韁繩。

## 五·二六

〇世俗信浮屠誑誘①，凡有喪事，無不供佛飯僧，云爲死者滅罪資福②，使升天堂，受諸③快樂。不爲④者必入地獄，剉燒舂磨⑤，受諸苦楚。殊不知死者形既朽滅⑥，神⑦亦飄散，雖有剉燒舂磨，且無所施。又況佛法未入中國之前，人固有死而復生者，何故都無一人誤入地獄，見所謂十王者耶？⑧此其無有而不足信也明矣。

【注釋】

①浮屠誑誘——屠，音tú（圖）。誑，音kuáng（狂）。集注：「浮屠，佛氏也。誑，欺也。誘，引也。」

②云爲死者滅罪資福——集注：「云猶言也。滅，消也。資，助也。」
③諸——集注：「諸，衆也。」
④不爲——集注：「不爲，謂不供佛飯僧也。」
⑤剉燒舂磨——剉，音cuò（錯），古同「銼」。舂，音chōng（沖），搗碎。集注：「刀剉、火燒、碓[一]舂、碾[二]磨，甚言其苦楚也。」
⑥殊不知死者形既朽滅——集注：「殊，絶也。形，形體。」
⑦神——集注：「神，神魂。」
⑧又況佛法未入中國之前……——集注：「佛法入中國，始於漢明帝。言前此之時，人死而復生者有矣，未嘗聞有入地獄見十王者。以未有佛法惑人，本無天堂地獄故也。後世有死而復生，云入地獄見十王者，乃佛法所惑耳。」

【譯文】

世俗相信佛家的欺騙，凡是有喪事都要供佛供給僧人飯吃，説是爲死了的人滅罪造福，使他們往升天堂，

[一] 碓：音duì（對），木石做成的搗米器具。
[二] 碾，音niǎn，把東西軋碎或壓平的器具。

享受各種快樂。要是不這樣，就要入地獄，刀割、火燒、碓舂、磑磨，受各種痛苦的折磨。人們不知道，人死了，形體就朽滅了，精神也飄散了，就是有刀割、火燒、碓舂、磑磨這些折磨法，也用不上。況且佛法没有傳入中國以前，人也有死而復生的，爲什麽没有一個人誤入地獄，見到佛法説的十王呢？這足以説明地獄是没有的，不值得相信。

## 五・二七

○顔氏家訓①曰：吾家巫覡符章②絶於言議，汝曹所見，勿爲妖妄。

【注釋】

①顔氏家訓——集注：「顔氏名之推，北朝人，作家訓。」

②巫覡符章——覡，音xí（習）。集注：「巫，女巫。覡，男巫。符章即書符拜章之術，皆妖怪妄誕之事也。」

【譯文】

顔氏家訓裏説：我們家從不談男女巫師以及畫符、拜章（對鬼神的祈禱文）之類的巫術，這是你們所瞭解的，不要做妖妄的事。

## 五·二八

○伊川先生曰：人無父母，生日當倍悲痛，更安忍置酒張樂以爲樂？若具慶者可矣。①

【注釋】

①人無父母……——集注：「念父母鞠育[一]之劬勞[二]，故倍增悲痛。父母俱存曰具慶。可者，可置酒張樂也。」

【譯文】

程頤先生說：人失去父母，生日應該比平時更悲痛，哪里忍心擺酒設樂來取樂呢？如果父母俱在，生日時快樂一下是可以的。

---

[一] 鞠育：鞠，音jū（拘）。養育。

[二] 劬勞：劬，音qú（渠）。勞苦，辛勤。

## 五・二九

〇呂氏童蒙訓①曰：事君如事親，事官長如事兄，與同僚如家人，待羣吏如奴僕，愛百姓如妻子，處官事如家事，然後能盡吾之心②。如有毫末不至，皆吾心有所未盡也。

【注釋】

①呂氏童蒙訓——集注：「呂氏名本中，字居仁，宋正獻公之曾孫，作童蒙訓。」

②盡吾之心——集注：「盡吾之心，致其誠而已。」

【譯文】

呂氏童蒙訓裏說：侍奉君王就像侍奉父母，侍奉長官就好像侍奉哥哥，和做官的同事相處就好像和家裏的人相處，對待手下的吏卒就好像對待奴僕，愛百姓就好像愛妻子兒女，處理公事就好像處理家事，這樣去想的話就會盡心竭力地去做。如果有一絲一毫没有做好，都是我們没能盡心。

## 五・三〇

〇或問：「簿，佐令者也。①簿所欲爲，令或不從，奈何？」伊川先生曰：「當以誠意動②之，今令與簿不和，只是爭私意。令是邑之長，若能以事父兄之道事之，過則歸己，善則惟恐不歸於令，積此誠意，豈有不動得人。③」

【注釋】

①簿，佐令者也——簿，音bù（不）。佐，音zuǒ（左），輔助。集注：「簿者，縣之佐。令者，縣之長。」

②動——集注：「動，感動也。」

③積此誠意，豈有不動得人——集注：「孟子曰：『至誠而不動者，未之有也。』」

【譯文】

有人問：「主簿，是輔佐縣令的。主簿想做的事，縣令不想做，該怎麽辦？」程頤先生回答説：「主簿應該用誠意來感動縣令。如今縣令和主簿不合，都是爲了意气之爭。縣令是一縣的長官，如果主簿能像對待父兄那樣對待縣令，過錯歸於自己，功勞歸於縣令，長期這樣以誠相待，縣令怎麽會不感動。」

## 五・三一

〇明道先生曰：「一命之士，苟存心於愛物，於人必有所濟。①」

【注釋】

①一命之士……——集注：「周禮『一命受職』，如今之第九品也。苟，誠也。物即人也。一命猶然，況居大位者乎！」

【譯文】

程顥先生說：哪怕做最小的官，只要有仁民愛物之心，必定能對他人有所幫助。

## 五・三二

〇劉安禮①問臨民，明道先生曰：「使民各得輸其情。」問御吏，曰：「正己以格物。」

【注釋】

①劉安禮——集注：「安禮，字立之，明道弟子。」

②明道先生曰……——集注：「輸猶盡也。平易近人，使下情各得上達，則所以處之者自無不當矣。御，馭[一]也。格，正也。范氏曰：『未有己不能正而能正人者。』」

【譯文】

劉安禮問怎樣治理百姓，程顥先生回答説：「使百姓都能充分向上表達意願。」問怎樣駕馭下級官吏，程顥先生回答説：「首先端正自己，也要使別人端正。」

## 五·三三

○伊川先生曰：居是邦，不非其大夫，此理最好。①

【注釋】

①伊川先生曰……——集注：「不非議其過惡，有忠敬意。此古語而程子稱之。」

[一] 馭：音yù（欲），駕馭馬車。

【譯文】

程頤先生說：居住在一個諸侯國，不去議論這個諸侯國大夫的過錯，這話最有道理。

## 五·三四

○童蒙訓曰：當官之法，唯有三事：曰清，曰慎，曰勤。知此三者，則知所以持身矣。①

【注釋】

①童蒙訓曰……——集注：「吴氏曰：『清謂廉潔不汙，慎謂謹守禮法，勤謂勤於職業。能是三者，則能持身而可以治人矣。』」

【譯文】

童蒙訓裏說：爲官，有三件事最重要：清廉不污、謹守禮法、勤於本職。知曉這三件事，就知道怎麽修身了。

## 五・三五

○當官者，凡異色人①皆不宜與之相接。巫祝尼媼之類，尤宜疏絶，②要以清心省事爲本③。

【注釋】

①異色人——集注：「異色人，謂不務常業之人。」

②巫祝尼媼之類，尤宜疏絶——媼，音ǎo（襖）。集注：「巫祝，皆事鬼神者。尼，女僧。媼，牙婆〔一〕也。此輩一接之，内則伺意以納賄，外則誑人以行私，善敗事害政，故當一切禁絶。」

③要以清心省事爲本——集注：「清心，謂不以物欲累心。省事，謂不作無益之事。」

【譯文】

爲官的人，不要和那些没有正當職業的人交往，像巫師、尼姑、人販之類，尤其交往不得。應該以清心寡

〔一〕牙婆：以介紹人口買賣爲業的婦人。

欲、不做無益之事爲根本。

## 五・三六

〇後生少年，乍到官守，多爲猾吏所餌①，不自省察，所得毫末，而一任之間，不復敢舉動②。大抵作官嗜利，所得甚少，而吏人所盜不貲③矣。以此被重譴，良可惜也。

【注釋】

①多爲猾吏所餌——猾，音huá（華）。餌，音ěr（耳）。集注：「猾，狡猾。餌，釣餌。」
②不復敢舉動——集注：「不敢舉動，爲吏所制也。」
③不貲——貲，音zī（咨）。集注：「不貲，不可量也。」
④譴——音qiǎn（淺），集注：「譴，罪責也。」

【譯文】

青年做官，剛到做官的地方，很多都受了狡猾官吏的誘騙，還不察覺。自己得了很少一點東西，而當幾年官一點都不敢有所作爲，受到掣肘。大體説來，做官好利，得的很少，而吏人盜走的不計其數。因此受到重重的懲罰，是很可惜的。

## 五·三七

〇當官者，先以暴怒①爲戒。事有不可，當詳處之，必無不中②，若先暴怒，只能自害，豈能害人？

【注釋】

①暴怒——集注：「暴怒，怒之暴者。」

②中——音zhòng（衆），符合。集注：「中，中理也。」

【譯文】

爲官應該首先以暴怒爲戒。事情不能辦，應該認真處理，總會合乎道理的。如果先發怒，只能害自己，哪會損害別人呢？

## 五・三八

〇當官處事，但務著實，如塗擦〔一〕①文字，追改日月，重易押字，萬一敗露，得罪反重，亦非所以養誠心、事君不欺之道也。

【注釋】

①擦——音qì（器），集注：「擦，挑取也。」

【譯文】

爲官處事，必須務實。如果改動挑選文字，追改年月，重換畫押簽字，萬一敗露，獲罪更重，而且這也不是培養真誠之心、忠心事奉君上的做法。

---

〔一〕朱子全書本作「擦」。

## 五・三九

〇王吉上疏①曰：夫婦，人倫之大綱，夭壽之萌②也。世俗嫁娶太蚤，未知爲人父母之道而有子，是以教化不明，而民多夭。

【注釋】

①王吉上疏——疏，音shū（書）。集注：「漢王吉，字子陽，琅邪人。疏，奏疏也。」

②夭壽之萌——集注：「夭，短命也。萌，芽也。」

③世俗嫁娶太蚤……——蚤，音zǎo，同「早」。集注：「古者二十而嫁，三十而娶，後世反是。嫁娶太蚤，故民多夭，未知爲人父母之道而有子，故教化不明。」

【譯文】

王吉上疏說：夫婦，是人倫關係的大綱，後代是短命還是長壽，夫婦要起很大的作用。世俗嫁娶太早，不知道怎樣當父親母親就有孩子了，不知道怎麼養育和教育，所以很多孩子夭折了。

## 五·四〇

○文中子①曰：昏娶而論財，夷虜[一]之道也。君子不入其鄉②。古者男女之族，各擇德③焉，不以財④爲禮。

【注釋】

①文中子——集注：「文中子，姓王，名通，字仲淹，隋之大儒也，門人私謚曰『文中子』。」

②不入其鄉——集注：「不入其鄉，不與之共處也。」

③德——集注：「德謂男女之性行。」

④財——集注：「財謂男之聘財、女之資裝。」

【譯文】

文中子說：結婚講財禮，這是不開化的民族的做法，君子不到他們那裏去。古代的家庭，都會選擇品行好

---

[一] 夷虜：夷，音yí（頤），中國古代稱東部的民族。虜，音lǔ（魯），中國古代對北方民族的貶稱。

的人作爲對象，不用錢財做禮物。

## 五·四一

○早昏少聘，教人以偷①。妾媵②無數，教人以亂③。且貴賤有等④，一夫一婦，庶人之職也。

【注釋】

①偷——集注：「偷，薄也。」

②媵——音yìng（硬），集注：「媵，從嫁者。」

③亂——集注：「亂，真氏謂『内或陷子弟於惡、外或生僮僕之變』是也。」

④等——集注：「等謂妾媵之等數也。」

【譯文】

早婚和很小就訂婚，是教人輕視（婚姻）。妾和從嫁的人多，是教人淫亂。而且貴賤有等級，一夫一妻是普通百姓應該遵循的。

## 五·四二

○司馬溫公曰：凡議昏姻①，當先察其壻與婦之性行及家法如何，勿苟②慕其富貴。壻苟賢矣，今雖貧賤，安知異時不富貴乎？苟爲不肖，今雖富貴〔一〕，安知異日不貧賤乎？③婦者，家之所由盛衰也。苟慕一時之富貴而娶之，彼挾其富貴，鮮有不輕其夫而傲其舅姑，養成驕妬之性，異日爲患，庸有極乎？④借使因婦財以致富，依婦勢以取貴，苟有丈夫之志氣者，能無愧乎？⑤

【注釋】

①昏姻——集注：「婦家曰婚，壻家曰姻。」

②苟——集注：「苟，但也。」

③壻苟賢矣……——壻，音xù（序），古同「婿」（丈夫）。集注：「此言壻之性行當察也。苟，誠也。不

〔一〕摛藻堂四庫全書薈要本作「盛」。

肖即不賢。」

④婦者……——挾，音xié（邪），倚仗。集注：「此言婦之性行當察也。婦賢則家道盛，不賢則家道衰，故曰所繇盛衰。」

⑤借使因婦財以致富……——集注：「富貴有命，不可必得。假使得之，是亦妾婦之妾婦耳。」

【譯文】

司馬光説：凡是談婚論嫁，應該首先考察男女的品行和家法如何，不要貪圖富貴。女婿如果賢德，現在雖然貧賤，怎麽知道以後不會富貴呢？女婿如果不成器，現在雖然富盛，怎麽知道以後不會貧賤呢？媳婦，關係到家庭的盛衰。如果貪圖一時的富貴娶來，她仗著富貴，很少有不輕視丈夫、不傲視公婆的，養成驕妒的性格，以後的危害會少嗎？即使因爲妻子的財産而富起來，倚仗妻子的勢力而貴起來，如果還有點兒男子漢的氣概，自己不覺得慚愧嗎？

# 五·四三

○安定胡先生①曰：嫁女必須勝吾家者，勝吾家則女之事人必欽必戒②。娶婦必須不若吾家者，不若吾家則婦之事舅姑必執婦道。

【注釋】

①安定胡先生——集注：「安定，地名。先生名瑗，字翼之，宋泰州人。」

②必欽必戒——欽，音qīn（親）。集注：「欽，欽敬。戒，戒謹。吴氏曰：『婦女之性，大率畏慕富貴而厭薄貧賤。』」

【譯文】

胡瑗先生説：嫁女必須嫁給比我們家強的，比我們家強，女兒對人就恭敬謹慎。娶媳婦必須娶不如我們家的，不如我們家，媳婦對公婆就會持守婦道。

## 五·四四

○或問：「孀婦於理似不可取，如何？」伊川先生曰：「然。凡取以配身也，若取失節者以配身，是己失節也。」①又問：「或有孤孀貧窮無託者，可再嫁否？」曰：「只是後世怕寒餓死，故有是説。然餓死事極小，失節事極大。」②

【注釋】

①或問……——孀，音shuāng（雙）。集注：「此言孀婦不可取，無夫曰孀。」

②又問……——集注：「此言孀婦不可再嫁。」

【譯文】

有人問：「從道理上説，好像不能娶寡婦，你認爲怎麼樣？」程頤先生説：「是的。凡是娶寡婦來做妻子的，就好像娶失節的女人做妻子，自己也失節。」又問：「如果有孤獨的寡婦，貧窮没有依靠，能不能再嫁？」程頤先生説：「那是後世怕寡婦凍死餓死，所以有這個説法，然而餓死是小事，失節才是大事。」

## 五·四五

○顔氏家訓曰：婦主中饋①，唯事酒食衣服之禮耳。國不可使預②政，家不可使幹蠱③。如有聰明才智，識達古今，正當輔佐君子④，勸其不足，必無牝雞晨鳴以致禍⑤也。

【注釋】

①婦主中饋——饋，音kuì（愧），進獻，進食於人。食，音sì（似），拿東西給人吃。集注：「進食曰饋。

居中饋食，婦人主之。」

②預——集注：「預，干也。」

③幹蠱——蠱，音gǔ（古）。集注：「幹猶主也。蠱，事也。」

④君子——集注：「君子，夫也。」

⑤牝雞晨鳴以致禍——牝，音pìn（聘）。集注：「牝雞，雌雞也。牝雞晨鳴，婦人預政幹蠱之喻也。婦人預政幹蠱，則有敗亡之禍矣。」

【譯文】

顏氏家訓裏說：婦女的事就是居家供奉飲食，只去關注酒食衣服的禮節。不能讓她們干預國家政治，也不能讓她們主導家事。如果有聰明才智，通達古今的見識，正應該輔助君子，勸諫他們改進不足的地方，這樣才不會像母雞早晨叫鳴那樣招致禍殃。

## 五·四六

○江東婦女，略無交遊。①其昏姻之家，或十數年間未相識者，唯以信命贈遺致慇懃焉②。鄴下③風俗，專以婦持門户，爭訟曲直，造請逢迎④，代子求官，爲夫訴屈，此乃恒、代之遺風⑤乎？

【注釋】

①江東婦女，略無交遊——集注：「江東，大江之東。略無交遊，絶不與外人往還也。」

②唯以信命贈遺致慇懃焉——集注：「以，用也。信命以言、贈遺以物，皆所以通慇懃之意。」

③鄴下——鄴，音yè（頁）。集注：「鄴下，古之相州。」

④造請逢迎——集注：「造請謂謁人於外，逢迎謂延客於家。」

⑤恒、代之遺風——集注：「恒、代，皆燕趙間地名。燕太子丹不愛後宮美妾以結士，故其遺風如此。」

【譯文】

江南的婦女，幾乎没有什麼交際，即便是親家中年長的婦女，有的十多年還不認識，只用書信、使者或贈送東西來表達情意。鄴下風俗却是專門用婦女來把持門户，打官司斷曲直，拜謁别人，迎接賓客，代兒子求官，爲丈夫訴曲。這大概是恒州、代州等地遺留下來的風俗吧？

## 五·四七

○夫有人民而後有夫婦，有夫婦而後有父子，有父子而後有兄弟，一家之親，此三者而已矣。自兹以往，至於九族，皆本於三親焉，故於人倫爲重者也，不可不篤。①兄弟者，分形連氣之人也。方其幼也，父母左提右挈，前襟後裾，食則同案，衣則傳服，學則連業，遊則共方，雖有悖亂之人，不能不相愛也。②及其壯也，各妻其妻，各子其子，雖有篤厚之人，不能不少衰③也。娣姒之比兄弟則疏薄矣，今使疏薄之人而節量親厚之恩，④猶方底而圓蓋，必不合矣。唯友悌深至，不爲傍人之所移者，免夫！⑤

【注釋】

①自兹以往……——篤，音dǔ（睹）。集注：「三親，夫婦、父子、兄弟也。九族，高、曾、祖父、己身，及子、孫、曾、元九者，及旁親也。篤，厚也。三親於人倫爲重，不厚則無所不薄矣。」

②方其幼也……——挈，音qiè（切），用手提著，帶領。襟，音jīn（今），衣服的胸前部分。裾，音jū（居），衣服的大襟。集注：「吴氏曰：『兄弟同出於父母，故形分而氣同。』左提右挈，謂父母左手引兄以行、

右手挈弟以走也。前襟後裾，謂兄前挽父母之襟、弟後牽父母之裾也。服，著也。」

③衰——集注：「衰者，相愛之情衰也。」

④娣姒之比兄弟則疏薄矣……——娣姒：音dì sì（地似），諸妾互稱，年長的爲姒，年幼的爲娣。集注：「長婦爲姒，少婦爲娣。疏薄謂娣姒，親厚謂兄弟。節量猶言裁處。」

⑤唯友悌深至……——悌，音tì（替），敬愛兄長。集注：「傍人亦謂娣姒。免者，免於衰也。」

【譯文】

有人民而後有夫婦，有夫婦而後有父子，有父子而後有兄弟。一家之親，説來就基於這三種關係。從此發展，成爲九族。三親是根本，所以在人倫關係中，是最重要的，不能不厚實。兄弟，是形體不同、連成一氣的人。在幼年的時候，父母左手提著右手牽著，哥哥在前面牽著父母的衣襟，弟弟在後面拉著父母的衣服。吃飯同桌，衣服是哥哥傳給弟弟，一起學習，出外走同一個方向，就是有悖亂的人，也不能不相愛。到長大成人，各自有了自己的妻子，各自有了自己的兒女，就是厚道人，兄弟之情也會稍微衰減。妾侍比起兄弟，關係就要疏遠的多了。用妾侍間疏遠淡薄的情感來衡量兄弟這樣親密厚重的情感，就好像方形的東西配一個圓蓋，肯定不合適。只有兄弟感情特别深厚，才能不爲旁人所影響，才能免於疏薄。

## 五·四八

○柳開仲塗①曰：皇考②治家孝且嚴。旦望③，弟婦等拜堂下，畢，即上手④低面，聽我皇考訓誡曰：「人家兄弟無不義者，盡因娶婦入門，異姓相聚，爭長競短，漸漬⑤日聞，偏愛私藏⑥，以致背戾，分門割户，患若賊讐，皆汝婦人所作。男子剛腸者幾人，能不爲婦人言所惑？吾見多矣。若⑦等寧有是耶？」退則惴惴⑧，不敢出一語，爲不孝事。開輩抵此⑨賴之得全其家云⑩。

【注釋】

①柳開仲塗——集注：「開字仲塗，宋大名人。」

②皇考——集注：「父没稱皇考。」

③旦望——集注：「旦謂朔旦。」朔，音shuò（碩），農曆每月初一。望，月圓，農曆每月十五日前後。

④上手——集注：「上手，叉手也。」

⑤漸漬——漬，音zì（自），浸染。集注：「漸漬爲譖〔一〕，言如水之浸潤，不驟也。」

⑥偏愛私藏——集注：「偏愛，各有所欲也。私藏，各有所蓄也。」

⑦若——集注：「若，汝也。」

⑧惴惴——音zhuì zhuì（墜墜），集注：「惴惴，恐懼之貌。」

⑨抵此——抵，音dǐ（底），到達。集注：「抵此猶言至今。」

⑩賴之得全其家云——集注：「全謂不分異。云，語辭。」

【譯文】

柳開說：父親治家，又孝又嚴。每月的初一和十六，兄弟媳婦在堂上拜完父親，就叉著手，低著頭，聽我父親訓話。父親曾說：「各家的兄弟本來没有不遵守道義的，都只因爲把媳婦娶過門，異姓聚集在一起，爭長競短漸漸就多了。又有偏愛和私藏財物，以致鬧矛盾，分家，就像仇敵一樣。都是你們婦人造成的。男子有幾個是剛腸之人，能不被你們婦人迷惑？我見得多了。你們有這些行爲嗎？」兄弟媳婦退下來，惴惴不安，不敢說一句話，不敢做不孝的事。我們全靠父親，至今保全著家族。

〔一〕譖：音zèn，讒言，誣陷。

## 五・四九

○伊川先生曰：今人多不知兄弟之愛。且如閭閻①小人，得一食必先以食父母，夫何故？以父母之口重於己之口也。得一衣必先以衣父母，夫何故？以父母之體重於己之體也。至於犬馬亦然，待父母之犬馬，必異乎己之犬馬也。獨愛父母之子，却輕於己之子。甚者至若讐敵②，舉世皆如此，惑之甚矣！③

【注釋】

①閭閻——音lǘ yán（驢言），集注：「閭閻，里巷之門也。」

②讐敵——集注：「仇敵，仇讐相敵也。」

③惑之甚矣——集注：「惑謂蔽惑而不知輕重也。夫愛父母之口體犬馬重於己之口體犬馬者，天理之明也。愛父母之子輕於己之子者，人欲之蔽也。推其所明而達之於其所蔽，則弟矣。」

【譯文】

程頤先生說：今天的人很多都不知道兄弟之愛。比如里巷的小人，得到一點食物，一定是先給父母吃，什麼原因？因爲父母的口比自己的口重要。得到一件衣服，一定是先給父母穿，什麼原因？因爲父母的身體比自己的身體重要。就是對待父母養的狗馬也比自己養的狗馬强。可唯獨對父母的兒子却不如對自己的兒子好。有的甚至像仇敵。世人都如此做，真是莫大的迷惑啊！

## 五·五〇

〇横渠先生曰：斯干①詩言：「兄及弟矣，式相好矣②，無相猶矣。」言兄弟宜相好，不要相學。猶，似也。人情大抵患在施之不見報則輟④，故恩不能終。不要相學③，己施之而已。

【注釋】

①斯干——集注：「斯干，小雅篇名。」

②式相好矣——集注：「式，語辭。好，和好。」

③輟——音chuò（綽），集注：「輟，止也。」

④不要相學——集注：「朱子曰：『不要相學，是不要相學其不好處。如兄能愛其弟，弟却不恭其兄。兄豈可學弟之不恭而遂忘其愛，但當盡其愛而已。如弟能恭其兄，兄却不愛其弟，弟豈可學兄之不愛而遂忘其恭，

但當盡其恭而已。』」

【譯文】

張載先生說：斯干這首詩說：「兄與弟，應該相互友好，不要學習對方不好的地方。」就是說兄弟之間要相互和好，不要學習對方不好的地方。猶，是相似的意思。人的缺點在於施恩之後没有見到報答，就停止了，所以報恩不能終止。不要相互學習施恩没有回報就停止的做法，只管自己施恩就好。

## 五·五一

〇伊川先生曰：近世淺薄，以相歡狎①爲相與，以無圭角②爲相歡愛。如此者，安能久？若要久，須是恭敬。君臣朋友，皆當以敬爲主也。

【注釋】

①歡狎——狎，音xiá（俠），親近而態度不莊重。集注：「歡狎，爲歡好而褻〔一〕狎也。」

〔一〕褻：音xiè（謝），輕慢，親近而不莊重。

②無圭角——集注：「無圭角，謂去方而爲圓也。」

【譯文】

程頤先生說：近代淺薄的人以互相歡好親近而不莊重爲友好，以没有棱角圓滑爲歡愛。像這樣，怎麽能長久？如果要長久，必須恭敬。君臣和朋友，都應該以恭敬爲主。

## 五・五二

○横渠先生曰：今之朋友，擇其善柔①以相與。拍肩執袂〔一〕，以爲氣合②。一言不合，怒氣相加。朋友之際，欲其相下③不倦，故於朋友之間，主其敬者，日相親與，得效④最速。

【注釋】

①善柔——集注：「善柔謂善爲柔媚。」

〔一〕袂：音mèi（妹），衣袖，袖口。

②氣合——集注：「氣合謂意氣相合。」

③相下——集注：「相下謂彼此相讓。」

④效——集注：「效，即忠告善道之益也。」

【譯文】

張載先生說：今天交朋友，選擇那些善於柔媚的人相交，拍肩膀，拉袖子，認爲是和氣。一言不合，就把怒氣發洩到對方頭上。交朋友，就是希望能互相謙讓。所以在朋友中應該提倡互敬，這樣彼此之間就會一天比一天親密，取得效果也最迅速。

## 五・五三

〇童蒙訓曰：同僚之契，交承①之分，有兄弟之義。至其子孫，亦世講之。前輩專以此爲務，今人知之者蓋少矣。又如舊舉將②及嘗爲舊任按察官者，後己官雖在上，前輩皆辭避坐下坐，風俗如此，安得不厚乎？

【注釋】

①交承——集注：「交承，新舊官交代也。」

②舉將——將，音jiàng（降），集注：「舉將，舉主也。」

【譯文】

童蒙訓裏説：同僚的關係，新舊官員交接的關係，有兄弟的情分。甚至子孫後代也講這種關係。前輩很注意這種關係，今天的人知道得很少。又如原來舉薦自己的人和原來任按察官的人，後來自己的官雖然比他們大，前輩在座的時候都謙讓退避，坐在下座。風俗如此，人們怎麽會不厚道呢？

## 五·五四

○范文正公①爲參知政事時，告諸子曰：「吾貧時，與汝母養吾親②。汝母躬執爨③，而吾親甘旨④未嘗充也。今而得厚禄，欲以養親，親不在矣。汝母亦已早世⑤。吾所最恨者，忍令若曹⑥享富貴之樂也。吾吴中宗族甚衆，於吾固有親疏，然吾祖宗視之，則均是子孫，固無親疏也。苟祖宗之意無親疏，則饑寒者吾安得不恤也？自祖宗來，積德百餘年而始發於吾，得至大官。若獨享富貴而不恤宗族，異日何以見祖宗於地下？今何顏入家廟乎？」於是恩例俸賜⑦常均於族人，並置義田宅⑧云。

【注釋】

①范文正公——集注：「公名仲淹，字希文，謚文正，宋吴縣人。」

②親——集注：「公二歲而孤，親謂母也。」

③爨——音cuàn（竄），燒火做飯。集注：「爨，炊爨也。」

④甘旨——集注：「甘旨，美味也。」

⑤早世——集注：「早世，早没也。」

⑥若曹——集注：「若曹，汝輩也。」

⑦恩例俸賜——集注：「恩例，異數也。俸賜，常典也。」

⑧義田宅——集注：「范氏義莊，人日食米一升，歲衣縑一匹，嫁娶喪葬皆有給。」

【譯文】

范仲淹爲參知政事的時候，對兒子們説：「我貧窮的時候，和你們的母親奉養我的母親。你們的母親親自燒火做飯，可我們還是無法供給我母親充足美好的食物。現在得到豐厚的俸禄，想要奉養父母，父母却已經過世了。你們的母親也早早過世了。我最恨的，就是讓你們享受富貴之樂。我吴中的族人很多，對我來説雖然有親有疏，但我的先祖却把他們看成一樣的，這樣看來，先祖的子孫也没有親疏之别。既然先祖的意思如此，那麽族中飢寒的人我怎麽能不顧惜他們呢？從先祖以來，積累了百餘年的德行，到我才開始發達，做了大官，如果獨自享受富貴而不顧惜宗族，以後我們怎麽在地下見祖宗呢？現在我又有什麽臉進家廟？」於是經常把做官的俸禄和皇帝給的賞賜分給同族的人，並且設置義田義宅以供給幫助别人。

## 五·五五

○司馬溫公曰：凡爲家長，必謹守禮法①，以御羣子弟及家衆②。分之以職，授之以事，③而責其成功。制財用之節，量入以爲出④，稱家之有無以給⑤。上下之衣食及吉凶⑥之費，皆有品節，而莫不均一。⑦裁省冗⑧費，禁止奢華，常須稍存贏⑨餘，以備不虞⑩。

【注釋】

①禮法——集注：「禮，先王所制。法，國家所立。」

②以御羣子弟及家衆——集注：「御，統也。家衆，婢僕輩也。」

③分之以職，授之以事——集注：「職如主庖廩〔一〕、掌田園之類。事如治產業、給征役之類。」

④量入以爲出——集注：「量入以出，入多則出多，入少則出少也。」

⑤稱家之有無以給——稱，音chèng，同「秤」，衡量。集注：「稱家以給，有則豐，無則儉也。」

⑥吉凶——集注：「吉凶謂冠昏喪祭之事。」

⑦皆有品節，而莫不均一——集注：「品節言其當，均一言其平。」

⑧冗——集注：「冗，雜。」

⑨羸——音yíng（營），集注：「羸，剩。」

⑩以備不虞——虞，音yú（餘）。集注：「備，防也。不虞，謂不可虞度之事，如水火盜賊之類。此皆制財用之節也。」

【譯文】

司馬光說：凡是當家長的，必須謹守禮法，來統率後輩和承擔家裏的重任。授給他們職責，分給他們事情，督促他們把事做好。制定財用的節度，根據收入制定支出。根據家裏的有無，來供應家裏人的衣食和冠婚

---

〔一〕庖廩：庖，音páo（袍），廚房。廩，音lǐn（凜），米倉。

喪祭等禮儀的費用。費用雖有等級差異，但没有不公平的。裁減多餘的費用，禁止奢華，平常還要有盈餘，以備不時之需。

## 右廣明倫〔一〕

### 五・五六

○董仲舒①曰：仁人者，正其誼不謀其利，明其道不計其功。②

【注釋】

①董仲舒——集注：「仲舒，漢廣川人。」

②仁人者，正其誼不謀其利，明其道不計其功——集注：「誼義同。仁者，心之德。仁人者，無私欲而有其德者也。義者，人心之裁制。道者，天理之自然。功，功效也。朱子曰：『道是大綱説，義是就一事上説。

〔一〕集注云：「李氏曰：「首十四章，廣父子之親。次十章，廣君臣之義。次八章，廣夫婦之别。次四章，廣長幼之序。次三章，廣朋友之交。末二章，通論五倫之義。」」（李氏：不詳何人，待考。）

正義未嘗不利，明道豈必無功，但不先以功利爲心耳。』」

【譯文】

董仲舒說：有仁德的人，就是追求道義而不謀私利，闡明天理而不計較是否成功。

## 五・五七

○孫思邈①曰：膽欲大而心欲小②，智欲圓而行欲方③。

【注釋】

①孫思邈——集注：「思邈，唐京兆人。」

②膽欲大而心欲小——集注：「膽大謂敢爲，心小謂畏敬。」

③智欲圓而行欲方——集注：「智圓謂通變，行方謂有守。」

【譯文】

孫思邈說：膽子要大（敢做敢爲），心要小（保持畏敬之心），智慮要圓周（懂得變通），行爲要方正（有所持守）。

## 五·五八

〇古語①云：從善如登，從惡如崩。②

【注釋】

①古語——集注：「古語，國語。」

②從善如登，從惡如崩——集注：「升高曰登，墜下曰崩。朱子曰：『善者，天命所賦之本然。惡者，物欲所生之邪穢。』真氏曰：『從善如登，善難進也。從惡如崩，惡易陷也。』」

【譯文】

國語中說：從善就好像登高一樣艱難，而從惡就好像下墜一樣容易。（難道不該警惕嗎？）

## 五·五九

〇孝友先生①朱仁軌隱居養親，嘗誨子弟曰：「終身讓路，不枉百步。終身讓畔，不失一段。②」

【注釋】

①孝友先生——集注：「先生字德容，孝友，私謚也，唐亳州人。」

②終身讓路，不枉百步。終身讓畔，不失一段——枉，音wǎng（往），徒然，白白。畔，音pàn（判）。集注：「畔，田界也。終身讓路，無枉百步之時。終身讓畔，無失一段之時。何憚而不爲乎？」

【譯文】

孝友先生朱仁軌隱居奉養父母，曾教育後輩説：一輩子讓路，也多走不了百步。一輩子讓田邊，也損失不了多少。（爲何忌憚而不去做呢？）

## 五・六〇

○濂溪周先生①曰：聖希天，賢希聖，士希賢。②伊尹、顔淵，大賢也。伊尹恥其君不爲堯、舜，一夫不得其所，若撻于市。顔淵不遷怒、不貳過，三月不違仁。③志伊尹之所志，學顔淵之所學。④過則聖，及則賢，不及則亦不失於令名。⑤

【注釋】

①濂溪周先生——集注：「濂溪，地名。先生名敦頤，字茂叔，宋道州人。」

②聖希天，賢希聖，士希賢——集注：「朱子曰：『希，望也。』」

③伊尹、顏淵，大賢也……——撻，音tà（踏），用鞭棍等打人。集注：「朱子曰：『皆賢人之事也。』又曰：『三月言其久。仁者，心之德。不違仁者，無私欲而有其德也。』吴氏曰：『若撻於市，言恥之甚也。』」

④志伊尹之所志，學顏淵之所學——集注：「朱子曰：『此言士希賢也。』」

⑤過則聖，及則賢，不及則亦不失於令名——集注：「朱子曰：『三者隨其用力之淺深，以爲所至之近遠。不失令名〔一〕，以其有爲善之實也。』」

【譯文】

周敦頤先生說：聖人希冀像天一樣，賢人希冀像聖人一樣，士則希冀像賢人一樣。伊尹、顏淵，都是大賢人。伊尹因他的君王不做堯舜而感到羞恥，只要有一個百姓没有住的地方，他就感到好像當街受到鞭撻一樣。顏淵不遷怒於人，同樣的過錯不犯兩次，其心三月不違背仁德。懷著伊尹一樣的志向，學習顏淵所學習的東西。超過他們就是聖人，趕上他們就是賢人，即便趕不上他們也不會丢掉美好的聲譽（因爲自己有真實的善

〔一〕令名：美好的聲譽。

行）。

## 五・六一

〇聖人之道①，入乎耳，存乎心，蘊之爲德行，行之爲事業。②彼以文辭而已者，陋③矣。

【注釋】

①聖人之道——集注：「聖人之道，仁義中正而已矣。」

②蘊之爲德行，行之爲事業——集注：「積於中爲德行，道之體也；發於外爲事業，道之用也。」

③陋——集注：「陋謂卑陋。」

【譯文】

聖人之道（中正仁義），進入耳中，存於心裏，醞釀爲美德，付諸行動就成爲事業。那些僅僅學習文辭的人，太卑鄙淺陋了。

# 五·六二

○仲由〔一〕喜聞過①，令名無窮焉。今人有過，不喜人規②，如護疾而忌醫，寧滅其身而無悟③也，噫④！

【注釋】

①喜聞過——集注：「朱子曰：『喜其得聞而改之。』」

②規——集注：「規，規諫。」

③悟——集注：「悟，悔悟。」

④噫——音yī（一），集注：「噫，傷痛聲。過不改則爲惡，而速禍矣。」

【譯文】

子路喜歡聽别人説他的過錯，結果美名無窮。今天的人有過錯，却不喜歡别人規勸，諱疾忌醫，寧願讓自

〔一〕仲由：字子路，一字季路，孔子弟子。

己的身體毀滅也不願意悔悟。可悲！

## 五·六三

○明道先生曰：聖賢千言萬語，只是欲人將已放之心約①之。使反復入身來，自能尋向上去，下學而上達也。②

【注釋】

①約——集注：「約，猶收也。」

②使反復入身來，自能尋向上去，下學而上達也——集注：「下學而上達，下學人事而上達天理也。朱子曰：『所謂反復入身來，不是將已縱出底收拾轉來，只是知求則心便在，便是反復入身來。』又曰：『能求放心，則志氣清明、義理昭著，而可以上達矣。』」

【譯文】

程顥先生說：聖賢千言萬語，只是叫人把丢失的本心找回來，使它重新回到人身上來，這樣就能志氣清明、明晰義理而不斷進步，下學而上達。

## 五・六四

### ○心要在腔子裏。①

【注釋】

①心要在腔子裏——腔，音qiāng（槍）。集注：「腔子猶言身子也。朱子曰：『心之爲物，至虛至靈，神妙不測，常爲一身之主，以提萬事之綱而不可有頃刻之不存者也。一不自覺而馳騖〔一〕飛揚，以狥物欲於軀殼〔二〕之外，則一身無主、萬事無綱，雖其俯仰顧盼之間在己，不自覺其身之所在矣。』又曰：『敬便在腔子裏。』」

【譯文】

心要放在胸腔裏（當下），時刻醒覺。

〔一〕 馳騖：騖，音wù（物）。奔走、奔馳。
〔二〕 殼：音qiào（翹），同「殼」。

## 五・六五

○伊川先生曰：只整齊嚴肅①，則心便一，一則自無非辟之干。②

【注釋】

①整齊嚴肅——集注：「整齊嚴肅，如正衣冠、尊瞻〔一〕視之類。」

②心便一，一則自無非辟之干——辟，音pì（僻）。集注：「一，專一也。盧氏曰：『外面整齊嚴肅則內面便一，內面一則外面便無非僻之干。』」

【譯文】

程頤先生說：只要整齊嚴肅，內心就會專一，內心專一就自然不會幹錯誤偏頗的事。

〔一〕瞻，音zhān（沾），往上或往前看。

## 五・六六

○伊川先生甚愛表記①「君子莊敬日彊②，安肆日偷③」之語。蓋常人之情，纔放肆則日就曠蕩，自檢〔二〕束則日就規矩。

【注釋】

①表記——集注：「表記，禮記篇名。」

②彊——集注：「彊，彊立也。」

③偷——集注：「偷，偷惰也。」

④蓋常人之情……——纔，音cái，同「才」。肆，音sì（似），放縱。曠，音kuàng（況），荒廢。集注：「常人以下，程子釋記之言。規所以爲圓之器，矩所以爲方之器，喻禮度也。周氏〔三〕曰：『安肆日偷，亦言君子者，謂雖爲君子，或安肆則日入於偷也。』」

〔二〕摛藻堂四庫全書薈要本作「簡」。

〔三〕周氏：不詳何人，待考。

【譯文】

程頤先生很喜歡禮記表記中「君子莊敬就一天比一天進步，安逸放肆就一天比一天苟且」這段話。普通人亦是如此，只要一放肆就一天比一天放蕩，一旦自我約束就一天比一天規矩。

## 五・六七

〇人於外物奉身①者，事事要好。只有自家一箇身與心，却不要好。苟得外物好時，却不知道自家身與心已自先不好了也②。

【注釋】

①外物奉身——集注：「外物之奉身，如飲食、衣服、宮室之類。」

②身與心已自先不好了也——集注：「身不好謂身不簡，心不好謂心不收。」

【譯文】

人對於自己需要的身外之物，樣樣都要好。而對於自己所擁有的身心，却不追求完善。但却不知道當外物都好了的時候，自家的身心却已經先壞掉了。

## 五・六八

○伊川先生曰：顔淵問克己復禮之目，孔子曰：「非禮勿視，非禮勿聽，非禮勿言，非禮勿動。」①四者身之用也，由乎中而應乎外，制乎外所以養其中也。顔淵事斯語，所以進於聖人。後之學聖人者，宜服膺而勿失也。因箴以自警。②視箴〔一〕曰：心兮本虛，應物無迹。操之有要，視爲之則。蔽交於前，其中則遷。制之於外，以安其內。克己復禮，久而誠矣。③聽箴曰：人有秉彝，本乎天性。知誘物化，遂亡其正。卓彼先覺，知止有定。閑邪存誠，非禮勿聽。④言箴曰：人心之動，因言以宣。發禁躁妄，內斯靜專。矧是樞機，興戎出好。吉凶榮辱，惟其所召。傷易則誕，傷煩則支。己肆物忤，出悖來違。非法不道，欽哉訓辭。⑤動箴曰：哲人知幾，誠之於思。志士勵行，守之於爲。順理則裕，從欲惟危。造次克念，戰兢自持。習與性成，聖賢同歸。⑥

〔一〕摛藻堂四庫全書薈要本作「其視箴」，後皆仿此。

【注釋】

①顔淵問克己復禮之目……——集注：「朱子曰：『克，勝也。己謂身之私欲也。復，反也。禮者，天理之節文也。目，條件也。非禮者，己之私也。勿者，禁止之辭。是人心之所以爲主，而勝私復禮之機也。』」

②四者身之用也……——膺，音yīng（英）。箴，音zhēn（真），古代一種文體，以告誡規勸爲主。集注：「視聽言動，皆身之用，由心而出者也。非禮勿視聽言動，所以制外而養心也。事，從事也。進者，進步幾及之意。服，著也。膺，胸也。奉持而著之心胸之間也。朱子曰：『蹊中應外，泛言其理如此耳。制外養中，方是説做工夫處。』」

③其視箴曰……——集注：「心之體本自虛明，而其用則隨物而應，無有形迹。操而存之之要，以視爲則而已。蓋物欲之蔽交接於前，則心隨之以遷。此非禮之視，所以當制也。制之於外，克己也。以安其内，復禮也。至於真積力久則誠矣。誠者，從容不勉者也。朱子曰：『人之視聽言動，視最在先，爲操心之準則。』」

④其聽箴曰……——秉彝，音bǐng yí（丙儀），人心所持守的常道。集注：「性即理也。人之秉彝，乃得於天之正理也。聽非禮，則心之知爲物所引誘，與之俱化，而正理遂亡矣。惟彼先覺之人，卓然自立，知其所當止，而志有定向，故能防閑其邪妄於外，而存其實理於内，自然非禮勿聽之也。」

⑤其言箴曰……——矧，音shěn（沈）。戎，音róng（容）。忤，音wǔ（午），悖逆，不順從。悖，音bèi（備），違背。欽，音qīn（親）。集注：「宣，布也。人心有動於内，因言以宣於外。所謂言者，心之聲也。發，

發言也。言不煩躁則心安靜，言不妄誕則心專一。矧，況也。樞機，喻言說。見范魯公詩。戎，兵也。好，善也。謂言能興戎出好，且召吉凶榮辱也。傷於輕易則妄誕，傷於煩多則支蔓，己放肆則忤於人，出者逆則來者違。四者，言之病也。道，言也。欽，敬也。訓辭，訓戒之辭，即非法不道也。」

⑥其動箴曰……——幾，音jī（機），預兆。裕，音yù（玉），從容。集注：「思者動於心也，唯知幾之哲人能誠之。爲者動於身也，唯勵行之志士能守之。二者雖不同，然皆順理則安裕，從欲則危險也。動於心，造次而能念。動於身，戰兢而自持。内外交致其力也。習之久而與氣質之性俱成，則賢亦聖矣，故曰同歸。一説聖性之也謂哲人，賢習之也謂志士。及其成功則一也，故曰同歸。朱子曰：『此章問答，乃傳授心法，切要之言。程子之箴，發明親切，學者尤宜深玩。』」

【譯文】

程頤先生説：顏淵問克己復禮的條目，孔子回答説：「不符合禮的不要看，不符合禮的不要聽，不符合禮的不要説，不符合禮的不要做。」看、聽、説、做都是身體的運用，都是從内心發出而形之於外，行動也是爲了涵養内心。顏淵按照孔子的這段話做，所以成爲聖人。後來學聖人的人，應該牢記這段話，因此，我把它寫成箴言來自警。視箴是：心本虛靈，回應外物没有迹象，持守心靈有綱領，視是心的準則。如果遮住了視線，心靈也會被遮蔽。視制於外，心安於内。克己復禮，久則心誠。聽箴是：人的秉性，本是天生。爲外物所引誘而改變，就失去了本來的天性。卓然的先覺，知道人的行爲應該有確定的方向。要防止邪惡，保存真誠，就要做到非禮勿聽。言箴是：人心的活動，通過語言表現。説話不急躁虚妄，内心也就會安静專一。況且語言是關鍵，能攻擊别人也能表示友好。吉凶榮辱，大多是由語言決定的。説得容易就荒誕，説得繁多就支離。言語放肆，處理事情就不順利。出言不遜，别人的回答也就難聽。牢記這句話：不合禮的就不説。動箴是：哲人瞭解預兆，真實地思考。志士砥礪自己的德行，用德性引領自己的行爲。順從道理就從容不迫，屈從欲望就危險叢生。趕緊克服自己的私念，戰戰兢兢地把持自己的心靈。當習慣與本性一致，就能成爲聖賢一樣的人。

## 五・六九

○伊川先生言：「人有三不幸：少年登高科，一不幸；席父兄之勢爲美官，二不幸；有高才能文章，三不幸也。①」

【注釋】

①人有三不幸……——集注：「幸，猶慶也。席，猶籍〔一〕也。少年登高科者，學未優。藉勢爲美官者，人

〔一〕籍：音jiè，同「借」。

不稱。有高才能文章者，恒無德。以將之此三者，皆不足以致遠，故謂之不幸。」

【譯文】

程頤先生說：人生有三種不幸：年紀輕輕科舉就高中了，這是第一種不幸。依靠父兄的權勢獲得好的官位，這是第二種不幸。有天賦善於寫文章，這是第三種不幸。（因爲這三者都不能讓人前進得更遠，所以稱之爲不幸。）

## 五・七〇

〇橫渠先生曰：學者捨①禮義，則飽食終日無所猷②爲，與下民一致③。所事不踰④衣食之間，燕遊之樂耳。

【注釋】

①捨——集注：「捨，棄也。」

②猷——音yóu（由），集注：「猷爲謀猷，作爲也。」

③下民一致——集注：「下民，下等之人也。一致，猶言同歸。」

④踰——音yú（餘），集注：「踰，過也。」

【譯文】

張載先生説：學者舍去禮義，就成了飽食終日無所作爲的人，與下等人一樣。所做的事情不過是穿衣吃飯，享受宴飲遊玩的樂趣。

## 五·七一

○范忠宣公①戒子弟曰：人雖至愚，責人則明。雖有聰明，恕己則昏。爾曹但常以責人之心責己，恕己之心恕人②，不患不到聖賢地位也。

【注釋】

①范忠宣公——集注：「公名純仁，字堯夫，忠宣，謚也，文正公之子。」

②恕己之心恕人——集注：「朱子曰：『恕是推去的，於己不當下恕字。若欲修潤其語，當曰以愛己之心愛人。』吴氏曰：『恕字之義，范公蓋以寬恕爲言。』」

【譯文】

范純仁告誡後輩説：人即使很愚蠢，責備别人時也很聰明。雖然很聰明，原諒自己時也很昏庸。你們只要經常以責備别人的心責備自己，以原諒自己的心原諒别人，就不怕成不了聖賢。

## 五·七二

○吕滎公①嘗言：後生初學，且須理會氣象。氣象好時，百事是當。氣象者，辭令容止輕重疾徐足以見之矣。不惟君子小人於此焉分，亦貴賤壽夭之所由定也。②

【注釋】

①吕滎公——滎，音xíng（形）。集注：「公名希哲，字原明，宋東萊人，封滎陽郡公。」

②理會——集注：「理會，謂省察矯揉〔一〕之。」

③氣象者……——集注：「辭令出諸口，容止見諸身，乃德之符也。故端重安徐者爲君子、爲貴、爲壽，

〔一〕 矯揉：矯，使曲的變直；揉，使直的變曲。引申爲矯正、整飭。語出易説卦，孔穎達疏：「爲矯輮，取其使曲者直爲矯，使直者曲爲輮。」

輕浮躁疾者爲小人、爲賤、爲夭。熊氏曰：『氣象不過言貌二者而已。』」

【譯文】

呂希哲曾經説：年輕人初學，必須瞭解人格氣象。氣象好，做什麽事都恰當。氣象從言談舉止和輕重快慢就可以表現出來。不只是君子和小人可以從氣象上來區分，就是貴賤壽夭也是由它決定的。

## 五・七三

〇攻其惡，無攻人之惡。①蓋自攻其惡，日夜且自點檢，絲毫不盡，則慊於心矣，豈有工夫點檢他人邪？②

【注釋】

①攻其惡，無攻人之惡——集注：「攻，專治也。『攻其惡，無攻人之惡』，孔子之言也。」

②蓋自攻其惡……——慊，音qiàn（欠），不滿，有愧。集注：「蓋，發語辭。士之檢身，一念惡未盡去，即有愧於心矣，何暇責人哉！」

【譯文】

指責自己的惡，不要去指責別人的惡。自己指責自己的惡，日夜對自己檢點省察，有一絲一毫的惡没有去盡，内心就覺得慚愧，哪里有功夫去指責別人呢？

## 五·七四

○大要前輩作事多周詳，後輩作事多闕略。①

【注釋】

①大要前輩作事多周詳，後輩作事多闕略——闕，音quē，同「缺」。集注：「大要，猶言大抵〔二〕。周則無闕，詳則不略。用心勤密則作事多周詳，用心疏怠〔三〕則作事多闕略。」

【譯文】

總的説來，前輩做事大都周密詳審，後輩做事大都缺漏疏略。

〔二〕大抵：抵，音dǐ（底）。大概，大致。
〔三〕怠：音dài（帶），懶惰，鬆懈。

## 五·七五

○「恩讐分明」，此四字非有道者之言也。①「無好人」三字，非有德者之言也。②後生戒之。

【注釋】

①「恩讐分明」，此四字非有道者之言也——集注：「孔子曰：『以德報德，以直報怨』，是恩讐不當分明也。」

②「無好人」三字，非有德者之言也——集注：「孟子曰：『人皆可以爲堯舜』，是世未嘗無好人也。」

【譯文】

「恩仇分明」這四個字，不應是有道義的人所説的話。「無好人」這三個字，不應是有德性的人所説的話。年輕人應該引以爲戒。

## 五・七六

〇張思叔①座右銘②曰：凡語必忠信，凡行必篤敬。飲食必慎節③，字畫必楷正④。容貌必端莊，衣冠必肅整。步履必安詳，居處必正靜。⑤作事必謀始，出言必顧行。⑥常德必固持，然諾必重應。⑦見善如己出，見惡如己病。⑧凡此十四者，我皆未深省⑨。書此當座隅，朝夕視爲警⑩。

【注釋】

①張思叔——集注：「思叔，名繹，宋河南人。」

②銘——集注：「銘者，自警之辭。」

③慎節——集注：「慎謂不苟食，節謂不恣〔一〕食。」

④楷正——集注：「楷謂不草率，正謂不偏邪。」

〔一〕恣：音zì（字），放縱。

⑤容貌必端莊，衣冠必肅整。步履必安詳，居處必正靜——集注：「皆敬也。」

⑥作事必謀始，出言必顧行——集注：「事謀於始則無後悔，言顧其行則非虛言。」

⑦常德必固持，然諾必重應——集注：「常德，平常之德，持之固則不失。然、諾，皆應辭。應之重則思踐。」

⑧見善如己出，見惡如己病——集注：「如己出，冀〔一〕己亦有是善也。如己病，恐己亦有是惡也。」

⑨省——集注：「省，察也。」

⑩警——集注：「警，戒也。」

【譯文】

張繹的座右銘說：凡是説話要忠信，凡是行爲要篤敬。飲食必須謹慎有節制，寫字必定端正不草率。容貌必須端莊，衣冠必須嚴整。步態必須安詳，居處必須正靜。做事開始就要謀劃，説出的話必須可履行。常德必須經常保持，答應了的事必須以行爲作回應。見到善事就希望自己也能做到，見到惡事就唯恐自己也會這樣。這十四條，我認識得還不深。我把它寫下來當作座右銘，早晚都看，警鐘長鳴。

〔一〕冀：音jì（記），希望。

## 五·七七

○胡文定公曰：人須是一切世味淡薄①方好，不要有富貴相②。孟子謂「堂高數仞，食前方丈，侍妾數百人，③我得志不爲」。學者須先除去此等，常〔二〕自激昂，便不到得墜墮。④常愛諸葛孔明當漢末躬耕南陽⑤，不求聞達。後來雖應劉先主⑥之聘，宰割山河，三分天下，⑦身都將相，手握重兵，⑧亦何求不得，何欲不遂？乃與後主言：「成都有桑八百株，薄田十五頃，子孫衣食自有餘饒。臣身在外，別無調度，不別治生，以長尺寸。若死之日，不使廩有餘粟，庫有餘財，以負陛下。⑨」及卒，果如其言。如此輩人，真可謂大丈夫矣。⑩

【注釋】

①一切世味淡薄——集注：「一切世味，如飲食、衣服、居室之類。淡薄，謂食取充腹、衣取蔽形、居室

〔二〕摛藻堂四庫全書薈要本作「嘗」。

取蔽風雨也。」

②富貴相——集注：「富貴相，驕奢之態也。」

③堂高數仞，食前方丈，侍妾數百人——仞，音rèn（任）。集注：「八尺曰仞。方丈，食饌〔一〕列於前者方一丈也，此所謂富貴相也。」

④常自激昂，便不到得墜墮——集注：「激昂，猶奮發也。墜、墮，皆落也。不以富貴爲事，嘗自激昂而爲善，則不淪於汙下矣。」

⑤南陽——集注：「南陽，地名。」

⑥劉先主——集注：「先主，漢昭烈也，嘗三顧武侯於草盧之中。」

⑦宰割山河，三分天下——集注：「宰，宰制。割，分割。三分天下，謂昭烈居蜀、曹操居中原、孫權居江南，分天下爲三國也。」

⑧身都將相，手握重兵——集注：「都猶居也，握猶掌也。」

⑨成都有桑八百株……——饒，音ráo（嬈）。廩，音lǐn（凜），米倉。粟，音sù（素），泛指穀物。集

---

〔一〕饌：音zhuàn（轉），陳設飲食。

注：「成都，郡名。百畝爲頃。饒亦餘也。調度猶言區畫〔二〕。長，增益也。尺寸，猶言毫末。背恩忘德曰負。」

⑩真可謂大丈夫矣——集注：「躬耕南陽，若將終身。及爲將相，志惟興漢。孟子稱大丈夫，『貧賤不能移，富貴不能淫』，武侯有之矣。」

【譯文】

胡安國說：人應該對一切世俗的追求淡薄才好。不要有驕奢的樣子。孟子說：「堂屋高幾丈，飯菜在面前擺一丈見方，侍妾幾百人，我不以此爲目標。」學者必須先放棄這些東西，經常激昂向上，才不會墮落。我很喜歡諸葛亮，漢末躬耕南陽，不求出名做官。後來雖然接受了劉備的召聘，主宰山河，三分天下，身兼將相，手握重兵，想求什麽不能得到？想要什麽不能滿足？但他却對後主說：「我在成都有桑樹八百株，薄田十五頃，子孫衣食自給自足。我在外面，没有别的打算，不另外治産業，不讓産業再有一尺一寸的擴大。我死的時候，不讓家裏的糧倉有餘糧，不讓府庫裏有餘財，不辜負皇帝陛下。」死的時候，果然像他自己說的那樣。像諸葛亮這樣的人，真算得上是大丈夫。

〔二〕區畫：籌畫、安排。

## 五·七八

○范益謙①座右戒曰：一、不言朝廷利害，邊報差除；②二、不言州縣官員長短得失；三、不言衆人所作過惡③；四、不言仕進官職，趨時附勢；五、不言財利多少，厭貧求富；六、不言淫媟戲慢④，評論女色；七、不言求覓人物，干索酒食。⑤又曰：一、人附書信，不可開拆沉滯⑥；二、與人並坐，不可窺人私書⑦；三、凡入人家，不可看人文字⑧；四、凡借人物⑨，不可損壞不還；五、凡喫飲食，不可揀擇去取⑩；六、與人同處，不可自擇便利⑪；七、見人富貴，不可歎羨詆毁⑫。凡此數事⑬，有犯之者，足以見用意之不肖，於存心修身大有所害，因書以自警。

【注釋】

①范益謙——集注：「益謙名沖，宋人。」

②不言朝廷利害，邊報差除——集注：「利害，謂事有利有害也。邊報，邊境之報也。遣使曰差，授官曰除。」

③過惡——集注：「無心失理爲過，有心悖理爲惡。」

④淫媟戲慢——媟，音xiè（謝）。集注：「媟，狎[一]也。淫媟戲慢，皆邪僻之事。」

⑤不言求覓人物，干索酒食——集注：「覓、干索，皆求也。」

⑥開拆沉滯——滯，音zhì（至）。集注：「開拆則干人之私，沉滯則誤人之托。」

⑦窺人私書——窺，音kuī（虧）。集注：「窺，竊視也。私書，親故之書也。」

⑧文字——集注：「文字，如書簡、簿籍之類。」

⑨物——集注：「物如書籍、器物之類。」

⑩揀擇去取——揀，音jiǎn（減）。集注：「謂揀擇以去其不可意者，而取其可意者。」

⑪自擇便利——集注：「如夏擇清涼、冬擇和暖之類。」

⑫歎羨詆毀——羨，音xiàn（縣）。詆，音dǐ（底）。集注：「慕之則歎羨，惡之則詆毀。」

⑬凡此數事——集注：「凡此數事，學者所當察之於念慮之萌、謹之於事爲之著者也。」

【譯文】

范沖的座右戒上説：一、不談朝廷的利害，不談邊境的情況和朝廷任命的官員。二、不談州縣官員的長短

[一] 狎：音xiá（俠），親近而態度不莊重。

得失。三、不談衆人做的惡。四、不談官職，不趨時附勢。五、不談財利多少，不貪貧愛富。六、不談淫邪戲慢，不評論女色。七、不談求人的事，不向人索要酒食。座右戒上又説：一、爲別人帶書信，不能拆開看，不能耽誤。二、和別人坐在一起，不能偷看人家的私信。三、凡是到別人家裏，不能私自看別人寫的東西。四、凡是借別人的東西，不能損壞，不能不還。五、凡是吃東西，不能挑挑選選，去掉不喜歡的東西。六、與人相處，不能只選擇對自己有好處的事。七、看到別人富貴，不嚮往也不厭惡。以上這些事，如有違犯，足以説明用心不好，對於養心修身大有害處。所以寫下來，用以自警。

## 五·七九

〇胡子①曰：今之儒者，移學文藝、干仕進之心，以收其放心而美其身，則何古人之不可及哉！②父兄以文藝令其子弟，朋友以仕進相招，往而不返，則心始荒而不治，萬事之成，咸不逮古先矣。③

【注釋】

①胡子——集注：「胡子名宏，字仁仲，文定公之子。」

②今之儒者……——集注：「言今之儒者，學文藝而干仕進，其用心最勤，能移此心以存心修身，雖古人亦可及也。」

③往而不返……——集注：「往而不返，謂心馳逐於文藝仕進而不知返也。心者，萬事之本，心既荒，故萬事之成皆不及古之人矣。」

【譯文】

胡宏說：今天的儒者，如果改變其學習文章藝術追求仕途的心思，將丟失的本心找回，來修善自己的身心，怎麼會達不到古人的修養境界呢！父兄叫子弟學習文章藝術，朋友之間以仕途相互吸引，一去就不再回頭，心靈開始荒蕪而不去治理，所以不論做什麼事，都比不上古人。

## 五·八〇

○顏氏家訓曰：夫所以讀書學問，本欲開心明目，利於行耳。①未知養親者，欲其觀古人之先意承顏，怡聲下氣，不憚劬勞，以致甘腝，惕然慙懼，起而行之也。②未知事君者，欲其觀古人之守職無侵，見危授命，不忘誠諫，以利社稷，惻然自念，思欲效之也。③

素驕奢者，欲其觀古人之恭儉節用，卑以自牧，禮爲教本，敬者身基，瞿然自失，斂容抑志也。④素鄙吝者，欲其觀古人之貴義輕財，少私寡欲，忌盈惡滿，賙窮恤匱，赧然悔恥，積而能散也。⑤素暴悍者，欲其觀古人之小心黜己，齒弊舌存，含垢藏疾，尊賢容衆，苶然沮喪，若不勝衣也。⑥素怯懦者，欲其觀古人之達生委命，強毅正直，立言必信，求福不回，勃然奮厲，不可恐懼也。⑦歷茲以往，百行皆然，縱不能淳，去泰去甚，學之所知，施無不達。世人讀書，但能言之，不能行之。武人俗吏所共嗤詆，良由是耳。⑧又有讀數十卷書，便自高大，陵忽長者，輕慢同列，人疾之如讐敵，惡之如鴟梟⑨。如此以學求益，今反自損，不如無學也。

【注釋】

①本欲開心明目，利於行耳——集注：「開心明目，猶言推極知識也。利者，行無不得之謂。」

②未知養親者……——怡，音yí（儀），和悦，愉快。憚，音dàn（但），畏懼。劬，音qú（渠），勞苦，辛勞。腝，音ruǎn（軟），柔軟。惕，音tì（替），戒懼謹慎。集注：「先意，道迎父母之善意也。惕然，慙懼意。吴氏曰：『先意而承順顔色，怡聲而低下其氣，所謂養志也。不憚己之疲勞，以營奉甘腝之飲食，所謂養口體也。此皆古人之所行者，今因讀書學問而知之，故必惕然慙懼興起，而必欲行之也。後五者文意皆倣此。』」

③未知事君者……——諫，音jiàn（見），規勸君主或尊長使之改正錯誤。稷，音jì（記），社稷（指國家）。惻，音cè（策），悲痛。集注：「守職無侵，有官守者修其職，有言責者盡其忠也。見危授命，知有君而不知有身也。不忘誠諫以利社稷，知有國而不知有家也。惻然，感念意。」

④素驕奢者……——瞿，音jù（句），驚恐環顧。斂，音liǎn（臉），約束。集注：「素，平日也。驕矜奢縱，役於氣者也。自牧，自處也。禮以律人，敬以立己。瞿然自失貌，收斂其容、抑下其志則不驕奢矣。」

⑤素鄙吝者……——賙，音zhōu（周），救濟。恤，音xù（序），憐憫，救濟。匱，音kuì（愧），缺乏。赧，音nǎn，因羞愧而臉紅。集注：「鄙，鄙陋。吝，吝嗇。欲，貪欲也。盈則溢〔二〕，故可忌。滿則覆，故可惡。匱，乏也。赧然，慙而面赤之貌。積財而能散施，則不鄙吝矣。」

⑥素暴悍者……——黜，音chù（觸）。弊，音bì（必），壞敗。垢，音gòu（購），污穢，髒東西。沮喪，音jǔ sàng，灰心失望。集注：「猛暴強悍，剛惡也。黜己，自退抑也。齒弊舌存，喻強死而弱生也。含垢，猶言忍恥。藏疾，猶言隱惡。衆謂衆人。苶〔三〕然，沮喪貌，謂自沮喪其暴悍之氣也。」

⑦素怯懦者……——淳，音chún（純），純正。嗤詆，音chī dǐ（吃底），譏笑，詆毀。集注：「怯軟懦弱，

〔二〕 溢：音yì（義），充滿而流出，過分。
〔三〕 苶，音nié，同「苶」，疲憊，精神不振。

柔惡也。達生委命，達生死之常理而委之命也。求福不回，不爲回邪之行以求福也。勃然奮厲貌，謂奮發振厲以去其怯懦也。」

⑧歷茲以往……——集注：「茲指上文六者而言。皆然，謂皆如此，取法古人也。人能勇於力行，雖或未至盡善，而氣習之偏駁泰甚者，亦必克而去之矣。蓋學之所知者，能力行之，自無不達也。達即周子所謂行之利也。嗤，笑也。詆，毀也。」

⑨鴟梟——音chī xiāo（吃消），集注：「鴟梟，惡鳥。」

【譯文】

顏氏家訓中說：讀書做學問，是爲了開心明目，有助於自己的行爲。不知道怎樣奉養父母的人，要讓他去看古人是如何領會父母的心意，順從父母的顏色，和顏悦色，不怕勞苦，供給父母甘美柔軟的食物，由此而悚然慚愧，著手奉養父母。不知道怎樣侍奉君上的人，要讓他去看古人是如何恪守職責，在危險中接受命令，不忘誠心勸諫，以利國家，使他深受感動，自己也想要這麼做。那些一貫驕奢的人，要讓他們去看古人是如何恭儉節用，謙卑自處，以禮教爲根本，以敬身爲基礎的，他們就會翻然認識到自己的錯誤，收斂自己的驕縱之色，抑制自己的驕奢。那些鄙陋吝嗇的人，要讓他們去看古人是如何貴義輕財，少私寡欲，忌諱盈滿，救濟貧困貧乏的人，他們會對自己的自私貪婪感到羞恥臉紅，聚積了財物而能够分散。那些素來凶暴的人，要讓他們去看古人是如何小心自貶，就像牙齒殘而舌頭存，含垢隱惡，尊賢人容衆人的，他們就會自己除去强暴凶悍，變得溫文爾雅，似乎弱不勝衣。那些素來懦弱的人，要讓他們去學習古人是如何達觀地對待人生，把自己交給命運，強毅正直，説話講信用，不用邪惡的手段求福的，他們就會自己勃然振奮，不再畏首畏尾，恐懼不安。從這裏開始，一言一行都向古代典籍學習，即使不能做到道德純粹，但去掉了驕縱偏頗，就會把自己學到的東西，完全用在行動中。但一般人讀書，只能説，不能做，武夫和俗吏都嗤笑詆毀他們，就是由於這個原因。還有的人讀了幾十卷書，就自高自大，看不起長者，甚至凌駕於長者之上，輕視怠慢同事。人們對這樣的人像憎恨仇敵、討厭鴟梟一樣。學習本來是爲了對人有益，這些人學習反而對自己不利，這樣還不如不學。

## 五·八一

○伊川先生曰：大學，孔氏之遺書，而初學入德之門也。①於今可見古人爲學次第②者，獨賴此篇之存，而其他則未有如論、孟者。故學者必由是③而學焉，則庶乎其不差矣。

【注釋】

①大學，孔氏之遺書，而初學入德之門也——集注：「大學之書，古之大學所以教人之法，孔子誦而傳之，

以詔[一]後世者也。德之爲言得也，行道而有得於心也。門以比大學之書，蓋入德必由乎大學，譬之入室必由乎門也。」

②爲學次第——集注：「爲學次第，謂格物、致知、誠意、正心、修身、齊家、治國、平天下，有先後之序也。」

③是——集注：「是指大學而言。」

【譯文】

程頤先生說：大學是孔子的遺書，是初學入德的門徑。現在還可以看到古人爲學的步驟，全靠這本書的存在。其餘的主要是論語和孟子，這都是别的書比不上的。所以學者如果從大學開始學習，就大致不會走上岔路。

五·八二

○凡看語、孟，且須熟讀玩味，將聖人之言語切己，不可只作一場話說，看得此二書

[一] 詔：音zhào（照），告訴，告誡。

切己，終身儘多也。①

【注釋】

①凡看語、孟……——集注：「孔、孟之言皆實理也。熟讀其辭，玩味其理，而著之於己，則終身用之不能盡矣。」

【譯文】

凡是讀論語、孟子，必須反復熟讀，仔細玩味，把聖人的言語牢記，不要看過就了事。如果讀這兩種書能切於自己的身心修養，終身都會受用無窮。

## 五・八三

○讀論語者，但將弟子問處便作己問，將聖人答處便作今日耳聞，自然有得。若能於論、孟中深求玩味，將來涵養成甚生氣質！①

【注釋】

①讀論語者……——集注：「讀書當體認歸己，不徒誦説而已。輔氏〔一〕曰：『將來涵養成，謂後來涵養成就也。』新安陳氏曰：『甚生氣質，謂愚者明、柔者強，生出好氣質也。』」

【譯文】

讀論語的人，只要把孔子弟子的提問當作自己在提問，把聖人的解答當作現在親耳聽到的回答，自然有所收穫。如果能在論語、孟子中深求玩味，將來涵養出來的氣質必定不同尋常。

## 五・八四

○横渠先生曰：中庸文字輩，直須句句理會過，使其言互相發明。①

【注釋】

①中庸文字輩……——集注：「理會，謂深求玩味之。互，交互也。朱子曰：『張子之言，真讀書之要

〔一〕輔氏：不詳何人，待考。

法！不但可施於中庸也。』」

【譯文】

張載先生説：中庸的文字，必須要一句句認真領會，使文字相互闡發説明，體會其中的深意。

## 五・八五

○六經須循環理會①，儘無窮②，待自家長得一格③，則又見得別。

【注釋】

①六經須循環理會——集注：「古者以易、詩、書、禮、樂、春秋爲六經。循環，謂周而復始。此理會，亦謂深求玩味也。」

②儘無窮——集注：「儘無窮，謂義理無窮盡也。」

③長得一格——集注：「長一格，謂學有進也，學進則所見益高矣。」

【譯文】

六經必須反復來回加以學習領會，它意藴無窮，等到自己長進到一個新的階段，見解又會有所不同。

## 五・八六

○吕舍人①曰：大抵後生爲學，先須理會所以爲學者何事。②一行一住，一語一默③，須要盡合道理。學業則須是嚴立課程，不可一日放慢。每日須讀一般經書、一般子書，不須多，只要令精熟。須靜室危坐，讀取二三百遍，字字句句須要分明。又每日須連前三五授，通讀五七十遍，須令成誦，不可一字放過也。史書每日須讀取一卷或半卷已〔一〕上，始見功。須是從人授讀，疑難處便質問，求古聖賢用心，竭力從之。④夫指引者，師之功也。行有不至，從容規戒者，朋友之任也。決意而往，則須用己力，難仰⑤他人矣。

【注釋】

①吕舍人——集注：「舍人，吕本中也，嘗爲中書舍人。」

②大抵後生爲學，先須理會所以爲學者何事——集注：「此理會，猶言識得也。蓋學所以爲道，如下文行

〔一〕摛藻堂四庫全書薈要本作「以」。

止語默須要盡合道理，及求古聖賢用心竭力從之是已。非謂作文章、取官禄計也。後生爲學，先須識得此意，然後志定而德業可成。」

③默——集注：「默，不言也。」

④每日須讀一般經書……——集注：「經書，聖人之書。子書，賢人之書。史書，紀事之書。危坐，猶正坐也。質，正也。經書、子書必讀之精熟，反覆玩味，然後文義可通。史書必讀一卷、半卷以上，然後事之本末可見。皆必從師友授而讀之，有疑難則取正審問，乃不差也。如是以求古聖賢所以用心，而盡力從之，道將爲我有矣。」

⑤仰——集注：「仰，資也。」

【譯文】

吕本中説：一般來説，年輕人做學問，必須明白做學問是爲了什麽。不管是行還是止，不管是説話還是沉默，都必須合乎道義。學習必須有嚴格的課程，不能有一天怠慢。每天必須讀一定量的經書、一定量的子書，不必讀得太多，只要讀得精熟。必須在安静的室内端坐，讀上二三百遍。字字句句，必須要讀得分明。每天必須連前讀上三五回，通讀五七十遍。必須能背誦，不能放過一個字。讀史書，每天必須讀一卷或半卷以上，才能見到功效。必須聽師友教授教讀，有疑難的地方就請教，探求古聖賢的用心，努力向古聖賢學習。指引後進學習，是老師的功德。行爲有不到的地方，從容規勸告誡，是朋友的責任。決意做學問，必須自己用功，很難依靠别人。

## 五·八七

〇呂氏童蒙訓曰：今日記一事，明日記一事，久則自然貫穿。今日辨一理，明日辨一理，久則自然浹洽。①今日行一難事，明日行一難事，久則自然堅固。②渙然冰釋，怡然理順，③久自得之，非偶然也。

【注釋】

①今日記一事……——浹洽，音jiā qià（家恰），和諧融洽，貫通。集注：「此致知之事。久謂日日如此，無間斷也。貫穿，通透也。理即事中之理。辨謂辨其是非。浹洽，謂心與理相涵〔一〕矣。」

②今日行一難事……——集注：「此力行之事。堅固則身與事相安矣。」

③渙然冰釋，怡然順理——集注：「釋，消也。林氏〔二〕曰：『渙然解散，如春冰之釋。怡然喜悦，而衆理

〔一〕涵：包含，融匯。
〔二〕林氏：不詳何人，待考。

皆順。』」

【譯文】

呂氏童蒙訓裏説：今天記一件事，明天記一件事，時間長了自然就會明白道理。今天辨别一個道理，明天辨别一個道理，時間長了自然就會融會貫通。今天做一件難事，明天做一件難事，時間長了自然就堅固了。疑難煥然冰釋，思索怡然順理。堅持就會有收穫，這並非是偶然的。

## 五·八八

○前輩嘗説，後生才性過人者不足畏，惟讀書尋思推究者爲可畏耳。又云，讀書只怕尋思，蓋義理精深，惟尋思用意爲可以得之。鹵莽厭煩者，決無有成之理。①

【注釋】

①鹵莽厭煩——鹵莽，音lǔ mǎng（魯蟒）。集注：「鹵莽，不用心也。熊氏曰：『人有才，貴乎有學，非學無以充其才。有學貴乎有思，非思無以充其學。故後生可畏者，非以其才之難，既能學而又能思者爲難也。夫義理，散在簡册之中，聖賢之言不可以粗看，不可以淺窺。若鹵莽厭煩，則何由知聖賢用心而窮其義

理乎？』」

【譯文】

前輩曾經説：年輕人才能天賦過人的不足畏懼，只有讀書深入思考探究的才可畏。又説：讀書只怕尋思。因爲義理精深，只有用心尋思才能有得。魯莽厭煩，是決不會有成就的。

## 五・八九

〇顏氏家訓曰：借人典籍，皆須愛護。先有缺壞，就爲補治，此亦士大夫百行之一也。①濟陽江禄讀書未竟，雖有急速，必待卷束整齊，然後得起，故無損敗，人不厭其求假焉。②或有狼籍几案，分散部帙，多爲童幼婢妾之所點污，風雨蟲鼠之所毁傷，實爲累德。吾每讀聖人書，未嘗不肅敬對之。其故紙有五經詞義及聖賢姓名，不敢他用也。③

【注釋】

①借人典籍……——集注：「百行，大而忠君孝親，小而手容恭、足容重，皆是。借人器物，皆須保護，況書籍乎！或先損壞，即爲修補完好，實士君子之一行也。」

②濟陽江禄讀書未竟……——集注：「濟陽，縣名。禄字彦遐。竟，終也。假，借也。讀書雖遇急事，必整束而起，此亦可見其處事敬謹，宜乎人不厭其求借也。」

③或有狼籍几案……——帙，音zhì（至）。累，音lěi（磊），拖累。集注：「狼籍，草而卧去則穢亂，故物之散亂曰狼籍。部帙，書册卷帙也。散汙經書，實累大德，故顔氏書以爲世戒。且云舊紙有經書之文、聖賢之姓名，皆不當别用，所以廣敬也。」

【譯文】

顔氏家訓裏説：借别人的書籍，必須愛護。如果原來就殘缺損壞，就應該修補好，這也是士大夫好的品德之一。濟陽縣的江禄讀書没有讀完，就是碰上急事，也要等把書卷好，放整齊，然後才起身，所以書都没有損壞，别人都樂意把書借給他。有些人將所借的書，狼藉放在桌上，書册卷帙分散，很多都被幼童婢妾弄污，被風雨蟲鼠所傷，實在妨礙自己的德行。我每次讀聖人書，都是肅敬相對。那些有五經言辭和聖賢姓名的紙張，我不敢隨便他用。

## 五·九〇

○明道先生曰：君子教人有序，先傳以小者近者，而後教以大者遠者，①非是先傳以近小，而後不教以遠大也。

【注釋】

①先傳以小者近者，而後教以大者遠者——集注：「小者近者，謂灑掃應對進退之節。大者遠者，謂明德新民之事。」

【譯文】

程顥先生說：君子教人有一定的次序，先教小的近的（如灑掃應對進退的禮節），再教以大的遠的（如明明德、新民等事）。不會僅僅先教小的近的，之後又不教人遠的大的的。

## 五・九一

〇明道先生曰：道之不明，異端害之也。昔之害近而易知，今之害深而難辨。昔之惑人也乘其迷暗，今之入人也因其高明。①自謂之窮神知化，而不足以開物成務。言爲無不周徧，實則外於倫理。窮深極微，而不可以入堯舜之道。天下之學，非淺陋固滯，則必入於此。②自道之不明也，邪誕妖妄之説競起，塗生民之耳目，溺天下於污濁，雖高才明智，膠於見聞，醉生夢死，不自覺也。③是皆正路之蓁蕪，聖門之蔽塞，闢之而後可以入道。④

【注釋】

①道之不明，異端害之也……——集注：「道者，聖人之道也。異端，非聖人之道而別爲一端，如楊墨老佛是也。昔之害謂楊墨，今之害謂佛氏。葉氏曰：『淺近故迷暗者爲所惑，深微故高明者反陷其中。』朱子曰：『楊墨只是硬恁〔一〕地作爲我兼愛，做得來也，淺不能惑人。佛氏最有精微動人處，從他説愈深愈害人。』又曰：『他劈初頭便錯了。如天命之謂性，他把這箇便都做空虚説了，吾儒見得都是實。』」

②言爲無不周徧……——集注：「言爲，夏氏曰：『所言所爲也。』佛氏空寂之教，自謂通神明之德、知變化之道。語大，包法界；語小，入微塵。或陳説道德、指陳心性，皆朱子所謂彌近理而大亂真者也。開物謂人所未知者開發之，成務謂人之欲爲者成全之。如三皇五帝造書契〔二〕、教稼穡〔三〕、制衣服宫室之類是也。倫理謂父子君臣夫婦長幼朋友之倫，有親義別序信之理也。堯舜之道，即倫理也。淺陋固滯，如刑名術數之説、記誦詞章之習。皆是道不明，故天下之學不入於淺陋固滯，必入於佛氏之空寂。」

③自道之不明也……——誕，音dàn（但），虚妄。溺，音nì（逆），淹没，陷入。膠，音jiāo（驕），糾纏紛

〔一〕恁：音nèn（嫩），那樣，如此。
〔二〕契：音qì（器），法律文書。
〔三〕稼穡：音jià sè（嫁色），春耕爲稼，秋收爲穡，即播種與收穫，泛指農業勞動。

擾。集注：「楊墨老佛，皆邪誕妖妄之説也。塗猶塞也，溺猶陷也，膠猶泥也。覺，悟也。言其迷溺之深，如醉如夢，自生至死而不悟也。」

④是皆正路之蓁蕪……——蓁，音zhēn（真）。蕪，音wú（無）。集注：「正路，喻聖道。蓁，草盛貌。蕪，荒也。闢，開也。」

【譯文】

程顥先生説：道理不明，是由於異端的危害。過去的異端危害淺而容易知道，當今的異端危害深而難分辨。過去異端迷惑人，是趁著人的昏暗。今天異端影響人，是趁著人的高明。自認爲窮神知化，却不能開物成務。自認爲所爲無所不到，實際的作爲却有悖於倫理。去做窮極深微的工夫，却不能入堯舜之道。天下的學説，如果不是淺陋固滯，就必定會走上這條道路。自從道不明，邪惡荒誕妖妄的學説競起，堵塞天下人的耳目，陷天下於污濁之中。即使是高才明智的人，也固於見聞，醉生夢死，而自己却不覺察。這些都是正路的荆棘，閉塞着聖門，只有剷除才能進入聖人之道。

## 右廣敬身〔一〕

〔一〕集注云：「李氏曰：『首十六章，廣心術之要。次四章，廣威儀之則。次三章，廣衣服之制及飲食之節。後十三章，通論爲學之道。』」

# 善行第六[一]

## 六・一

○吕滎公名希哲，字原明，中國正獻公之長子。正獻公居家，簡重寡默，不以事物經心。而申國夫人性嚴有法，雖甚愛公，然教公事事循蹈規矩。①甫十歲，祁寒暑雨，侍立終日。不命之坐，不敢坐也。日必冠帶以見長者，平居雖甚熱，在父母長者之側，不得去巾襪縛袴，衣服唯謹。②行步出入，無得入茶肆酒肆。市井里巷之語，鄭衛之音，未嘗一經於耳。不正之書，非禮之色，未嘗一接於目。③正獻公通判潁州，歐陽公適知州事。焦先生

〔一〕 集注云：「此篇紀漢以來賢者所行之善行，以實立教、明倫、敬身也。凡八十一章。」此篇收録的是漢代以來賢人的美善行爲，用來落實立教、明倫、敬身。總共八十一個章節。

千之伯強客文忠公所，嚴毅方正，正獻公招延之，使教諸子。諸生小有過差，先生端坐，召與相對終日，竟夕不與之語，諸生恐懼畏伏[一]，先生方略降詞[二]色。④時公方十餘歲，內則正獻公與申國夫人教訓如此之嚴，外則焦先生化導如此之篤，故公德器⑤成就大異衆人。公嘗言：「人生內無賢父兄，外無嚴師友，而能有成者少矣。」

【注釋】

①呂滎公名希哲……——集注：「正獻公，名公著，字晦叔，相宋，封申國公。簡，簡要。重，重厚。寡，省事。默，慎言也。事物，謂外事外物。經猶縈[三]也，蹈猶行也。規矩，喻禮度。事事依循禮度而行，下文所言是也。」

②甫十歲……——甫，音fǔ（府）。祁，音qí（其），盛大。縛，音zhuàn（轉）。袴，音kù，同「褲」。集注：「甫，始。祁，大。縛，繞也。縛袴，所以纏繞袴管者，亦謂之偪。首之巾、足之襪、脛[四]之縛袴、身之

[一] 摛藻堂四庫全書薈要本作「服」。
[二] 摛藻堂四庫全書薈要本作「辭」。
[三] 縈：音yíng（營），繚繞。
[四] 脛：音jìng（敬），小腿。

衣服，皆不得去。謹則又加整飭[一]矣。」

③行步出入……——肆，音sì（似），店鋪。集注：「鄭、衛，二國名。其音淫，熊氏曰：『足不妄行，耳不妄聽，目不妄視。』」

④正獻公通判潁州……——潁，音yǐng（影）。集注：「歐陽公，名脩，字永叔，謚文忠。焦先生，名千之，字伯強，時寓歐陽公家。諸子諸生，皆謂滎公及其弟也。端，正也。降，猶舒也解也。」

⑤德器——集注：「行成曰德，才成曰器。」

【譯文】

呂滎公名叫希哲，字原明，申國公（即正獻公）的長子。申國公在家裏，簡約莊重少事寡言，不把一般的事情放在心上。申國夫人嚴格有家法，雖然疼愛呂滎公，但教他事事要循規蹈矩。呂滎公才十歲，嚴寒暑雨，侍立一整天，不讓他坐他就不敢坐。每天必須戴著帽冠，系著腰帶見長者。平時即使很熱，在父母長者身邊，不能去掉頭巾和纏繞褲管的綁腿，衣服都須穿得很整齊。不管出去還是回來，不能進入茶館酒館。市井里巷的閒話，鄭衛之類的靡靡之音，從來沒有聽過。不正經的書籍，不合禮儀的東西，從來沒有看過。申國公在潁州當通判的時候，歐陽脩正好是知州，焦千之先生正好客居歐陽脩先生處。焦先生嚴格剛毅方正，申國公就請他

[一] 飭：音chì（斥），整頓，使有條理。

來教育家裏的孩子們。學生稍有過錯，焦先生就端坐著，把他叫來，和他面對面，整天都是如此，到晚上也不和他説一句話。學生恐懼畏服，焦先生臉色才稍微平和些，開始説話。當時吕滎公十多歲，内有申國公和申國夫人如此嚴格的教訓，外有焦先生如此執著的教化引導，所以吕滎公的品格氣質成就和衆人大不相同。吕滎公曾説：「人在内没有賢德的父兄，在外没有嚴格的師友，而能取得成就的是很少的。」

## 六・二

○吕滎公張夫人，待制諱昷之之幼女也，最鍾愛。然居常至微細事，教之必有法度。如飲食之類，飯羹許更益，魚肉不更進也，時張公已爲待制、河北都轉運使矣。①及夫人嫁吕氏，夫人之母申國夫人姊也，一日來視女，見舍後有鍋釜之類，大不樂。謂申國夫人曰：「豈可使小兒輩私作飲食，壞家法耶？」其嚴如此。②

【注釋】

①吕滎公張夫人……——諱，音huì（會）。昷，音wēn，古同「溫」。集注：「夫人，滎公之妻。待制，官名。諱即名也，生曰名，死曰諱。鍾，聚。更，再。益，增也。都轉運使，亦官名。張公已貴顯矣，而示女子

以儉約如此，非特教子者所當法，亦守官者所當法也。」

②及夫人嫁吕氏……——集注：「張待制、吕正獻公，皆魯參政宗道之壻〔二〕。」

【譯文】

吕榮公張夫人，是待制張昷之的小女兒，張昷之最爲鍾愛她。但是平常很細微的事，也要教育她有規矩。比如吃飯，飯和湯要吃完再添，魚肉則不准多吃。當時張昷之已經是待制、河北轉運使了。張夫人嫁給吕榮公後，張夫人的母親，也就是申國夫人的姐姐來看望張夫人，看見屋子後邊有鍋一類的器具，心裏大不高興，對申國夫人説：「怎麽能叫孩子們私自做飯，破壞家法呢？」教育她就是這樣的嚴格。

## 六·三

○唐陽城①爲國子司業，引諸生告之曰：「凡學者，所以學爲忠與孝也。諸生有久不省親者乎？」明日謁②城還養者二十輩。有三年不歸侍者，斥③之。

〔二〕壻：音xù，古同「婿」。

【注釋】

①唐陽城——集注：「唐，李氏王天下之號。城字亢宗，定州人。」

②謁——音yè（頁），集注：「謁，告也。」

③斥——音chì（赤），集注：「斥，逐也。」

【譯文】

唐代的陽城做國子司業之官，把學生叫來對他們說：「凡是學習，都是學習忠和孝，你們有長期不回家看望父母的嗎？」第二天，就有二十人來見陽城，請求回家看望父母。凡是三年沒有回家侍奉父母的，就會被除名。

## 六・四

○安定先生胡瑗[一]，字翼之。患隋唐以來仕進尚文辭而遺經業，苟趨祿利。及爲蘇、

[一] 瑗：音yuàn（願）。

湖二州教授，嚴條約，以身先之。雖大暑，必公服終日，以見諸生，嚴師弟子之禮。解經至有要義，懇懇爲諸生言其所以治己而後治乎人者。學徒千數，日月刮劘。爲文章，皆傅經義，必以理勝。信其師説，敦尚行實。後爲太學，四方歸之，庠舍不能容。①其在湖學，置『經義齋』、『治事齋』。『經義齋』者，擇疏通有器局②者居之。『治事齋』者，人各治一事，又兼一事，如治民、治兵、水利、算數之類，其在太學亦然。其弟子散在四方，隨其人賢愚，皆循循雅飭。其言談舉止，遇之不問可知爲先生弟子。其學者相語〔二〕稱先生，不問可知爲胡公也。③

【注釋】

①及爲蘇、湖二州教授……——劘，音mó（磨）。傅，音fù（復）。庠，音xiáng（祥），古時學校。集注：「條，教條。約，約束。以身先之，謂躬行以率之，要義即治人治己之道。懇懇，切到之意。治己而後治人，明體適用之學也。刮劘，刮垢劘光也。兼文行而言。傅，依也。必以理勝，不尚辭也。信，尊信也。安定後爲國子直講，四方學者歸之，故庠舍不能容。」

〔二〕摛藻堂四庫全書薈要本作「與」。

②疏通有器局——集注：「疏通謂才識明達，有器局謂器局正大。」

③其弟子散在四方……——飭，音chì（斥），整齊。集注：「循循，雅正謹飭之貌，言動皆雅飭，故遇之則知其爲安定弟子，學者皆尊師，故稱先生則知其爲安定。」

【譯文】

安定先生胡瑗，字翼之。胡瑗擔憂隋唐以來官員崇尚文學而遺棄經學，貪求利祿的風氣。胡瑗爲蘇州、湖州教授時，制定了嚴格的條約，從自己做起。就是大熱天，也是成天穿著官服見學生，嚴格執行老師和學生之間應遵守的禮儀。他講經最能把握要點，懇切地向學生講先嚴格要求自己而後能治人的道理。胡瑗先生有學生上千人，天天切磋學問。所寫的文章，都是闡揚經義，而且是以追求道理爲目標的。學生尊信師說，崇尚實踐。胡瑗先生後來當國子監直講，天下的學生都投到他門下，連校舍也容納不下。胡瑗先生在湖州的時候，設有『經義齋』和『治事齋』。『經義齋』就是選擇才識明達、氣質正大的學生加以訓練培養。『治事齋』就是要學生各自從事一門具體的事情，如治理百姓、軍事、水利、算術等，另外再兼做另一門事。在太學的時候也是如此。胡瑗的學生遍佈四方，不論賢愚，都是循循雅正，有修養。看他們的言談舉止，不用問也知道是胡瑗先生的學生。如果學者在一起談論，說到先生，不用問先生的名字，也知道說的是胡瑗。

## 六・五

○明道先生言於朝曰：治天下以正風俗、得賢才爲本。①宜先禮命近侍賢儒及百執事，悉心推訪有德業充備足爲師表者，其次有篤志好學材良行修者，延聘敦遣，萃於京師，朝夕相與講明正學。②其道必本於人倫、明乎物理，其教自小學灑掃應對以往，脩其孝弟忠信，周旋禮樂。其所以誘掖激勵，漸磨〔一〕成就之道，皆有節序。其要在於擇善脩身，至於化成天下，自鄉人而可至於聖人之道。③其學行皆中於是者，爲成德。取材識明達可進於善者，使日受其業。擇其學明德尊者爲太學之師，次以分教天下之學。④擇士入學，縣升之州，州賓興於太學。太學聚而教之，歲論其賢者能者於朝。⑤凡選士之法，皆以性行端潔、居家孝悌、有廉恥禮遜、通明學業、曉達治道者。⑥

〔一〕朱子全書本作「摩」。

【注釋】

①治天下以正風俗得賢才爲本——集注：「風者上所化，俗者下所習。賢有德者，才有能者。二者固治天下之本，然得賢才斯可以正風俗，則得賢才又正風俗之本也。」

②宜先禮命近侍賢儒及百執事……——萃，音cuì（脆）。集注：「悉，盡也。推訪，推求詢訪也。延聘謂迎之以禮，敦遣謂送之以禮。萃，聚。京，大。師，衆也。天子之都曰京師。」

③其所以誘掖激勵……——掖，音yè（頁），扶持。集注：「誘之掖之使有進，激之勵之使無退，漸之磨之使不苦其難，皆所以成就之。正學，不出乎人倫物理而已。灑掃應對以至周旋禮樂，小學之教也。誘掖激勵漸磨成就之，成其始也。擇善修身以至化成天下，大學之教也。自鄉人而至於聖人之道，成其終也。」

④其學行皆中於是者……——集注：「中於是，謂合於小學、大學之教也，以成德爲師。取才識之明達者受其教，及學之既成，上者使教國學，其次以分教州縣之學也。此三節，言擇師之法。」

⑤擇士入學……——集注：「縣謂縣學，州謂州學，王制曰『論定然後官之』。」

⑥凡選士之法……——集注：「選亦擇也。此兩節言擇士之法，朱子曰：『明道論學制最爲有本，讀之未嘗不慨然發歎也。』」

【譯文】

程顥先生向朝廷上奏説：治理天下以正風俗、得賢才爲根本。首先應該讓皇帝身邊賢德的儒臣和百官，全心去訪求德才兼備足以爲人師表的人才。其次選取真心好學、品行好才學好的人才，朝廷聘請，地方相送，薈萃京城，朝夕一起講明正學。教育的根本在於理順人倫關係，明白事物的規律。而教育要從小學灑掃應對開始，要培養孝悌忠信，學習禮樂。誘導激勵，潛移默化，都有一定的順序和規律。重要的在於從善修身，教化天下的人，使他們能從鄉人成爲聖人。凡是學業品行合於教師要求的，選作老師。選取那些才學見識明達能上進的人天天來學習。選擇那些學明德尊的人爲太學的老師，餘下的分到全國州縣去教學。選擇士到縣學學習，縣學選好的升入州學，再由州學選送到太學，太學聚積天下的好學生進行教育，每年選拔賢人和能人向朝廷推薦。凡是選士，原則上都要以品行端潔、在家孝悌、有廉恥禮讓、學業通明、懂得治國爲基本條件。

# 六・六

○伊川先生看詳學制，大概以爲學校禮義相先之地，而月使之爭，殊非教養之道，請改試爲課。①有所未至，則學官召而教之，更不考定高下。制『尊賢堂』以延天下道德之士，鐫解額以去利誘，省繁文以專委任，勵行檢以厚風教。及置『待賓』、『吏師齋』，立觀光法，如是者亦數十條。②

【注釋】

①伊川先生看詳學制……——看詳，審閱詳查。集注：「伊川嘗充崇政殿説書，同孫覺等看詳國子監條制。相先猶相尚。月使之爭，謂月有試以較其高下，是使之爭競也。」

②制『尊賢堂』以延天下道德之士……——鐫，音juān（捐）。集注：「制，置也。延，待也。鐫謂刻定之。解猶貢也。額，數也。宋元豐中，以利禄誘士，國學解額增至五百人，來者奔湊。程子蓋欲量留百人，餘四百分於州郡，使士人各安鄉土也。省，減也。繁文，吏牘之類。師儒之官不責以小文，所以專委任也。行檢，爲行誼名檢。『待賓齋』，所以待行能可賓敬者。『吏師齋』，則通於治道可爲吏之師法者居之。觀光，謂觀見國之盛德光輝。立觀光法，蓋以處來學之士也。」

【譯文】

程頤先生審查學校的規定，認爲學校是以禮義爲先的地方，如果每月都要叫學生爭高低，很不合教育的本意。請改考試爲考察。如果未學好，學官叫他們來加以教育，不再考定高下。設立『尊賢堂』，以網羅天下有道德的人士。確定好貢士的名額，以去掉利誘。省去煩瑣的文牘，以表示委任的專一。砥礪德行，敦厚風俗教化。設置『待賓齋』以款待那些德行和能力可敬的人，設置『吏能齋』以款待那些精通於治道可供官吏師法的人。建立觀光法，用來安置前來學習的人。像這樣的校規有幾十條。

## 六・七

〇藍田呂氏鄉約①曰：凡同約者，德業相勸②，過失相規③，禮俗相交④，患難相恤⑤。有善則書於籍，有過若違約者亦書之。三犯而行罰，不悛者絶之。⑥

【注釋】

①藍田呂氏鄉約——集注：「藍田，縣名。呂氏，兄弟四人，大中、大防、大約、大臨。鄉約，與鄉人約誓也。」

②德業相勸——集注：「勸，勉也。本注〔一〕：德謂見善必行、聞過必改、能治其身、能治其家、能事父兄、能教子弟、能御童僕、能事長上、能睦親故、能擇交遊、能守廉介、能廣施惠、能受寄託、能救患難、能導人爲善、能規人過失、能爲人謀事、能爲衆集事、能解鬬爭、能決是非、能興利除害、能居官舉職。業謂居家則事父兄、教子弟、待妻妾，在外則事長上、接朋友、教後生、御童僕，至於讀書、治田、營家、濟物，如

〔一〕本注：呂氏鄉約中的原注。

禮樂射御書數之類，皆可爲之。非此之類，皆爲無益。」

③過失相規——集注：「規，猶戒也。本注：犯義之過六，一曰酗博鬭訟，二曰行止踰違，三曰行不恭遜，四曰言不忠信，五曰造言誣毁，六曰營私太甚。不修之過五，一曰交非其人，二曰遊戲怠惰，三曰動止無儀，四曰臨事不恪，五曰用度不節。」

④禮俗相交——集注：「本注：謂婚姻、喪葬、祭祀之禮，有往還、書問、慶弔之節。」

⑤患難相恤——恤，音xù（序），憐憫，救濟。集注：「本注：一曰水火，二曰盜賊，三曰疾病，四曰死喪，五曰孤弱，六曰誣枉，七曰貧乏。」

⑥有善則書於籍……——悛，音quān（圈）。集注：「若，及也。悛，改也。絶之，使不與約也。」

【譯文】

藍田縣的呂氏家族的鄉約中說：凡是參加訂立約定的，都要以道德和事業相勸勉，有過失要互相規勸。以禮相交，有患難要互相幫助。有好事就記在本子上，有過失違約的也記載下來。連犯三次就處罰，不改的就從鄉約的名録中除去。

## 六・八

○明道先生教人，自致知至於知止，誠意至於平天下，灑掃應對至於窮理盡性，循循有序。①病世之學者捨近而趨遠，處下而闚高，所以輕自大而卒無得也。②

【注釋】

①明道先生教人……——集注：「格物致知，所以求知所止。誠意正心修身齊家治國平天下，所以求得所止。灑掃應對，小學之教也。窮理即致知至於知止之事，盡性即誠意至於平天下之事，大學之教也。循循，有次序貌，謂先習之於小學而後進之於大學，而大學之教又自有其序也。」

②病世之學者捨近而趨遠……——闚，音kuī（虧）。集注：「趨，奔也。闚猶闞〔一〕也。卒，終也。此學者之大病，程子教人循循有序，蓋病乎此矣。吴氏曰：『行遠自近，升高自下，學之序也。自大小學之序言，灑掃應對，近者下者也。窮理盡性，高者遠者也。以大學之序言之，格物致知誠意正心脩身，非近而下者乎？齊家治國平天下，非高而遠者乎？』」

【譯文】

程顥先生教人，從尋求方向到明確目標，從誠心誠意到治理天下，從灑掃應對到窮理盡性，很有次序。他所以這樣教人，是因爲他看到世上學者的弊病：捨近而求遠，處下而窺高，妄自尊大而最終没有成就。

〔一〕闞：音kàn（看），望。

右實立教

## 六・九

○江革①少失父，獨與母居。遭天下亂，盜賊並起，革負母逃難，備經險阻②，常採拾③以爲養。數④遇賊，或劫欲將去⑤，革輒涕泣求哀，言有老母，詞〔一〕氣愿款⑥，有足感動人者。賊以是不忍犯〔二〕之，或乃指避兵之方，遂得俱全⑦於難。轉客下邳，貧窮裸跣，行傭以供母。⑧便身之物，莫不畢給。⑨

【注釋】

①江革——集注：「漢江革，字次翁，臨淄人。」

②備經險阻——集注：「備經險阻，謂徧歷道路之艱危。」

〔一〕摛藻堂四庫全書薈要本作「辭」。

〔二〕摛藻堂四庫全書薈要本作「殺」。

③採拾——集注：「採拾，謂採取草木之可食者。」
④數——音shuò（碩），集注：「數，頻也。」
⑤劫欲將去——集注：「劫欲將去，謂欲脅革以去也。」
⑥願款——集注：「願款，誠愨[一]也。」
⑦俱全——集注：「俱全，謂母子皆保全也。」
⑧轉客下邳，貧窮裸跣，行傭以供母——邳，音pī（披）。裸跣，音luǒ xiǎn（贏險）。傭，音yōng（庸）。集注：「轉客，猶飄泊。下邳，今邳州。裸，露身。跣，露足。行傭爲雇工也。」
⑨便身之物，莫不畢給——集注：「便身之物，謂母身所便安之物。畢猶皆也，給猶足也。」

【譯文】

（漢代的）江革小的時候失去父親，獨自和母親生活。天下大亂，盜賊並起。江革背著母親逃難，飽經險阻，經常採集拾取野生的果實草葉供養母親。幾次遇上盜賊，盜賊想把江革劫走，他都哭泣哀求，説家有老母，話很誠懇，令人感動，盜賊不忍心殺他。有的還告訴他如何躲避兵亂，江革母子都得以保全。江革輾轉來到下邳客居，窮得光著身子赤著腳當傭人，供養母親。凡是對身體有益的東西，無不充足地供給母親。

[一] 愨：音què（卻），誠實。

## 六・一〇

〇薛包①好學篤行，父娶後妻而憎包，分出之。包日夜號泣，不能②去。至被毆〔一〕杖，不得已，廬於舍外，旦入而灑掃。父怒，又逐之。乃廬〔二〕於里門③，晨昏不廢④。積歲餘，父母慚而還之，後服喪過哀。既⑤而弟子⑥求分財異居，包不能止，乃中分⑦其財。奴婢引其老者，曰：「與我共事⑧久，若⑨不能使也。」田廬取其荒頓⑩者，曰：「吾少時所理，意所戀也。」器物取其朽敗者，曰：「我素所服⑪食，身口所安也。」弟子數破其產，輒復賑給〔三〕。

【注釋】

①薛包——集注：「漢薛包，字孟嘗，汝南人。」

---

〔一〕毆：音ōu（歐），打人。
〔二〕廬：音lú（爐），寄住。
〔三〕賑給：音zhèn jǐ（陣己），救濟給與。

②不能——集注：「不能猶不忍。」

③里門——集注：「里門，巷門也。」

④不廢——集注：「不廢謂不廢定省〔二〕之禮。」

⑤既——集注：「既謂服喪已也。」

⑥弟子——集注：「弟子，弟及其子也。」

⑦中分——集注：「中分，均分也。」

⑧共事——集注：「共事，同事也。」

⑨若——集注：「若，汝也，指弟子。」

⑩荒頓——集注：「荒謂田畝荒蕪，頓謂廬舍傾頓。」

⑪服——集注：「服，用也。」

【譯文】

（漢代的）薛包好學而有品行，父親娶了後媽就憎惡薛包，把薛包過繼給別人趕他出去。薛包日夜號哭，不願出去。父親打他，不得已，就在家的外面建了座小房子，早上到父母親的屋裏去灑掃，父親發怒，又把他趕

〔二〕 定省：省，音xǐng（醒）。即「晨省昏定」，子女早晚向父母請安問好的禮節。

了出來。薛包又在里巷的門口建了座小房子，早晨和晚上都去省視父母。過了一年多，父母覺得慚愧，讓薛包回家了。父母去世，薛包爲父母服喪，悲哀和禮儀都超過了禮的要求。父母去世後，弟弟和侄兒要求分家財另立門户，薛包不能勸阻，就把財産和奴婢分爲兩份，自己要年老的奴婢，說：「他們和我共事了很久，你們不能用。」田地要荒蕪的，房屋要傾斜的，說：「這是我小時候經營過的，我心裏留戀。」東西取那些朽破的，說：「這是我平常所用的和所吃的，已經習慣了。」弟弟和侄兒幾次破了産，薛包都去幫助他們。

## 六·一一

○王祥①性孝，蚤喪親②。繼母朱氏不慈，數譖之③，由是失愛於父④。每使掃除牛下⑤，祥愈恭謹。父母有疾，衣不解帶，湯藥必親嘗。母嘗欲生魚，時天寒冰凍，祥解衣將剖⑥冰求之，冰忽自解，雙鯉躍出，持之而歸。母又思黄雀炙⑦，復有雀數十飛入其幕，復以供母。鄉里驚歎⑧，以爲孝感⑨所致。有丹柰⑩結實，母命守之，每風雨，祥輒抱樹而泣，其篤孝純至如此。

【注釋】

①王祥——集注：「晉王祥，字休徵，琅琊人。」

②蚤喪親——蚤，古同「早」。集注：「親，母也。」

③數譖之——數，音shuò（碩），屢次。譖，音zèn。集注：「譖，毀也。」

④失愛於父——集注：「失愛於父，不得父之愛也。」

⑤牛下——集注：「牛下，牛糞。」

⑥剖——音pōu，集注：「剖，破也。」

⑦炙——音zhì（至），烤，集注：「炙，炙肉。」

⑧驚歎——集注：「驚歎，驚異嗟歎也。」

⑨孝感——集注：「孝感，謂魚雀之至，皆孝誠之感動也。」

⑩丹柰——柰，音nài（奈）。集注：「丹，紅色。柰，果名。」

【譯文】

（晉代的）王祥本性孝順，母親早死。繼母朱氏對他不好，多次在他父親面前説他壞話，使他失掉了父愛。父親就叫他掃除牛糞，王祥更加恭謹。父母有病，王祥不解衣帶守著，湯藥都要親自品嘗。繼母想吃鮮魚，當時天寒結冰，王祥解開衣服想要融冰撈魚，冰忽然自己解凍，有兩條鯉魚跳出來，王祥就把它們捉回去。母親想吃烤黄雀，又有幾十隻黄雀飛進王祥的羅網中，王祥又把黄雀烤給母親吃。鄉里的人都驚歎，認爲這是孝順産生的效應。有紅色的柰果成熟，母親叫王祥去看守，每次刮風下雨，王祥都抱著樹哭。王祥就是這樣篤孝至純。

## 六・一二

○王裒字偉元，父儀爲魏安東將軍司馬昭司馬，東關之敗，昭問於衆曰：「近日之事，誰任其咎？」儀對曰：「責在元帥。」昭怒曰：「司馬欲委罪於孤邪？」遂引出斬之。①裒痛父非命，於是隱居教授，三徵七辟皆不就。廬於墓側，旦夕常至墓所拜跪，攀柏悲號，涕淚著樹，樹爲之枯。讀詩至「哀哀父母，生我劬勞」，未嘗不三復流涕，門人受業者並廢蓼莪之篇。②家貧躬耕，計口而田，度身而蠶。或有密助之者，裒皆不聽。及司馬氏篡魏，裒終身未嘗西向而坐，以示不臣於晉。③

【注釋】

①王裒字偉元……——裒，音póu。咎，音jiù（就），過失。集注：「儀，裒父名。魏，曹氏篡國之號。上

司馬，覆姓。下司馬，官名。言儀爲魏國安東將軍司馬昭之司馬也。東關，地名。敗謂戰敗。咎，罪也。元帥稱昭。孤，昭自稱也。」

②哀痛父非命……——劬，音qú（渠），勞苦。蓼莪，音lù é（戮鵝）。集注：「朝廷召曰徵，郡國舉曰辟。『哀哀父母，生我劬勞』，蓼莪詩之辭。三復謂再三反復誦之。廢蓼莪篇者，恐其師哀感，故舍之而不誦也。」

③或有密助之者……——篡，音cuàn（竄）。集注：「密猶私也，聽猶從也。逆而奪取之曰篡。昭既死，子炎篡魏，自立爲晉。衣食不求豐裕，而坐不面闕〔一〕，皆痛父非命，不忍故爾。」

【譯文】

王裒字偉元，父親王儀爲魏國安東將軍司馬昭的司馬。軍隊在東關這個地方吃了敗仗，司馬昭就問大家：「最近的事，誰該負責任？」王儀回答說：「責任在元帥。」司馬昭大怒說：「司馬想把罪名歸到我頭上嗎？」就把王儀拉出去殺了。王裒對父親死於非命感到很痛心，於是就隱居教書，朝廷三次徵召他，郡國七次推舉他，他都不去做官。王裒在父親墓旁建了座小房子，早晚到墓前跪拜。攀著柏樹悲號，眼淚留在樹上，樹都枯萎了。王裒讀詩經讀到「哀哀父母，生我劬勞。（可憐我的父母，養我太勞苦了。）」都要流著淚反復誦讀。王裒的門人和學生怕王裒傷心，都不讀詩經小雅中的這首蓼莪。王裒家裏貧窮，親自耕種。根據家裏人的需要來決定種

〔一〕 闕：音què（卻），皇帝居處，借指朝廷。

多少田，根據家裏人的需要決定養多少蠶。有人悄悄幫助王裒，王裒也不肯接受。司馬氏篡奪了魏國的大權後，王裒到死也没有向西而坐過，以此表示自己不是晉國的臣民。

## 六・一三

〇晉西河人王延事親色養①，夏則扇枕席，冬則以②身溫被。隆冬盛寒，體常無全③衣，而親極滋味④。

【注釋】

①晉西河人王延事親色養——集注：「西河，縣名。延，字延元。色養，以和悦之顔色而奉養也。」

②以——集注：「以，用也。」

③全——集注：「全，完也。」

④滋味——集注：「滋味，猶言甘旨〔一〕。」

〔一〕甘旨：美味。

【譯文】

晉代西河人王延和顏悦色地奉養父母。夏天爲父母把枕席扇涼，冬天用身子把被子溫暖和，嚴冬最冷的時候，王延身上經常是不完整的衣服，而他奉給父母的却是最好的食物。

## 六・一四

〇柳玭曰：崔山南昆弟子孫之盛，鄉族罕比。山南曾祖王母長孫夫人年高無齒，祖母唐夫人事姑孝。每旦櫛縰笄〔一〕，拜於階下，即升堂乳其姑。長孫夫人不粒食數年而康寧。①一日疾病，長幼咸萃，②宣言無以報新婦恩，願新婦有子有孫，皆得如新婦〔二〕孝敬，則崔〔三〕之門安得不昌大乎？

〔一〕櫛縰笄：櫛，音zhì（至），梳頭。縰，音xǐ（洗），束髮。笄，音jī（機），用簪子插髮。
〔二〕新婦：古時稱兒媳爲「新婦」。
〔三〕摛藻堂四庫全書薈要本作「崔氏」。

【注釋】

①崔山南昆弟子孫之盛……——集注：「山南，名琯，唐博陵人，爲山南西道節度使，故稱山南。昆，兄也。王，大也。曾祖王母，即曾祖母也，姓長孫。不粒食而康樂安寧，繇飲乳也。」

②一日疾病，長幼咸萃——集注：「疾甚曰病。萃，聚也。」

【譯文】

柳玭說：「崔琯節度使兄弟和子孫繁盛。在他家鄉的家族中很少有可以與之相比的。崔琯的曾祖母長孫夫人年歲已高，没有牙齒，祖母唐夫人對婆婆很孝順。每天天亮，唐夫人梳洗完畢，就在臺階下拜長孫夫人，拜完就上堂用自己的乳汁喂長孫夫人，長孫夫人幾年没有吃飯，但却很健康。後來長孫夫人得了疾病，全家人都聚集在長孫夫人身邊。長孫夫人説，自己無法報答兒媳婦（唐夫人）的恩情，祝願兒媳婦有子有孫，且都像兒媳婦一樣孝敬。如果子孫都像兒媳婦一樣，崔氏的家族怎麽會不昌盛發達呢！」

## 六·一五

○南齊庾黔婁爲孱陵令，到縣未旬，父易在家遘疾，黔婁忽心驚，舉身流汗。①即日棄官歸家，家人悉驚其忽至。時易疾始二日，醫云：「欲知差劇，但嘗糞甜苦。」易泄利，黔婁輒取嘗之。味轉甜滑，心愈憂苦。至夕，每稽顙北辰，求以身代。②

【注釋】

①南齊庾黔婁爲孱陵令……——庾，音yǔ（語），姓。黔，音qián（前）。婁，音lóu（樓）。孱，音chán（饞）。遘，音gòu（構）。遘，遇也。熊氏曰：『父子，一體而分，父疾而子心驚汗出，自然之理也。』集注：「南，南朝。齊，蕭氏僭國之號。黔婁，字子真。孱陵，縣名。旬，十日也。易，黔婁父名。

②時易疾始二日……——稽顙，音qǐ sǎng（起嗓）。集注：「病愈曰差，病甚曰劇。醫蓋以糞甜則病甚，糞苦則病愈矣。稽顙，叩頭也。北辰，北極也。」

【譯文】

南齊庾黔婁爲孱陵縣令，到縣裏還不到十天，父親庾易在家得了病。庾黔婁在縣裏忽然心驚，全身流汗。當天就棄官回家。家裏的人對他突然回來感到驚訝。當時庾易得病剛兩天。醫生説要知道病的發展趨勢，只要嘗病人的糞便是甜是苦就知道了。庾易大便之後，庾黔婁就取來嘗，覺得味道甜滑，認爲病情可能加重，心裏很憂慮。每天夜裏，都對著北極的方向叩頭，請求上天讓自己代父親生病。

## 六・一六

〇海虞令何子平①，母喪去官，哀毀踰禮②。每哭踊，頓絶方蘇③。屬大明末，東土饑荒，繼以師旅，八年不得營葬。④晝夜號哭，常如袒括⑤之日。冬不衣絮，夏不就清涼，一日以米數合爲粥，不進鹽菜。所居屋敗，不蔽風日。兄子伯興欲爲葺⑥理，子平不肯，曰：「我情事未申⑦，天地一罪人耳，屋何宜覆！」蔡興宗爲會稽太守，甚加矜賞⑧，爲營冢壙⑨。

【注釋】

①海虞令何子平——虞，音yú（餘）。集注：「海虞，縣名。子平，南朝會稽人。」

②哀毀踰禮——踰，音yú（餘），超過。集注：「哀毀踰禮，痛傷過於禮也。」

③頓絶方蘇——集注：「頓絶，遽〔一〕然氣絶也。蘇猶醒也。」

---

〔一〕遽：音jù（巨），急，倉促。

④屬大明末……——屬，音zhǔ（主）。集注：「屬猶會也。大明，年號。東土即會稽。軍法：二千五百人爲師，五百人爲旅。營，謀爲也。」

⑤袒括——袒，音tǎn（坦）。集注：「袒，露臂。括，括髮。人子初喪之禮也。」

⑥葺——音qì（器），集注：「葺，修補也。」

⑦情事未申——集注：「情事未申，謂親未葬也。」

⑧矜賞——矜，音jīn（今）。集注：「矜者憫其苦，賞者嘉其孝。」

⑨塚壙：塚，音péng（鵬），古同「塳」，塵土。壙，音kuàng（況），墓穴，亦指墳墓。

【譯文】

海虞縣令何子平在母親去世後辭官，悲哀超過了禮節的要求。每次哭踊都突然昏厥過去再蘇醒過來。南朝大明末年，會稽鬧饑荒，接著又是戰亂，何子平八年也無法安葬母親。何子平晝夜痛苦，像初喪時候一樣。冬天不穿棉衣，夏天不到清涼的地方歇息。每天只用幾把米煮粥吃，不吃鹽和菜。住的房子也破了，擋不住風雨烈日。他哥哥的兒子伯興想要幫他修補房子，何子平不肯，說：「我母親未葬，我是天地間的一個罪人，還修蓋什麼房子！」蔡興宗當會稽太守，很同情和賞識何子平，就爲何子平的母親修建了墳墓。

## 六・一七

○朱壽昌生七歲，父守雍，①出其母劉氏，嫁民間，母子不相知者五十年。壽昌行四方，求之不已。飲食罕御②酒肉，與人言輒流涕。熙寧初，棄官入秦，與家人訣，③誓不見母不復還。行次④同州，得焉。劉氏時年七十餘矣。雍守錢明逸以事聞⑤，詔壽昌還就官⑥，繇〔一〕是天下皆知其孝。壽昌再爲郡守，至是以母故通判河中府⑦，迎其同母弟妹以歸。居數歲，母卒，涕泣幾喪明。拊其弟妹益篤，爲買田宅居之。其於宗族尤盡恩意，嫁兄弟之孤女二人，葬其不能葬者十餘喪，蓋其天性如此。

【注釋】

①朱壽昌生七歲，父守雍——雍，音yōng（庸）。集注：「壽昌，字康叔，宋天長人，父爲雍州太守。」

②御——集注：「御，用也。」

〔一〕摛藻堂四庫全書薈要本作「由」。

③熙寧初，棄官入秦，與家人訣——集注：「熙寧，年號。秦即雍州之地。訣，别也。」

④次——集注：「次猶至也。」

⑤錢明逸以事聞——逸，音yì（義）。集注：「明逸，字子飛。聞謂言之於朝。」

⑥詔壽昌還就官——詔，音zhào（照），朝廷所發的文書命令。集注：「法：棄官不得復就，以尋母，故優詔許之。」

⑦以母故通判河中府——集注：「河中府，今蒲州也，近同州。壽昌嘗爲閬、廣德二郡守，至是以便於養母之故，辭郡守而爲河中通判。」

⑧拊其弟妹益篤……——拊，音fǔ（輔）。集注：「拊，安慰也。推愛母之心而篤於同母弟妹，推愛父之心而篤於宗族兄弟。蓋至孝出於天性而然。」

【譯文】

朱壽昌七歲時，父親爲雍州太守，把壽昌母親劉氏休了，嫁到民間。母子五十年不知道彼此的下落。壽昌行走四方，尋找母親。很少吃酒肉，和别人談起母親就流淚。熙寧初，壽昌棄官到秦地尋母。和家裏人告别時發誓説，不見到母親絶不回家。行到同州，終於找到了母親。劉氏當時七十多歲了。雍州太守錢明逸把事情報告了朝廷，朝廷下詔書讓壽昌依然做官。由此天下人都知道壽昌很孝順。壽昌本應該當郡守，爲了照顧母親，他要求當河中府的通判，把自己同母的弟妹接來住在一起。過了幾年，母親去世了，壽昌哭得幾乎失明，却更好地撫養弟妹，爲他們買田和住宅。壽昌對宗族的人也更加關心照顧，出錢嫁了兄弟的兩個孤女，並且多次幫助無法下葬的人家操辦喪事。他這樣做，完全是出於天性。

## 六·一八

○伊川先生家治喪不用浮屠①，在雒②亦有一二人家化之。

【注釋】

①浮屠——集注：「浮屠，佛氏也。」

②雒——集注：「雒，水名，在河南。」

【譯文】

程頤先生家裏辦喪事不採用佛教的形式，但在洛水老家，也有一二個人辦喪事時火化了。

## 六·一九

○霍光①出入禁闥②二十餘年，小心謹慎，未嘗有過。爲人沉靜詳審③，每出入下殿門，進止④有常處。郎、僕射竊識視之，不失尺寸。⑤

【注釋】

①霍光——集注：「光字子孟，漢平陽人，爲大將軍。」

②禁闥——闥，音tà（踏）。集注：「禁闥，宫中小門也。」

③沉静詳審——集注：「深沉安静，不浮躁也。精詳審密，不麤率也。」

④進止——集注：「進止，一進一止也。」

⑤郎、僕射竊識視之，不失尺寸——僕射，音pú yè（葡夜）。識，音zhì（至），標記，記住。集注：「郎、僕射，皆官名。不失尺寸，猶言一步不差耳。僕，主也。古者重射，故有是官。關中語轉射爲夜耳。」

【譯文】

霍光出入禁中二十多年，小心謹慎，從來没有過錯。霍光爲人沉静周祥審慎，每次進出下殿門，進退都有固定的位置。郎和僕射偷偷觀看，没有絲毫的差錯。

## 六·二〇

〇汲黯，漢景帝時爲太子洗馬，以嚴見憚。武帝即位，召爲主爵都尉。以數直諫，不得久居位。是時太后弟武安侯田蚡爲丞相，中二千石拜謁，蚡弗爲禮，黯見蚡未嘗拜，揖之。①上方招文學儒者，上曰「吾欲」云云，黯對曰：「陛下内多欲而外施仁義，奈何欲效唐虞之治乎？」上怒，變色而罷朝，公卿皆爲黯懼。上退，謂人曰：「甚矣，汲黯之戇也！」②羣臣或數黯，黯曰：「天子置公卿輔弼之臣，寧令從諛承意，陷主於不義乎？且已在其位，縱愛身，奈辱朝廷何？」③黯多病，病且滿三月上，常賜告者數，終不瘉〔一〕。最後嚴助爲請告，上曰：「汲黯何如人也？」曰：「使黯任職居官，亡以愈人。然至其輔少主守成，雖自謂賁、育，不〔二〕能奪也。」上曰：「然。古有社稷之臣，至如汲黯，近之矣。」④大將軍青侍中，上踞厠視之，丞相弘宴見，上或時不冠。至如見黯，不冠不見也。上嘗坐武帳，黯前奏事，上不冠，望見黯，避帷中，使人可其奏，其見敬禮如此。⑤

【注釋】

①汲黯，漢景帝時爲太子洗馬……——汲，音jí（及）。黯，音àn（暗）。洗，音xiǎn（險）。憚，音dàn

〔一〕朱子全書本作「愈」，下同。
〔二〕摛藻堂四庫全書薈要本作「弗」。

（但），畏懼。蚡，音fén（墳）。謁，音yè（頁），拜見。揖，音yī（依），拱手禮。集注：「黯字長孺，漢濮陽人。太子洗馬，官名。以嚴見憚，以正直爲景帝所敬憚也。主爵都尉，亦官名。以猶因也。中，滿也。中二千石，謂九卿之官歲俸滿二千石也。蚡負貴而驕人，黯獨不爲之屈，但揖之而已。洗之言先也，太子出則前導也。」

②上方招文學儒者……——戇，音gàng（杠），同「戇」。集注：「上謂武帝。云云，猶言如此如此。蓋言效唐虞之治也。心多欲，如好征伐、好神仙之類。唐虞，唐堯、虞舜也。戇，愚也。帝不罪黯而容之，君人之度偉也。」

③羣臣或數黯……——數，音shǔ（鼠）。弼，音bì（必），輔佐。諛，音yú（餘），諂媚，奉承。集注：「數，責也。輔弼，輔德而弼違也。從諛承意，順從阿諛以奉承上意也。已，既也。」

④黯多病，病且滿三月上……——賁，音bēn（奔）。集注：「漢法：病滿三月當免官。告，休假也。瘉通作愈，病痊〔一〕也。嚴助，人姓名，時爲侍中。瘉當作愈，過也。孟賁、夏育，皆古之有力者。言黯之正直，若託之擁輔幼君以保守成業，雖自謂有賁、育之勇者，亦不能奪其大節也。然，是其言也。社稷臣，能安社稷者。」

〔一〕 痊：音quán（全），恢復健康。

⑤大將軍青侍中……——踞，音jù（句）。帷，音wéi（惟），圍在四周的帳幕。見，音xiàn，同「現」。集注：「青，衛青。侍中，侍於禁中也。踞，蹲坐也。厠，牀邊側。弘，公孫弘。宴見，宴閑時進見也。嘗，曾也。武帳，帳中置兵衛者。可猶是也，從其奏，則稱制曰可。」

【譯文】

汲黯在漢景帝時當太子洗馬，以威嚴正直爲朝廷所畏服。武帝即位，汲黯爲主爵都尉。因爲多次直言規勸皇帝，所以做主爵都尉沒做多久。這時，太后的弟弟武安侯田蚡當丞相，俸禄爲中二千石，官吏拜見他，他很驕横，不以禮節相待。汲黯見田蚡，從來不拜，只像對平級的人那樣作揖。皇帝正網羅有文學才華的人和儒學之士，皇帝説「我想如此」，汲黯説：「陛下心裏貪欲多，而表面施仁義，又怎麽效法唐堯、虞舜治國呢？」皇帝發怒，變臉退了朝，公卿都替汲黯擔心。皇帝退朝後對人説：「汲黯太蠢了！」群臣中也有人責備汲黯，汲黯説：「天子設立公卿和輔佐之臣，難道是爲了讓他們順從阿諛天子，使天子陷於不義的境地嗎？而且既然處在官位上，即使自己貪生怕禍，難道就不怕侮辱朝廷嗎？」汲黯多病，病了三個月，皇帝多次賜假讓他休息，病還是没有好。按規定，病三個月就要罷官。嚴助向皇帝請求讓汲黯繼續休假，不要罷官。皇帝就問：「汲黯到底是一個什麽樣的人？」嚴助回答説：「如果叫汲黯當官履行職責，他不比别人强。但如果讓他輔助年幼的皇帝，守江山，就是那些自稱力量超過孟賁、夏育的人，也不能奪去他輔佐的志節。」皇帝説：「是的。古代有所謂社稷之臣，汲黯差不多稱得上社稷之臣。」大將軍衛青到皇宫見皇帝，皇帝坐在牀邊接見他。丞相公孫弘宴見皇帝，皇帝有時不戴帽子接見他。而皇帝不戴帽子是不接見汲黯的。一次，皇帝坐在武帳中，汲黯前來奏事，皇帝没有戴帽子，望見汲黯來了，就躲在武帳中，不見汲黯，派人説同意汲黯所奏之事。汲黯就是這樣受到皇帝的敬重和禮遇。

## 六·二一

〇初，魏遼東公翟黑子有寵於太武，奉使并州，受布千疋。事覺，黑子謀於著作郎高允曰：「主上問我，當以實告，爲當諱之？」允曰：「公帷幄寵臣，有罪首實，庶或見原，不可重爲欺罔也。」中書侍郎崔鑒、公孫質曰：「若首實，罪不可測，不如姑諱之。」黑子怨允曰：「君奈何誘人就死地？」入見帝，不以實對，帝怒殺之。①帝使允授太子經，及崔浩以史事被收，太子謂允曰：「入見至尊，吾自導卿，脱至尊有問，但依吾語。」②太子見帝，言：「高允小心慎密，且微賤，制由崔浩，請赦其死。」帝召允，問曰：「國事皆浩所爲乎？」對曰：「臣與浩共爲之，然浩所領事，多總裁而已。至於著述，臣多於浩。」帝怒曰：「允罪甚於浩，何以得生！」太子懼曰：「天威嚴重，允小臣，迷亂失次耳。臣曏問，皆云浩所爲。」帝問允：「信如東宫所言乎？」對曰：「臣罪當滅族，不敢虚妄。殿下以臣侍講日久，哀臣，欲丐其生耳。實不問臣，臣亦無此言，不敢迷亂。」③帝顧謂太子曰：「直哉！此人情所難，而允能爲之。臨死不易辭，信也。爲臣不欺君，貞也。宜特除其罪以旌之。」遂赦之。④他日太子讓允曰：「吾欲爲卿脱死，而卿不從，何邪？」允曰：「臣與崔浩實同史事，死生榮辱，義無獨殊。誠荷殿下再造之慈，違心苟免，非臣所願也。」太子動容稱嘆。⑤允退謂人曰：「我不奉東宫指導者，恐負翟黑子故也。」⑥

【注釋】

①初，魏遼東公翟黑子有寵於太武……——翟，音zhái（宅），姓。疋，音pǐ，同「匹」。諱，音huì（會）。帷幄，音wéi wò（違握）。1．軍旅中的帳幕。2．帝王宫室的帳幕。罔，音wǎng（網）。集注：「史氏〔一〕：『記事而原其始則曰初。此則節取其事而失删也。』魏，元魏。太武，魏帝。覺，發覺也。允字伯恭。諱，隱諱

〔一〕史氏：不詳何人，待考。

也。帷幄寵臣，侍帷幄受寵眷〔一〕之臣也。宥〔二〕罪曰原。重，再也。言已受賄，若更隱諱，是再造欺罔之罪也。崔鑒、公孫質，皆中書侍郎。測，度。姑，且。誘，引也。」

②帝使允授太子經……——集注：「崔浩爲司徒，與允等修國書，刻石以彰直筆。太武怒其暴揚國惡，收浩誅之。將及於允，故太子欲指導其生路。脱，儻若也。」

③太子見帝……——赦，音shè（社），免除和減輕刑罰。丐，音gài（蓋）。集注：「微賤，言其職之卑。制，著述也。多猶皆也。總裁，謂總其大綱而裁正之。紀事曰著，纂〔三〕言曰述。失次，謂所對失其次序。緜猶昔也。東宫，太子之宫。殿下，太子之稱。丐，乞也。」

④帝顧謂太子曰……——旌，音jīng（京）。集注：「直哉，贊其直也。旌之，表其善也。」

⑤他日太子讓允曰……——集注：「讓，責也。殊，異也。言當與浩同之。再造，猶言再生。動容，變貌也。」

⑥允退謂人曰……——集注：「静修劉氏曰：『高允告黑子之言，衷情之忠亮，而作史者遽繼之以庶，或見原則。所謂首實者，乃所以爲徼幸之資。又以不奉東宫指導，爲恐負黑子，則允所以爲是者非以義理之當然，

〔一〕眷：音juàn（卷），顧念，愛戀。
〔二〕宥：音yòu（右），寬容，饒恕。
〔三〕纂：音zuǎn，搜集材料編書。

第（第）以此爾。此皆史臣不明義理，而於遣辭之際輕爲增損，使允忠亮之心不白，豈直筆可信之史乎？』」

【譯文】

起初，魏國遼東公翟黑子爲太武帝所寵愛，出使并州，接受了千匹布的賄賂。事情被發覺了，黑子就與著作郎高允商量說：「皇帝問我事情的真相，我是如實講，還是隱瞞？」高允說：「你被皇帝所寵愛，犯了罪照實說，或許會被原諒，不能再搞欺騙。」黑子又與中書侍郎崔鑒和公孫質商量，他們卻說：「如果照實說，不知道會定什麼罪，不如暫時隱瞞。」黑子埋怨高允說：「你怎麼把人往死路上引？」黑子進宮去見皇帝，不說實話，皇帝發火，把黑子殺了。皇帝叫高允給太子講授經書，又叫高允和崔浩一起修國書。皇帝認爲崔浩等修國書是暴揚國惡，將崔浩逮捕，高允也受到牽連。太子對高允說：「我進去見皇帝，自然會想辦法引導你條生路。倘若皇帝問你，你就依我的話說。」太子見皇帝，說：「高允小心慎密，而且地位低微卑賤，著述出自崔浩之手，請赦高允的死罪。」皇帝召見高允，問：「國史都是崔浩所寫的嗎？」高允說：「是臣和崔浩共同寫的。不過崔浩是負責的，事情多是由他裁決的而已。至於著述，臣比崔浩多。」皇帝發怒說：「高允的罪比崔浩還重，怎麼能够活！」太子感到恐懼，說：「天威嚴肅莊重，高允是小臣，感到害怕，所以嚇得胡說。臣曾經問他，他說都是崔浩幹的。」皇帝後來又問高允：「真的像太子説得那樣嗎？」高允回答說：「臣的罪應當滅族，臣不敢亂說。因爲臣給太子殿下當侍講的時間久，太子殿下可憐臣，想替臣求生，實際上没有問過臣。臣也没有説過那樣的話，臣不敢亂說。」皇帝回頭對太子說：「這麼耿直！這是一般人難以做到的，可高允能做到。臨死也不改變自己説的話，這是信。爲臣不欺騙君王，這是貞。應該特地赦免他的罪以示表揚。」於是赦免了高允的罪。後來太子責備高允説：「我想要爲你開脱死罪，但你不照著我説的去做，這是爲什麽呢？」高允説：「臣和崔浩確實是共同寫國書，死生榮辱也應相共，臣如果受到殿下仁慈的救助免於患難而再生，是違背臣的心願的，這是臣所不願意做的。」太子很感動，稱賞贊歎。高允退下來對人説：「我不願按太子説的做，是怕辜負了翟黑子。」

## 六・二二

○李君行先生名潛①，虔州人。入京師〔二〕，至泗州，留止。其子弟請先往，君行問其故，曰：「科場近，欲先至京師②，貫③開封户籍取應。」君行不許，曰：「汝虔州人而貫開封户籍，欲求事君而先欺君④，可乎？寧遲緩數年，不可行也。」

〔二〕 擒藻堂四庫全書薈要本作「入京」。

【注釋】

①李君行先生名潛——集注：「君行，字。潛，名。宋人也。」

②京師——集注：「宋之京師在開封府。」

③貫——集注：「貫猶係也。」

④欺君——集注：「冒籍以應舉，欺君矣。」

【譯文】

李君行先生名潛，虔州人。李君行進京，走到泗州，在此逗留。同路的後輩請求先走，君行問什麼原因，後輩說：「科場考期近了，想先到開封，弄個開封户籍考試。」君行不同意，說：「你是虔州人而弄個開封户籍，想要奉事君王，而先欺騙君王，這怎麼行？寧願緩幾年再考，也不能這樣做。」

## 六·一二三

○崔元暐①母盧氏，嘗誡元暐曰：「吾見姨兄②屯田郎中辛元馭曰：『兒子從宦者，有人來云貧乏不能存，此是好消息。若聞貲〔二〕貨充足，衣馬輕肥，此惡消息。』③吾嘗以爲確論。比見親表④中仕宦者，將錢物上其父母，父母但知喜悦，竟不問此物從何而來。必是禄俸餘資，誠亦善事。如其非理所得⑤，此與盜賊何别？縱無大咎，獨不内愧於心？⑥」元暐遵奉教誡，以清謹見稱。

【注釋】

①崔元暐——暐，音wěi（偉）。集注：「元暐名暐，唐博陵人，仕至宰相。」

②姨兄——集注：「姨兄，姨之子，長於我者也。」

③兒子從宦者……——集注：「貧必廉，故曰好消息。富必貪，故曰惡消息。」

④比見親表——集注：「比，近也。親，同姓。表，外姓。」

⑤非理所得——集注：「非理所得，如竊官物、剥民財皆是。」

⑥縱無大咎，獨不内愧於心——集注：「咎，罪也。言罪雖幸免，心實有愧矣。」

〔二〕貲：音zī，同「資」。

【譯文】

崔元暐的母親盧氏曾告誡他説：「我見到姨表兄屯田郎中辛元馭，他説：『兒子當官，有人來説窮得不能生存，這是好消息。如果聽見説錢財多，衣馬輕肥，這是壞消息。』我認爲是對的。近來看見同姓和表親中當官的，把錢財上交給父母，父母只知道喜悦，竟然不問這東西從什麼地方來，如果是俸禄餘下的，當然是好事。如果不是正路得的錢財，和盜賊又有什麼分别？即使没有大的罪過，難道心裏就不慚愧嗎？」崔元暐遵奉母親的教誨和勸誡，以清廉謹慎受到稱譽。

## 六・二四

○劉器之待制初登科，與二同年謁張觀參政。①三人同起身請教，張曰：「某自守官以來，常持四字：勤、謹、和、緩。②」中間一後生應聲曰：「『勤、謹、和』則〔一〕聞命矣，『緩』之一字，某所未聞③。」張正色作氣曰：「何嘗教賢緩不及事？且道世間甚事，

〔一〕 摛藻堂四庫全書薈要本作「既」。

不因忙後錯了？」

【注釋】

①劉器之待制初登科……——集注：「器之名安世，宋元城人。待制、參政，皆官名。」

②勤謹和緩——集注：「勤以從政，謹以持身，和以待人，緩以處事。」

③未聞——集注：「未聞猶未喻也。」

④何嘗教賢緩不及事——集注：「賢稱後生也。蓋緩，非迂緩不及事之謂，乃從容不忙迫之謂耳。」

【譯文】

待制劉器之剛剛登第，和兩位同年登第的一起拜見張觀參政。三個人一起站起來向張觀請教怎樣做官。張觀說：「我自從做官以來經常堅持四個字：勤、謹、和、緩。」三人中的一位晚輩馬上說：「勤、謹、和，我完全贊同。緩這個字，我没聽說過。」張觀嚴肅而大聲地說：「我什麼時候叫你緩得不及時辦事？你且說說，世上有什麼事情不是因爲忙中出錯？」

## 六・二五

○伊川先生曰：安定之門人①，往往知稽古愛民②矣，則於爲政也何有③！

【注釋】

①門人——集注：「門人如劉彝、錢藻、孫覺、范純仁、錢公輔是也。」

②稽古愛民——稽，音jī（機），考察衡量。集注：「稽古，『經義齋』之事。愛民，『治事齋』之事。」

③何有——集注：「何有，言不難也。」

【譯文】

程頤説：安定先生的學生往往知道學習古代的事（『經義齋』所學）和愛惜百姓（『治事齋』所學），（具備這些素質）要叫他們當官有什麼難的！

## 六・二六

○呂滎公自少官守①處，未嘗干②人舉薦。其子舜從③，守官會稽，人或譏其不求知者，舜從對曰：「勤於職事，其他不敢不慎，乃所以求知也。」

【注釋】

①官守——集注：「官守，以官爲守也。」

②干——集注：「干，求也。」

③舜從——集注：「舜從，名疑問。」

【譯文】

呂希哲從年輕做官起，就不求人舉薦。其子舜從（呂疑問）在會稽做官，有的人譏笑舜從不會讓人瞭解自己，舜從回答説：「努力履行自己的職責，其他的事不敢不慎重，這就是在讓人瞭解。」

## 六・二七

○漢陳孝婦①年十六而嫁，未有子。其夫當行戍②，且行時，屬孝婦曰：「我生死未可知，幸有老母，無他兄弟備養。吾不還，汝肯養吾母乎？」婦應曰：「諾。」夫果死不還，婦養姑不衰，慈愛愈固③。紡績織紝〔二〕④，以爲家業，終無嫁意。居喪三年，其父母憐其少無子而早寡也，將取嫁之。孝婦曰：「夫去時屬妾以供養老母，妾既許諾之，夫養人老母

〔二〕摛藻堂四庫全書薈要本作「絍」。

而不能卒⑤，許人以諾而不能信，將何以立於世？」欲自殺，其父母懼而不敢嫁也，⑥遂使養其姑二十八年。⑦姑八十餘以天年終，盡賣其田宅財物以葬之，終奉祭祀。淮陽⑧太守以聞，使使者賜黃金四十斤。復⑨之終身，無所與⑩，號曰「孝婦」。

【注釋】

①漢陳孝婦——集注：「孝婦，漢時陳州人。」
②戍——音shù（樹），集注：「守邊曰戍。」
③慈愛愈固——集注：「慈愛愈固，姑慈婦愛愈深固也。」
④紡績織紝——紝，音rèn（任）。集注：「紡以車，績以指，織以機，紝以箴〔一〕。」
⑤卒——集注：「卒，終也。」
⑥欲自殺，其父母懼而不敢嫁也——集注：「夫死不嫁，節也。」
⑦遂使養其姑二十八年——姑，舊時妻稱夫的母親。集注：「養姑而生事葬祭必盡力，孝也。」
⑧淮陽——淮，音huái（懷）。集注：「淮陽，即陳州。」
⑨復——集注：「復，謂除其家之役。」

〔一〕箴：同「針」。

⑩與——集注：「與猶及也。」

【譯文】

漢代時，陳州的孝婦十六歲出嫁，没有孩子。她的丈夫要去守邊，臨行的時候囑咐孝婦説：「我這一去不知道是生還是死，我有老母親，没有兄弟奉養，我回不來的話，你能奉養我的母親嗎？」孝婦回答説：「能。」他的丈夫果然死了没有回來。孝婦仍然像以前一樣奉養婆婆，婆婆更加慈愛，孝婦更加孝順，婆媳之間的感情更好。孝婦以紡織女工養家，没有再嫁的意思。爲丈夫守了三年喪，孝婦的父母可憐她年輕早寡，又没有孩子，想接她回去再嫁。孝婦説：「丈夫走的時候囑咐我供養老母，我答應了。奉養别人的老母不能奉養到底，答應了别人的事不能守信用，我怎麽能活在這世上？」孝婦想要自殺，她的父母只好讓她留在婆婆身邊。她奉養婆婆二十八年。婆婆八十多歲老死了，孝婦把田地房屋和財物都賣了爲婆婆治喪，埋葬了婆婆，終生祭祀。淮陽太守把孝婦的事蹟奏報了朝廷，皇帝派使者賞賜黄金四十斤，終身免除她的徭役和賦稅，賜號爲「孝婦」。

## 六·二八

○漢鮑宣①妻桓氏，字少君，宣嘗就少君父學，父奇其清苦②，故以女妻之。裝送資賄

〔二〕甚盛，宣不悦，謂妻曰：「少君生富驕，習美飾，而吾實貧賤，不敢當禮。」妻曰：「大人以先生修德守約③，故使賤妾侍執巾櫛〔三〕。既奉承君子，唯命是從。」宣笑曰：「能如是，是吾志也。」妻乃悉歸侍御服飾④，更著短布裳，與宣共挽鹿車⑤歸鄉里。拜姑禮畢，提甕出汲，修行婦道，鄉邦稱之。

【注釋】

①漢鮑宣——集注：「宣字子都，渤海人。」

②奇其清苦——集注：「清謂淡泊，苦謂憂勤，學以清苦而成，行以清苦而立，士能如此，亦奇矣。」

③大人以先生修德守約——集注：「大人，稱其父也。先生以年，君子以德，稱其夫也。約即清苦之謂。」

④歸侍御服飾——集注：「歸謂還於父家。侍御，婢妾也。服飾，資裝也。」

⑤挽鹿車——挽，音wǎn（晚）。集注：「引車曰挽。鹿車，小車可容一鹿者。」

【譯文】

漢代鮑宣的妻子姓桓，字少君。鮑宣曾經向少君的父親求過學，少君的父親很賞識他清貧好學，就決定把

〔二〕賄：音huì（會），（贈送）財物。

〔三〕櫛：音zhì（至），梳子和篦（音bì，一種齒比梳子密的梳頭用具）子的總稱。

少君嫁給他。陪嫁的錢財非常豐厚，鮑宣心裏不高興。就對妻子說：「少君生得富驕，習慣的是美好的飾物，而我實在很貧賤，我不敢接受你的彩禮。」妻子說：「父親欣賞你修德而甘於清貧，才叫我做你的妻子。既然成了你的妻子，我一切都聽你的。」鮑宣笑著說：「要能這樣就合我的心意了。」少君就把婢妾和服飾送回娘家，穿著短的粗布衣裳，和鮑宣一起親自拉著小車回到婆家。拜完婆婆，就提著甕出去取水。少君很有婦道，鄉里的人都很稱讚。

## 六・二九

○曹爽從弟①文叔妻，譙郡夏侯文寧②之女，名令女。文叔早死，服闋③，自以年少無子，恐家必嫁己，乃斷④髮爲信。其後家果欲嫁之，令女聞即復以刀截兩耳，居止常依爽。及爽被誅，曹氏盡死，⑤令女叔父上書與曹氏絶昏〔二〕，彊迎令女歸。時文寧爲梁相，憐其少執義，又曹氏無遺類⑥，冀其意阻〔三〕⑦，乃微使人風⑧之。令女嘆且泣曰：「吾亦惟⑨之，

〔二〕摛藻堂四庫全書薈要本作「婚」。
〔三〕朱子全書本作「沮」。

許之是也。」家以爲信，防之少懈。令女於是竊⑩入寢室，以刀斷鼻，蒙被而卧。其母呼與語，不應。發被視之，血流滿牀席。舉家驚惶，往視之，莫不酸鼻。或謂之曰：「人生世間，如輕塵棲弱草耳，何辛苦乃爾？⑪且夫家夷⑫滅已盡，守此⑬欲誰爲哉！」令女曰：「聞仁者不以盛衰改節，義者不以存亡易心。曹氏前盛之時，尚欲保終，况今衰亡，何忍棄之？禽獸之行⑭，吾豈爲乎〔二〕！」

【注釋】

①曹爽從弟——集注：「曹爽，魏宗室。從弟，同祖之弟。」

②夏侯文寧——集注：「夏侯，姓。文寧，名。」

③闋——音què（卻），集注：「闋，終。」

④斷——集注：「斷，截。」

⑤及爽被誅，曹氏盡死——集注：「誅，殺也。司馬懿殺爽，夷其族。」

⑥無遺類——集注：「無遺類，盡死也。」

〔二〕摛藻堂四庫全書薈要本作「哉」。

⑦冀其意阻——冀，音jì（記）。集注：「冀其意阻，幸其阻守義之意而改適也。」

⑧風——集注：「風謂以言動之。」

⑨惟——集注：「惟，思也。」

⑩竊——集注：「竊，私也。」

⑪如輕塵棲弱草耳，何辛苦乃爾——棲，音qī（期），停留。集注：「輕塵弱草，熊氏曰：『輕塵易散，弱草難依，適然棲泊，颺即去矣，非有纏固也。』而已曰耳，如此曰爾。」

⑫夷——集注：「夷，誅也。」

⑬守此——集注：「守此謂守義。」

⑭禽獸之行——集注：「不仁不義，禽獸之行也。」

【譯文】

曹爽的堂弟文叔的妻子是譙郡夏侯文寧的女兒，名叫令女。文叔早死，令女爲丈夫守完喪，想到自己還年輕，又没有孩子，怕父母要她再嫁，就剪了頭髮，表明自己不願再嫁。後來父母果然想要她再嫁，令女知道後，就用刀把兩隻耳朵割了，在曹爽家住著。曹爽被殺，曹家的人也全都被殺光，令女的叔叔就向朝廷上書要求與曹家斷絶婚姻關係，强行把令女弄回娘家。當時令女的父親文寧爲梁國相，可憐令女年輕守寡又重義，心想曹家也没有人了，希望令女改變主意，就暗地派人勸説令女改嫁。令女哭著嘆息，假裝同意，説：「我也想，還是答應改嫁好。」家裏認爲令女已經回心轉意，防備也就有點鬆懈了。令女於是偷偷回到寢室，用刀把鼻子砍斷，蒙著被子躺在牀上。令女的母親叫她，和她說話，没有回音，揭開被子一看，滿牀席都是血。全家驚慌，來看令女，都覺得傷心。有人對令女說：「人生在世，就像輕輕的塵埃落在柔弱的草上，爲什麽要這樣作踐自己呢？而且丈夫家已經滅族死光了，你還在堅守，這是爲誰呢？」令女說：「我聽説有仁德的人不會因爲盛衰改變自己的氣節，有道義的人不會因爲存亡改變自己的心。曹家以前興盛的時候我還想守節，何況現在衰亡了！我怎麽忍心背棄他？背棄是禽獸的行爲，我怎麽會那樣做！」

## 六・三〇

〇唐鄭義宗妻盧氏，略涉①書史，事舅姑甚得婦道。嘗夜有強盜數十，持杖鼓譟②，踰垣〔二〕而入，家人悉奔竄③，唯有姑自在室。盧冒④白刃，往至姑側，爲賊捶〔三〕擊，幾死。賊去後，家人問何獨不懼，盧氏曰：「人所以異於禽獸者，以其有仁義也，鄰里有急，尚且

〔二〕踰垣：踰，音yú（餘），越過。垣，音yuán（元），矮牆。
〔三〕捶：音chuí（垂），敲打。

〔二〕赴救，况在於姑，而可委棄乎？若萬一危禍，豈宜獨生？⑤」

【注釋】

①涉——音shè（設），集注：「涉，涉水，在書史則泛觀之也。」

②持杖鼓譟——譟，音zào（造）。集注：「杖，兵器也。鼓譟，鼓舞呼譟也。」

③奔竄——集注：「奔竄，奔走竄匿也。」

④冒——集注：「冒，犯也。」

⑤鄰里——集注：「五家爲鄰，二十五家爲里。」

⑥若萬一危禍，豈宜獨生——集注：「危禍謂姑，獨生謂己。」

【譯文】

唐代鄭義宗的妻子盧氏，略微讀了點書，知道些歷史，侍奉公婆很合婦道。一天夜裏有幾十名強盜，拿著兵器吶喊著翻牆進入家裏。家裏的人都逃走了，只有婆婆還在屋裏。盧氏穿過強盜的刀叢，來到婆婆身邊，差點被強盜打死。強盜走後，家裏的人問她爲什麽不畏強盜，盧氏回答說：「人之所以不同於禽獸，就是因爲有仁義。鄰居有急難，還要去救助，何况是自己的婆婆，能丢下不管嗎？萬一婆婆有危險，哪能自己獨自苟活？」

〔二〕摛藻堂四庫全書薈要本作「相」。

## 六・三一

○唐奉天①竇氏二女，生長草野，幼有志操。永泰②中，羣盜數千人剽掠③其村落。二女皆有容色，長者年十九，幼者年十六，匿④巖穴間。曳⑤出之，驅迫以前⑥。臨壑〔一〕谷，深數百尺。其姊先曰：「吾寧就死，義不受辱。」即投崖下而死，盜方驚駭〔二〕，其妹繼之。自投折足，破面流血，羣盜乃捨之⑦而去。京兆尹第五琦⑧嘉其貞烈，奏之，詔〔三〕旌表〔四〕其門閭，永蠲⑨其家丁役。

【注釋】

①奉天——集注：「奉天，縣名。」

〔一〕壑：音hè（赫），坑谷，深溝。
〔二〕駭：音hài（害），驚懼。
〔三〕詔：音zhào（照），帝王所發的文書命令。
〔四〕旌表：旌，音jīng（京）。一、表揚、表彰。二、舊時官府爲表揚忠孝節義的人，所頒賜的牌坊或匾額。

②永泰——集注：「永泰，年號。」

③剽掠——剽，音piāo（飄）。集注：「剽掠，攻劫也。村落，村居也。」

④匿——音nì（逆），集注：「匿，藏也。」

⑤曳——音yè（夜），集注：「曳，拖也。」

⑥前——集注：「前謂前行。」

⑦捨之——集注：「捨之謂捨其妹。」

⑧京兆尹第五琦——集注：「京兆，郡。尹，官。第五，姓。琦，名。」

⑨蠲——音juān（捐），集注：「蠲，除也。」

【譯文】

唐代時，奉天縣姓竇的兩姊妹，生長在鄉村，很小就有志節操守。永泰中，幾千名強盜搶劫竇氏的村子。竇家的兩個女兒都長得漂亮，大的十九歲，小的十六歲，藏在岩洞裏。她們被強盜拉出來，驅趕著往前走。她們來到一個山谷前，山谷有幾百尺深。姐姐對妹妹說：「我寧願死，也不願受侮辱。」說著就跳崖而死。強盜還在驚駭中，妹妹接著又跳下去。腳折斷了，臉摔破了流了血，強盜才把她丟下走了。京兆尹第五琦很讚揚竇氏兩姊妹的貞烈，上奏了朝廷。皇帝下詔表揚竇氏家族，永遠免除竇家的徭役。

## 六·三二

○繆肜少孤①，兄弟四人皆同財業。及各取妻，諸婦遂求分異，又數有鬬爭之言。肜深懷忿嘆，乃掩户自撾②，曰：「繆肜，汝脩身謹行，學聖人之法，將以齊整風俗，奈何不能正其家乎？」弟及諸婦聞之，悉叩頭謝罪，遂更爲敦睦之行③。

【注釋】

①繆肜少孤——繆，音miào（廟）。肜，音róng（容）。集注：「肜，字豫公，漢汝南人。幼而無父曰孤。」

②撾——音zhuā（抓）。集注：「撾，打。」

③遂更爲敦睦之行——更，音gēng（耕）。敦，音dūn（噸）。睦，音mù（木）。集注：「更，改。敦，厚。睦，和也。」

【譯文】

繆肜小的時候就成了孤兒，兄弟四人在一起生活。後來各自娶了妻子，弟媳就要求分家，又多次有爭鬥的言語。繆肜對此深深忿恨和嘆息，就關著門責打自己，說：「繆肜，你修身謹行，學習聖人之法，想要整頓風俗，怎麼連自己的家也不能治好！」弟弟和弟媳知道後，都磕頭謝罪，努力促使家庭和睦。

## 六・三三

○蘇瓊除南清河太守①，有百姓乙普明②兄弟爭田，積年不斷③，各相援據④，乃至百人。瓊召普明兄弟，諭⑤之曰：「天下難得者兄弟，易求者田地，假令得田地，失兄弟，心如何⑥？」因而下淚，諸證人莫不灑泣。普明兄弟叩頭，乞外更思，分異十年，遂還同住。⑦

【注釋】

①蘇瓊除南清河太守——瓊，音qióng（窮）。集注：「瓊，字珍之，北朝人。南清河，郡名。」

②乙普明——集注：「乙，姓。普明，名。」

③斷——集注：「斷，決也。」

④援據——集注：「援據，攀援〔二〕他人爲證據也。」

⑤諭——音yù（玉），集注：「諭，曉也。」

⑥如何——集注：「如何，問之以發動其良心也。」

⑦因而下淚……——集注：「太守下淚，而諸證人灑泣，普明兄弟悔過，可以見人心之天矣。」

【譯文】

蘇瓊當南清河太守的時候，百姓乙普明兄弟爭田，已經有好些年了，各自都找人作證，證人不下百人。蘇瓊就把乙普明兄弟叫來，教育他們説：「天下難得的是兄弟，容易得到的是田地。如果得到田地，失去弟兄，心裏覺得怎麽樣？」蘇瓊因此流下眼淚，證人們也没有不流淚的。乙普明兄弟磕頭請求允許他們出去考慮。弟兄分離了十年，又回來住在一起，成爲一家。

## 六・三四

○王祥弟覽①，母朱氏遇②祥無道，覽年數歲，見祥被楚撻，輒涕泣抱持。至於成童③，

〔二〕攀援：依憑。

每諫其母〔二〕，其母少止凶虐。朱屢以非理使祥，覽與祥俱④。又虐使祥妻，覽妻亦趨而共之。朱患之，乃止。

【注釋】

①覽——集注：「覽，字元通。」

②遇——集注：「遇，待也。」

③楚撻——撻，音tà（踏），用鞭、棍等打人。集注：「楚，痛也。」

④成童——集注：「成童，十五歲也。」

⑤俱——集注：「俱謂共爲之。」

【譯文】

王祥的弟弟叫王覽，王祥的母親朱氏對王祥很不好，王覽才幾歲，看見王祥被打，就哭著抱著母親，叫她不要打王祥。到十五歲時，經常勸母親不要打王祥，他的母親稍微好一點，没有以前那麼兇虐。朱氏多次無理地使喚王祥，王覽都和王祥一起去做。朱氏又虐使王祥的妻子做事，王覽的妻子也和王祥的妻子一起去幹。朱氏怕這樣帶來不良後果，就停止虐待王祥和他的妻子。

〔二〕摛藻堂四庫全書薈要本無「其母」二字。

## 六・三五

〇晉右僕射鄧攸①，永嘉末没於石勒②。過泗水，攸以牛馬負妻子而逃。又遇賊，掠其牛馬。步走，擔其兒及其弟子綏③。度不能兩全，乃謂其妻曰：「吾弟蚤亡，唯有一息，④理不可絶，止應自棄我兒耳。幸而得存，我後當有子。」妻泣而從之，乃棄其子而去之，卒以無嗣⑤。時人義⑥而哀之，爲之語曰：「天道無知，使鄧伯道無兒。」弟子綏服攸喪三年⑦。

【注釋】

①右僕射鄧攸——僕射，音pú yè（葡夜）。集注：「右僕射，官名。攸，字伯道。」

②永嘉末没於石勒——勒，音lè（樂）。集注：「永嘉，年號。石勒，胡人。没，陷没。」

③弟子綏——綏，音suí（隨）。集注：「弟子，弟之子。綏，其名也。」

④吾弟蚤亡，唯有一息——蚤，音zǎo，古同「早」。集注：「息，子息。」

⑤嗣——音sì（似），子孫。

⑥義——集注：「義者，義其能存姪也。」

⑦弟子綏服攸喪三年——集注：「服喪三年，如喪父也。」

【譯文】

晉朝右僕射鄧攸，在永嘉末年陷於石勒的佔領區中。過泗水，鄧攸就用牛馬載著妻子、兒子和侄兒逃命。又遇上盜賊，搶走了牛馬，鄧攸就步行，負擔著兒子和侄兒。鄧攸想不能既保全兒子，又保全侄兒，就對妻子說：「我弟弟早死，只有這個兒子，不能讓弟弟絕後，只應該拋棄我們的兒子。如果我們能活著，我們以後還會有孩子的。」妻子哭著同意了，鄧攸就把自己的孩子拋棄了，結果後來却没能再有兒子。當時的人都認爲鄧攸重道義，很同情他，說：「老天無知，使鄧攸無兒。」鄧攸去世，姪兒鄧綏爲他守喪三年。

## 六・三六

〇晉咸寧中大疫，庾衮二兄俱亡，次兄毗復危殆。①癘氣方熾②，父母諸弟皆出，次③於外。衮獨留不去，諸父兄強之，乃曰：「衮性不畏病。」遂親自扶持，晝夜不眠，其間復撫柩哀臨不輟④，如此十有餘旬。疫勢既歇，家人乃反。毗病得差，衮亦無恙。⑤父老⑥

咸曰：「異哉此子！守人所不能守，行人所不能行，歲寒然後知松柏之後凋⑦，始知疫癘之不能相染也。」

【注釋】

①晉咸寧中大疫……——庾，音yǔ（語），姓。衮，音gǔn（滾）。毗，音pí（皮）。集注：「咸寧，年號。疫、癘，皆瘟疾。衮，字叔褒，次兄名毗。危殆謂病甚也。」

②癘氣方熾——癘，音lì（立），瘟疫。熾，音chì（斥）。集注：「熾，盛。」

③次——集注：「次，舍也。」

④其間復撫柩哀臨不輟——柩，音jiù（就），裝著尸體的棺材。輟，音chuò（綽）。集注：「間，空隙也。臨，哭。輟，止。」

⑤毗病得差，衮亦無恙——恙，音yàng（樣）。集注：「差，愈。恙，病也。」

⑥父老——集注：「父老，鄉之高年者。」

⑦後凋——凋，音diāo（雕），衰落。集注：「後凋，謂後於衆木之凋。」

【譯文】

晉朝咸寧年間，瘟疫大流行，庾衮的兩個哥哥都死了，二哥庾毗也處在危險中。瘟氣正盛，父母和弟弟們都出門住在外面。庾衮却獨自留下來，不肯走。他的父親和哥哥都強迫他離開，他説：「我生性不怕病。」於是親自照料庾毗，晝夜不眠，有時還撫著去世哥哥的棺材哀傷不已，這樣過了一百多天。瘟疫過去了，家裏的人回來了。庾毗的病好了，庾衮也安然無恙。父老都稱贊庾衮説：「這孩子不同尋常，有別人没有的操守，做別人不能做的事，天寒然後才知道松柏是在最後凋落的，通過這件事大家才知道原來疫病不會相互傳染。」

## 六・三七

○楊播①家世純厚，並敦義讓。昆季②相事，有如父子。椿、津③恭謙，兄弟旦則聚於廳堂，終日相對，未嘗入内。有一美味，不集不食。廳堂間往往幃幔④隔障，爲寢息之所。時就休偃⑤，還共談笑。椿年老，曾他處醉歸。津扶持還室，假寢閤前⑥，承候安否。椿、津年過六十，並登台鼎⑦。而津常旦莫⑧參問，子姪羅列階下，椿不命坐，津不敢坐。椿每近出，或日斜不至，津不先飯。椿還，然後共食。食則津親授匙箸⑨，味皆先嘗。椿命食，然後食。津爲肆州，椿在京宅⑩，每有四時嘉味⑪，輒因使次附之。若或未寄，不先入口。⑫一家之内，男女百口，緦服同爨，庭無間言。

【注釋】

①楊播——集注：「播，字延慶，北朝人。」

②昆季——集注：「昆季，兄弟也。」

③椿、津——椿，音chūn（春）。集注：「椿，字延壽。津，字羅漢。」

④幃幔——音wéi màn（惟慢），帷幕、帳幕。

⑤休偃——偃，音yǎn（眼）。集注：「休亦息也。偃猶卧也。」

⑥假寢閤前——集注：「寢本傳作寐。假寢，不脱衣冠而寢也。閤謂室之門。」

⑦台鼎——集注：「台鼎，三公之稱，如星之有三台、鼎之有三足也。椿爲司徒，津爲司空，故曰並登台鼎。」

⑧莫——音mù，古同「暮」。

⑨匙箸——匙，音chí（持），舀湯用的小勺子。箸，音zhù（注），筷子。

⑩京宅——集注：「京宅，宅在京也。」

⑪嘉味——集注：「嘉味，美味也。」

⑫若或未寄，不先入口——集注：「未寄於兄，則不先食。」

⑬緦服同爨——緦，音sī（思），細的麻布：緦麻服（古代一種喪服，死者遠親穿用）。爨，音cuàn（竄），

燒火做飯。集注：「緦麻之服同炊爨，四世不分異也。」

⑭間言——間，音jiàn（見）。集注：「間言，異言〔一〕也。」

【譯文】

楊播的家風世代淳厚，都能因義謙讓。兄弟相處，像父子一樣。楊椿和楊津都很謙恭，兄弟早上就聚集在廳堂上，成天面對面坐在一起，從來不往後面自己屋裏去。有什麽美味，兄弟不聚齊就不吃。廳堂間往往用帷帳隔開，作爲休息的地方。他們就在這裏躺著休息，休息完了，又一起談笑。楊椿年老，曾經在别的地方喝酒喝醉了回來，楊津把他扶回寢室，就在門前和衣而睡，守候著楊椿。楊椿和楊津都已年過六十，楊椿爲司徒，楊津爲司空，都登上了三公的高位。但楊津常常是早晚參問楊椿。兒子侄兒站滿階下，楊椿不叫楊津坐，楊津就不敢擅自坐下。楊椿出門到附近去，有時太陽西斜還未回來，楊津也不先獨自吃飯。等楊椿回來，然後一起吃飯。吃飯的時候，楊津把湯匙和筷子準備好交給楊椿，並先嘗嘗味道。楊椿叫吃飯，楊津才吃飯。當初楊津在肆州做官，楊椿在京城家裏，如果有好吃的東西，就叫使者帶到京城。如果還没有寄出去，自己不先吃。一家之内，男女百口，四世同堂，家裏没有異言。

〔一〕異言：意見不同或不相符的言論。

## 六・三八

○隋吏部尚書牛弘弟弼①，好酒而酗②。嘗醉，射殺弘駕車牛。弘還宅，其妻迎謂弘曰：「叔射殺牛。」弘聞，無所怪問，直③答曰：「作脯④。」坐定，其妻又曰：「叔射殺牛，大是異事。」弘曰：「已知。」顏色自若，讀書不輟。

【注釋】

①牛弘弟弼——集注：「弘，字里仁，安定人，弟名弼。」
②酗——音xù（序）。集注：「酗，酒狂也。」
③直——集注：「直猶但也。」
④脯——音fǔ（府），肉乾。
⑤輟——音chuò（綽）。集注：「輟，止也。」

【譯文】

隋朝吏部尚書牛弘的弟弟牛弼，好飲酒，又愛喝醉。有次喝醉了把牛弘駕車的牛殺了。牛弘回家來，他妻子迎著他說：「兄弟把牛射殺了。」牛弘聽說，没有什麼責怪，只回答說：「做肉乾。」牛弘坐下來，妻子又說：「兄弟把牛射殺了，是件怪異之事。」牛弘說：「我已經知道了。」臉色像平常一樣，仍然讀自己的書。

## 六·三九

○唐英公李勣①，貴爲僕射②，其姊病，必親爲然火煮粥。火焚其鬚，姊曰：「僕妾多矣，何爲自苦如此？」勣曰：「豈爲無人耶？顧③今姊年老，勣亦老，雖欲數〔二〕爲姊煮粥，復可得乎？」

【注釋】

①唐英公李勣——集注：「勣，字懋功〔三〕，封英公。」

②僕射——音pú yè（葡夜），集注：「僕射，唐宰相。」

③顧——集注：「顧猶念也。」

〔二〕數：音shuò（碩），屢次，多次。

〔三〕懋：音mào（冒）。

【譯文】

唐朝英國公李勣，雖然當了僕射這樣的大官，但他姐姐生病，一定要親自燒火煮粥給姐姐吃。火燒了李勣的鬍鬚，姐姐説：「僕妾那麽多，爲什麽要這樣自找苦吃？」他説：「哪里是没有人呢？只是因爲現在姐姐年老，我也老了，想爲姐姐多煮幾次粥，這樣的機會以後還多嗎？」

## 六・四〇

〇司馬溫公與其兄伯康①友愛尤篤，伯康年將八十，公奉之如嚴父，保之如嬰兒。②每食少頃，則問曰：「得無饑〔一〕乎？」天少冷，則撫其背曰：「衣得無薄乎？」③

【注釋】

①伯康——集注：「伯康，名旦。」

②公奉之如嚴父，保之如嬰兒——集注：「吴氏曰：『奉之如嚴父，敬之至也。保之如嬰兒，愛之

〔一〕朱子全書本作「飢」。

至也。』」

③每食少頃……——集注：「老人腸胃弱，易飽易飢；氣體虛，易寒易熱，故公撫問之勤如此。」

【譯文】

司馬溫公和他的哥哥伯康特別友愛，伯康年齡將近八十歲，溫公像對嚴父那樣侍奉他，像對嬰兒那樣保養他。每次吃了飯，過一會就問：「餓了没？」天稍微有點冷，就摸著他的背問：「衣服是否單薄？」

# 六·四一

〇近世故家①，惟②晁氏③因以道④申戒子弟皆有法度。羣居相呼外姓尊長，必曰「某姓第幾叔若兄」。諸姑、尊姑之夫，必曰「某姓姑夫」、「某姓尊姑夫」，未嘗敢呼字也。其言父黨交遊，必曰「某姓幾丈」，亦未嘗敢呼字也。⑤當時故家舊族，皆不能若是。

【注釋】

①故家——集注：「故家，舊家。」

②惟——集注：「惟，獨也。」

③晁——音cháo（潮），姓。

④以道——集注：「以道，名悦之，澶淵人。」

⑤羣居相呼外姓尊長……——集注：「若，及也。尊者曰某姓第幾叔，長者曰某姓第幾兄。姑，父之姊妹也。尊姑，祖之姊妹也。父黨交遊，父之友也。稱姓、稱行、稱位而不呼字，皆謙厚之道。」

【譯文】

近來的舊家族，只有晁以道教育青年最有規矩。大家聚集在一起，叫外姓的長輩，必定叫「某姓第幾叔」。如果是姑姑或祖姑姑的丈夫，必定叫「某姓姑夫」、「某姓尊姑夫」，從來不敢叫字。談及父親的朋友，必定説「某姓幾丈」，也從來不敢叫字。當時的舊家族，都不能做到這樣。

## 六·四二

○包孝肅公尹京時①，民有自言：「以白金百兩寄我者死矣，予其子，不肯受，願召其子予之。」尹召其子，辭曰：「亡父未嘗以白金委人也。」兩人相讓久之。呂滎公聞之曰：「世人喜言『無好人』三字者，可謂自賊②者矣。古人言人皆可以爲堯舜③，蓋觀於此而知已〔二〕④。」

【注釋】

①包孝肅公尹京時——集注：「公名拯，字希仁，孝肅，謚也，宋廬州人。尹京時，爲京尹之時。」

②賊——集注：「賊，害也。」

③古人言人皆可以爲堯舜——集注：「古人謂孟子。人無有不善，故皆可以爲堯舜。」

④蓋觀於此而知已——集注：「蓋，疑辭。此指讓金而言，猶言此等事也。」

【譯文】

包孝肅公（包拯）當京兆尹的時候，有位百姓來說：「有人把一百兩白銀寄放在我這裏，他死了，我給他兒子，他兒子又不願接受。請叫他兒子來，我把白銀給他兒子。」包拯叫他兒子來，他兒子推辭說：「我去世的父親没有在别人那裏寄放過銀子。」兩個人互相推讓了很久。吕滎公聽説這事後，說：「世上的人喜歡說『無好人』三個字，可以說是自己害自己。古代的人說人人都可以當堯舜，從這裏就可以看得出來。」

〔二〕摛藻堂四庫全書薈要本作「之」。

## 六·四三

〇萬石君石奮歸老於家①，過宮門闕，必下車趨。見路馬②，必軾焉。子孫爲小吏，來歸謁，萬石君必朝服見之，不名。子孫有過失，不誚讓，爲便坐，對案不食。③然後諸子相責，因長老肉袒固謝罪④，改之，乃許⑤。子孫勝冠者在側，雖燕必冠，申申如也。童僕訢訢如也，唯謹。⑥上時賜食於家，必稽首俯伏而食⑦，如在上前。其執喪哀戚甚，子孫遵教亦如之。萬石君家以孝謹⑧聞乎郡國，雖齊魯⑨諸儒質行，皆自以爲不及也。長子建爲郎中令，少子慶爲内史。⑩建老白首，萬石君尚無恙⑪。每五日洗沐歸謁親，入子舍，竊問侍者，取親中帬厠牏，身自浣滌，復與侍者，不敢令萬石君知之，以爲常。⑫内史慶醉歸，入外門⑬，不下車。萬石君聞之，不食。慶恐，肉袒謝罪，不許。舉宗⑭及兄建肉袒，萬石君讓⑮曰：「内史貴人，入閭里，里中長老皆走匿，而内史坐車中自如，固當⑯？」乃謝罷慶⑰。慶及諸子入里門，趨至家。⑱

【注釋】

①萬石君石奮歸老於家——集注：「漢石奮與四子，皆官至二千石，故號萬石君。歸老，老而歸也。」

②路馬——集注：「路馬，說見稽古。」

③子孫有過失……——誚，音qiào（俏）。集注：「誚讓謂以言責之。坐于便室，設食於案，對之而不食，自責也。」

④因長老肉袒固謝罪——集注：「長老，族之高年者。肉袒，袒衣露肉也。固，再三也。」

⑤許——集注：「許謂許其改過而已。復坐，復食也。」

⑥子孫勝冠者在側……——集注：「勝冠，謂年及冠者。燕謂燕居。申申，和緩也。訢訢，和悦也。和則易肆，故加謹。」

⑦必稽首俯伏而食——稽，音qǐ（起）。集注：「稽首即叩首，稽首俯伏而後起食，敬也。」

⑧孝謹——集注：「孝謹，即下宫門闕等事。」

⑨齊魯——集注：「齊魯，二國名。」

⑩長子建爲郎中令，少子慶爲内史——集注：「郎中令、内史，皆官名。」

⑪恙——音yàng（樣），集注：「恙，病也。」

⑫每五日洗沐歸謁……——沐，音mù（木）。謁，音yè（頁）。牏，音yú（餘），木制水槽。浣滌，音huàn

dí（奐敵）。集注：「漢法：在官五日則休假一日，以洗身沐首。子舍，小房。親謂萬石君。中裙，中衣。厕牏，穢器。不使親知者，共爲子職而又欲親心安也。」

⑬外門——集注：「外門，巷門。」

⑭舉宗——集注：「舉宗猶言闔〔二〕族。」

⑮讓——集注：「讓，責也。」

⑯固當——集注：「固當者，反辭以責之也。」

⑰謝罷慶——集注：「謝罷慶者，許不過慶而復食也。」

⑱入里門，趨至家——集注：「里門即巷門，言自是以後，入巷門則疾趨而歸，不但下車矣。」

【譯文】

（史記萬石君傳中記載）萬石君石奮回家養老，經過宫殿門闕，都要下車快步而趨。看見皇帝的馬，都要手扶著車前的横木，低頭表示恭敬。子孫當小官，回來拜見萬石君，萬石君都穿著朝服見他們，不叫他們的名。子孫有過錯，不責駡，在一個屋子裏坐著，飯擺在面前的桌上也不吃。這樣，兒子們就互相責備，於是請家族中年長的人帶著，光著上身再三向萬石君認罪，表示悔改。萬石君才饒恕他們。子孫二十歲以上在身邊，就是

〔二〕闔：音hé（和），全。

平常家居，萬石君也要戴帽子，態度很平和。對待奴僕態度和悦，但又嚴謹。皇帝賞賜事物送到家，萬石君總是先叩頭拜伏在地對皇帝謝恩後才吃，就像在皇帝面前一樣。萬石君在喪事期間特別哀傷，子孫遵循他的教誨也是如此。萬石君家以孝順和謹守禮節聞名郡國，即便齊魯等地有修養的儒者，也認爲自己的品格行爲不及萬石君家的人。萬石君的長子石建爲郎中令，小兒子石慶爲内史。石建老了頭髮發白了的時候，萬石君的身體還很康健。五天一次的休假，石建拜望萬石君之後，就到小房中悄悄問僕人萬石君的襯衣和便器放在什麼地方，親自洗，洗完又交給僕人，不敢讓萬石君知道，一直都是如此。一次，内史石慶喝醉了酒回家，進入巷門，没有下車。萬石君聽説後，不吃飯。石慶恐懼，光著上身向萬石君請罪，萬石君不原諒。全宗族的人都認錯，哥哥石建光著身子請罪，萬石君責備説：「内史是貴人，進入街巷，街巷的老人見了都跑著躲開，而内史安然坐於車内，這樣做對嗎？」責備之後，才原諒了石慶。以後石慶和各位兒子進入家所在的街巷，都下車走回家。

## 六・四四

〇疏廣爲太子太傅①，上疏乞骸骨②，加賜黄金二十斤，太子贈五十斤。歸鄉里，日令家供具，設酒食，請族人故舊賓客相與娱③樂。數問其家：「金餘尚有幾斤？趣賣以共具④。居歲餘，廣子孫竊謂其昆弟老人廣所信愛者曰：「子孫冀及君⑤，時頗立產業基址，今日飲食費且盡，宜從丈人所⑥，勸說⑦君買田宅。」老人即以閒暇時爲廣言此計。廣曰：「吾豈老悖⑧，不念子孫哉！顧自有舊田廬，令子孫勤力其中，足以共衣食，與凡人齊。今復增益之，以爲贏餘，但教子孫怠惰耳。⑨賢而多財則損其志，愚而多財則益⑩其過。且夫富者衆之怨也，吾既無以教化子孫，不欲益其過而生怨。又此金者，聖主所以惠養老臣也，故樂與鄉黨宗族共饗〔一〕其賜，以盡吾餘日，不亦可乎？」

【注釋】

①疏廣爲太子太傅——集注：「廣，字仲翁，漢蘭陵人。太傅，官名。」

②上疏乞骸骨——骸，音hái（孩）。集注：「上疏乞骸骨，猶今之告老〔二〕也。」

③娱——集注：「娱，歡也。」

④趣賣以共具——集注：「趣與促同，共與供同，言促賣餘金以供酒食之具也。」

⑤冀及君——集注：「冀，欲也。君指廣。」

〔一〕摛藻堂四庫全書薈要本作「享」。

〔二〕告老：官吏因年老而辭職。

⑥丈人所——集注：「丈人，即廣所愛信之高年兄弟也。所，處也。」

⑦說——音shuì（稅）。集注：「說，誘也。」

⑧老悖——悖，音bèi（輩）。集注：「老悖，年老而乖悖也。」

⑨以爲贏餘，但教子孫怠惰耳——集注：「贏亦餘也，衣食有餘則子孫倚之而怠惰矣。」

⑩益——集注：「益，增也。」

【譯文】

（漢書疏廣傳中記載）疏廣做太子太傅，向皇帝上疏請求退休回家。皇帝除了按規定賞賜外，加賜二十斤黃金，太子又贈送了五十斤黃金。疏廣回到故鄉後，每天都讓家人置辦酒菜飯食，邀請族人故舊賓客共同娛樂。他多次詢問家人：「黃金還剩幾斤？」讓趕快拿去當掉買酒飯來吃。過了一年多，疏廣的子孫私下對疏廣的同族兄弟中受他喜歡信賴的老人說：「我們做子孫的希望在他老人家有生之年能多置辦些田產基業，而現在吃吃喝喝把錢財都快花光了。我們想請您把我們的這些想法當作您的意思，去勸說他老人家置辦些田地房產。」於是在閒暇的時候老人就對疏廣說了子孫的這些想法。疏廣回答道：「我難道真的老糊塗了嗎？不去顧及子孫！我是考慮家中本來已經有的田地房屋，如果他們努力勤奮地經營，足以供給衣食，與常人無異。如果再增加產業使他們有所盈餘，那麼等於教子孫懈怠懶惰。賢德而富有就會損傷其意志，愚昧而富有就會增加其過錯。而且富人多爲大家所怨恨，我既然没有什麼能教導子孫的，不想白白增加他們的過失而被人怨恨。再說，這些金子本就是聖明的君主賞賜給我養老的，因此，與鄉黨宗族共用這份恩賜，來度過我的餘生，不是很好嗎？」

## 六・四五

○龐公①未嘗入城府，夫妻相敬如賓。劉表候之②，龐公釋耕於壟上③，而妻子耘於前。表指而問曰：「先生苦居畎④畝，而不肯官禄，後世何以遺子孫乎？」龐公曰：「世人皆遺之以危，今獨遺之以安。雖所遺不同，未爲無所遺也。」表嘆息而去。

【注釋】

①龐公——集注：「龐公，字德公，漢襄陽人。」

②劉表候之——集注：「劉表，漢宗室。候猶訪也。」

③釋耕於壟上——集注：「釋猶罷也。壟，田間高處也。」

④畎——音quǎn（集注：「畎，田間水道也。」

⑤世人皆遺之以危，今獨遺之以安——集注：「遺猶與也。富貴者易危，勤勞者常安，理勢然也。」

【譯文】

龐公從來没有進過城和官府，夫妻相敬如賓。劉表拜訪他，他停止壟上的耕作，但他的妻子和兒子還在前面不停地除草。劉表指著田壟問龐公：「先生苦苦生活在田間，而不願做官，以後能留給子孫什麽呢？」龐公說：「世上的人都留給子孫危險，只有我留給子孫安寧。雖然我留的不同，但也不能說没有留。」劉表嘆息著走了。

## 六・四六

○陶淵明爲彭澤令①，不以家累②自隨。送一力給其子③，書曰：「汝旦夕之費，自給爲難。今遣此力，助汝薪水之勞。此亦人子也，可善遇④之。」

【注釋】

①陶淵明爲彭澤令——集注：「淵明，字元亮，晉潯陽人。彭澤，縣名。」

②家累——集注：「家累，妻子也。」

③送一力給其子——集注：「力，僕也。給，與也、贍也。」

④遇——集注：「遇，待也。」

【譯文】

陶淵明當彭澤縣令，不帶家眷。把一個僕人送給兒子，寫信說：「你一天生活需要的，自給有困難，現在就叫這個僕人來幫你打柴挑水。僕人也是別人的兒子，你應該好好對待他。」

## 六・四七

○崔孝芬①兄弟孝義慈厚。弟孝暐〔一〕等奉孝芬盡恭順之禮，坐食進退，孝芬不命，則不敢也。雞鳴而起，且〔二〕溫顏色。一錢尺帛，不入私房。吉凶有須，聚對分給。諸婦亦相親愛，有無共之。孝芬叔②振既亡後，孝芬等承奉叔母李氏，若事所生。旦夕溫凊③，出入啓覲④，家事巨細一以咨決。每兄弟出行，有獲⑤，則尺寸以上皆入李之庫。四時分賚⑥，李氏自裁之。如此二十餘歲。

〔一〕暐：音wěi，古同「煒」。
〔二〕摛藻堂四庫全書薈要本作「且」。

【注釋】

①崔孝芬——集注：「孝芬，北朝博陵人。」

②孝芬叔——集注：「孝芬之叔，名振。」

③溫清——清，音qìng（慶），清涼。集注：「溫謂冬溫，清謂夏清。」

④啓覲——覲，音jìn（盡）。集注：「啓謂出必告，覲謂反必面。」

⑤獲——集注：「獲，得也。」

⑥賚——賚，音lài（賴）。集注：「賚，與也。」

【譯文】

崔孝芬兄弟孝義慈厚。弟弟孝暐等對孝芬盡恭順的禮節，坐著、吃飯、進退，孝芬不吩咐，孝暐等不敢自作主張。兄弟們雞鳴就起牀，顏色溫和。一分錢、一尺布，不敢拿到自己房間裏去。如果吉事或凶事的需要，就按情况分配財物。婦女們也互相親愛，分享有無。孝芬的叔叔崔振去世後，孝芬等人對待叔母李氏像對待親生母親一樣。早晚請安，冬天溫被，夏天扇枕，離開回來都當面稟告。家裏的事情不管大小都要向她請示，聽候她的裁決。每次兄弟外出，如果有所獲，就是一尺一寸東西，都要歸入叔母的庫中。四時分東西，都是叔母裁奪。這樣持續了二十多年。

## 六・四八

○王凝①常居，慄②如也。子孫非公服不見，閨門之内若朝廷焉。御③家以四教：勤儉恭恕④。正家以四禮⑤：冠婚喪祭。聖人之書及公服禮器，不假⑥。垣屋什物必堅朴⑦，曰：「無苟費也。」門巷果木必方列⑧，曰：「無苟亂也。⑨」

【注釋】

①王凝——集注：「凝，字叔恬，文中子之弟。」

②慄——音lì（立），集注：「慄，嚴謹貌。」

③御——集注：「御，治也。」

④勤儉恭恕——集注：「勤以事事，儉以制用，恭以處己，恕以待人。」

⑤四禮——集注：「四禮，説見嘉言〔一〕。」

〔一〕應指嘉言篇中的「伊川先生曰：冠昏喪祭」章（五・二一），集注云：「冠以責成人，昏以承宗事，喪以慎終，祭以追遠。」

⑥不假——集注：「假，借也。不假，阮氏〔二〕曰：『皆自足也。』」
⑦垣屋什物必堅朴——垣，音yuán（元），矮牆。什，音shí（時）。什物，各種常用的器具。集注：「營築垣屋，造設什物，必渾堅朴素。」
⑧門巷果木必方列——集注：「經畫門巷，種植果木，必方整成列。」
⑨無苟亂也——集注：「蓋其爲人不苟，故每事亦不苟如此。」

【譯文】

王凝平常在家，很嚴謹。子孫不穿公服（官吏的禮服）不接見，家裏就好像朝廷一樣。治家用四教：勤、儉、恭、恕。正家用四禮：冠、婚、喪、祭。聖人的書和公服禮器，不借用他人的。垣牆屋子用具一定要堅固朴素，王凝説：「不要隨便花費。」門巷果樹一定要整齊方正，王凝説：「不能弄得亂七八糟。」

## 六·四九

○張公藝①九世同居，北齊②、隋、唐皆旌表其門閭〔三〕。麟德③中，高宗封泰山④，幸⑤

〔二〕阮氏：不詳何人，待考。
〔三〕摛藻堂四庫全書薈要本無「閭」字。

其宅，召見公藝，問其所以能睦族之道。公藝請紙筆以對，乃書「忍」⑥字百餘以進。其意以爲宗族所以不協⑦，由尊長衣食或有不均，卑幼禮節或有不備，更相責望⑧，遂爲乖⑨爭。苟能相與忍之，則家道雍⑩睦矣。

【注釋】

①張公藝——集注：「公藝，唐東平人。」

②北齊——集注：「北齊，北朝高齊也。」

③麟德——麟，音lín（林）。集注：「麟德，唐高宗年號。」

④封泰山——集注：「封謂封土，爲壇以祭也。泰山，山名。」

⑤幸——集注：「天子所至曰幸。」

⑥忍——集注：「忍，耐也。」

⑦協——集注：「協，和也。」

⑧更相責望——更，音gēng（耕），更相，相互。集注：「卑幼責望尊長之不均，尊長責望卑幼之不備，是更相責望也。」

⑨乖——集注：「乖，戾[一]也。」

⑩雍——集注：「雍，和也。」

【譯文】

張公藝九代人生活在一起，北齊、隋代、唐代朝廷都表揚他們家。唐代麟德時期，高宗封泰山，親自到公藝家召見他，問他的家族爲什麼能够這樣和睦。公藝請求皇帝讓他用紙筆寫出來。公藝寫了一百多個「忍」字，呈獻給皇帝。公藝的意思是，宗族之所以不和諧，是由於尊長對年輕的衣食分配不均，年輕的對尊長有時禮節不具備，互相責備怨望，就産生了分離和爭鬥。如果能互相忍讓，家道就和睦了。

## 六・五〇

○韓文公作董生行①曰：「淮水出桐柏山②，東馳遥遥，千里不能休。淝水③出其側，不能千里，百里入淮流。壽州屬縣有安豐④，唐貞元⑤年時，縣人董生召南，隱居行義於

〔一〕戾：音lì（立），混亂，不正常。

其中⑥。刺史不能薦，天子不聞名聲，爵禄不及門。門外惟有吏，日來徵租更索錢。嗟哉董生！朝出耕，夜歸讀古人書。盡日不得息，或山而樵，或水而漁。入厨具甘旨，上堂問起居。父母不慼慼，妻子不咨咨。⑦嗟哉董生！孝且慈，人不識，唯有天翁知，生祥下瑞無時〔二〕期。家有狗乳出求食，雞來哺其兒。啄啄庭中拾蟲蟻，哺之不食鳴聲悲。彷徨躑躅久不去，以翼來覆待狗歸。⑧嗟哉董生！誰將與儔？時之人夫妻相虐、兄弟爲讎。食君之禄而令父母愁，亦獨何心？嗟哉董生！無與儔。⑨」

【注釋】

①韓文公作董生行——集注：「公名愈，字退之，謚文，唐昌黎人。董生名召南，行，歌類。」
②桐柏山——桐，音tóng（同）。柏，音bǎi。集注：「桐柏山，在唐縣。」
③淝水——淝，音féi（肥）。集注：「淝水，在合肥縣。」
④安豐——集注：「安豐，縣名。」
⑤貞元——集注：「貞元，年號。」

〔二〕摛藻堂四庫全書薈要本作「休」。

⑥隱居行義於其中——集注：「董生隱居，行義於淮淝之間，時之人不能與儔，韓子爲作此詩，蓋賦而興也。」

⑦父母不戚戚，妻子不咨咨——集注：「吴氏曰：『慼慼，憂愁也。咨咨，嗟怨也。父母安其孝，故不憂。妻子樂其慈，故不怨。』」

⑧董生孝且慈……——哺，音bǔ（補）。彷徨，音páng huáng（旁皇）。躑躅，音zhí zhú（直竹）。集注：「天翁，猶言老天。乳，生子也。躑躅，跳貌。吴氏曰：『董生孝慈之行，獨天知之，故祥瑞見於異類如此。』」

⑨嗟哉董生！誰將與儔……——儔，音chóu（愁），同輩，伴侣。集注：「儔，匹也。朱子曰：『上句「誰將與儔」，疑而問之之辭也。下句「無與儔」，答而決之之辭也。』」

【譯文】

韓文公（韓愈）作董生行説：「淮水從桐柏山流出來，向東遥遥奔流，千里不停息。淝水從山側面流出，不能奔騰千里，出山百里流入淮河。壽州有個縣叫安豐縣，唐貞元時，縣人董召南就在縣裏隱居行義。刺史没有薦舉他，天子也不知道他的名聲，他自然也就没有爵禄。門外只有吏卒，每天來徵租要錢。可嘆董生早上出耕，夜裏回來讀古人的書。每天都不休息，有時上山采樵，有時到水中打魚。到厨房爲父母準備甘美的食物，上堂問候父母的起居。父母不憂愁，妻子不怨恨。可嘆董生孝順而仁慈，却不被人們所瞭解。只有天公知道，不斷地生出祥瑞的事。家裏的狗生了小狗，外出找食，雞就來哺喂小狗。在庭中啄啄地找蟲蟻。用蟲蟻喂小狗，小狗不吃，雞就悲傷地叫，久久徘徊不去，用翅膀遮著小狗等大狗回來。董生啊，有人可以相比嗎？現在的人都是夫妻互相虐待，兄弟成爲仇敵。吃皇帝的俸禄而令父母憂愁，這是怎麽想的！董生啊，没人可以相比！」

## 六・五一

〇唐河東節度使柳公綽①，在公卿間最名有家法。中門東有小齋，自非朝謁之日，每平旦輒出，至小齋，諸子仲郢皆束帶晨省於中門之北。公綽決私事，接賓客，與弟公權及羣從弟再會食。②自旦至莫③，不離小齋。燭至，則命一人子弟執經史，躬讀一過。訖，乃講議居官治家之法，或論文，或聽琴。至人定鐘，然後歸寢，諸子復昏定於中門之北。凡二十餘年，未嘗一日變易。其遇饑歲，則諸子皆蔬食，曰：「昔吾兄弟侍先君爲丹州刺史，以學業未成，不聽食肉，吾不敢忘也。」④姑姊妹姪有孤嫠者⑤，雖疏遠，必爲擇壻嫁之。皆用刻木糚奩，纈文絹爲資裝，⑥常言：「必待資裝豐備，何如嫁不失時。」及公綽卒，仲郢一遵其法⑦，事公權如事公綽。非甚病，見公權未嘗不束帶。爲京兆尹、鹽鐵使，出遇公權於通衢，必下馬，端笏立。候公權過，乃上馬。公權莫歸，必束帶迎候於馬首。公權屢以爲言，仲郢終不以官達有小改。公綽妻韓氏，相國休⑧之曾孫。家法嚴肅儉約，爲搢紳家楷範⑨。歸柳氏三年，無少長，未嘗見其啓齒。⑩常衣絹素，不用綾羅錦繡。每歸覲，不乘金碧輿，祇乘竹兜子，二青衣步屣以隨。⑪常命粉苦參、黄連、熊膽和爲丸，賜諸子，每永夜習學含之，以資勤苦⑫。

【注釋】

①唐河東節度使柳公綽——綽，音chuò（輟）。集注：「河東，道名。節度使，官名。公綽，字子寬。」

②諸子仲郢……——郢集注：「仲郢，節度之子，字諭蒙。公權，節度之弟，字誠懸。」

③莫——音mù，古同「暮」。

④曰……——集注：「曰，節度言也。父没稱先君。聽猶許也。」

⑤姑姊妹姪有孤嫠者——嫠，音lí（離）。集注：「姪謂兄弟之女。孤，無父者。嫠，無夫者。」

⑥刻木糊奩，纈文絹爲資裝——奩，音lián（連）。纈，音xié（諧）。集注：「奩，鏡匣也。纈文絹，繫絹染爲文者。」

⑦一遵其法——集注：「其，指節度也。以上言家法之在外者。」

⑧相國休——集注：「相國，宰相之稱。休，其名也。」

⑨爲搢紳家楷範——搢紳，音jìn shēn（近身）。集注：「搢紳，搢笏垂紳[二]也。楷範猶言法式。」

⑩歸柳氏三年……——集注：「婦人謂嫁曰歸。啓齒，笑也。」

⑪每歸覲……——覲，音jìn（盡）。輿，音yú（余），車中裝載東西的部分，後泛指車。衹，音zhǐ（止），只。屣，音xǐ（洗）。集注：「歸覲，歸寧父母也。竹兜子，竹轎也。二青衣，二僮使[三]也。屣，徐行貌。」

⑫以資勤苦——集注：「資，助也。此言家法之在内者。」

【譯文】

唐代河東節度使柳公綽，在公卿中間以最有家法出名。中門的東面有個小屋，不是上朝的日子，柳公綽天亮就到小屋中來，侄兒和兒子仲郢都系好腰帶到中門北邊晨省。柳公綽就處理私事，接待賓客，和弟弟柳公權以及衆位堂兄弟一起吃飯。從早上到晚上，不離開小屋。點上蠟燭後，就叫一個侄兒或弟弟拿著經史，自己親自讀一遍。讀完，就和家裏的人講做官和治家的方法，或者談論文章，或者聽琴。到人定鐘敲響以後，就回到寢室，侄兒們和兒子又到中門的背面定省。這樣二十多年，没有一天變更過。碰上荒年，侄兒和兒子都吃素食。

---

[二] 搢笏垂紳：搢，插。笏，音hù（護），古時大臣上朝拿著的手板，用於記事。紳，古時士大夫束腰的大帶子。故稱仕宦爲「搢紳」。

[三] 僮使：僮，音tóng（童）。童僕役使。

柳公綽說：「過去父親當丹州刺史，我們侍奉父親，因爲學業還沒有成，父親不叫吃肉，我不敢忘記。」姑姑姊妹侄女中有孤寡的，雖然關係疏遠，也一定要選擇女婿出嫁。出嫁都用刻木妝奩，系上彩色的絹作嫁妝。常說：「與其等到嫁妝豐盛完備，還不如及時出嫁。」柳公綽去世，仲郢完全遵循父親的法度，對柳公權像對待自己父親柳公綽一樣。如果不是得大病，見柳公權都要系腰帶。當了京兆尹和鹽鐵使，在大路上遇見柳公權，要下馬拿著朝笏端正地站立著，等柳公權走過了，才上馬。柳公權晚上回來，仲郢一定要系著腰帶在馬頭處迎接。柳公權多次要仲郢不要這樣，仲郢並不因爲自己官高了而有絲毫改變。柳公綽的妻子韓氏，是宰相韓休的曾孫女。家法嚴肅儉約，是官僚家庭的模範。嫁到柳家三年，不管老小，都沒有看見她開口大笑過。經常穿著絹素，不穿綾羅錦繡。每次回家看望父母，不乘金碧車，只坐竹轎子，兩個僕人步行跟著。常常叫人把苦參、黃連、熊膽打粉做成丸子，賜給兒子們，叫他們在夜深學習的時候，含在嘴裏，好堅持刻苦學習。

## 六·五二

○江州陳氏①宗族七百口，每食，設廣席，長幼以次坐而共食之。有畜犬百餘，共一牢食，一犬不至，諸犬爲之不食。②

【注釋】

①陳氏——集注：「陳氏，名褒南[一]，唐人，十世同居。」

②有畜犬百餘……——畜，音xù（序），飼養禽獸。集注：「犬知愛其類，和順之所感也。」

【譯文】

江州陳氏宗族七百餘人，每次吃飯，設大席，長幼按次序坐著一起吃飯。養了一百多隻狗，都在一個地方吃食，如果一隻狗沒有到，其餘的狗都不吃食。

## 六·五三

○溫公曰：國朝①公卿能守先法久而不衰者，唯故李相②家。子孫數世至二百餘口，猶同居共爨③，田園邸舍④所收及有官者俸祿，皆聚之一庫，計口日給餉，昏姻喪葬所費皆有常數，分命子弟掌其事。其規模大抵出於翰林學士宗諤⑤所制也。

---

[一] 褒：音bāo（包）。

【注釋】

①國朝——集注：「國朝，溫公自謂本朝也。」

②李相——音xiàng（像）。集注：「李相，名昉，字明遠，滁州人，爲宰相，故稱李相。」

③爨——音cuàn（竄），燒火做飯。

④邸舍——邸，音dǐ（底）。集注：「邸舍，客店也。」

⑤宗諤——諤，音è（餓）。集注：「宗諤，李相之子，字昌武。」

【譯文】

司馬溫公說：本朝的公卿能够遵守先輩的規矩，久而不衰的，只有過去的宰相李昉家。子孫幾代兩百多口，同住同吃。他們把家裏田地、旅店和做官俸禄的收入，都歸在一個倉庫裏。按人口每天供給生活費用，婚姻喪葬的費用都有一定的規定。家事分別叫後輩掌管。具體的規定大都是翰林學士李宗諤（李昉之子）制定的。

## 右實明倫〔一〕

〔一〕集注云：「李氏曰：『首十章，實父子之親。次八章，實君臣之義。次五章，實夫婦之別。次十章，實長幼之序。次一章，實朋友之交。後十一章，通實五倫之義。或問：『此篇似少朋友章』。朱子曰：『當時是衆編類來，偶缺此耳。』』」

## 六・五四

○或問第五倫①曰：「公有私乎？」對曰：「昔人有與吾千里馬者，吾雖不受，每三公②有所選舉，心不能忘，而亦終不用也。③吾兄子嘗病，一夜十往，退而安寢。吾子有疾，雖不省視，而竟夕不眠。若是者，豈可謂無私乎？」

【注釋】

①第五倫——集注：「第五，姓。倫，名。字伯魚，漢京兆人，爲司空，以公正稱。」

②三公——集注：「周以太師、太傅、太保爲三公。東漢以太尉、司徒、司空爲三公。」

③心不能忘，而亦終不用也——集注：「竟，終也。朱子曰：『不薦自是好，然於心終不忘，便是喫他趯奉意思不過，這便是私意。』又曰：『如十起與不起，便是私，這便是避嫌。只是他見得這意思，已是大段做工夫，大段會省察了。』」

【譯文】

有人問第五倫：「你有私心嗎？」第五倫回答説：「以前有人送我一匹千里馬，我雖然没有接受，每次三公選舉官員的時候，心總是不能忘記那個送馬的人，當然最終還是没有給這個人官做。我哥哥的兒子病了，我一夜去看望了十次，回來睡得安安穩穩。我兒子有病，雖然没有去看望，但整夜都睡不著。像這樣，能够説没有私心嗎？」

## 六・五五

○劉寬①雖居倉卒，未嘗疾言遽②色。夫人欲試寬，令恚③。伺④當朝會，裝嚴已訖⑤，使侍婢奉肉羹，翻污朝服〔一〕，婢遽收之，寬神色不異，乃徐言曰：「羹爛汝手乎？」其性度如此。

【注釋】

①劉寬——集注：「寬，字文饒，漢弘農人。」

②遽——音jù（句），驚懼、慌張。

〔一〕 摛藻堂四庫全書薈要本作「衣」。

③恚——音huì（會），集注：「恚，怒也。」

④伺——音sì（似），觀察，等待。

⑤裝嚴已訖——訖，音qì（氣），終了，完結。集注：「裝嚴，謂裝著嚴整。」

⑥異——集注：「異，變也。」

【譯文】

劉寬碰到意外情況，也從來没有著急的言語和慌張的神色。劉寬的妻子想要試試劉寬，設法讓他發怒。等準備他上朝的時候，衣服穿整齊後，叫婢女捧上肉羹，有意打翻，把他的朝服弄髒。婢女連忙收拾，劉寬的神色没有一點變化，慢慢問婢女：「肉羹燙到你的手没有？」他的性格氣度就是如此。

## 六·五六

○張湛矜嚴好禮①，動止有則。居處幽室，必自修整。雖遇妻子，若嚴君②焉。及在鄉黨，詳言正色，三輔以爲儀表③。建武④初，爲左馮翊。告歸平陵，望寺⑤門而步。主簿⑥進曰：「明府位尊德重，不宜自輕。」湛曰：「禮：下公門，式路馬。⑦孔子於鄉黨恂恂⑧

如也，父母之國，所宜盡禮，何謂輕哉？」

【注釋】

①張湛矜嚴好禮——湛，音zhàn（站）。矜，音jīn（今）。集注：「湛，字子孝，漢平陵人。矜嚴，矜莊而嚴厲也。」

②嚴君——集注：「嚴君，尊嚴之君長也。」

③三輔以爲儀表——集注：「漢以京兆尹、左馮翊〔二〕、右扶風爲三輔，共治長安城中。儀表猶言法式〔三〕。」

④建武——集注：「建武，年號。」

⑤寺——集注：「寺，官府之稱。」

⑥主簿——集注：「主簿，馮翊屬吏也。」

⑦禮：下公門，式路馬——禮記曲禮上中云：「國君下齊牛，式宗廟；大夫士下公門，式路馬，乘路馬，必朝服。」

⑧恂恂——集注：「恂恂，信實之貌。」

〔二〕馮翊：音píng yì（評議）。馮，古同「憑」，憑藉，依靠。翊，輔佐，説明。

〔三〕法式：楷模。

【譯文】

張湛矜持嚴肅，喜好禮儀，生活很守禮則。獨處幽室中，也注重自己修整。就是對待妻子兒女，也好像威嚴的君王。在鄉里，言語審慎，表情嚴正，京城一帶堪爲表率。建武初年，爲左馮翊的長官，請假回平陵老家，望見官府的大門，就下車步行。他手下的主簿說：「太守官位高，威望重，不應該把自己看輕了。」張湛回答說：「根據禮儀，在官府前應該下車，應該向皇帝的馬車致敬。孔子對於鄉里都那麼恭敬信實，人對於自己父母所在的地方，應該完全遵守禮儀，怎麼能叫做自輕呢？」

## 六・五七

○楊震①所舉荆州茂才王密爲昌邑令，謁見，懷金十斤以遺震。震曰：「故人知君②，君不知故人，何也？」密曰：「莫③夜無知者。」震曰：「天知，神知，我知，子知，何謂無知？」密愧而去。

【注釋】

①楊震——集注：「震，字伯起，漢弘農人，嘗爲荆州刺史。」

②謁見——謁，音yè（頁）。通名進見，多對尊長而言。

③故人知君——集注：「故人，震自謂。君謂密。」

④莫——音mù，古同「暮」。

⑤天知，神知，我知，子知，何謂無知——集注：「熊氏曰：『明不欺天，幽不欺神，内不欺心，外不欺人。』」

【譯文】

楊震舉薦的荆州茂才王密做了昌邑縣的縣令。王密謁見楊震，懷裏帶了十斤黄金送給楊震。楊震説：「我瞭解你，你却不瞭解我，這是爲什麽呢？」王密説：「夜晚没有人知道。」楊震説：「天知道，神知道，我知道，你知道，怎麽叫没有人知道呢？」王密慚愧地離開了。

## 六·五八

○茅容①與等輩避雨樹下，衆皆夷踞相對，容獨危坐愈恭。②郭林宗③行見之，而奇其異④，遂與共言，因請寓宿。旦日，容殺雞爲饌，林宗謂爲己設。既而供其母，自以草蔬與客同飯。林宗起，拜之曰：「卿賢乎哉！」因勸令學，卒以成德。

【注釋】

①茅容——集注：「容，字季偉，漢陳留人。」

②衆皆夷踞相對，容獨危坐愈恭——夷本作踦。踞，音jù（巨）。集注：「夷踞，蹲坐也。危坐，以尻著蹠〔二〕而坐也。」

③郭林宗——集注：「林宗，名泰，太原人。」

④異——集注：「異謂異於衆。」

【譯文】

茅容和一些人在樹下躲雨，衆人都面對面蹲著。茅容却獨自跪著，非常恭敬。郭林宗經過看見了，對他與衆不同的姿勢很感興趣，就和他聊天，並請求住在他家。天亮，茅容殺雞做飯，郭林宗認爲是給自己做的。茅容做好後，送給母親吃，自己却和客人一起吃素菜飯。郭林宗起身揖拜茅容，說：「你真賢德啊！」並勸他讀書。後來茅容終於德業有成。

〔二〕以尻著蹠：尻，音kāo，屁股，脊骨的末端。蹠，音zhí（直），腳掌。屁股挨著腳掌這樣坐，形容挺直身軀端坐（即危坐）。

## 六・五九

〇陶侃①爲廣州刺史，在州無事，輒朝運百甓②於齋外，莫③運於齋內。人問其故，答曰：「吾方致力中原，過爾優逸，恐不堪事。」其勵志勤力，皆此類也。後爲荆州刺史。侃性聰敏，勤於吏職，恭而近禮，愛好人倫④，終日斂膝危坐。閫外⑤多事，千緒萬端，罔有遺漏，遠近書疏，莫不手答，筆翰如流，未嘗壅滯。引接疏遠，門無停客。常語人曰：「大禹聖人，乃惜寸陰⑥，至於衆人，當惜分陰。豈可逸遊荒醉！生無益於時，死無聞於後，是自棄也。」諸參佐或以談戲廢事者，乃命取其酒器蒱博之具，悉投之於江。吏將則加鞭扑，曰：「摴蒱⑦者，牧豬奴戲耳。老莊浮華⑧，非先王之法言，不可行也。君子當正其衣冠，攝⑨其威儀，何有亂頭養望⑩，自謂宏達耶？」

【注釋】

①陶侃——侃，音kǎn（砍）。集注：「侃，字士行，晉鄱陽人，仕至太尉。」

②朝運百甓——甓，音pì（辟）。集注：「甓，磚也。時中原陷没，侃欲致力興復，故朝夕運甓以習勞也。」

③莫——音mù，古同「暮」。

④愛好人倫——集注：「愛好人倫，尚名教也。」

⑤閫外——閫，音kǔn（捆）。集注：「閫外，謂邦域之外。晉處江左，以荆楚爲國之西門，故曰閫外。」

⑥陰——集注：「陰，光陰。」

⑦摴蒱——音chū pú（出葡），一種古代賭博的遊戲。投擲有顔色的五顆木子，以顔色決勝負。類似今日的擲骰子。集注：「蒱摴、蒱博，局戲〔一〕雙陸〔二〕之類。」

⑧老莊浮華——集注：「浮華，謂老聃、莊周之言虚而無實也。」

⑨攝——集注：「攝，簡束也。」

⑩養望——集注：「養望，通鑑作跣足〔三〕。逸遊荒醉、談戲廢事、蓬頭跣足，皆老莊尚元虚、棄禮法之流弊。吴氏曰：『養望，養其虚望也。』」

---

〔一〕局戲：棋類遊戲。

〔二〕雙陸：一種古代的賭博遊戲方式。

〔三〕跣足：跣，xiǎn（顯）。光著腳，没穿鞋襪。

【譯文】

陶侃爲廣州刺史，州裏没有公事的時候，就早上運百塊磚到室外去，晚上運百塊磚到室内。人問他爲什麽要這樣做，陶侃回答説：「我正致力恢復中原，太優遊安逸了，恐怕不能勝任事業。」陶侃就是這樣勵志勤力。後來當了荆州刺史。陶侃很聰明敏鋭，對自己職責範圍内的事很勤勞，恭敬而好禮，尚名教，成天都是盤著腿很端正地坐著。荆州事務很多，千頭萬緒，陶侃都没有遺漏。遠近的文書和來信都是他親自答復，筆如流水，從來没有堵塞過。就是那些關係疏遠的人，他也要接見，門外無停留的客人。陶侃經常對人説：「大禹是聖人，他還要愛惜寸陰，那麽衆人就應該愛惜光陰。怎麽能够遊玩醉酒？人活著對社會無益，死了以後默默無聞，這就是自我放棄。」對那些聊天玩耍不幹事的參謀幕僚，陶侃就派人把他們的酒器和賭博遊戲的用具都没收投到江裏。如果是官吏，就要鞭打。陶侃説：「摴蒱這種東西，是牧豬人的遊戲。老子、莊子崇尚浮華，反對先王之言，不能照他們的話去做。君子應該衣冠整潔，具有威儀，哪里有蓬著頭博取虚名，還自認爲是放達的呢？」

## 六・六〇

〇王勃、楊炯、盧照鄰、駱賓王皆有文名，謂之四傑。裴行儉①曰：「士之致遠，先器識②而後文藝。勃等雖有文才，而浮躁淺露③，豈享爵禄之器耶！楊子沉靜，應得令長④。餘得令終⑤爲幸。」其後勃溺南海，照鄰投潁水，賓王被誅，炯終盈川令，皆如行儉之言。

【注釋】

①裴行儉——裴，音péi（陪）。集注：「行儉，字守約，唐絳州人。」

②器識——集注：「器，器局。識，識見。」

③浮躁淺露——集注：「浮躁，不沉靜也。淺露，不深潛也。」

④令長——集注：「令長，令尹〔一〕。」

⑤令終——集注：「令終，善終。」

⑥盈川——集注：「盈川，縣名。」

【譯文】

王勃、楊炯、盧照鄰、駱賓王都有文學之名，被稱爲四傑。裴行儉説：「士能做大事，以器識爲先、文藝爲後。王勃等雖有文才，但浮躁淺陋，哪里是做官的材料呢！楊炯沉靜，應該能當縣令。其餘的能善終，就算

---

〔一〕令尹：尹，音yǐn（飲）。泛稱縣、府等地方行政長官。

是幸運的了。」後來王勃在南海淹死了，盧照鄰投了潁水，駱賓王被殺，楊炯爲盈川令而終，完全像裴行儉所預料的那樣。

## 六・六一

○孔戡①於爲義，若嗜慾，不顧前後。於利與禄，則畏避退怯，如懦夫②然。

【注釋】

①孔戡——戡，音kān（刊）。集注：「戡，字君勝，孔子三十八世孫。」

②懦夫——懦，音nuò（諾）。集注：「懦，柔弱也。言其勇於爲義而怯於趨利禄如此。」

【譯文】

孔戡施行道義，就好像是嗜好一樣，無所顧忌。對於利禄，却畏避退縮，好像懦夫一樣。

## 六・六二

○柳公綽居外藩①，其子每入境，郡邑未嘗知。既至，每出入，常於戟門②外下馬，呼幕賓爲丈，皆許納③拜，未嘗笑語款洽〔一〕。

【注釋】

①外藩——集注：「外藩謂節度使，取屏蔽之義也。」

②戟門——戟，音jǐ（己），古代一種合戈、矛爲一體的長柄兵器。集注：「其門得列戟，故曰戟門。」

③納——集注：「納，受也。」

【譯文】

柳公綽任節度使，他兒子每次到他任職的地方，郡裏都不知道。兒子到達父親的官府，每次進出，常常在陳列戰戟的門外下馬，把父親的幕僚賓客稱爲「丈」，柳公綽准許幕僚賓客接受拜禮。兒子從來不和幕僚賓客談笑，不親密交往。

## 六·六三

○柳仲郢以禮律身，居家無事，亦端坐拱手。出內齋，未嘗不束帶。三爲大鎮，廄無

〔一〕款洽：誠懇周到，情意融洽。

良馬，衣不熏香。公退必讀書，手不釋卷。①家法：在官不奏祥瑞，不度僧道，不貸贓。吏法：凡理藩府急於濟貧恤孤，有水旱必先期假貸，廩軍食必精豐，逋租必貰免。館傳必增飾，宴賓犒軍必華盛。而交代之際，食儲帑藏必盈溢於始至。境内有孤貧衣纓家女及笄者，皆爲選壻，出俸金爲資裝嫁之。

【注釋】

①柳仲郢以禮律身……——廐，音jiù（就）。集注：「仲郢嘗爲山南、劍南、天平三道節度使，故曰三爲大鎮。公退，自公而退也。釋，捨也。端坐、拱手、束帶，敬也。廐無良馬、衣不熏香，儉也。讀書不釋卷，勤也。」

②家法……——廩，音lǐn（凜）。逋，音bū，拖欠。貰，音shì（是）。傳，音zhuàn（轉）。犒，音kào（靠）。帑藏，音tǎng zàng（躺葬）。溢，音yì（義）。集注：「在官以下，皆柳氏之家法。貸，寬也。假貸，謂以錢穀借之。廩，倉廩。軍食，軍餉。精豐，不待欠也。貰，除也。館，客舍。傳，馬驛。犒，勞也。儲，蓄也。帑藏，皆庫名，所以貯金帛者。衣纓猶簪纓。及笄，年十五者。熊氏曰：『不奏祥瑞，爲〔二〕諂上也。』吳

〔二〕爲：音wèi（未），因爲，由於。

氏曰：『食儲帑藏盈溢於始至，出納有籍、用無所私而致也。』」

【譯文】

柳仲郢用禮節來約束自己，在無事的時候，也拱手端坐著。從内室出來，都系著腰帶。三次任節度使，但馬廄裏没有好馬，衣服也不熏香。辦完公事退下來就讀書，手不釋卷。柳氏的家法：當官不上奏祥瑞之事，不度和尚道士，不寬容貪官污吏。凡是在節度使或州郡地方政府任上，以救濟貧窮聯繫孤兒爲急務，有水災旱災一定要先借貸。倉庫的軍糧要精細和豐盛。欠的租要免除，旅館驛站要裝飾漂亮，宴賓客犒勞軍隊要豪華豐盛。離任交接的時候，糧食和錢財的儲藏要超過上任的時候。有孤苦貧窮的做官人家的女兒年滿十五歲的，要爲她們選女婿，並拿自己的俸禄爲她們置辦嫁妝，讓她們出嫁。

## 六・六四

○柳玭曰：王相國涯①方居相位，掌利權。竇氏女歸②，請曰：「玉工貨一釵，奇巧，須七十萬錢。」王曰：「七十萬錢，我一月俸金耳，豈於女惜。但一釵七十萬，此妖物也〔二〕，必與禍相隨。」③女子不復敢言。數月，女自婚姻會④歸，告王曰：「前時釵，爲馮外郎妻首飾矣。」乃馮球也。王歎曰：「馮爲郎吏，妻之首飾有七十萬錢，其可久乎？」馮爲賈相餗⑤門人，最密⑥。賈有蒼頭⑦，頗張威福，馮召而勖⑧之。未浹旬⑨，馮晨謁賈，有二青衣捧地黄酒⑩出飲之，食頃而終⑪。賈爲出涕，竟不知其由。又明年，王、賈皆遘禍⑫。噫！王以珍玩奇貨爲物之妖，信知言矣。徒知物之妖，而不知恩權隆赫之妖甚於物耶！馮以卑位貪寶貨，已不能正其家，盡忠所事而不能保其身，斯亦不足言矣。⑬賈之臧獲害門客於牆廡之間而不知，欲終始富貴，其可得乎？此雖一事，作戒數端⑭。

【注釋】

①王相國涯——集注：「王涯，唐宰相。掌利權，謂其兼度支鹽鐵榷〔三〕茶等使也。」

②竇氏女歸——集注：「竇氏女，涯女嫁竇氏者。歸謂歸寧〔三〕。」

〔二〕摛藻堂四庫全書薈要本無「也」字。

〔三〕榷：音què（卻），專賣。

〔三〕歸寧：一般指女子出嫁後，回娘家向父母請安。

③王曰……——女，音rǔ（汝），指你。集注：「熊氏曰：『涯實靳嗇〔一〕，託辭拒之。然妖物必與禍隨，則名言也。』蓋妖巧之物，人所貪競，固有招禍之道也。」

④婚姻會——集注：「婚姻會，因婚姻而燕會也。」

⑤賈相餗——餗，音sù（素）。集注：「賈餗亦宰相。」

⑥密——集注：「密，親密也。」

⑦蒼頭——集注：「奴僕以蒼爲巾，故曰蒼頭。」

⑧勖——音xù（序），集注：「勖，勉也。」

⑨浹旬——浹，音jiā（加）。集注：「浹，周也。十日爲旬。」

⑩二青衣捧地黄酒——集注：「二青衣，二童使也。地黄，藥名，無毒，蓋他酒詭稱耳。」

⑪食頃而終——集注：「食頃，一飯之頃也。球以奴張威福，恐爲主累，故戒之，奴恐球告主，故毒殺之。」

⑫王、賈皆遘禍——遘，音gòu（够）。集注：「遘，遇也。涯、餗，皆爲宦者仇士良所殺。」

⑬噫……——憮，音wǔ（武）。集注：「恩權之隆赫，禍機所伏也，故謂之妖。知言本謂知言之是非，此

〔一〕 靳嗇：音jìn sè（盡色），吝嗇。

則謂知理之言也。盡忠所事，謂盡心於餗也。奴曰臧，婢曰獲，指蒼頭。門客指馮球。廡，堂下周屋也。」

⑭作戒數端——集注：「熊氏曰：『珍玩奇貨不可貪，一戒也。恩權隆赫不可恃，二戒也。溺愛而不能正家，三戒也。失言而不能保身，四戒也。嬖〔二〕臧獲張威福害門客而不知，五戒也。』」

【譯文】

柳玭說：王涯爲宰相，掌握經濟大權。他嫁到竇家的女兒回來，向他請求說：「玉工做了一隻釵，奇特精巧，要七十萬錢才賣，請父親給我買。」王涯說：「七十萬錢，不過是我一個月的俸錢，怎麼會捨不得給你買。但一隻釵要七十萬，這妖物一定會帶來禍害。」女兒不敢再說了。幾個月以後，女兒從一個婚宴上回來，告訴王涯說：「之前說的那只釵，已經成了馮外郎妻子的首飾了。」馮外郎就是馮球。王涯感歎說：「馮球是個郎吏，妻子的首飾值七十萬錢，能長久嗎？」馮球是宰相賈餗的門人，與賈餗最親密。賈餗有個僕人，很愛仗著賈餗的勢力作威作福，馮球就把他叫來責備了一頓。不到十天，馮球早晨來拜見賈餗，有兩個僕人捧出黃酒叫馮球喝，馮球喝了，一頓飯的工夫就死了。賈餗爲馮球的死流了淚，却不知道馮球是什麼原因死的。又過了一年，王涯和賈餗都被朝廷所殺。王涯認爲珍玩奇物是物中的妖，是有見識的。但他只知道物中的妖，却不知道恩權隆赫的妖比物中的妖還要厲害。馮球以小官貪戀寶物，不能端正其家。爲主人盡忠，但不能保住自己的性命，

〔二〕嬖：音bì（必），寵倖。

當然就更不足道了。賈餗的奴僕在賈餗家裏把門客害了，賈餗不知道，想要保持富貴，能行嗎？這雖然是一件事，却能成爲幾方面的告誡警示。

## 六・六五

○王文正公①發解〔一〕、南省〔二〕、廷試皆爲首冠〔三〕，或戲之曰：「狀元試三場，一生喫著〔四〕不盡。」公正色曰：「曾平生之志不在溫飽。」

【注釋】

①王文正公——集注：「公名曾，字孝先，宋青州人，仕至宰相，謚文正。」

②狀元試三場——集注：「狀元指公。試三場，言鄉試、省試、廷試皆第一也。」

③平生之志不在溫飽——集注：「志不在溫飽，則在安天下矣。」

---

〔一〕發解：音fā jiè，唐宋時，凡應貢舉者，由所在州縣解送至京，稱爲「發解」。明清稱鄉試考上舉人爲「發解」。

〔二〕南省：唐人稱尚書省爲「南省」。

〔三〕冠：音guàn（罐），超出衆人，居第一位。

〔四〕著：音zhuó（卓），穿（衣）。

【譯文】

王文正公（王曾）鄉試、省試、廷試都是第一。有人跟他開玩笑説：「狀元考了三場試，一生吃穿不盡。」王文正公嚴肅地説：「我平生的志向不在溫飽。」

## 六・六六

○范文正公少有大節，其於富貴貧賤、毀譽歡戚不一動其心①，而慨然有志於天下。嘗自誦曰：「士當先天下之憂而憂，後天下之樂而樂也。」②其事上遇人一以自信③，不擇利害爲趨捨。其有所爲，必盡其方，曰：「爲之自我者，當如是。其成與否，有不在我者。雖聖賢不能必，吾豈苟哉！」④

【注釋】

①不一動其心——集注：「不一動其心，謂富貴不慕、貧賤不厭、毀之不怒、譽之不喜、得而不歡、失而不戚也。」

②嘗自誦曰……——集注：「天下未憂而先憂，天下已樂而後樂，仁人之心如此。」

③自信——集注：「自信，守其正也。」

④爲之自我者……——集注：「如是，盡其方也。事上待人，一以自信，而不趨利、不避害，有所爲必盡其方，而成敗不苟焉。容心於其間，有行法俟命意。」

【譯文】

范文正公（范仲淹）年輕的時候就有大志，對於富貴、貧賤、毀譽、得失都不動心，慨然有志於天下。他曾經說：「士應該先天下之憂而憂，後天下之樂而樂。」他侍奉皇帝和對待一般人都是按他認爲應該做的去做，而不是根據利害選擇去做與否。他決定要做什麽事，必定盡力做到底。他説：「從我的角度來説，應該這樣去做。至於是否成功，有些也不是我決定得了的。就是聖賢都不能保證一定成功，我只能按應該做的努力去做，絶不苟且敷衍，别的就不那麽在意了。」

## 六・六七

○司馬溫公嘗言：吾無過人者，但平生所爲，未嘗有不可對人言者耳。①

【注釋】

①司馬溫公嘗言……——集注：「誠而已。」

【譯文】

司馬溫公（司馬光）曾經説：我没有過人的地方，但平生的所作所爲，從來没有不能告訴别人的。

## 六・六八

○管寧①嘗坐一木榻，積五十餘年，未嘗箕股②其榻上，當膝處皆穿。

【注釋】

①管寧——集注：「寧，字幼安，漢高士。」

②箕股——箕，音jī（機），用竹篾、柳條或鐵皮等製成的揚去糠麩或清除垃圾的器具（通常稱「簸箕」）。股，音gǔ（古），大腿，自胯至膝蓋的部分。集注：「古人危坐如跪，箕股謂兩展其股，狀如箕也。」

【譯文】

管寧曾經跪坐一個木榻上，長達五十多年，從來没有兩腿呈簸箕狀（放鬆地）坐在木榻上，膝蓋跪過的地方木榻都磨穿了。

## 六・六九

〇呂正獻公自少〔一〕講學，即以治心養性①爲本。寡嗜慾，薄滋味，無疾言遽色，無窘步，無惰容。凡嬉笑俚近之語，未嘗出諸口。於世利紛華，聲伎游宴，以至於博弈奇玩，淡然無所好〔二〕。②

【注釋】

①治心養性——集注：「治心，收其放心也。養性，養其德性也。」

②寡嗜慾……——遽，音jù（句），驚懼、慌張。窘，音jiǒng（炯）。俚，音lǐ（禮）。伎，音jì（記）。集注：「自寡嗜慾以下，皆治心以養性之事。窘，迫促也。俚，鄙俗也。伎，巧戲也。」

---

〔一〕少：音shào（紹），年紀輕或年輕人。

〔二〕摛藻堂四庫全書薈要本作「容」。

【譯文】

呂正獻公（呂公著）從年輕講學，就以治心養性爲本。減少喜好欲望，淡薄滋味，没有快言疾色，没有急迫的步子，没有懶惰的容顏。凡是嬉笑戲謔的話，從來没有出過口。對於世利繁華，聲伎遊宴，甚至博弈奇玩，都淡然无所喜好。

## 六·七〇

○明道先生終日端坐如泥塑人①，及至接人，則渾是一團和氣。

【注釋】

①終日端坐如泥塑人——塑，音sù（素）集注：「終日端坐如泥塑人，敬也。」

【譯文】

明道先生（程顥）成天端坐著，像泥塑人一樣（其誠敬如此）。但和人接觸，却渾然是一團和氣。

## 六・七一

○明道先生作字時甚敬，嘗謂人曰：「非欲字好，只此是學。」①

【注釋】

①明道先生作字時甚敬……——集注：「朱子曰：『此亦可以收放心。』」

【譯文】

明道先生（程顥）寫字時很恭敬，曾經對人說：「不是要字寫得好，認真寫本身就是學（修身）。」

## 六・七二

○劉忠定公①見溫公，問盡心行己之要，可以終身行之者，公曰：「其誠乎②！」劉公問行之何先，公曰：「自不妄語始。」劉公初甚易之③，及退而自檃〔二〕括日之所行，與凡所言，自相掣肘矛盾者多矣。力行七年而後成，自此言行一致，表裏相應，遇事坦然，常有餘裕。

【注釋】

①劉忠定公——集注：「忠定，元城先生謚也。」

②其誠乎——集注：「朱子曰：『溫公所謂誠，即大學所謂「誠其意」者，指人之實其心而不自欺也。』」

③易之——集注：「易之，以不妄語爲易也。」

④檃括——音yǐn kuò（飲擴），或作「檃栝」、「隱栝」。集注：「揉曲者曰檃，正方者曰括，皆製木之器也。」案：本爲矯正曲木的器具，後引申爲矯正。

⑤自相掣肘矛盾——掣肘，音chè zhǒu（徹帚）。集注：「自相掣肘矛盾，喻言行相違也。吳氏曰：『掣，挽也。肘，臂節也。掣肘，謂肘欲運動而人挽之不能運也。矛，有鈎之兵。盾，即今傍牌也。矛盾，謂矛欲傷人而盾蔽之不能傷也。』」

〔二〕朱子全書本作「檃」。

【譯文】

劉忠定公（劉元城）見司馬溫公（司馬光），問終身盡心做事的要領是什麽，司馬溫公回答説：「那就是所謂的『誠』吧。」劉忠定公問應該首先做什麽，司馬溫公説：「從不妄言開始。」劉忠定公起初把這個事看得很容易，等到下去總結平常的行爲和言語，發現互相矛盾的地方很多。努力做了七年才做到了「誠」。從此言行一致，表裏如一，遇事坦然，游刃有餘。

## 六・七三

○劉公見賓客，談論踰①時，體無欹②側，肩背竦③直，身不少〔二〕動，至手足亦不移。④

【注釋】

①踰——音yú（餘），越過，超過。

②欹——音qī（期），古同「攲」，傾斜。

---

〔二〕摛藻堂四庫全書薈要本作「小」。

③竦——音sǒng（聳），1. 伸長脖子，提起腳跟站著：竦立。2. 恭敬，肅敬。

④至手足亦不移——集注：「敬而已矣。」

【譯文】

劉公會見客人，談話超過一個時辰，身體不傾斜，肩背聳直，身體一點不動，甚至連手腳也不移動（這些都是恭敬的表現）。

# 六・七四

○徐積仲車初從安定胡先生學，潛心力行，不復仕進。其學以至誠爲本，事母至孝。①自言：「初見安定先生，退，頭容少偏。安定忽厲聲云：『頭容直！』某因自思，不獨頭容直，心亦要直也。自此不敢有邪心。」②卒，謚節孝先生。

【注釋】

①事母至孝——集注：「仲車父早卒，盡孝於母。」

②初見安定先生……——集注：「朱子曰：『這樣人都是資質美，所以一撥便轉，終身不爲惡也。』」

【譯文】

徐積最初跟從安定胡先生（胡瑗）學習的時候，潛心學習，身體力行，不再做官。他的學問以至誠爲根本，侍奉母親最孝順。他自己說：「初見安定先生的時候，頭稍微有些偏。安定先生忽然嚴厲地說道：『頭要端直。』我因而自己反省，不僅頭要正直，心也要正直。從此不敢有邪僻之心。」徐積去世，謚號節孝先生。

## 六・七五

〇文中子之服儉以絜①，無長物②焉。綺羅錦繡，不入於室，曰：「君子非黄白③不御。」婦人則有青碧④。

【注釋】

①儉以絜——絜，古同「潔」。集注：「儉謂不華靡，潔謂不垢污。」

②無長物——長，音zhǎng（掌）。集注：「長，剩也。無長物，謂儉潔之外無所增飾也。」

③黄白——集注：「黄白，麻絲自然之色。」

④青碧——集注：「青碧，染造使然之色。」

【譯文】

文中子的衣服儉樸而整潔，没有多餘的裝飾。家裏没有綾羅錦繡。文中子説：「不是黄色白色的的麻和絲，君子是不穿的，因爲這是自然的顔色。」婦女則穿青色和碧色，這些是染造而成的後天色彩。

## 六・七六

○柳玭曰：高侍郎兄弟三人俱居清列，非速客不二羹胾。夕食，齕蔔匏而已。

【注釋】

①高侍郎兄弟三人——集注：「高氏兄弟，唐人，長釴，翰林學士。次鉥，給事中。次鍇，禮部侍郎。〔二〕」

②速——集注：「速，召也。」

③不二——集注：「不二，不兼設也。」

④羹胾——胾，音zì（字）。集注：「羹，肉羹。胾，肉臠〔三〕。」

〔二〕釴：音yì（義）；鉥：音zhū（朱）；鍇：音kǎi（凱）。

〔三〕臠：音luán（孿），切成小塊的肉。

⑤齕蔔匏——齕，音hé（合）。匏，音páo（袍）。集注：「齕猶嚼也。蔔、匏，皆菜名。」

【譯文】

柳玭說：高侍郎兄弟三人（高釴、高銖、高鍇）都是清官，如果不是請客（招待客人），就不同時吃肉羹和大塊的肉。晚餐只嚼蘿蔔和匏瓜〔二〕。

## 六・七七

○李文靖公①治居第於封邱門外②，廳事③前僅容旋馬。或言其太隘，公笑曰：「居第當傳子孫。此爲宰輔廳事誠隘，爲太祝、奉禮廳事則已寬矣。」

【注釋】

①李文靖公——集注：「公名沆，字太初，位宰相，謚文靖，宋雒州人。」

②第於封邱門外——邱，同「丘」。集注：「第，第宅。封丘，宋都門名。」

〔二〕 匏瓜：一年生草本植物。果實比葫蘆大，對半剖開可做水瓢。

③廳事——集注：「廳所以治事，故曰廳事。」

④旋——集注：「旋，回轉也。」

⑤隘——集注：「隘，窄狹也。」

⑥太祝、奉禮——集注：「太祝、奉禮，皆世蔭[一]之官。」

⑦已——集注：「已，太也。」

【譯文】

李文靖公（李沆）在封丘門外建住宅，廳前只能容許馬轉彎。有人說建得太狹窄了。李文靖公笑著說：「住宅應該傳給子孫。這個地方如果用作宰相的辦公場所（廳）確是太狹窄了，但如果用作太祝、奉禮郎的辦公場所（廳）已經够寬敞了。」

## 六·七八

○張文節公①爲相，自奉如河陽掌書記時。所親或規之曰：「今公受俸不少，而自奉

[一] 蔭：音yìn（印）庇蔭。古時子孫因先世有功勞而得到封賞或免罪。

若此，雖自信清約，外人頗有公孫布被之譏②，公宜少從衆。」公嘆曰：「吾今日之俸，雖舉家錦衣玉食，何患不能？顧人之常情，由儉入奢易，由奢入儉難。吾今日之俸豈能常有，身豈能常存？一旦異於今日，家人習奢已久，不能頓③儉，必至失所。豈若吾居位去位、身存身亡如一日乎？」

【注釋】

①張文節公——集注：「公名知白，字用晦，宋滄州人，初爲河陽掌書記，後爲宰相，謚文節。」

②公孫布被之譏——集注：「漢丞相公孫弘爲布被，汲黯曰：『弘俸禄多而爲布被，此詐也。』或人見文節之儉約，亦疑其詐，故引是以譏之。」

③頓——集注：「頓，遽也。」

【譯文】

張文節公（張知白）爲宰相，依然像任河陽掌書記時那樣生活。與他親近的人勸他説：「現在你的俸禄不少，而過這樣的生活，雖然自己認爲是儉樸清廉，但别人會認爲你是像公孫弘做布被，搞欺騙。你還是應該和你地位一樣的人的生活差不多。」張文節公歎息説：「我今天的俸禄，就是全家錦衣玉食，還怕不够嗎？但我想，人之常情，從節儉進到奢侈容易，從奢侈回到節儉困難。我今天的俸禄哪能常有，身體哪能長存？一旦情况不同於今天，而家裏的人過慣了奢侈的日子，不能立刻過儉樸的日子，必然會弄得衣食無著、流離失所。那還不如我不當宰相，活著死了都一樣地過日子。」

## 六·七九

○溫公曰：先公①爲羣牧判官，客至，未嘗不置酒。或三行，或五行，不過七行。②酒沽於市，果止梨、栗、棗、柿，肴止於脯醢菜羹，器用甆漆。當時士大夫皆然，人不相非也。會數〔二〕而禮勤，物薄而情厚。近日士大夫家，酒非内法③，果非遠方珍異，食非多品，器皿非滿案，不敢會賓友。常數日營聚④，然後敢發書⑤，苟或不然，人爭非之，以爲鄙吝。故不隨俗奢靡者鮮矣。嗟乎！風俗頹弊如是，居位⑥者雖不能禁，忍助之乎？

【注釋】

①先公——集注：「溫公父，名池，字和中。」

〔二〕數：音shuò（碩），屢次。

②行——集注：「行猶巡也。」
③内法——集注：「内法，謂宫内造酒之法。」
④營聚——集注：「營，辦也。聚，積也。」
⑤書——集注：「書謂召客之書。」
⑥居位——集注：「居位，謂居相位時，公已作相矣。」

【譯文】

司馬溫公説：父親當郡的判官的時候，客人來了，都要擺酒席。酒一般飲三巡五巡，最多不過七巡。酒食是從集市上買的，水果只有梨、栗、枣、柿，菜只有乾肉、肉醬、菜湯。器皿用瓷器和漆器。當時的士大夫都是如此，人們也不認爲有什麼不好。相會的次數多而禮節殷勤，物質淡薄而情意深厚。近來的士大夫家庭，酒水不是用宫廷方法釀造的，水果不是遠方的珍異，食物不是很多品種，菜品不是擺滿桌，不敢請客會友。常常是張羅幾天，然後才敢發請柬請客。如若不然，人們爭著非議，認爲是吝嗇。所以很少有不隨俗奢侈的。唉，風俗這樣頽弊，當官的縱使不能禁止，忍心去助長它嗎？

## 六・八〇

○溫公曰：吾家本寒族，世以清白相承。吾性不喜華靡，自爲乳兒時，長者加以金銀華美之服，輒羞赧〔一〕棄去之。年二十忝①科名，聞喜宴②獨不戴花。同年曰：「君賜，不可違也。」乃簪一花。平生衣取蔽寒，食取充腹。亦不敢服垢敝③以矯俗干名④，但順吾性而已。

【注釋】

①忝——音tiǎn（舔）。集注：「忝，叨〔二〕也。」

②聞喜宴——集注：「聞喜，進士宴名。」

③垢敝——集注：「垢，污。敝，壞。」

④矯俗干名——矯，音jiǎo（腳）。集注：「矯，拂〔三〕。干，求也。」

【譯文】

司馬溫公說：我的家族本來是寒微的家族，世代以清白相傳。我的性情不喜歡奢靡，在孩提時代，長輩給我做金銀華美的衣服，就臉紅害羞放著不敢穿。二十歲考中進士，參加進士的聞喜宴，只有我一個人不戴花。

〔一〕羞赧：赧，音nǎn。害羞而面紅。
〔二〕叨：音tāo（濤），古同「饕」，貪。
〔三〕拂：音fú（符），違背，不順。

一起的進士説：「花是皇帝所賜，不能不戴。」才戴了一朵花。平常穿衣服是爲了避寒，吃飯是爲了填飽肚子。但也不敢故意穿得骯髒破落，不隨俗而求名聲。我的穿著只是順從性情而已。

## 六・八一

○汪信民①嘗言：「人常咬得菜根，則百事可做。」②胡康侯③聞之，擊節歎賞④。

【注釋】

①汪信民——集注：「信民，名革，宋臨川人。」

②人常咬得菜根，則百事可做——集注：「人能甘澹泊而不以外物動心，則可以有爲矣。朱子曰：『學者須常以志士不忘在溝壑爲念，則道義重而計較死生之心輕矣。況衣食外物，至微末事，不得未必便死，亦何用犯義犯分、役心役志、營營以求之邪？』某觀今人因不能咬菜根而至於違其本心者衆矣，可不戒哉！」

③胡康侯——集注：「康侯，文定公字也。」

④擊節歎賞——集注：「擊節，一説擊手指節，一説擊器物爲節，皆通。歎，嗟歎。賞，稱賞。」

【譯文】

汪信民（汪革）曾經説：「人能够常吃菜根（甘於淡泊而不被外物擾動内心），就什麽事都能做成。」胡安國聽説後，拍手稱讚這個説法好。

## 右實敬身〔一〕

〔一〕集注云：「李氏曰：『首十四章，實心術之要。次七章，實威儀之則。次一章，實衣服之制。末六章，實飲食之節。』」

# 中外哲學典籍大全·中國哲學典籍卷

## 已出版書目

《關氏易傳》《易數鉤隱圖》《删定易圖》，劉嚴點校。

《周易口義》，〔宋〕胡瑗著，白輝洪、于文博、［韓］徐尚賢點校。

《周易玩辭》，〔宋〕項安世著，杜兵點校。

《周易内傳校注》，〔清〕王夫之著，谷繼明、孟澤宇校注。

《周易外傳校注》，〔清〕王夫之著，谷繼明校注。

《易説》，〔清〕惠士奇著，陳峴點校。

《易漢學新校注（附易例）》，〔清〕惠棟著，谷繼明校注。

《周易學》，曹元弼著，周小龍點校。

《讀禮疑圖》，〔明〕季本著，胡雨章點校。

《王制通論》《王制義按》，程大璋著，吕明烜點校。

《春秋釋例》，〔晉〕杜預著，徐淵整理。

《春秋尊王發微》，〔宋〕孫復著，趙金剛整理。

《春秋集注》，〔宋〕張洽著，蔣軍志點校。

《春秋權衡》，〔宋〕劉敞著，吕存凱、崔迅銘、楊文敏點校。

《春秋本例》，〔宋〕崔子方著，侯倩點校。

《春秋集傳》，〔宋〕張洽著，陳峴點校。

《春秋師説》，〔元〕黄澤著，〔元〕趙汸編，張立恩點校。

《春秋闕疑》，〔元〕鄭玉著，張立恩點校。

《春秋屬辭》,〔元〕趙汸著，張立恩整理。

《宋元孝經學五種》，曾海軍點校。

《孝經集傳》,〔明〕黄道周撰，許卉、蔡傑、翟奎鳳點校。

《孝經鄭注疏》《孝經講義》，常達點校。

《孝經鄭氏注箋釋》，曹元弼著，宫志翀點校。

《孝經學》，曹元弼著，宫志翀點校。

《張九成集》,〔宋〕張九成著，李春穎點校。

《朱熹〈小學〉古注今譯》,〔宋〕朱熹、劉清之編，唐紀宇譯注。

《錢時著作三種》,〔宋〕錢時著，張高博點校。

《四書辨疑》,〔元〕陳天祥著，光潔點校。

《吴澄集》,〔元〕吴澄著，方旭東、光潔點校。

《涇皋藏稿》,〔明〕顧憲成著，李可心點校。

《高子遺書》,〔明〕高攀龍著，李卓點校。

《閑道録》,〔明〕沈壽民撰，雍繁星整理。

《李卓吾批評陽明先生道學鈔》,〔明〕王守仁原著,〔明〕李贄評點，傅秋濤點校。

《李卓吾批評王龍谿先生集鈔》,〔明〕王畿原著,〔明〕李贄評點，傅秋濤點校。

《小心齋劄記》,〔明〕顧憲成著，李可心點校。

《四存編》,〔清〕顏元著，王廣點校。

《太史公書義法》，孫德謙著，吴天宇點校。

《復禮堂述學詩》，曹元弼撰，許超傑、王園園點校。

《肇論新疏》,〔元〕文才著，夏德美點校。

更多典籍敬請期待……